中国基本单位统计年鉴

CHINA BASIC STATISTICAL UNITS YEARBOOK

2001

国家统计局普查中心　编

Compiled by
Census Center
National Bureau of Statistics

中国统计出版社
China Statistics Press

(京)新登字 041 号

图书在版编目(CIP)数据

中国基本单位统计年鉴．2001/国家统计局普查中心编．
—北京：中国统计出版社，2001．7
ISBN 7-5037-3590-2

Ⅰ．中 ...
Ⅱ．国 ...
Ⅲ．组织机构—统计资料—中国—2001—年鉴
Ⅳ．C832－54

中国版本图书馆 CIP 数据核字(2001)第 047342 号

中国基本单位统计年鉴—2001

作　　者/国家统计局普查中心
责任编辑/陈悟朝
封面设计/张　冰
出版发行/中国统计出版社
通信地址/北京市西城区月坛南街 75 号　邮政编码/100826
办公地址/北京市丰台区西三环南路甲 6 号
电　　话/(010)63459084、63266600－22500(发行部)
印　　刷/科伦克三莱印务(北京)有限公司
经　　销/新华书店
开　　本/787×1092mm　1/16
字　　数/640 千字
印　　张/26.75
印　　数/1－1000 册
版　　别/2001 年 7 月第 1 版
版　　次/2001 年 7 月第 1 次印刷
书　　号/ISBN 7-5037-3590-2/C·1952
定　　价/128.00 元

《中国基本单位统计年鉴—2001》

编 辑 委 员 会

编者说明

一、《中国基本单位统计年鉴－2001》是一部反映中华人民共和国各类基本单位情况的资料性工具书。本书分为三部分，第一部分和第二部分是对近几年来全国各类法人单位按地区、国民经济行业、登记注册类型和从业人员、营业收入规模等进行各种分组汇总而成的综合资料；第三部分收录了近期全国部分限额以上工业企业、建筑业企业、批发零售贸易业企业和餐饮业企业名录。

二、1996 年数据来源于第一次全国基本单位普查资料，其他年份的数据来源于基本单位年度统计资料。

三、资料的汇总范围为我国境内从事社会经济活动的法人单位，未包括香港、澳门特别行政区和台湾省。

四、限额以上企业范围分别是：

工业企业： 全部国有工业企业法人单位及年销售收入 500 万元以上的非国有工业企业法人单位。

建筑业企业：资质等级四级及以上的建筑业企业法人单位。

批发业企业：年销售额 2000 万元及以上，且年末从业人员为 20 人及以上的批发业企业法人单位。

零售业企业：年销售额 500 万元及以上，且年末从业人员为 60 人及以上的零售业企业法人单位。

餐饮业企业：年营业额 200 万元及以上，且年末从业人员为 40 人及以上的餐饮业企业法人单位。

五、考虑到按地区进行国民经济核算的需要，对金融、保险业和邮电业的县一级机构均视为法人单位统计。

《中国基本单位统计年鉴－2001》内容系统、新颖，具有较强的实用性，可作为各级政府和经济管理部门进行宏观管理、制定政策的参考，也是企业生产经营及投资决策和科研机构、大专院校进行科研及教学活动的辅助资料。

恳请广大读者对本书提出宝贵意见。

目　　录

第一部分　全部法人单位

第二部分　限额以上企业法人单位

第三部分　2000 年部分限额以上企业名录一览表（按行业大类索引）

CONTENTS

Part 1 INSTITUTIONAL UNITS

Part 2 ENTERPRISES ABOVE DESIGNATED SIZE

Part 3 PARTIAL ENTERPRISES ABOVE DESIGNATED SIZE OF 2000

第一部分　全部法人单位

1-1 全部法人单位按行业门类分组的单位数

单位：个

行业门类	法人单位数				
	1996年	1997年	1998年	1999年	2000年
总计	4402276	4344278	4417508	4221995	4366141
农、林、牧、渔业	142003	142557	139496	135932	135788
采掘业	102454	101469	106272	93453	92862
制造业	1275912	1238692	1309299	1209389	1261701
电力、煤气及水的生产和供应业	27078	26670	26712	26595	27308
建筑业	126704	125471	125533	112968	118235
地质勘查业、水利管理业	20858	20821	21104	20150	20171
交通运输、仓储及邮电通信业	62793	61713	62559	57883	60177
批发和零售贸易、餐饮业	742608	731866	726655	712442	754762
金融、保险业	73824	74054	73941	69029	70228
房地产业	39693	40903	44606	44051	48363
社会服务业	154697	153461	160825	156948	173901
卫生、体育和社会福利业	116075	116167	116604	116209	118388
教育、文化艺术及广播电影电视业	267591	265168	266837	261996	266346
科学研究和综合技术服务业	46335	47694	47986	47868	51465
国家机关、政党机关和社会团体	1163943	1158144	1148491	1118239	1122089
其他行业	39708	39428	40588	38843	44357

1-2 全部法人单位按行业大类、地区分组的单位数

（2000年）　　　　单位：个

地　区	代码	总计	农业	林业	畜牧业
全　国	00	4366141	20799	17677	10620
北　京	11	95950	382	70	319
天　津	12	70060	57	20	44
河　北	13	187953	2275	268	409
山　西	14	117190	979	384	340
内蒙古	15	78468	293	381	250
辽　宁	21	193968	578	429	545
吉　林	22	78563	373	466	452
黑龙江	23	99205	422	351	269
上　海	31	322589	845	141	781
江　苏	32	272250	487	199	198
浙　江	33	265437	326	219	252
安　徽	34	164218	725	1721	594
福　建	35	164308	507	229	210
江　西	36	119559	2926	5126	424
山　东	37	324981	403	332	601
河　南	41	225806	1336	583	2725
湖　北	42	149958	879	668	127
湖　南	43	182055	1872	1783	206
广　东	44	337512	881	467	398
广　西	45	95597	451	699	150
海　南	46	17784	259	190	50
重　庆	50	81179	440	220	75
四　川	51	235239	708	775	232
贵　州	52	73124	105	91	30
云　南	53	80243	483	179	130
西　藏	54				
陕　西	61	195842	1103	1236	236
甘　肃	62	51072	166	184	111
青　海	63	19361	67	75	114
宁　夏	64	11778	85	62	41
新　疆	65	53982	384	129	307

1-2 续表 1

单位：个

地区	代码	渔业	农、林、牧、渔服务业	煤炭采选业	石油和天然气开采业
全国	00	8446	78246	36328	208
北京	11	49	524	185	
天津	12	51	335	10	13
河北	13	173	1749	1156	2
山西	14	33	1672	5968	
内蒙古	15	55	2312	1045	5
辽宁	21	436	3806	1093	3
吉林	22	116	3374	414	19
黑龙江	23	148	1962	989	9
上海	31	496	1937	2	4
江苏	32	562	7877	125	1
浙江	33	335	1846	77	2
安徽	34	1178	2988	458	
福建	35	240	1509	190	
江西	36	1172	2818	2616	
山东	37	644	2326	939	16
河南	41	391	3372	2450	5
湖北	42	432	3021	1037	5
湖南	43	593	1550	5526	
广东	44	627	1783	346	8
广西	45	169	3018	635	
海南	46	71	232	1	1
重庆	50	91	3647	1109	3
四川	51	124	9751	5579	23
贵州	52	6	4128	1100	1
云南	53	48	3049	672	2
西藏	54				
陕西	61	133	3869	1570	65
甘肃	62	16	1172	278	9
青海	63	4	529	42	3
宁夏	64	19	223	73	1
新疆	65	34	1867	642	8

1-2 续表 2

单位：个

地区	代码	黑色金属矿采选业	有色金属矿采选业	非金属矿采选业	木材及竹材采运业
全国	00	5867	7755	39967	2378
北京	11	20	16	258	
天津	12	1	1	111	
河北	13	1287	426	2120	7
山西	14	942	141	1151	3
内蒙古	15	142	193	531	21
辽宁	21	604	540	2743	41
吉林	22	36	97	722	72
黑龙江	23	9	72	714	80
上海	31	1	1	12	
江苏	32	19	19	1827	4
浙江	33	12	91	2195	12
安徽	34	161	240	2059	83
福建	35	70	61	1908	845
江西	36	57	475	1606	226
山东	37	212	487	3408	2
河南	41	369	719	2340	
湖北	42	332	250	2078	20
湖南	43	647	1290	3960	264
广东	44	142	346	3160	100
广西	45	178	430	773	31
海南	46	1	64	54	11
重庆	50	42	20	727	13
四川	51	242	421	2903	250
贵州	52	55	177	276	53
云南	53	123	447	451	100
西藏	54				
陕西	61	93	514	1183	107
甘肃	62	18	104	253	5
青海	63	8	34	129	4
宁夏	64	1	1	61	
新疆	65	34	65	243	17

1-2 续表 3　　　　　　　　　　　　　　单位：个

地区	代码	食品加工业	食品制造业	饮料制造业	烟草加工业
全　国	00	93483	38981	29783	553
北　京	11	573	635	282	4
天　津	12	786	738	280	3
河　北	13	5841	2409	851	8
山　西	14	2198	962	328	6
内蒙古	15	1119	398	377	4
辽　宁	21	3858	1573	1282	10
吉　林	22	779	561	753	10
黑龙江	23	2429	1258	975	21
上　海	31	1018	1577	448	9
江　苏	32	4342	1735	1104	15
浙　江	33	3232	1990	1950	8
安　徽	34	6926	1083	1505	26
福　建	35	4298	3525	3282	28
江　西	36	4294	677	674	11
山　东	37	9752	5189	1688	28
河　南	41	9198	2526	1331	47
湖　北	42	6380	1193	2087	31
湖　南	43	5922	1196	1314	22
广　东	44	5173	3725	1362	56
广　西	45	845	695	640	19
海　南	46	161	106	65	1
重　庆	50	1631	555	798	7
四　川	51	7682	1637	4257	27
贵　州	52	446	197	410	40
云　南	53	690	524	741	47
西　藏	54				
陕　西	61	2305	1472	585	20
甘　肃	62	687	330	148	30
青　海	63	141	64	26	
宁　夏	64	147	95	40	2
新　疆	65	608	347	188	13

1-2 续表 4

单位：个

地区	代码	纺织业	服装及其他纤维制品制造业	皮革、毛皮、羽绒及其制品业	木材加工及竹、藤、棕、草制品业
全国	00	55130	54818	24976	45500
北京	11	479	941	175	246
天津	12	1015	1315	349	339
河北	13	3643	1823	1136	1285
山西	14	446	343	133	236
内蒙古	15	432	368	248	231
辽宁	21	1671	1990	661	2471
吉林	22	354	464	185	1187
黑龙江	23	445	612	183	1963
上海	31	4030	6447	1615	1361
江苏	32	8995	4716	1507	4391
浙江	33	9242	6587	4651	2607
安徽	34	1361	682	419	1691
福建	35	2187	4893	1579	7249
江西	36	650	654	296	2216
山东	37	5162	2996	1687	2794
河南	41	2532	1233	1274	2253
湖北	42	1612	1461	445	1210
湖南	43	868	944	973	2764
广东	44	5654	12316	4435	3222
广西	45	364	380	192	1402
海南	46	28	48	15	76
重庆	50	600	673	537	329
四川	51	1503	1065	1317	1546
贵州	52	77	103	71	169
云南	53	177	309	164	563
西藏	54				
陕西	61	963	1016	308	1440
甘肃	62	192	134	162	130
青海	63	56	49	48	16
宁夏	64	41	50	34	18
新疆	65	343	189	176	82

1-2 续表 5

单位：个

地　区	代码	家具制造业	造纸及纸制品业	印刷业、记录媒介的复制	文教体育用品制造业
全　国	00	30061	37571	35141	14722
北　京	11	549	506	1001	231
天　津	12	303	781	699	407
河　北	13	1145	2464	1340	302
山　西	14	332	839	546	75
内蒙古	15	236	209	441	49
辽　宁	21	649	1216	1602	300
吉　林	22	266	436	853	97
黑龙江	23	401	432	724	130
上　海	31	1899	1570	2449	1616
江　苏	32	1431	2235	3114	1698
浙　江	33	1409	3256	3467	2142
安　徽	34	702	981	1006	412
福　建	35	2161	3514	3014	1642
江　西	36	1025	698	547	239
山　东	37	3221	3317	2388	813
河　南	41	1866	2714	1412	330
湖　北	42	1314	1174	877	175
湖　南	43	1452	1647	1092	298
广　东	44	4807	4183	3930	2913
广　西	45	425	714	549	86
海　南	46	75	46	71	11
重　庆	50	556	298	478	75
四　川	51	1615	1419	1282	248
贵　州	52	113	186	291	43
云　南	53	331	353	463	68
西　藏	54				
陕　西	61	1387	1993	902	221
甘　肃	62	149	170	211	41
青　海	63	20	18	50	7
宁　夏	64	38	52	74	17
新　疆	65	179	150	256	33

1-2 续表 6

单位：个

地 区	代码	石油加工及炼焦业	化学原料及化学制品制造业	医药制造业	化学纤维制造业
全 国	00	7007	61244	8748	3355
北 京	11	111	1376	286	44
天 津	12	121	2194	230	88
河 北	13	387	3238	333	171
山 西	14	1940	1267	203	16
内蒙古	15	173	603	92	3
辽 宁	21	807	3630	554	148
吉 林	22	94	975	412	31
黑龙江	23	160	1007	186	17
上 海	31	205	3822	583	260
江 苏	32	438	8168	606	632
浙 江	33	130	4413	754	459
安 徽	34	52	1772	323	94
福 建	35	22	820	141	86
江 西	36	33	1127	168	16
山 东	37	536	5245	491	383
河 南	41	431	4157	514	104
湖 北	42	91	1887	294	59
湖 南	43	123	2047	201	63
广 东	44	190	4634	615	503
广 西	45	30	973	222	28
海 南	46	2	124	83	10
重 庆	50	19	791	128	10
四 川	51	287	2755	492	51
贵 州	52	103	597	131	3
云 南	53	60	880	165	11
西 藏	54				
陕 西	61	275	1626	380	49
甘 肃	62	48	524	44	9
青 海	63	4	85	10	
宁 夏	64	20	128	20	1
新 疆	65	115	371	72	6

1-2 续表 7

单位：个

地区	代码	橡胶制品业	塑料制品业	非金属矿物制品业	黑色金属冶炼及压延加工业
全　国	00	12375	60126	211798	16311
北　京	11	126	737	1738	81
天　津	12	440	1126	1264	421
河　北	13	862	2762	11520	1916
山　西	14	121	393	7474	1767
内蒙古	15	57	325	2728	421
辽　宁	21	837	2282	7124	1477
吉　林	22	195	676	2467	208
黑龙江	23	182	682	2689	148
上　海	31	1035	4178	3040	458
江　苏	32	1284	5881	12394	1084
浙　江	33	1712	9425	8222	678
安　徽	34	268	1688	10231	227
福　建	35	780	4099	9539	1141
江　西	36	138	549	9187	219
山　东	37	1337	4611	23418	821
河　南	41	457	2598	26276	842
湖　北	42	200	1198	10792	442
湖　南	43	198	1156	14966	420
广　东	44	999	10689	11924	969
广　西	45	93	721	3366	220
海　南	46	31	54	279	11
重　庆	50	178	637	2661	199
四　川	51	295	1483	12644	829
贵　州	52	72	199	1133	243
云　南	53	116	453	2087	301
西　藏	54				
陕　西	61	275	963	9265	422
甘　肃	62	30	219	1512	117
青　海	63	10	26	324	73
宁　夏	64	13	63	357	47
新　疆	65	34	250	1150	108

1-2 续表 8 单位：个

地区	代码	有色金属冶炼及压延加工业	金属制品业	普通机械制造业	专用设备制造业
全国	00	11286	92581	85178	43870
北京	11	151	2205	1228	1052
天津	12	290	2894	2140	1190
河北	13	563	4742	3983	1739
山西	14	231	1298	1621	590
内蒙古	15	236	854	942	371
辽宁	21	800	5119	8059	3053
吉林	22	90	974	1177	682
黑龙江	23	70	1261	1461	1034
上海	31	691	9719	6913	4067
江苏	32	1358	9357	11406	6200
浙江	33	1027	9883	12944	4904
安徽	34	253	1870	1853	1069
福建	35	251	3834	3425	999
江西	36	200	958	893	543
山东	37	442	7677	7601	4084
河南	41	855	2947	3638	3045
湖北	42	201	2265	1671	969
湖南	43	657	2086	2295	1155
广东	44	1115	12875	3657	2245
广西	45	209	985	822	563
海南	46	11	90	22	50
重庆	50	91	1267	1483	414
四川	51	397	2668	2362	1397
贵州	52	240	359	229	124
云南	53	360	1039	535	330
西藏	54				
陕西	61	276	2048	2136	1505
甘肃	62	84	527	330	243
青海	63	40	116	57	51
宁夏	64	28	107	81	56
新疆	65	68	552	212	139

1-2 续表 9

单位：个

地区	代码	交通运输设备制造业	电气机械及器材制造业	电子及通信设备制造业	仪器仪表及文化、办公用机械制造业
全国	00	50523	49440	21627	12724
北京	11	1297	912	817	476
天津	12	2020	1407	631	529
河北	13	2048	1795	458	239
山西	14	588	299	52	58
内蒙古	15	373	260	87	32
辽宁	21	3147	2996	707	942
吉林	22	1051	531	152	157
黑龙江	23	813	751	139	207
上海	31	4043	6031	2531	2106
江苏	32	4031	6530	2748	1266
浙江	33	6733	7916	2693	2058
安徽	34	1063	999	315	217
福建	35	2648	2305	1818	721
江西	36	781	434	140	104
山东	37	3967	2743	706	585
河南	41	1804	1568	252	286
湖北	42	1535	686	227	172
湖南	43	1360	927	231	147
广东	44	3425	6724	5472	1267
广西	45	750	400	157	74
海南	46	121	36	33	10
重庆	50	2198	447	130	292
四川	51	1940	1154	484	212
贵州	52	323	127	48	29
云南	53	693	252	51	81
西藏	54				
陕西	61	1114	852	487	380
甘肃	62	239	160	30	43
青海	63	76	21	3	4
宁夏	64	64	47	10	18
新疆	65	253	130	18	12

1-2 续表10

单位：个

地区	代码	其他制造业	电力、蒸汽、热水的生产和供应业	煤气生产和供应业	自来水的生产和供应业
全国	00	52607	18615	833	7860
北京	11	583	64	12	12
天津	12	822	97	29	18
河北	13	1616	348	39	127
山西	14	347	290	21	134
内蒙古	15	332	193	8	97
辽宁	21	1139	368	36	143
吉林	22	242	296	11	85
黑龙江	23	383	220	6	112
上海	31	2253	58	42	256
江苏	32	3061	186	55	905
浙江	33	5070	1354	56	593
安徽	34	1014	612	65	405
福建	35	12722	1607	9	359
江西	36	1359	1341	14	162
山东	37	4628	329	71	176
河南	41	2461	450	28	177
湖北	42	1049	802	34	883
湖南	43	3031	1336	17	360
广东	44	5605	3173	81	871
广西	45	708	538	12	315
海南	46	56	104	11	37
重庆	50	431	375	17	170
四川	51	1538	2147	113	765
贵州	52	179	437	7	150
云南	53	286	634	9	167
西藏	54				
陕西	61	1114	551	16	174
甘肃	62	294	205	6	64
青海	63	89	98		33
宁夏	64	28	33	1	15
新疆	65	141	299	7	89

1-2 续表11

单位：个

地　区	代码	土木工程建筑业	线路、管道和设备安装业	装修装饰业	地质勘探业
全　国	00	83928	14477	19830	2503
北　京	11	1423	825	1253	55
天　津	12	1186	808	707	52
河　北	13	3265	281	247	89
山　西	14	1779	232	170	81
内蒙古	15	1591	201	141	87
辽　宁	21	4093	1392	1177	138
吉　林	22	1121	310	214	81
黑龙江	23	2024	478	259	109
上　海	31	4305	2564	3373	76
江　苏	32	3881	636	743	79
浙　江	33	3920	953	1478	116
安　徽	34	4208	411	739	82
福　建	35	1895	219	362	81
江　西	36	1890	129	166	72
山　东	37	10806	1150	2089	130
河　南	41	4524	400	412	136
湖　北	42	4236	170	326	91
湖　南	43	6775	195	169	65
广　东	44	4250	1199	2383	137
广　西	45	1312	187	300	89
海　南	46	417	84	146	34
重　庆	50	1990	204	314	20
四　川	51	4229	383	704	133
贵　州	52	678	56	58	46
云　南	53	2058	237	498	95
西　藏	54				
陕　西	61	3661	443	999	105
甘　肃	62	621	67	107	65
青　海	63	318	34	51	43
宁　夏	64	499	96	128	18
新　疆	65	840	133	117	95

1-2 续表12

单位：个

地 区	代码	水利管理业	铁路运输业	公路运输业	管道运输业
全 国	00	17668	640	20496	44
北 京	11	186	24	382	1
天 津	12	247	13	646	2
河 北	13	362	88	651	1
山 西	14	529	16	650	
内蒙古	15	534	7	286	2
辽 宁	21	1025	13	1004	5
吉 林	22	854	11	324	3
黑龙江	23	566	48	833	2
上 海	31	267	20	1619	4
江 苏	32	1973	29	1188	2
浙 江	33	550	44	1241	2
安 徽	34	988	42	967	
福 建	35	309	11	789	
江 西	36	461	4	778	
山 东	37	647	20	1737	3
河 南	41	879	37	753	3
湖 北	42	852	37	742	4
湖 南	43	685	11	823	
广 东	44	935	78	1311	1
广 西	45	614	21	459	
海 南	46	91	2	82	
重 庆	50	215	7	315	
四 川	51	689	10	906	1
贵 州	52	964	11	138	
云 南	53	527	6	393	
西 藏	54				
陕 西	61	844	5	716	2
甘 肃	62	345	8	214	3
青 海	63	135	3	95	
宁 夏	64	54	1	70	1
新 疆	65	341	13	369	2

1-2 续表13 单位：个

地区	代码	水上运输业	航空运输业	交通运输辅助业	其他交通运输业
全国	00	4145	171	19509	309
北京	11	3	8	279	12
天津	12	25	6	656	8
河北	13	7	4	532	5
山西	14	2		379	3
内蒙古	15		2	376	1
辽宁	21	76	7	1268	8
吉林	22	3	2	335	2
黑龙江	23	23	1	627	5
上海	31	631	12	1815	39
江苏	32	605	10	1461	40
浙江	33	319	11	1307	10
安徽	34	316	8	638	11
福建	35	216	6	553	12
江西	36	174	4	898	5
山东	37	158	11	828	9
河南	41	32	3	726	9
湖北	42	260	4	798	11
湖南	43	195	3	673	5
广东	44	504	33	1232	59
广西	45	206	6	554	5
海南	46	70	8	120	
重庆	50	136	3	375	8
四川	51	140	2	911	11
贵州	52	12	2	303	
云南	53	15	3	426	6
西藏	54				
陕西	61	12	3	656	8
甘肃	62	2		224	3
青海	63		2	129	2
宁夏	64	3	2	52	
新疆	65		5	378	12

1-2 续表14　　　　单位：个

地　区	代码	仓储业	邮电通信业	食品、饮料、烟草和家庭用品批发业	能源、材料和机械电子设备批发业
全　国	00	7746	7117	175716	185498
北　京	11	249	67	5069	5040
天　津	12	494	175	4013	4353
河　北	13	157	331	5192	4008
山　西	14	151	235	2301	2796
内蒙古	15	96	308	2202	2021
辽　宁	21	465	172	8918	16521
吉　林	22	178	110	3028	2568
黑龙江	23	122	226	3639	4211
上　海	31	2043	445	36230	42112
江　苏	32	408	208	9830	10687
浙　江	33	539	443	10019	10740
安　徽	34	210	350	4981	4076
福　建	35	173	207	5191	5233
江　西	36	158	177	3776	2844
山　东	37	491	264	11097	11486
河　南	41	350	430	5818	5391
湖　北	42	96	151	3668	3180
湖　南	43	134	209	3529	2459
广　东	44	400	783	21187	17624
广　西	45	93	151	3469	3775
海　南	46	14	79	1093	782
重　庆	50	46	131	2202	2384
四　川	51	164	236	5132	5615
贵　州	52	41	225	1336	897
云　南	53	83	320	2950	3463
西　藏	54				
陕　西	61	212	198	5373	6385
甘　肃	62	90	190	1306	1045
青　海	63	15	100	418	859
宁　夏	64	14	54	686	894
新　疆	65	60	142	2048	2040

1-2 续表15 单位：个

地 区	代码	其他批发业	零售业	商业经纪与代理业	餐饮业
全 国	00	43839	291273	3847	54589
北 京	11	855	11535	75	2560
天 津	12	851	6998	591	1116
河 北	13	1905	8497	20	1318
山 西	14	473	6556	23	802
内蒙古	15	510	5729	5	3074
辽 宁	21	2076	13477	387	3164
吉 林	22	640	5674	5	791
黑龙江	23	908	7327	22	1146
上 海	31	6627	55845	1622	8130
江 苏	32	2316	13910	51	2784
浙 江	33	2114	9438	121	1655
安 徽	34	1855	7862	86	1451
福 建	35	1222	8440		1149
江 西	36	1250	6107	23	1095
山 东	37	2505	14082	164	4903
河 南	41	2100	10145	42	2298
湖 北	42	1073	8997	41	2094
湖 南	43	921	6402	25	1068
广 东	44	6939	30592	302	5719
广 西	45	1004	6445	57	1022
海 南	46	337	1302	42	273
重 庆	50	438	4761	8	770
四 川	51	1214	9962	39	2123
贵 州	52	434	2515		256
云 南	53	739	5847	10	558
西 藏	54				
陕 西	61	1120	12130	55	2060
甘 肃	62	469	3437	5	392
青 海	63	111	1846	7	160
宁 夏	64	177	1312	1	191
新 疆	65	634	3812	18	429

1-2 续表16　　　　单位：个

地　区	代码	金融业	保险业	房地产开发与经营业	房地产管理业
全　国	00	64207	6021	32609	11940
北　京	11	911	50	897	1173
天　津	12	412	68	905	355
河　北	13	4620	261	518	186
山　西	14	2600	215	261	94
内蒙古	15	1832	241	379	195
辽　宁	21	2511	259	1333	589
吉　林	22	1186	137	471	245
黑龙江	23	1469	262	466	206
上　海	31	1744	131	5618	3088
江　苏	32	2137	212	1570	782
浙　江	33	2630	219	2216	632
安　徽	34	2713	213	941	517
福　建	35	1430	203	1832	417
江　西	36	2273	235	261	14
山　东	37	3418	383	1335	315
河　南	41	3162	354	1072	240
湖　北	42	1655	223	1056	167
湖　南	43	4521	301	745	152
广　东	44	3862	366	5748	1414
广　西	45	1736	168	935	220
海　南	46	311	42	861	123
重　庆	50	1752	88	651	93
四　川	51	6559	293	249	184
贵　州	52	1005	167	639	61
云　南	53	2107	247	391	97
西　藏	54				
陕　西	61	3067	254	691	191
甘　肃	62	1145	158	176	83
青　海	63	326	71	113	10
宁　夏	64	224	44	53	42
新　疆	65	889	156	226	55

1-2 续表17　　单位：个

地区	代码	房地产经纪与代理业	公共设施服务业	居民服务业	旅馆业
全国	00	3814	22914	30941	28425
北京	11	106	1395	1834	1724
天津	12	71	661	794	574
河北	13	32	466	531	695
山西	14	35	416	407	574
内蒙古	15	44	480	907	759
辽宁	21	65	1204	1919	1470
吉林	22	42	560	472	667
黑龙江	23	46	760	589	803
上海	31	1215	2653	6720	2072
江苏	32	177	1692	2027	1338
浙江	33	159	1520	1458	1905
安徽	34	122	764	892	1097
福建	35	127	415	1393	1341
江西	36	2	525	360	749
山东	37	102	1139	1215	1552
河南	41	62	873	851	1645
湖北	42	45	814	469	710
湖南	43	26	731	294	628
广东	44	924	1857	3333	1871
广西	45	63	435	507	866
海南	46	13	152	108	408
重庆	50	26	330	900	370
四川	51	98	842	821	1060
贵州	52	12	331	147	244
云南	53	53	546	417	900
西藏	54				
陕西	61	103	648	946	1193
甘肃	62	17	213	202	484
青海	63	12	70	44	143
宁夏	64	9	118	72	115
新疆	65	6	304	312	466

1-2 续表18 单位：个

地　区	代码	租赁服务业	旅游业	娱乐服务业	信息、咨询服务业
全　国	00	3086	5556	9091	46738
北　京	11	398	378	349	6243
天　津	12	184	104	149	1169
河　北	13	24	110	76	483
山　西	14	28	50	80	510
内蒙古	15	49	69	56	645
辽　宁	21	119	188	315	1830
吉　林	22	23	90	93	816
黑龙江	23	33	94	94	765
上　海	31	595	560	1850	9335
江　苏	32	196	272	560	2898
浙　江	33	184	411	612	2578
安　徽	34	66	231	191	1662
福　建	35	136	242	701	1412
江　西	36	19	77	81	517
山　东	37	138	294	165	2334
河　南	41	183	254	191	1447
湖　北	42	8	122	133	605
湖　南	43	13	132	108	574
广　东	44	225	585	1295	4662
广　西	45	24	177	163	653
海　南	46	27	230	69	188
重　庆	50	25	94	183	582
四　川	51	113	151	470	1333
贵　州	52	17	41	10	155
云　南	53	65	272	227	680
西　藏	54				
陕　西	61	113	152	664	1591
甘　肃	62	19	55	56	305
青　海	63	3	19	22	79
宁　夏	64	11	14	16	140
新　疆	65	48	88	112	547

1-2 续表19　　　　单位：个

地区	代码	计算机应用服务业	其他社会服务业	卫生	体育
全国	00	10142	17008	101414	2170
北京	11	2558	1508	671	133
天津	12	227	397	781	47
河北	13	49	214	5153	58
山西	14	34	190	3188	34
内蒙古	15	184	422	2230	57
辽宁	21	357	750	3716	92
吉林	22	64	254	1729	62
黑龙江	23	126	454	2362	66
上海	31	2489	2190	1213	284
江苏	32	310	1226	3550	132
浙江	33	494	1051	3695	98
安徽	34	246	577	7941	61
福建	35	165	282	2389	53
江西	36	30	225	2762	34
山东	37	270	561	3965	91
河南	41	244	539	4111	68
湖北	42	40	280	3257	71
湖南	43	23	301	3775	60
广东	44	1508	3864	4002	224
广西	45	80	284	2883	54
海南	46	24	70	487	10
重庆	50	62	137	2754	26
四川	51	117	329	8795	105
贵州	52	6	110	2874	41
云南	53	69	206	2650	48
西藏	54				
陕西	61	278	248	16914	69
甘肃	62	25	103	1515	32
青海	63	2	37	487	13
宁夏	64	17	33	303	15
新疆	65	44	166	1262	32

1-2 续表20 单位：个

地　区	代码	社会福利保障业	教育	文化艺术业	广播电影电视业
全　国	00	14804	218304	31203	16839
北　京	11	187	2950	1369	175
天　津	12	121	2504	310	106
河　北	13	534	6777	729	418
山　西	14	371	5720	850	370
内蒙古	15	402	4667	790	433
辽　宁	21	754	6456	964	623
吉　林	22	783	4402	776	565
黑龙江	23	442	4797	680	442
上　海	31	1006	5110	1358	633
江　苏	32	1148	10042	1892	1795
浙　江	33	662	8158	1528	810
安　徽	34	619	14301	1006	613
福　建	35	427	4286	807	530
江　西	36	886	6268	731	456
山　东	37	731	7329	1162	578
河　南	41	579	8933	1232	678
湖　北	42	585	11781	1109	955
湖　南	43	459	6953	819	423
广　东	44	659	15035	1216	958
广　西	45	295	8309	887	550
海　南	46	73	1391	168	81
重　庆	50	319	5226	549	570
四　川	51	813	13156	2085	1211
贵　州	52	183	5271	446	798
云　南	53	377	4926	941	538
西　藏	54				
陕　西	61	869	33148	1236	760
甘　肃	62	146	5081	480	195
青　海	63	78	874	1903	110
宁　夏	64	58	607	178	85
新　疆	65	238	3845	3002	380

1-2 续表21 单位：个

地 区	代码	科学研究业	综合技术服务业	国家机关	政党机关
全 国	00	7989	43476	240892	34382
北 京	11	558	7909	1570	97
天 津	12	123	2721	1412	123
河 北	13	201	768	10861	1396
山 西	14	121	624	9938	1532
内蒙古	15	177	795	7486	1019
辽 宁	21	496	2504	8100	912
吉 林	22	256	867	5793	657
黑龙江	23	268	1030	8851	1021
上 海	31	643	5038	2637	404
江 苏	32	431	2488	11301	2981
浙 江	33	362	1876	6990	982
安 徽	34	277	1156	10593	1418
福 建	35	198	895	6553	1179
江 西	36	209	698	7699	1412
山 东	37	391	1796	12906	1792
河 南	41	331	1294	12619	1774
湖 北	42	318	947	11583	939
湖 南	43	251	824	10503	1391
广 东	44	466	2162	11841	1520
广 西	45	267	833	11571	1224
海 南	46	87	277	1381	183
重 庆	50	82	470	4555	735
四 川	51	448	1341	17200	2198
贵 州	52	116	396	8786	1007
云 南	53	198	931	9866	1453
西 藏	54				
陕 西	61	330	1429	10298	1353
甘 肃	62	133	419	6977	1868
青 海	63	43	175	2513	485
宁 夏	64	57	193	1445	198
新 疆	65	151	620	7027	1127

1-2续表22

单位：个

地　区	代码	社会团体	基层群众自治组织	其他行业
全　国	00	38951	807864	44357
北　京	11	481	8375	1284
天　津	12	336	5991	855
河　北	13	890	52757	1150
山　西	14	1253	33002	738
内蒙古	15	1523	17498	419
辽　宁	21	1337	26397	1839
吉　林	22	664	16945	1084
黑龙江	23	936	22138	1287
上　海	31	3134	7764	4772
江　苏	32	2974	38445	4631
浙　江	33	2684	46787	2746
安　徽	34	1864	32233	1209
福　建	35	2421	16521	1414
江　西	36	995	23036	1170
山　东	37	1575	97236	1346
河　南	41	1402	52023	1221
湖　北	42	1088	30928	932
湖　南	43	1276	51545	1871
广　东	44	1757	25486	7927
广　西	45	1554	15606	1418
海　南	46	199	2856	176
重　庆	50	642	20436	309
四　川	51	2187	60024	1810
贵　州	52	579	27842	953
云　南	53	1077	13655	439
西　藏	54			
陕　西	61	1999	35011	644
甘　肃	62	933	11838	384
青　海	63	337	4330	108
宁　夏	64	163	881	120
新　疆	65	691	10278	101

1-3 全部法人单位按三次产业、地区分组的单位数

（2000年） 单位：个

地区	代码	法人单位数	第一产业	第二产业	第三产业
全国	00	4366141	57542	1500106	2808493
北京	11	95950	820	22923	72207
天津	12	70060	172	27807	42081
河北	13	187953	3125	69955	114873
山西	14	117190	1736	35550	79904
内蒙古	15	78468	979	16179	61310
辽宁	21	193968	1988	72351	119629
吉林	22	78563	1407	19470	57686
黑龙江	23	99205	1190	25751	72264
上海	31	322589	2263	86596	233730
江苏	32	272250	1446	120139	150665
浙江	33	265437	1132	130343	133962
安徽	34	164218	4218	49566	110434
福建	35	164308	1186	90252	72870
江西	36	119559	9648	37543	72368
山东	37	324981	1980	128021	194980
河南	41	225806	5035	90865	129906
湖北	42	149958	2106	51912	95940
湖南	43	182055	4454	70145	107456
广东	44	337512	2373	140753	194386
广西	45	95597	1469	21378	72750
海南	46	17784	570	2658	14556
重庆	50	81179	826	22921	57432
四川	51	235239	1839	72369	161031
贵州	52	73124	232	9347	63545
云南	53	80243	840	17537	61866
西藏	54				
陕西	61	195842	2708	45182	147952
甘肃	62	51072	477	8583	42012
青海	63	19361	260	2240	16861
宁夏	64	11778	207	2607	8964
新疆	65	53982	854	8690	44438

1-4 全部法人单位按行业小类分组的单位数

（2000年） 单位：个

行业小类	代码	法人单位数	从事单一活动或位于一个地点的法人单位	从事多种活动或位于多个地点的法人单位
总计	0000	4366141	3992281	373860
农、林、牧、渔业	AAAA	135788	128634	7154
农业	0100	20799	19250	1549
种植业	0110	20155	18630	1525
其他农业	0190	644	620	24
林业	0200	17677	16739	938
畜牧业	0300	10620	10210	410
牲畜饲养放牧业	0310	5565	5273	292
家禽饲养业	0320	4240	4141	99
狩猎业	0330	71	69	2
其他畜牧业	0390	744	727	17
渔业	0400	8446	8156	290
海洋渔业	0410	1665	1520	145
海水养殖业	0411	1299	1200	99
海洋捕捞业	0412	366	320	46
淡水渔业	0420	6781	6636	145
淡水养殖业	0421	6660	6521	139
淡水捕捞业	0422	121	115	6
农、林、牧、渔服务业	0500	78246	74279	3967
农业服务业	0510	40678	38201	2477
林业服务业	0520	8343	8032	311
畜牧兽医服务业	0530	22801	21897	904
渔业服务业	0540	2931	2819	112
其他农、林、牧、渔服务业	0590	3493	3330	163
采掘业	BBBB	92862	90818	2044
煤炭采选业	0600	36328	35425	903
煤炭开采业	0610	34799	33987	812
煤炭洗选业	0620	1529	1438	91

1-4 续表 1

单位：个

行业小类	代码	法人单位数	从事单一活动或位于一个地点的法人单位	从事多种活动或位于多个地点的法人单位
石油和天然气开采业	0700	208	179	29
天然原油开采业	0710	165	141	24
天然气开采业	0720	38	33	5
油页岩开采业	0730	5	5	
黑色金属矿采选业	0800	5867	5786	81
铁矿采选业	0810	4954	4888	66
其他黑色金属矿采选业	0820	913	898	15
锰矿采选业	0821	888	874	14
铬矿采选业	0822	25	24	1
有色金属矿采选业	0900	7755	7565	190
重有色金属矿采选业	0910	3285	3194	91
铜矿采选业	0911	804	770	34
铅锌矿采选业	0912	1558	1530	28
镍钴矿采选业	0914	10	9	1
锡矿采选业	0915	456	434	22
锑矿采选业	0916	367	364	3
汞矿采选业	0917	10	7	3
其他重有色金属矿采选业	0919	80	80	
轻有色金属矿采选业	0930	723	717	6
铝矿采选业	0931	321	319	2
镁矿采选业	0932	140	137	3
钛矿采选业	0933	188	188	
其他轻有色金属矿采选业	0939	74	73	1
贵金属矿采选业	0950	2818	2743	75
金矿采选业	0951	2751	2678	73
银矿采选业	0952	60	59	1
其他贵金属矿采选业	0959	7	6	1
稀有稀土金属矿采选业	0960	929	911	18

1-4 续表 2　　单位：个

行业小类	代码	法人单位数	从事单一活动或位于一个地点的法人单位	从事多种活动或位于多个地点的法人单位
钨钼矿采选业	0961	477	465	12
稀有高熔点金属矿采选业	0963	33	33	
稀散金属矿采选业	0964	9	9	
非金属矿采选业	1000	39967	39627	340
土砂石开采业	1010	32356	32162	194
石灰石开采业	1011	7042	6990	52
建筑装饰用石开采业	1012	10796	10725	71
耐火土石开采业	1013	1334	1323	11
其他土砂石开采业	1019	13184	13124	60
化学矿采选业	1020	1852	1806	46
硫矿采选业	1021	760	741	19
磷矿采选业	1022	485	464	21
天然钾盐采选业	1023	20	19	1
硼矿采选业	1024	91	90	1
其他化学矿采选业	1029	496	492	4
采盐业	1030	897	852	45
海盐业	1031	684	659	25
湖盐业	1032	47	44	3
井盐业	1033	129	120	9
矿盐业	1034	37	29	8
其他非金属矿采选业	1090	4862	4807	55
石棉采选业	1091	123	115	8
云母采选业	1092	55	52	3
石墨采选业	1093	314	310	4
石膏采选业	1094	538	531	7
宝石、玉石采选业	1095	87	83	4
水晶采选业	1096	22	22	
滑石采选业	1097	354	351	3

1-4 续表 3

单位：个

行业小类	代码	法人单位数	从事单一活动或位于一个地点的法人单位	从事多种活动或位于多个地点的法人单位
其他类未包括的非金属矿采选业	1099	3369	3343	26
木材及竹材采运业	1200	2378	1928	450
木材采运业	1210	2294	1845	449
竹材采运业	1220	84	83	1
制造业	CCCC	1261701	1237885	23816
食品加工业	1300	93483	91860	1623
粮食及饲料加工业	1310	58187	57381	806
碾米业	1311	21809	21699	110
磨粉业	1312	21784	21398	386
面、米制品业	1313	5078	4986	92
配合及混合饲料制造业	1314	7232	7043	189
蛋白饲料制造业	1315	658	645	13
水产饲料制造业	1317	686	680	6
其他饲料制造业	1319	940	930	10
植物油加工业	1320	13258	13026	232
食用植物油加工业	1321	12759	12531	228
非食用植物油加工业	1322	499	495	4
制糖业	1330	953	874	79
甘蔗糖业	1331	586	532	54
甜菜糖业	1332	104	83	21
加工糖业	1334	263	259	4
屠宰及肉类蛋类加工业	1340	8778	8512	266
屠宰业	1341	2571	2492	79
肉制品加工业	1342	5025	4854	171
肉类副产品加工业	1343	760	749	11
蛋品加工业	1344	422	417	5
水产品加工业	1350	5821	5695	126
冷冻水产品加工业	1351	4210	4106	104

1-4 续表 4 单位：个

行业小类	代码	法人单位数	从事单一活动或位于一个地点的法人单位	从事多种活动或位于多个地点的法人单位
干制水产品加工业	1352	635	628	7
腌制水产品加工业	1353	264	260	4
鱼糜及鱼糜制品加工业	1354	197	193	4
其它水产品加工业	1359	515	508	7
盐加工业	1360	186	180	6
其他食品加工业	1390	6300	6192	108
食品制造业	1400	38981	37971	1010
糕点、糖果制造业	1410	14215	13797	418
糖果业	1411	2609	2544	65
糕点业	1412	5108	4876	232
饼干业	1413	1431	1410	21
方便主食品业	1414	1583	1535	48
蜜饯业	1415	2436	2418	18
其他糕点、糖果制品业	1419	1048	1014	34
乳制品制造业	1420	1024	977	47
罐头食品制造业	1430	4026	3964	62
肉类罐头制造业	1431	251	239	12
禽类罐头制造业	1432	77	74	3
水产罐头制造业	1433	136	131	5
水果罐头制造业	1434	1418	1399	19
蔬菜罐头制造业	1435	1527	1510	17
其他罐头食品制造业	1439	617	611	6
发酵制品业	1440	905	876	29
氨基酸制造业	1441	106	105	1
味精制造业	1442	185	173	12
柠檬酸制造业	1443	64	60	4
酵母制品业	1444	222	217	5
酶制剂制造业	1445	129	128	1

1-4 续表 5

单位：个

行业小类	代码	法人单位数	从事单一活动或位于一个地点的法人单位	从事多种活动或位于多个地点的法人单位
其他发酵制品业	1449	199	193	6
调味品制造业	1450	6006	5829	177
酱油、酱类制造业	1451	3673	3537	136
食醋制造业	1452	645	632	13
调味料制造业	1453	920	908	12
调味油制造业	1454	214	208	6
其他调味品制造业	1459	554	544	10
其他食品制造业	1490	12805	12528	277
豆制品制造业	1491	1801	1768	33
淀粉及淀粉制品业	1492	4821	4704	117
代乳品制造业	1493	77	76	1
制冰业	1495	567	560	7
淀粉糖业	1497	265	262	3
冷冻饮品制造业	1498	2362	2290	72
其他类未包括的食品制造业	1499	2912	2868	44
饮料制造业	1500	29783	29199	584
酒精及饮料酒制造业	1510	13951	13602	349
酒精制造业	1511	459	441	18
白酒制造业	1512	10579	10334	245
啤酒制造业	1513	975	925	50
黄酒制造业	1514	1104	1090	14
葡萄酒制造业	1515	271	263	8
果露酒制造业	1516	563	549	14
软饮料制造业	1520	7486	7334	152
碳酸饮料制造业	1521	2879	2825	54
天然矿泉水制造业	1522	1775	1747	28
果菜汁饮料制造业	1523	1308	1277	31
固体饮料制造业	1524	595	584	11

1-4 续表 6

单位：个

行业小类	代码	法人单位数	从事单一活动或位于一个地点的法人单位	从事多种活动或位于多个地点的法人单位
其他软饮料制造业	1529	929	901	28
制茶业	1550	7216	7156	60
其他饮料制造业	1590	1130	1107	23
烟草加工业	1600	553	494	59
烟叶复烤业	1610	173	166	7
卷烟制造业	1620	253	207	46
其他烟草加工业	1690	127	121	6
纺织业	1700	55130	53870	1260
纤维原料初步加工业	1710	3974	3846	128
轧花业	1711	2160	2056	104
洗毛业	1712	277	269	8
亚麻纤维初步加工业	1713	177	176	1
苎麻纤维初步加工业	1714	203	200	3
其他纤维原料初步加工业	1719	1157	1145	12
棉纺织业	1720	21377	20793	584
棉纺业	1721	3958	3773	185
棉织业	1722	6974	6782	192
印染业	1723	2999	2951	48
棉制品业	1724	4046	3939	107
棉线带制造业	1725	1789	1761	28
帘子布制造业	1726	342	336	6
其他棉纺织业	1729	1269	1251	18
毛纺织业	1740	5551	5454	97
毛条加工业	1741	424	419	5
毛纺业	1742	2230	2174	56
毛织业	1743	1619	1601	18
毛染整业	1744	394	394	
工业用呢、工业用毡制造业	1745	338	332	6

1-4 续表 7

单位：个

行业小类	代码	法人单位数	从事单一活动或位于一个地点的法人单位	从事多种活动或位于多个地点的法人单位
其他毛纺织业	1749	546	534	12
麻纺织业	1760	838	810	28
苎麻纺织业	1761	202	191	11
亚麻纺织业	1762	107	101	6
黄、洋、青麻纺织业	1763	295	289	6
其他麻纺织业	1769	234	229	5
丝绢纺织业	1770	6785	6674	111
缫丝业	1771	1342	1316	26
绢纺业	1772	395	391	4
丝织业	1773	3270	3222	48
丝印染业	1774	537	531	6
丝制品业	1775	888	868	20
其他丝绢纺织业	1779	353	346	7
针织品业	1780	13319	13059	260
棉针织品业	1781	5571	5436	135
毛针织品业	1782	4477	4399	78
丝针织品业	1783	1093	1074	19
其他针织品业	1789	2178	2150	28
其他纺织业	1790	3286	3234	52
服装及其他纤维制品制造业	1800	54818	53730	1088
服装制造业	1810	45842	44894	948
制帽业	1820	1063	1050	13
制鞋业	1830	5047	4973	74
其他纤维制品制造业	1890	2866	2813	53
皮革、毛皮、羽绒及其制品业	1900	24976	24584	392
制革业	1910	3025	2982	43
轻革业	1911	2136	2107	29
重革业	1912	171	169	2

1-4 续表 8

单位：个

行业小类	代码	法人单位数	从事单一活动或位于一个地点的法人单位	从事多种活动或位于多个地点的法人单位
其他制革业	1919	718	706	12
皮革制品制造业	1920	18426	18127	299
皮鞋制造业	1921	10709	10550	159
革皮服装制造业	1923	2254	2204	50
皮箱制造业	1924	930	912	18
皮包制造业	1925	2331	2295	36
其他类未包括的皮革制品业	1929	2202	2166	36
毛皮鞣制及制品业	1930	1608	1588	20
毛皮鞣制业	1931	695	687	8
毛皮服装业	1932	365	357	8
其他毛皮制品业	1939	548	544	4
羽毛（绒）及制品业	1950	1917	1887	30
羽毛（绒）加工业	1951	801	789	12
羽毛（绒）制品业	1952	1116	1098	18
木材加工及竹、藤、棕、草制品业	2000	45500	45064	436
锯材、木片加工业	2010	13311	13179	132
锯材加工业	2011	10458	10342	116
木片加工业	2012	2853	2837	16
人造板制造业	2020	7969	7872	97
胶合板制造业	2021	4855	4812	43
纤维板制造业	2022	507	497	10
刨花板制造业	2023	881	862	19
其他人造板制造业	2029	1726	1701	25
木制品业	2030	17453	17270	183
生产用木制品业	2031	11516	11379	137
生活用木制品业	2033	5937	5891	46
竹、藤、棕、草制品业	2040	6767	6743	24
家具制造业	2100	30061	29511	550

1-4 续表 9

单位：个

行业小类	代码	法人单位数	从事单一活动或位于一个地点的法人单位	从事多种活动或位于多个地点的法人单位
木制家具制造业	2110	24395	23941	454
竹、藤家具制造业	2120	1042	1037	5
金属家具制造业	2130	2486	2441	45
塑料家具制造业	2140	172	168	4
其他家具制造业	2190	1966	1924	42
造纸及纸制品业	2200	37571	37060	511
纸浆制造业	2210	516	508	8
造纸业	2220	14752	14543	209
机制纸及纸板制造业	2221	12179	11998	181
手工纸制造业	2223	963	960	3
加工纸制造业	2224	1610	1585	25
纸制品业	2230	22303	22009	294
印刷业、记录媒介的复制	2300	35141	34369	772
印刷业	2310	34938	34171	767
书、报、刊印刷业	2311	8644	8404	240
包装装潢印刷业	2312	7791	7631	160
其他印刷业	2319	18503	18136	367
记录媒介的复制	2320	203	198	5
文教体育用品制造业	2400	14722	14497	225
文化用品制造业	2410	6180	6060	120
文具制造业	2411	1724	1688	36
本册制造业	2413	2180	2142	38
笔制造业	2415	1298	1272	26
教学标本、模型制造业	2417	372	368	4
其他文化用品制造业	2419	606	590	16
体育用品制造业	2420	1881	1860	21
球类制造业	2421	453	449	4
体育器材制造业	2423	769	762	7

1-4 续表10

单位：个

行业小类	代码	法人单位数	从事单一活动或位于一个地点的法人单位	从事多种活动或位于多个地点的法人单位
其他体育用品制造业	2429	659	649	10
乐器及其他文娱用品制造业	2430	708	694	14
中乐器制造业	2431	171	167	4
西乐器制造业	2433	258	250	8
电子乐器制造业	2435	70	69	1
其他乐器及文娱用品制造业	2439	209	208	1
玩具制造业	2440	5200	5137	63
游艺器材制造业	2450	218	214	4
其他类未包括的文教体育用品制造业	2490	535	532	3
石油加工及炼焦业	2500	7007	6825	182
人造原油生产业	2510	136	134	2
原油加工业	2520	1612	1542	70
石油制品业	2530	2079	2021	58
炼焦业	2570	3180	3128	52
化学原料及化学制品制造业	2600	61244	59764	1480
基本化学原料制造业	2610	11452	11160	292
无机酸制造业	2611	1649	1611	38
烧碱制造业	2613	599	573	26
纯碱制造业	2615	678	652	26
无机盐制造业	2617	4004	3905	99
其他基本化学原料制造业	2619	4522	4419	103
化学肥料制造业	2620	6174	5905	269
氮肥制造业	2621	937	807	130
磷肥制造业	2622	1808	1742	66
钾肥制造业	2623	111	108	3
复合肥料制造业	2624	2021	1972	49
微量元素肥料制造业	2625	226	222	4
其他化学肥料制造业	2629	1071	1054	17

1-4 续表11

单位：个

行业小类	代码	法人单位数	从事单一活动或位于一个地点的法人单位	从事多种活动或位于多个地点的法人单位
化学农药制造业	2630	1768	1722	46
农药原药制造业	2631	612	594	18
农药制剂制造业	2633	1156	1128	28
有机化学产品制造业	2650	15902	15583	319
有机化工原料制造业	2651	2858	2793	65
涂料制造业	2652	7868	7713	155
油墨制造业	2653	710	699	11
颜料制造业	2654	1072	1047	25
染料制造业	2655	1099	1082	17
其他有机化学产品制造业	2659	2295	2249	46
合成材料制造业	2660	4109	4006	103
聚烯烃塑料制造业	2661	473	458	15
热固性树脂及塑料制造业	2662	720	704	16
工程塑料制造业	2663	558	545	13
功能高分子制造业	2664	582	568	14
有机硅氟材料制造业	2665	291	284	7
合成橡胶制造业	2666	581	568	13
合成纤维单（聚合）体制造业	2667	198	189	9
其他合成材料制造业	2669	706	690	16
专用化学产品制造业	2670	13161	12898	263
化学试剂、助剂制造业	2671	5833	5731	102
专项化学用品制造业	2672	3726	3648	78
林产化学产品制造业	2673	1339	1324	15
炸药及火工产品制造业	2674	701	656	45
信息化学品制造业	2675	520	513	7
放射化学产品制造业	2676	28	28	
添加剂制造业	2677	1014	998	16
日用化学产品制造业	2680	8678	8490	188

1-4 续表12 单位：个

行业小类	代码	法人单位数	从事单一活动或位于一个地点的法人单位	从事多种活动或位于多个地点的法人单位
肥皂及皂粉、合成洗涤剂制造业	2681	2829	2759	70
合成脂肪酸制造业	2682	138	133	5
硬脂酸、硬化油制造业	2683	295	289	6
香料、香精制造业	2684	861	845	16
化妆品制造业	2685	1696	1656	40
牙膏制造业	2686	91	88	3
火柴制造业	2687	225	213	12
动物胶制造业	2688	438	429	9
其他日用化学产品制造业	2689	2105	2078	27
医药制造业	2700	8748	8436	312
化学药品原药制造业	2710	1639	1572	67
化学药品制剂制造业	2720	2103	2026	77
中药材及中成药加工业	2730	2990	2888	102
动物药品制造业	2740	989	958	31
生物制品业	2750	1027	992	35
化学纤维制造业	2800	3355	3264	91
纤维素纤维制造业	2810	687	671	16
化纤浆粕制造业	2811	134	130	4
粘胶纤维制造业	2812	358	350	8
其他纤维素纤维制造业	2819	195	191	4
合成纤维制造业	2820	1718	1659	59
锦纶纤维制造业	2821	200	186	14
涤纶纤维制造业	2822	782	755	27
腈纶纤维制造业	2823	106	101	5
维纶纤维制造业	2824	43	42	1
其他合成纤维制造业	2829	587	575	12
渔具及渔具材料制造业	2850	950	934	16
渔具用丝制造业	2851	56	54	2

1-4 续表13 单位：个

行业小类	代码	法人单位数	从事单一活动或位于一个地点的法人单位	从事多种活动或位于多个地点的法人单位
渔具用线制造业	2852	42	41	1
渔具用绳制造业	2853	97	94	3
渔网制造业	2854	497	491	6
其他渔具制造业	2859	258	254	4
橡胶制品业	2900	12375	12087	288
轮胎制造业	2910	614	581	33
力车胎制造业	2920	237	229	8
橡胶板、管、带制造业	2930	2120	2058	62
橡胶零件制品业	2940	2789	2734	55
再生橡胶制造业	2950	857	844	13
橡胶靴鞋制造业	2960	1308	1274	34
日用橡胶制品业	2970	1049	1029	20
橡胶制品翻修业	2980	623	610	13
轮胎翻新业	2981	486	475	11
其他橡胶制品翻修业	2989	137	135	2
其他橡胶制品业	2990	2778	2728	50
塑料制品业	3000	60126	59354	772
塑料薄膜制造业	3010	4875	4773	102
塑料板、管、棒材制造业	3020	6357	6243	114
塑料丝、绳及编织品制造业	3030	9632	9498	134
泡沫塑料及人造革、合成革制造业	3040	4440	4366	74
塑料包装箱及容器制造业	3050	3925	3876	49
塑料鞋制造业	3060	3284	3266	18
日用塑料杂品制造业	3070	5204	5142	62
塑料零件制造业	3080	4553	4517	36
其他塑料制品业	3090	17856	17673	183
非金属矿物制品业	3100	211798	209461	2337
水泥制造业	3110	10627	10228	399

1-4 续表14

单位：个

行业小类	代码	法人单位数	从事单一活动或位于一个地点的法人单位	从事多种活动或位于多个地点的法人单位
水泥制品和石棉水泥制品业	3120	42427	42029	398
水泥制品业	3121	17619	17423	196
砼结构构件制造业	3123	23185	23011	174
石棉水泥制品业	3124	961	940	21
其他水泥制品业	3129	662	655	7
砖瓦、石灰和轻质建筑材料制造业	3130	122566	121498	1068
砖瓦制造业	3131	84520	83914	606
石灰制造业	3132	8863	8780	83
建筑用石加工业	3133	18956	18717	239
轻质建筑材料制造业	3134	2508	2477	31
防水密封建筑材料制造业	3135	2090	2050	40
隔热保温材料制造业	3136	2618	2577	41
其他砖瓦、石灰和轻质建筑材料制造业	3139	3011	2983	28
玻璃及玻璃制品业	3140	6736	6615	121
建筑用玻璃制品业	3141	1050	1023	27
工业技术用玻璃制造业	3142	673	652	21
光学玻璃制造业	3143	376	371	5
玻璃仪器制造业	3145	435	432	3
日用玻璃制品业	3147	2475	2437	38
玻璃保温容器制造业	3148	256	245	11
其他玻璃及玻璃制品业	3149	1471	1455	16
陶瓷制品业	3150	11077	10948	129
建筑、卫生陶瓷制造业	3151	3331	3268	63
工业用陶瓷制造业	3153	1095	1076	19
日用陶瓷制造业	3155	5963	5919	44
其他陶瓷制品业	3159	688	685	3
耐火材料制品业	3160	7901	7813	88
石棉制品业	3161	1250	1233	17

1-4 续表15 单位：个

行业小类	代码	法人单位数	从事单一活动或位于一个地点的法人单位	从事多种活动或位于多个地点的法人单位
云母制品业	3163	234	232	2
其他耐火材料制品业	3169	6417	6348	69
石墨及碳素制品业	3170	2005	1980	25
冶金用碳素制品业	3171	834	819	15
电工用碳素制品业	3172	325	323	2
其他石墨及碳素制品业	3179	846	838	8
矿物纤维及其制品业	3180	3839	3787	52
玻璃纤维及其制品业	3181	1280	1263	17
玻璃钢制品业	3182	2393	2362	31
其他矿物纤维及其制品业	3189	166	162	4
其他类未包括的非金属矿物制品业	3190	4620	4563	57
黑色金属冶炼及压延加工业	3200	16311	15906	405
炼铁业	3210	4378	4294	84
炼钢业	3220	1921	1844	77
钢压延加工业	3240	8236	8045	191
铁合金冶炼业	3260	1776	1723	53
有色金属冶炼及压延加工业	3300	11286	11043	243
重有色金属冶炼业	3310	3121	3042	79
铜冶炼业	3311	1104	1076	28
铅锌冶炼业	3312	979	953	26
镍钴冶炼业	3314	58	54	4
锡冶炼业	3316	104	98	6
锑冶炼业	3317	433	427	6
汞冶炼业	3318	12	10	2
其他重有色金属冶炼业	3319	431	424	7
轻有色金属冶炼业	3320	2130	2084	46
铝冶炼业	3321	1255	1224	31
镁冶炼业	3322	529	522	7

1-4 续表16

单位：个

行业小类	代码	法人单位数	从事单一活动或位于一个地点的法人单位	从事多种活动或位于多个地点的法人单位
钛冶炼业	3323	73	70	3
其他轻有色金属冶炼业	3329	273	268	5
贵金属冶炼业	3330	373	364	9
金冶炼业	3331	255	249	6
银冶炼业	3332	44	43	1
其他贵金属冶炼业	3339	74	72	2
稀有稀土金属冶炼业	3340	752	736	16
钨钼冶炼业	3341	181	177	4
其他稀有稀土金属冶炼业	3349	571	559	12
有色金属合金业	3360	569	562	7
有色金属压延加工业	3380	4341	4255	86
重有色金属压延加工业	3381	2072	2024	48
轻有色金属压延加工业	3383	2010	1979	31
贵金属压延加工业	3385	75	74	1
稀有稀土金属压延加工业	3387	184	178	6
金属制品业	3400	92581	91106	1475
金属结构制造业	3410	7167	7034	133
铸铁管制造业	3420	3841	3789	52
工具制造业	3430	11797	11599	198
切削工具制造业	3431	2457	2397	60
模具制造业	3434	5636	5564	72
手工具制造业	3435	2935	2882	53
其他工具制造业	3439	769	756	13
集装箱和金属包装物品制造业	3440	5020	4925	95
集装箱制造业	3441	165	159	6
金属包装物品及容器制造业	3442	4855	4766	89
金属丝绳及其制品业	3450	6765	6629	136
建筑用金属制品业	3460	19605	19241	364

1-4 续表17

单位：个

行业小类	代码	法人单位数	从事单一活动或位于一个地点的法人单位	从事多种活动或位于多个地点的法人单位
建筑小五金制造业	3461	4326	4248	78
水暖管道零件制造业	3463	3589	3532	57
金属门窗制造业	3465	10066	9862	204
其他建筑用金属制品业	3469	1624	1599	25
金属表面处理及热处理业	3470	7269	7202	67
日用金属制品业	3480	19824	19548	276
搪瓷制造业	3481	612	598	14
铝制品业	3482	3862	3807	55
不锈钢制品业	3483	3694	3645	49
刀剪制造业	3484	1197	1186	11
制锁业	3485	1443	1416	27
炊事用具制造业	3486	2467	2412	55
燃气用具制造业	3487	985	972	13
理发用具制造业	3488	266	264	2
其他日用金属制品业	3489	5298	5248	50
其他金属制品业	3490	11293	11139	154
铁制小农具制造业	3491	4375	4331	44
焊条制造业	3495	699	675	24
其他类未包括的金属制品业	3499	6219	6133	86
普通机械制造业	3500	85178	83329	1849
锅炉及原动机制造业	3510	5393	5194	199
锅炉制造业	3511	2494	2402	92
内燃机制造业	3512	408	371	37
汽轮机制造业	3513	82	76	6
水轮机制造业	3514	70	68	2
内燃机零部件及配件制造业	3515	1872	1822	50
其他锅炉及原动机制造业	3519	467	455	12
金属加工机械制造业	3520	10186	9914	272

1-4 续表18　　　　　　　　　　　　　　　　　　单位：个

行业小类	代码	法人单位数	从事单一活动或位于一个地点的法人单位	从事多种活动或位于多个地点的法人单位
金属切削机床制造业	3521	1659	1585	74
锻压设备制造业	3523	929	894	35
铸造机械制造业	3525	1491	1456	35
机床附件制造业	3526	1108	1089	19
其他金属加工机械制造业	3529	4999	4890	109
通用设备制造业	3530	11387	11031	356
起重运输设备制造业	3531	2117	2023	94
工矿车辆制造业	3532	284	269	15
泵制造业	3533	3265	3181	84
风机制造业	3534	1146	1113	33
气体压缩机及气体分离设备制造业	3535	804	772	32
冷冻设备制造业	3536	960	933	27
风动工具制造业	3537	255	241	14
电动工具制造业	3538	943	927	16
其他通用设备制造业	3539	1613	1572	41
轴承、阀门制造业	3540	6297	6163	134
轴承制造业	3541	2424	2352	72
阀门制造业	3542	3873	3811	62
其他通用零部件制造业	3560	20000	19627	373
液压件及液力件制造业	3561	1879	1836	43
气动元件制造业	3562	1024	1000	24
密封件制造业	3563	1032	1019	13
粉末冶金制品业	3564	1055	1039	16
紧固件制造业	3565	5849	5718	131
弹簧制造业	3566	1755	1730	25
链条制造业	3567	613	600	13
齿轮制造业	3568	887	873	14
其他类未包括的通用零部件制造业	3569	5906	5812	94

1-4 续表19

单位：个

行业小类	代码	法人单位数	从事单一活动或位于一个地点的法人单位	从事多种活动或位于多个地点的法人单位
铸锻件制造业	3570	24066	23699	367
铸件制造业	3571	20906	20604	302
锻件制造业	3572	3160	3095	65
普通机械修理业	3580	2872	2827	45
其他普通机械制造业	3590	4977	4874	103
专用设备制造业	3600	43870	42495	1375
冶金、矿山、机电工业专用设备制造业	3610	4339	4199	140
矿山设备制造业	3611	1819	1737	82
冶金工业专用设备制造业	3613	676	657	19
电工专用设备制造业	3615	319	314	5
电子工业专用设备制造业	3617	618	606	12
其他机电工业专用设备制造业	3619	907	885	22
石化及其他工业专用设备制造业	3620	6071	5866	205
石油工业专用设备制造业	3621	820	776	44
化学工业专用设备制造业	3622	963	929	34
化学纤维工业专用设备制造业	3623	144	142	2
橡胶工业专用设备制造业	3624	307	293	14
塑料工业专用设备制造业	3625	1039	1017	22
森林工业专用设备制造业	3626	282	274	8
印刷工业专用设备制造业	3627	716	692	24
制药工业专用设备制造业	3628	377	365	12
建筑材料及其他非金属矿物制品专	3629	1423	1378	45
轻纺工业专用设备制造业	3630	8778	8515	263
食品、饮料、烟草工业专用设备制	3631	1465	1420	45
粮油工业专用设备制造业	3632	1008	967	41
饲料工业专用设备制造业	3633	152	144	8
包装工业专用设备制造业	3634	619	596	23
纺织、服装、皮革工业专用设备制造业	3635	3849	3746	103

1-4 续表20

单位：个

行业小类	代码	法人单位数	从事单一活动或位于一个地点的法人单位	从事多种活动或位于多个地点的法人单位
照明器具工业专用设备制造业	3636	442	436	6
日用硅酸制品工业专用设备制造业	3637	155	149	6
制浆、造纸工业专用设备制造业	3638	683	656	27
日用化学工业专用设备制造业	3639	405	401	4
农、林、牧、渔、水利业机械制造业	3640	7307	7046	261
拖拉机制造业	3641	319	291	28
机械化农机具制造业	3642	2708	2611	97
营林机械制造业	3643	47	47	
畜牧机械制造业	3644	163	158	5
渔业机械制造业	3645	149	146	3
水利机械制造业	3646	259	255	4
拖拉机配件制造业	3647	2057	1980	77
其他农、林、牧、渔、水利业机械制造业	3649	1875	1813	62
医疗器械制造业	3650	3309	3216	93
手术器械制造业	3651	271	262	9
医疗仪器、设备制造业	3652	1260	1216	44
诊断用品制造业	3653	283	277	6
医用材料及医疗用品制造业	3654	1398	1368	30
假肢、矫形器制造业	3655	97	93	4
其他专用设备制造业	3670	7723	7489	234
建筑机械制造业	3671	1204	1139	65
地质专用设备制造业	3672	139	128	11
畜牧兽医医疗器械制造业	3673	16	15	1
缝纫机制造业	3674	859	839	20
商业、饮食业、服务业专用机械制造业	3675	449	427	22
邮政机械及器材制造业	3676	84	83	1
环境保护机械制造业	3677	2031	2000	31
社会公共安全设备及器材制造业	3678	1136	1095	41

1-4 续表21 单位：个

行业小类	代码	法人单位数	从事单一活动或位于一个地点的法人单位	从事多种活动或位于多个地点的法人单位
其他类未包括的专用设备制造业	3679	1805	1763	42
专用机械设备修理业	3680	6073	5909	164
工业专用设备修理业	3681	840	805	35
农、林、牧、渔、水利机械修理业	3683	3420	3361	59
医疗器械修理业	3685	90	86	4
其他专用机械设备修理业	3689	1723	1657	66
交通运输设备制造业	3700	50523	48891	1632
铁路运输设备制造业	3710	1335	1256	79
机车制造业	3711	29	23	6
客车制造业	3712	27	23	4
货车制造业	3713	36	33	3
机车车辆配件制造业	3714	688	656	32
铁路信号设备制造业	3715	95	89	6
铁路专用设备制造业	3716	102	96	6
铁路专用器材制造业	3717	262	245	17
其他铁路运输设备制造业	3719	96	91	5
汽车制造业	3720	15552	15076	476
载重汽车制造业	3721	190	168	22
客车制造业	3722	175	152	23
小轿车制造业	3723	63	60	3
微型汽车制造业	3724	81	76	5
特种车辆及改装汽车制造业	3725	694	643	51
汽车车身制造业	3726	288	265	23
汽车零部件及配件制造业	3727	14061	13712	349
摩托车制造业	3730	5270	5197	73
摩托车整车制造业	3731	575	560	15
摩托车零部件及配件制造业	3732	4695	4637	58
自行车制造业	3740	2325	2282	43

1-4 续表22

单位：个

行业小类	代码	法人单位数	从事单一活动或位于一个地点的法人单位	从事多种活动或位于多个地点的法人单位
电车制造业	3750	40	40	
船舶制造业	3760	1233	1182	51
海洋运输船制造业	3761	143	124	19
内河船制造业	3762	569	556	13
渔轮制造业	3763	159	154	5
船舶机械设备制造业	3764	357	343	14
海洋石油平台制造业	3765	5	5	
航空航天器制造业	3770	224	142	82
飞机制造业	3771	135	79	56
其他航空航天器制造业	3779	89	63	26
交通运输设备修理业	3780	24346	23522	824
铁路运输设备修理业	3781	430	380	50
汽车修理业	3782	19474	18801	673
摩托车修理业	3783	1337	1325	12
电车修理业	3784	41	41	
船舶修理业	3785	1590	1537	53
飞机修理业	3786	47	42	5
其他交通运输设备修理业	3789	1427	1396	31
其他交通运输设备制造业	3790	198	194	4
航标器材制造业	3791	19	19	
潜水装备制造业	3792	17	17	
公路标志制造业	3793	162	158	4
电气机械及器材制造业	4000	49440	48250	1190
电机制造业	4010	3582	3470	112
发电机制造业	4011	617	600	17
电动机制造业	4012	1791	1719	72
微电机制造业	4013	1174	1151	23
输配电及控制设备制造业	4020	14119	13781	338

1-4 续表23 单位：个

行业小类	代码	法人单位数	从事单一活动或位于一个地点的法人单位	从事多种活动或位于多个地点的法人单位
变压器制造业	4021	2094	2032	62
整流器制造业	4022	354	346	8
电容器制造业	4023	629	620	9
开关控制设备制造业	4024	4705	4594	111
电器设备元件制造业	4027	3626	3555	71
其他输配电及控制设备制造业	4029	2711	2634	77
电工器材制造业	4040	12153	11888	265
电线电缆制造业	4041	7340	7197	143
绝缘制品业	4043	896	878	18
蓄电池制造业	4045	1609	1551	58
原电池制造业	4046	563	548	15
其他电工器材制造业	4049	1745	1714	31
日用电器制造业	4060	6941	6796	145
洗衣机制造业	4061	261	252	9
吸尘器制造业	4062	171	166	5
电冰箱制造业	4063	361	344	17
电风扇制造业	4064	763	750	13
空调器制造业	4065	1002	982	20
排油烟机制造业	4066	169	166	3
其他日用电器制造业	4069	4214	4136	78
照明器具制造业	4070	8400	8212	188
电光源制造业	4071	2249	2200	49
灯头、灯座制造业	4072	915	901	14
灯具制造业	4073	3085	2996	89
灯用电器附件制造业	4074	1375	1353	22
其他照明器具制造业	4079	776	762	14
电气机械修理业	4080	1635	1569	66
其他电气机械制造业	4090	2610	2534	76

单位：个

行业小类	代码	法人单位数	从事单一活动或位于一个地点的法人单位	从事多种活动或位于多个地点的法人单位
电焊机制造业	4091	855	823	32
工业用电炉制造业	4092	339	326	13
其他类未包括的电气机械制造业	4099	1416	1385	31
电子及通信设备制造业	4100	21627	21158	469
通信设备制造业	4110	3223	3141	82
传输设备制造业	4111	594	581	13
交换设备制造业	4112	597	573	24
通信终端设备制造业	4113	393	376	17
其他通信设备制造业	4119	1639	1611	28
雷达制造业	4120	85	74	11
雷达整机制造业	4121	40	34	6
雷达专用配套设备及部件制造业	4122	45	40	5
广播电视设备制造业	4130	460	448	12
电子计算机制造业	4140	1431	1395	36
电子计算机整机制造业	4141	467	445	22
电子计算机外部设备制造业	4143	964	950	14
电子器件制造业	4150	1740	1698	42
电真空器件制造业	4151	324	312	12
半导体器件制造业	4153	763	737	26
集成电路制造业	4155	653	649	4
电子元件制造业	4160	8182	8051	131
日用电子器具制造业	4170	2007	1934	73
电视机、录像机、摄像机制造业	4171	522	492	30
收音机、录音机制造业	4172	1264	1225	39
电子计算器制造业	4173	221	217	4
电子设备及通信设备修理业	4180	1034	1006	28
通信设备修理业	4181	165	152	13
广播电视设备修理业	4182	54	53	1

1-4 续表25

单位：个

行业小类	代码	法人单位数	从事单一活动或位于一个地点的法人单位	从事多种活动或位于多个地点的法人单位
电子计算机修理业	4183	39	39	
其他电子设备修理业	4189	776	762	14
其他电子设备制造业	4190	3465	3411	54
仪器仪表及文化、办公用机械制造	4200	12724	12293	431
通用仪器仪表制造业	4210	5354	5162	192
工业自动化仪表制造业	4211	1506	1457	49
电工仪器、仪表制造业	4212	1142	1103	39
光学仪器制造业	4213	521	487	34
计时仪器制造业	4214	173	167	6
分析仪器制造业	4215	247	237	10
试验机制造业	4216	155	144	11
实验室仪器及装置制造业	4217	156	146	10
通用仪器仪表元件、器件制造业	4218	717	702	15
其他通用仪器仪表制造业	4219	737	719	18
专用仪器仪表制造业	4220	1500	1457	43
环境保护仪器仪表制造业	4221	221	216	5
汽车仪器仪表制造业	4222	165	162	3
导航、制导仪器制造业	4223	52	48	4
农、林、牧、渔仪器、仪表制造业	4224	30	30	
地质勘探、钻采、地震专用仪器制造业	4225	117	110	7
气象、海洋、水文、天文测量仪器制造业	4226	40	39	1
教学仪器制造业	4227	312	301	11
核子及核辐射测量仪器制造业	4228	17	16	1
专用仪器仪表元件、器件制造业	4229	546	535	11
电子测量仪器制造业	4230	526	510	16
计量器具制造业	4240	1271	1214	57
传递标准用计量仪器制造业	4241	97	95	2
量具量仪制造业	4242	400	381	19

1-4 续表26 单位：个

行业小类	代码	法人单位数	从事单一活动或位于一个地点的法人单位	从事多种活动或位于多个地点的法人单位
衡器制造业	4243	774	738	36
文化、办公用机械制造业	4250	791	762	29
电影机械制造业	4251	31	30	1
幻灯机及投影仪制造业	4252	25	25	
照相机及器材制造业	4254	285	277	8
复印机制造业	4256	63	58	5
打字机及油印机制造业	4257	64	58	6
其他文化、办公用机械制造业	4259	323	314	9
钟表制造业	4260	1774	1720	54
仪器仪表及文化、办公用机械修理	4280	330	318	12
其他仪器仪表制造业	4290	1178	1150	28
其他制造业	4300	52607	51894	713
工艺美术品制造业	4310	30536	30101	435
雕塑工艺品制造业	4311	4581	4501	80
金属工艺品制造业	4312	1624	1596	28
漆器工艺品制造业	4313	476	471	5
花画工艺品制造业	4314	2262	2242	20
竹、藤、棕、草工艺品制造业	4315	2687	2662	25
抽纱刺绣工艺品制造业	4316	3180	3120	60
地毯制造业	4317	3540	3432	108
首饰制造业	4318	1459	1414	45
其他工艺美术品制造业	4319	10727	10663	64
日用杂品制造业	4350	6698	6626	72
制镜业	4351	396	379	17
眼镜制造业	4353	1101	1076	25
制伞业	4355	877	867	10
鬃毛加工及制刷业	4357	4324	4304	20
其他生产、生活用品制造业	4390	15373	15167	206

1-4 续表27

单位：个

行业小类	代码	法人单位数	从事单一活动或位于一个地点的法人单位	从事多种活动或位于多个地点的法人单位
生产用其他产品制造业	4391	4032	3975	57
生活用其他产品制造业	4392	11341	11192	149
电力、煤气及水的生产和供应业	DDDD	27308	25852	1456
电力、蒸汽、热水的生产和供应业	4400	18615	17572	1043
电力生产业	4410	14090	13664	426
火力发电业	4411	1559	1384	175
水力发电业	4412	12408	12161	247
核力发电业	4413	19	16	3
其他电业	4419	104	103	1
电力供应业	4420	3935	3372	563
蒸汽、热水生产和供应业	4430	590	536	54
煤气生产和供应业	4500	833	739	94
煤气生产业	4510	136	119	17
煤气供应业	4520	697	620	77
自来水的生产和供应业	4600	7860	7541	319
自来水生产业	4610	4116	3929	187
自来水供应业	4620	3744	3612	132
建筑业	EEEE	118235	111921	6314
土木工程建筑业	4700	83928	79127	4801
房屋建筑业	4710	69788	65804	3984
矿山建筑业	4720	355	304	51
铁路、公路、遂道、桥梁建筑业	4730	4686	4337	349
堤坝、电站、码头建筑业	4740	1143	1044	99
其他土木工程建筑业	4790	7956	7638	318
线路、管道和设备安装	4800	14477	13641	836
线路、管道安装业	4810	6855	6462	393
设备安装业	4820	7622	7179	443
装修装饰业	4900	19830	19153	677

1-4 续表28 单位：个

行业小类	代码	法人单位数	从事单一活动或位于一个地点的法人单位	从事多种活动或位于多个地点的法人单位
地质勘探业、水利管理业	FFFF	20171	18567	1604
地质勘探业	5000	2503	2088	415
区域地质勘查业	5010	145	117	28
海洋地质勘查业	5020	56	50	6
矿产地质勘探业	5030	1191	927	264
石油、天然气地质勘查业	5031	78	63	15
煤炭地质勘查业	5032	191	141	50
黑色金属矿产地质勘查业	5033	27	21	6
有色金属矿产地质勘查业	5034	184	126	58
贵金属矿产地质勘查业	5035	53	35	18
其他金属矿产地质勘查业	5036	71	36	35
非金属矿产地质勘查业	5037	56	46	10
水文地质勘查业	5038	531	459	72
工程地质勘查业	5040	735	666	69
环境地质勘查业	5050	53	52	1
地球物理和地球化学勘查业	5060	60	44	16
地质工程技术及其他技术服务业	5090	263	232	31
水利管理业	5100	17668	16479	1189
交通运输、仓储及邮电通信业	GGGG	60177	52800	7377
铁路运输业	5200	640	534	106
汽车运输业	5300	20496	18384	2112
汽车运输业	5310	19202	17178	2024
其他公路运输业	5390	1294	1206	88
管道运输业	5400	44	35	9
水上运输业	5500	4145	3765	380
远洋运输业	5510	322	295	27
沿海运输业	5520	856	814	42
内河、内湖运输业	5530	2462	2172	290

1-4 续表29 单位：个

行业小类	代码	法人单位数	从事单一活动或位于一个地点的法人单位	从事多种活动或位于多个地点的法人单位
其他水上运输业	5590	505	484	21
航空运输业	5600	171	148	23
航空客货运输业	5610	155	133	22
通用航空业	5620	16	15	1
交通运输辅助业	5700	19509	17844	1665
公路管理及养护业	5710	5798	5057	741
港口业	5720	943	826	117
沿海港口业	5721	336	287	49
内河、内湖港口业	5722	607	539	68
水运辅助业	5730	1989	1866	123
机场及航空运输辅助业	5740	678	626	52
装卸搬运业	5750	5188	4908	280
其他类未包括的交通运输辅助业	5790	4913	4561	352
其他交通运输业	5800	309	294	15
仓储业	5900	7746	7196	550
邮电通信业	6000	7117	4600	2517
邮政业	6010	1538	852	686
电信业	6020	3777	3066	711
邮电业	6030	1802	682	1120
批发和零售贸易、餐饮业	HHHH	754762	684879	69883
食品、饮料、烟草和家庭日用品批发业	6100	175716	155419	20297
食品、饮料、烟草批发业	6110	65844	54984	10860
粮食、食用油批发业	6111	29433	23538	5895
糕点、糖果和饮料批发业	6112	9110	7957	1153
肉、禽、蛋及其制品批发业	6113	6083	5109	974
水产品批发业	6114	2897	2617	280
蔬菜、果品批发业	6115	4794	4230	564
茶叶批发业	6116	1217	1069	148

1-4 续表30 单位：个

行业小类	代码	法人单位数	从事单一活动或位于一个地点的法人单位	从事多种活动或位于多个地点的法人单位
烟草及其制品批发业	6117	3317	2477	840
盐及调味品批发业	6118	1890	1593	297
其他食品、饮料、烟草批发业	6119	7103	6394	709
棉、麻、土畜产品批发业	6120	5605	4644	961
棉、麻批发业	6121	2729	2058	671
畜产品批发业	6122	2876	2586	290
纺织品、服装和鞋帽批发业	6130	19014	17859	1155
纺织品批发业	6131	11915	11183	732
服装批发业	6132	5419	5127	292
鞋帽批发业	6133	1680	1549	131
日用百货批发业	6140	23651	21420	2231
百货批发业	6141	14457	12893	1564
文化用品、钟表眼镜批发业	6142	5674	5345	329
其他日用百货批发业	6149	3520	3182	338
日用杂品批发业	6150	5473	4786	687
五金、交电、化工批发业	6160	46983	44080	2903
药品及医疗器械批发业	6170	9146	7646	1500
西药批发业	6171	4025	3097	928
中草药及制品批发业	6172	2326	1907	419
医疗器械批发业	6173	2795	2642	153
能源、材料和机械电子设备批发业	6200	185498	174321	11177
能源批发业	6210	19772	17783	1989
石油及制品批发业	6211	10353	9172	1181
煤炭及制品批发业	6212	8714	7943	771
其他能源批发业	6219	705	668	37
化工材料批发业	6220	15500	14756	744
木材批发业	6230	7900	7188	712
建筑材料批发业	6240	39895	37909	1986

1-4 续表31　　　　单位：个

行业小类	代码	法人单位数	从事单一活动或位于一个地点的法人单位	从事多种活动或位于多个地点的法人单位
矿产品批发业	6250	3344	3172	172
金属材料批发业	6260	34214	32180	2034
黑色金属材料批发业	6261	27000	25263	1737
有色金属材料批发业	6262	7214	6917	297
机械、电子设备批发业	6270	44840	42887	1953
汽车、摩托车及零配件批发业	6280	12968	12184	784
汽车批发业	6281	2870	2621	249
摩托车批发业	6282	813	758	55
汽车、摩托车零配件批发业	6289	9285	8805	480
再生物资回收批发业	6290	7065	6262	803
其他批发业	6300	43839	37925	5914
工艺美术品批发业	6310	2030	1910	120
图书报刊批发业	6320	1338	1168	170
农业生产资料批发业	6330	21938	17209	4729
其他类未包括的批发业	6390	18533	17638	895
零售业	6400	291273	261694	29579
食品、饮料和烟草零售业	6410	52658	45354	7304
粮油食品零售业	6411	19832	16153	3679
副食品零售业	6412	15828	13974	1854
其他食品、饮料和烟草零售业	6419	16998	15227	1771
日用百货零售业	6420	70196	58942	11254
百货零售业	6421	42180	36977	5203
文化体育用品零售业	6422	6190	5861	329
钟表、眼镜及照相器材零售业	6423	1828	1691	137
其他日用百货零售业	6429	19998	14413	5585
纺织品、服装和鞋帽零售业	6430	14767	13676	1091
日用杂品零售业	6440	8231	7508	723
五金、交电、化工零售业	6450	68192	64141	4051

1-4 续表32

单位：个

行业小类	代码	法人单位数	从事单一活动或位于一个地点的法人单位	从事多种活动或位于多个地点的法人单位
药品及医疗器械零售业	6470	8482	7499	983
图书报刊零售业	6480	4092	3564	528
其他零售业	6490	64655	61010	3645
家具零售业	6491	2927	2759	168
煤炭零售业	6492	2411	2126	285
石油制品零售业	6493	15519	14560	959
汽车、摩托车及其零配件零售业	6494	16850	16016	834
计算机及软件、办公设备零售业	6495	9531	9120	411
信托业	6496	572	524	48
首饰业	6497	1958	1868	90
其他类未包括的零售业	6499	14887	14037	850
商业经纪与代理业	6500	3847	3751	96
餐饮业	6700	54589	51769	2820
正餐	6710	43933	41710	2223
快餐	6720	4078	3850	228
其他饮食业	6790	6578	6209	369
小吃	6791	3493	3305	188
冷饮	6793	430	415	15
茶馆	6795	633	608	25
其他类未包括的餐饮业	6799	2022	1881	141
金融、保险业	IIII	70228	49339	20889
金融业	6800	64207	43714	20493
中央银行	6810	2209	1873	336
商业银行	6820	15204	5871	9333
其他银行	6830	1265	987	278
信用合作社	6840	36455	26498	9957
信托投资业	6850	817	684	133
证券经纪与交易业	6860	1442	1342	100

1-4 续表33 单位：个

行业小类	代码	法人单位数	从事单一活动或位于一个地点的法人单位	从事多种活动或位于多个地点的法人单位
其他非银行金融业	6870	6815	6459	356
财务公司	6871	420	402	18
融资租赁公司	6872	294	263	31
典当业	6873	477	449	28
其他类未包括的非银行金融业	6879	5624	5345	279
保险业	7000	6021	5625	396
房地产业	JJJJ	48363	46013	2350
房地产开发与经营业	7200	32609	31119	1490
房地产管理业	7300	11940	11212	728
房地产代理与经纪业	7400	3814	3682	132
社会服务业	KKKK	173901	165341	8560
公共设施服务业	7500	22914	21550	1364
市内公共交通业	7510	4212	3872	340
市内公共汽电车业	7511	934	793	141
出租汽车业	7512	2639	2479	160
轨道交通业	7513	91	80	11
市内轮渡业	7514	140	127	13
其他市内公共交通业	7519	408	393	15
园林绿化业	7520	4416	4064	352
自然保护区管理业	7530	287	259	28
环境卫生业	7540	4673	4509	164
市政工程管理业	7550	3533	3267	266
风景名胜区管理业	7560	496	443	53
其他公共服务业	7590	5297	5136	161
居民服务业	7600	30941	29231	1710
理发及美容化妆业	7610	4024	3824	200
沐浴业	7620	2085	1976	109
洗染业	7630	1161	1070	91

1-4 续表34 单位：个

行业小类	代码	法人单位数	从事单一活动或位于一个地点的法人单位	从事多种活动或位于多个地点的法人单位
摄影及扩印业	7640	3195	2981	214
托儿所	7650	901	875	26
日用品修理业	7660	3965	3729	236
家务服务业	7670	883	829	54
殡葬业	7680	2293	2215	78
其他居民服务业	7690	12434	11732	702
旅馆业	7800	28425	25724	2701
租赁服务业	7900	3086	2919	167
旅游业	8000	5556	5183	373
娱乐服务业	8100	9091	8794	297
信息、咨询服务业	8200	46738	45755	983
广告业	8210	11043	10742	301
咨询服务业	8220	14128	13944	184
公证业	8221	1120	1107	13
律师事务所	8222	5834	5771	63
会计、审计、统计咨询业	8223	6424	6325	99
社会调查业	8224	750	741	9
其他类未包括的信息咨询服务业	8290	21567	21069	498
计算机应用服务业	8300	10142	9933	209
软件开发咨询业	8310	6592	6461	131
数据处理业	8320	325	321	4
数据库服务业	8330	1106	1084	22
计算机设备维护咨询业	8340	2119	2067	52
其他社会服务业	8400	17008	16252	756
市场管理服务业	8410	7844	7544	300
其他类未包括的社会服务业	8490	9164	8708	456
卫生、体育和社会福利业	LLLL	118388	113264	5124
卫生	8500	101414	96917	4497

1-4 续表35　　　　单位：个

行业小类	代码	法人单位数	从事单一活动或位于一个地点的法人单位	从事多种活动或位于多个地点的法人单位
医院	8510	79926	75947	3979
综合医院	8511	17905	16628	1277
专科医院	8512	1871	1760	111
中医医院	8513	2181	2012	169
门诊部	8514	3146	3120	26
其他医院	8519	54823	52427	2396
疗养院	8520	521	484	37
专科防治所（站）	8530	1780	1711	69
卫生防疫站	8540	3818	3690	128
妇幼保健所(站)	8550	3205	3144	61
药品检验所(室)	8560	1830	1799	31
其他卫生	8590	10334	10142	192
体育	8600	2170	2004	166
社会福利保障业	8700	14804	14343	461
社会福利业	8710	8747	8491	256
干部休养所	8711	1533	1488	45
福利收容院	8712	5722	5612	110
社区服务业	8713	1492	1391	101
社会保险和救济业	8720	4668	4514	154
其他类未包括的社会福利保障业	8790	1389	1338	51
教育、文化艺术及广播电影电视业	MMMM	266346	232485	33861
教育	8900	218304	186999	31305
高等教育	8910	3959	3505	454
普通高等教育	8911	1250	931	319
成人高等教育	8912	2709	2574	135
中等教育	8920	73607	67748	5859
中等专业学校	8921	6024	5504	520
普通中学	8922	54433	49788	4645

单位：个

行业小类	代码	法人单位数	从事单一活动或位于一个地点的法人单位	从事多种活动或位于多个地点的法人单位
农业、职业中学	8923	5238	4927	311
技工学校	8924	2200	2046	154
成人中等学校	8925	5622	5401	221
工读学校	8926	90	82	8
初等教育	8930	116295	92985	23310
小学校	8931	115915	92623	23292
成人初等学校	8932	380	362	18
学前教育	8940	10947	10766	181
特殊教育	8950	1121	1061	60
其他教育	8990	12375	10934	1441
文化艺术业	9000	31203	29913	1290
艺术	9010	4384	4145	239
出版	9020	3755	3512	243
文物保护	9030	2624	2498	126
图书馆	9040	2296	2186	110
档案馆	9050	1392	1355	37
群众文化	9060	8398	7960	438
新闻	9070	383	364	19
文化艺术经纪与代理业	9080	294	274	20
其他文化艺术业	9090	7677	7619	58
广播电影电视业	9100	16839	15573	1266
广播	9110	6755	6458	297
电影	9120	6273	5548	725
电视	9130	3811	3567	244
科学研究和综合技术服务业	NNNN	51465	49242	2223
科学研究业	9200	7989	7300	689
自然科学研究	9210	4813	4295	518
社会科学研究	9220	1129	1089	40

1-4 续表37

单位：个

行业小类	代码	法人单位数	从事单一活动或位于一个地点的法人单位	从事多种活动或位于多个地点的法人单位
其他科学研究	9230	2047	1916	131
综合技术服务业	9300	43476	41942	1534
气象	9310	2287	2147	140
地震	9320	737	719	18
测绘	9330	1018	978	40
技术监督	9340	6995	6703	292
海洋环境	9350	87	79	8
环境保护	9360	2784	2666	118
技术推广和科技交流服务业	9370	8024	7701	323
工程设计业	9380	6947	6628	319
其他综合技术服务业	9390	14597	14321	276
国家机关、政党机关和社会团体	0000	1122089	944249	177840
国家机关	9400	240892	190080	50812
政党机关	9500	34382	33090	1292
社会团体	9600	38951	37416	1535
基层群众自治组织	9700	807864	683663	124201
居民委员会	9710	99846	91804	8042
村民委员会	9720	708018	591859	116159
其他行业	PPPP	44357	40992	3365
其他行业	9900	44357	40992	3365
企业管理机构	9910	29829	27024	2805
其他类未包括的行业	9990	14528	13968	560

1-5 全部法人单位按行业小类、东中西部地区分组的单位数

（2000年） 单位：个

行业小类	代码	法人单位数	东部	中部	西部
总计	0000	4366141	2348389	1215022	802730
农、林、牧、渔业	AAAA	135788	45466	53842	36480
农业	0100	20799	7451	9805	3543
种植业	0110	20155	7237	9612	3306
其他农业	0190	644	214	193	237
林业	0200	17677	3263	11463	2951
畜牧业	0300	10620	3957	5387	1276
牲畜饲养放牧业	0310	5565	1886	2852	827
家禽饲养业	0320	4240	1742	2174	324
狩猎业	0330	71	39	23	9
其他畜牧业	0390	744	290	338	116
渔业	0400	8446	3853	4118	475
海洋渔业	0410	1665	1647	14	4
海水养殖业	0411	1299	1295	4	
海洋捕捞业	0412	366	352	10	4
淡水渔业	0420	6781	2206	4104	471
淡水养殖业	0421	6660	2152	4056	452
淡水捕捞业	0422	121	54	48	19
农、林、牧、渔服务业	0500	78246	26942	23069	28235
农业服务业	0510	40678	14010	11304	15364
林业服务业	0520	8343	2488	2508	3347
畜牧兽医服务业	0530	22801	6950	7620	8231
渔业服务业	0540	2931	1685	826	420
其他农、林、牧、渔服务业	0590	3493	1809	811	873
采掘业	BBBB	92862	29596	42815	20451
煤炭采选业	0600	36328	4759	20503	11066
煤炭开采业	0610	34799	4352	19659	10788
煤炭洗选业	0620	1529	407	844	278

*东部：包括北京、天津、河北、辽宁、上海、江苏、浙江、福建、山东、广东、广西、海南
中部：包括山西、内蒙、吉林、黑龙江、安徽、江西、河南、湖北、湖南
西部：包括重庆、四川、贵州、云南、西藏、陕西、甘肃、青海、宁夏、新疆

1-5 续表 1

单位：个

行业小类	代码	法人单位数	东部	中部	西部
石油和天然气开采业	0700	208	50	43	115
天然原油开采业	0710	165	41	33	91
天然气开采业	0720	38	8	7	23
油页岩开采业	0730	5	1	3	1
黑色金属矿采选业	0800	5867	2547	2695	625
铁矿采选业	0810	4954	2354	2133	467
其他黑色金属矿采选业	0820	913	193	562	158
锰矿采选业	0821	888	192	558	138
铬矿采选业	0822	25	1	4	20
有色金属矿采选业	0900	7755	2482	3477	1796
重有色金属矿采选业	0910	3285	734	1396	1155
铜矿采选业	0911	804	108	402	294
铅锌矿采选业	0912	1558	437	539	582
镍钴矿采选业	0914	10		4	6
锡矿采选业	0915	456	93	191	172
锑矿采选业	0916	367	81	222	64
汞矿采选业	0917	10	1	2	7
其他重有色金属矿采选业	0919	80	14	36	30
轻有色金属矿采选业	0930	723	310	307	106
铝矿采选业	0931	321	30	245	46
镁矿采选业	0932	140	98	27	15
钛矿采选业	0933	188	147	3	38
其他轻有色金属矿采选业	0939	74	35	32	7
贵金属矿采选业	0950	2818	1127	1244	447
金矿采选业	0951	2751	1103	1209	439
银矿采选业	0952	60	22	34	4
其他贵金属矿采选业	0959	7	2	1	4
稀有稀土金属矿采选业	0960	929	311	530	88

1-5 续表 2

单位：个

行业小类	代码	法人单位数	东部	中部	西部
钨钼矿采选业	0961	477	145	307	25
稀有高熔点金属矿采选业	0963	33	17	16	
稀散金属矿采选业	0964	9	2	5	2
非金属矿采选业	1000	39967	18569	15161	6237
土砂石开采业	1010	32356	15159	12553	4644
石灰石开采业	1011	7042	3180	2772	1090
建筑装饰用石开采业	1012	10796	6122	3548	1126
耐火土石开采业	1013	1334	471	692	171
其他土砂石开采业	1019	13184	5386	5541	2257
化学矿采选业	1020	1852	322	729	801
硫矿采选业	1021	760	124	333	303
磷矿采选业	1022	485	12	222	251
天然钾盐采选业	1023	20	5	6	9
硼矿采选业	1024	91	73	9	9
其他化学矿采选业	1029	496	108	159	229
采盐业	1030	897	732	36	129
海盐业	1031	684	682	1	1
湖盐业	1032	47	1	11	35
井盐业	1033	129	37	11	81
矿盐业	1034	37	12	13	12
其他非金属矿采选业	1090	4862	2356	1843	663
石棉采选业	1091	123	40	7	76
云母采选业	1092	55	29	12	14
石墨采选业	1093	314	98	204	12
石膏采选业	1094	538	96	292	150
宝石、玉石采选业	1095	87	50	24	13
水晶采选业	1096	22	12	8	2
滑石采选业	1097	354	201	96	57

1-5 续表 3

单位：个

行业小类	代码	法人单位数	东部	中部	西部
其他类未包括的非金属矿采选业	1099	3369	1830	1200	339
木材及竹材采运业	1200	2378	1053	769	556
木材采运业	1210	2294	1015	733	546
竹材采运业	1220	84	38	36	10
制造业	CCCC	1261701	805780	312737	143184
食品加工业	1300	93483	39879	39245	14359
粮食及饲料加工业	1310	58187	20651	27853	9683
碾米业	1311	21809	5432	12844	3533
磨粉业	1312	21784	8668	10254	2862
面、米制品业	1313	5078	1568	1791	1719
配合及混合饲料制造业	1314	7232	3549	2376	1307
蛋白饲料制造业	1315	658	350	190	118
水产饲料制造业	1317	686	600	61	25
其他饲料制造业	1319	940	484	337	119
植物油加工业	1320	13258	4368	7047	1843
食用植物油加工业	1321	12759	4223	6905	1631
非食用植物油加工业	1322	499	145	142	212
制糖业	1330	953	469	163	321
甘蔗糖业	1331	586	298	35	253
甜菜糖业	1332	104	22	59	23
加工糖业	1334	263	149	69	45
屠宰及肉类蛋类加工业	1340	8778	4290	2722	1766
屠宰业	1341	2571	1241	777	553
肉制品加工业	1342	5025	2442	1546	1037
肉类副产品加工业	1343	760	369	240	151
蛋品加工业	1344	422	238	159	25
水产品加工业	1350	5821	5611	145	65
冷冻水产品加工业	1351	4210	4096	82	32

1-5 续表 4

单位：个

行业小类	代码	法人单位数	东部	中部	西部
干制水产品加工业	1352	635	616	19	
腌制水产品加工业	1353	264	229	15	20
鱼糜及鱼糜制品加工业	1354	197	184	11	2
其它水产品加工业	1359	515	486	18	11
盐加工业	1360	186	127	28	31
其他食品加工业	1390	6300	4363	1287	650
食品制造业	1400	38981	23897	9854	5230
糕点、糖果制造业	1410	14215	9090	3298	1827
糖果业	1411	2609	1734	486	389
糕点业	1412	5108	2684	1510	914
饼干业	1413	1431	893	427	111
方便主食品业	1414	1583	979	447	157
蜜饯业	1415	2436	2113	230	93
其他糕点、糖果制品业	1419	1048	687	198	163
乳制品制造业	1420	1024	492	310	222
罐头食品制造业	1430	4026	2801	780	445
肉类罐头制造业	1431	251	107	88	56
禽类罐头制造业	1432	77	38	22	17
水产罐头制造业	1433	136	114	13	9
水果罐头制造业	1434	1418	939	255	224
蔬菜罐头制造业	1435	1527	1127	296	104
其他罐头食品制造业	1439	617	476	106	35
发酵制品业	1440	905	557	227	121
氨基酸制造业	1441	106	64	33	9
味精制造业	1442	185	129	32	24
柠檬酸制造业	1443	64	31	25	8
酵母制品业	1444	222	142	44	36
酶制剂制造业	1445	129	68	40	21

1-5 续表 5 单位：个

行业小类	代码	法人单位数	东部	中部	西部
其他发酵制品业	1449	199	123	53	23
调味品制造业	1450	6006	3099	1653	1254
酱油、酱类制造业	1451	3673	1898	1123	652
食醋制造业	1452	645	216	221	208
调味料制造业	1453	920	579	156	185
调味油制造业	1454	214	91	60	63
其他调味品制造业	1459	554	315	93	146
其他食品制造业	1490	12805	7858	3586	1361
豆制品制造业	1491	1801	872	702	227
淀粉及淀粉制品业	1492	4821	3051	1236	534
代乳品制造业	1493	77	46	20	11
制冰业	1495	567	527	23	17
淀粉糖业	1497	265	151	88	26
冷冻饮品制造业	1498	2362	1397	737	228
其他类未包括的食品制造业	1499	2912	1814	780	318
饮料制造业	1500	29783	13234	9344	7205
酒精及饮料酒制造业	1510	13951	4977	4268	4706
酒精制造业	1511	459	216	152	91
白酒制造业	1512	10579	2947	3366	4266
啤酒制造业	1513	975	536	319	120
黄酒制造业	1514	1104	863	178	63
葡萄酒制造业	1515	271	151	83	37
果露酒制造业	1516	563	264	170	129
软饮料制造业	1520	7486	4452	2071	963
碳酸饮料制造业	1521	2879	1530	964	385
天然矿泉水制造业	1522	1775	1170	415	190
果菜汁饮料制造业	1523	1308	754	306	248
固体饮料制造业	1524	595	412	147	36

1-5 续表 6

单位：个

行业小类	代码	法人单位数	东部	中部	西部
其他软饮料制造业	1529	929	586	239	104
制茶业	1550	7216	3062	2761	1393
其他饮料制造业	1590	1130	743	244	143
烟草加工业	1600	553	189	178	186
烟叶复烤业	1610	173	39	57	77
卷烟制造业	1620	253	76	109	68
其他烟草加工业	1690	127	74	12	41
纺织业	1700	55130	42470	8700	3960
纤维原料初步加工业	1710	3974	2163	1398	413
轧花业	1711	2160	1017	963	180
洗毛业	1712	277	205	44	28
亚麻纤维初步加工业	1713	177	44	111	22
苎麻纤维初步加工业	1714	203	23	115	65
其他纤维原料初步加工业	1719	1157	874	165	118
棉纺织业	1720	21377	16058	3781	1538
棉纺业	1721	3958	2669	954	335
棉织业	1722	6974	5165	1243	566
印染业	1723	2999	2521	318	160
棉制品业	1724	4046	2959	808	279
棉线带制造业	1725	1789	1438	241	110
帘子布制造业	1726	342	272	56	14
其他棉纺织业	1729	1269	1034	161	74
毛纺织业	1740	5551	4675	569	307
毛条加工业	1741	424	346	44	34
毛纺业	1742	2230	1943	168	119
毛织业	1743	1619	1392	132	95
毛染整业	1744	394	341	51	2
工业用呢、工业用毡制造业	1745	338	264	57	17

1-5 续表 7

单位：个

行业小类	代码	法人单位数	东部	中部	西部
其他毛纺织业	1749	546	389	117	40
麻纺织业	1760	838	312	429	97
苎麻纺织业	1761	202	41	125	36
亚麻纺织业	1762	107	41	59	7
黄、洋、青麻纺织业	1763	295	98	166	31
其他麻纺织业	1769	234	132	79	23
丝绢纺织业	1770	6785	5365	604	816
缫丝业	1771	1342	644	284	414
绢纺业	1772	395	314	30	51
丝织业	1773	3270	2910	149	211
丝印染业	1774	537	502	17	18
丝制品业	1775	888	708	90	90
其他丝绢纺织业	1779	353	287	34	32
针织品业	1780	13319	11142	1508	669
棉针织品业	1781	5571	4289	902	380
毛针织品业	1782	4477	4042	270	165
丝针织品业	1783	1093	912	147	34
其他针织品业	1789	2178	1899	189	90
其他纺织业	1790	3286	2755	411	120
服装及其他纤维制品制造业	1800	54818	44452	6761	3605
服装制造业	1810	45842	37628	5319	2895
制帽业	1820	1063	893	105	65
制鞋业	1830	5047	3778	836	433
其他纤维制品制造业	1890	2866	2153	501	212
皮革、毛皮、羽绒及其制品业	1900	24976	18002	4156	2818
制革业	1910	3025	1955	745	325
轻革业	1911	2136	1328	578	230
重革业	1912	171	128	24	19

1-5 续表 8

单位：个

行业小类	代码	法人单位数	东部	中部	西部
其他制革业	1919	718	499	143	76
皮革制品制造业	1920	18426	13764	2525	2137
皮鞋制造业	1921	10709	7365	1583	1761
革皮服装制造业	1923	2254	1621	418	215
皮箱制造业	1924	930	730	140	60
皮包制造业	1925	2331	2169	110	52
其他类未包括的皮革制品业	1929	2202	1879	274	49
毛皮鞣制及制品业	1930	1608	979	454	175
毛皮鞣制业	1931	695	387	200	108
毛皮服装业	1932	365	270	73	22
其他毛皮制品业	1939	548	322	181	45
羽毛（绒）加工及制品业	1950	1917	1304	432	181
羽毛（绒）加工业	1951	801	500	218	83
羽毛（绒）制品业	1952	1116	804	214	98
木材加工及竹、藤、棕、草制品业	2000	45500	27443	13751	4306
锯材、木片加工业	2010	13311	7459	4562	1290
锯材加工业	2011	10458	5607	3724	1127
木片加工业	2012	2853	1852	838	163
人造板制造业	2020	7969	5188	2249	532
胶合板制造业	2021	4855	3353	1278	224
纤维板制造业	2022	507	236	185	86
刨花板制造业	2023	881	522	243	116
其他人造板制造业	2029	1726	1077	543	106
木制品业	2030	17453	11142	4485	1826
生产用木制品业	2031	11516	6949	3132	1435
生活用木制品业	2033	5937	4193	1353	391
竹、藤、棕、草制品业	2040	6767	3654	2455	658
家具制造业	2100	30061	18074	7594	4393

1-5 续表 9

单位：个

行业小类	代码	法人单位数	东部	中部	西部
木制家具制造业	2110	24395	14282	6402	3711
竹、藤家具制造业	2120	1042	508	435	99
金属家具制造业	2130	2486	1753	434	299
塑料家具制造业	2140	172	109	38	25
其他家具制造业	2190	1966	1422	285	259
造纸及纸制品业	2200	37571	23802	9130	4639
纸浆制造业	2210	516	234	179	103
造纸业	2220	14752	7479	4989	2284
机制纸及纸板制造业	2221	12179	6126	4205	1848
手工纸制造业	2223	963	294	383	286
加工纸制造业	2224	1610	1059	401	150
纸制品业	2230	22303	16089	3962	2252
印刷业、记录媒介的复制	2300	35141	23624	7498	4019
印刷业	2310	34938	23465	7471	4002
书、报、刊印刷业	2311	8644	5295	2275	1074
包装装潢印刷业	2312	7791	5954	1172	665
其他印刷业	2319	18503	12216	4024	2263
记录媒介的复制	2320	203	159	27	17
文教体育用品制造业	2400	14722	12161	1805	756
文化用品制造业	2410	6180	4505	1132	543
文具制造业	2411	1724	1453	181	90
本册制造业	2413	2180	1293	538	349
笔制造业	2415	1298	1015	246	37
教学标本、模型制造业	2417	372	279	67	26
其他文化用品制造业	2419	606	465	100	41
体育用品制造业	2420	1881	1688	141	52
球类制造业	2421	453	416	28	9
体育器材制造业	2423	769	682	59	28

1-5 续表10

单位：个

行业小类	代码	法人单位数	东部	中部	西部
其他体育用品制造业	2429	659	590	54	15
乐器及其他文娱用品制造业	2430	708	596	64	48
中乐器制造业	2431	171	114	30	27
西乐器制造业	2433	258	243	9	6
电子乐器制造业	2435	70	64	2	4
其他乐器及文娱用品制造业	2439	209	175	23	11
玩具制造业	2440	5200	4790	362	48
游艺器材制造业	2450	218	178	14	26
其他类未包括的文教体育用品制造业	2490	535	404	92	39
石油加工及炼焦业	2500	7007	2979	3097	931
人造原油生产业	2510	136	109	19	8
原油加工业	2520	1612	1164	295	153
石油制品业	2530	2079	1428	452	199
炼焦业	2570	3180	278	2331	571
化学原料及化学制品制造业	2600	61244	38637	14842	7765
基本化学原料制造业	2610	11452	6048	3279	2125
无机酸制造业	2611	1649	972	416	261
烧碱制造业	2613	599	353	134	112
纯碱制造业	2615	678	360	198	120
无机盐制造业	2617	4004	1990	1153	861
其他基本化学原料制造业	2619	4522	2373	1378	771
化学肥料制造业	2620	6174	2253	2299	1622
氮肥制造业	2621	937	359	376	202
磷肥制造业	2622	1808	496	670	642
钾肥制造业	2623	111	49	34	28
复合肥料制造业	2624	2021	849	713	459
微量元素肥料制造业	2625	226	101	73	52
其他化学肥料制造业	2629	1071	399	433	239

1-5 续表11

单位：个

行业小类	代码	法人单位数	东部	中部	西部
化学农药制造业	2630	1768	1020	528	220
农药原药制造业	2631	612	376	179	57
农药制剂制造业	2633	1156	644	349	163
有机化学产品制造业	2650	15902	11343	3248	1311
有机化工原料制造业	2651	2858	2033	627	198
涂料制造业	2652	7868	5435	1587	846
油墨制造业	2653	710	552	112	46
颜料制造业	2654	1072	785	218	69
染料制造业	2655	1099	914	166	19
其他有机化学产品制造业	2659	2295	1624	538	133
合成材料制造业	2660	4109	3000	779	330
聚烯烃塑料制造业	2661	473	358	77	38
热固性树脂及塑料制造业	2662	720	509	152	59
工程塑料制造业	2663	558	424	98	36
功能高分子制造业	2664	582	432	121	29
有机硅氟材料制造业	2665	291	210	52	29
合成橡胶制造业	2666	581	384	129	68
合成纤维单（聚合）体制造业	2667	198	149	32	17
其他合成材料制造业	2669	706	534	118	54
专用化学产品制造业	2670	13161	9204	2764	1193
化学试剂、助剂制造业	2671	5833	4446	1052	335
专项化学用品制造业	2672	3726	2732	650	344
林产化学产品制造业	2673	1339	728	489	122
炸药及火工产品制造业	2674	701	218	305	178
信息化学品制造业	2675	520	419	70	31
放射化学产品制造业	2676	28	21	2	5
添加剂制造业	2677	1014	640	196	178
日用化学产品制造业	2680	8678	5769	1945	964

1-5 续表12 单位：个

行业小类	代码	法人单位数	东部	中部	西部
肥皂及皂粉、合成洗涤剂制造业	2681	2829	1785	675	369
合成脂肪酸制造业	2682	138	92	37	9
硬脂酸、硬化油制造业	2683	295	217	60	18
香料、香精制造业	2684	861	545	210	106
化妆品制造业	2685	1696	1375	204	117
牙膏制造业	2686	91	70	13	8
火柴制造业	2687	225	90	75	60
动物胶制造业	2688	438	204	166	68
其他日用化学产品制造业	2689	2105	1391	505	209
医药制造业	2700	8748	4898	2393	1457
化学药品原药制造业	2710	1639	978	413	248
化学药品制剂制造业	2720	2103	1290	539	274
中药材及中成药加工业	2730	2990	1369	973	648
动物药品制造业	2740	989	563	280	146
生物制品业	2750	1027	698	188	141
化学纤维制造业	2800	3355	2812	403	140
纤维素纤维制造业	2810	687	513	118	56
化纤浆粕制造业	2811	134	103	25	6
粘胶纤维制造业	2812	358	278	55	25
其他纤维素纤维制造业	2819	195	132	38	25
合成纤维制造业	2820	1718	1456	184	78
锦纶纤维制造业	2821	200	153	38	9
涤纶纤维制造业	2822	782	683	65	34
腈纶纤维制造业	2823	106	92	9	5
维纶纤维制造业	2824	43	32	5	6
其他合成纤维制造业	2829	587	496	67	24
渔具及渔具材料制造业	2850	950	843	101	6
渔具用丝制造业	2851	56	46	10	

1-5 续表13

单位：个

行业小类	代码	法人单位数	东部	中部	西部
渔具用线制造业	2852	42	41	1	
渔具用绳制造业	2853	97	90	6	1
渔网制造业	2854	497	424	69	4
其他渔具制造业	2859	258	242	15	1
橡胶制品业	2900	12375	9536	1816	1023
轮胎制造业	2910	614	478	95	41
力车胎制造业	2920	237	186	35	16
橡胶板、管、带制造业	2930	2120	1632	379	109
橡胶零件制品业	2940	2789	2118	372	299
再生橡胶制造业	2950	857	625	152	80
橡胶靴鞋制造业	2960	1308	1068	149	91
日用橡胶制品业	2970	1049	862	126	61
橡胶制品翻修业	2980	623	374	153	96
轮胎翻新业	2981	486	279	126	81
其他橡胶制品翻修业	2989	137	95	27	15
其他橡胶制品业	2990	2778	2193	355	230
塑料制品业	3000	60126	46565	9265	4296
塑料薄膜制造业	3010	4875	3381	1010	484
塑料板、管、棒材制造业	3020	6357	4337	1351	669
塑料丝、绳及编织品制造业	3030	9632	6504	2208	920
泡沫塑料及人造革、合成革制造业	3040	4440	3467	623	350
塑料包装箱及容器制造业	3050	3925	3054	581	290
塑料鞋制造业	3060	3284	2814	317	153
日用塑料杂品制造业	3070	5204	4027	813	364
塑料零件制造业	3080	4553	4087	250	216
其他塑料制品业	3090	17856	14894	2112	850
非金属矿物制品业	3100	211798	93828	86810	31160
水泥制造业	3110	10627	4872	3427	2328

1-5 续表14

单位：个

行业小类	代码	法人单位数	东部	中部	西部
水泥制品和石棉水泥制品业	3120	42427	15067	19640	7720
水泥制品业	3121	17619	8248	6933	2438
砼结构构件制造业	3123	23185	6138	12009	5038
石棉水泥制品业	3124	961	351	467	143
其他水泥制品业	3129	662	330	231	101
砖瓦、石灰和轻质建筑材料制造业	3130	122566	52061	53029	17476
砖瓦制造业	3131	84520	30700	40974	12846
石灰制造业	3132	8863	3894	3875	1094
建筑用石加工业	3133	18956	11806	4997	2153
轻质建筑材料制造业	3134	2508	1312	764	432
防水密封建筑材料制造业	3135	2090	1064	756	270
隔热保温材料制造业	3136	2618	1538	792	288
其他砖瓦、石灰和轻质建筑材料制造业	3139	3011	1747	871	393
玻璃及玻璃制品业	3140	6736	4430	1495	811
建筑用玻璃制品业	3141	1050	687	224	139
工业技术用玻璃制造业	3142	673	472	129	72
光学玻璃制造业	3143	376	270	55	51
玻璃仪器制造业	3145	435	322	83	30
日用玻璃制品业	3147	2475	1511	599	365
玻璃保温容器制造业	3148	256	187	50	19
其他玻璃及玻璃制品业	3149	1471	981	355	135
陶瓷制品业	3150	11077	7260	2751	1066
建筑、卫生陶瓷制造业	3151	3331	2225	714	392
工业用陶瓷制造业	3153	1095	590	454	51
日用陶瓷制造业	3155	5963	3940	1449	574
其他陶瓷制品业	3159	688	505	134	49
耐火材料制品业	3160	7901	3765	3422	714
石棉制品业	3161	1250	837	292	121

1-5 续表15 单位：个

行业小类	代码	法人单位数	东部	中部	西部
云母制品业	3163	234	142	64	28
其他耐火材料制品业	3169	6417	2786	3066	565
石墨及碳素制品业	3170	2005	1069	686	250
冶金用碳素制品业	3171	834	370	336	128
电工用碳素制品业	3172	325	206	86	33
其他石墨及碳素制品业	3179	846	493	264	89
矿物纤维及其制品业	3180	3839	2567	929	343
玻璃纤维及其制品业	3181	1280	799	330	151
玻璃钢制品业	3182	2393	1666	556	171
其他矿物纤维及其制品业	3189	166	102	43	21
其他类未包括的非金属矿物制品业	3190	4620	2737	1431	452
黑色金属冶炼及压延加工业	3200	16311	9277	4694	2340
炼铁业	3210	4378	1725	2152	501
炼钢业	3220	1921	1154	491	276
钢压延加工业	3240	8236	5734	1530	972
铁合金冶炼业	3260	1776	664	521	591
有色金属冶炼及压延加工业	3300	11286	6908	2793	1585
重有色金属冶炼业	3310	3121	1410	1019	692
铜冶炼业	3311	1104	748	209	147
铅锌冶炼业	3312	979	267	376	336
镍钴冶炼业	3314	58	38	10	10
锡冶炼业	3316	104	58	13	33
锑冶炼业	3317	433	73	274	86
汞冶炼业	3318	12	4	3	5
其他重有色金属冶炼业	3319	431	222	134	75
轻有色金属冶炼业	3320	2130	1175	657	298
铝冶炼业	3321	1255	815	300	140
镁冶炼业	3322	529	183	280	66

1-5 续表16

单位：个

行业小类	代码	法人单位数	东部	中部	西部
钛冶炼业	3323	73	33	14	26
其他轻有色金属冶炼业	3329	273	144	63	66
贵金属冶炼业	3330	373	185	94	94
金冶炼业	3331	255	110	66	79
银冶炼业	3332	44	26	11	7
其他贵金属冶炼业	3339	74	49	17	8
稀有稀土金属冶炼业	3340	752	351	310	91
钨钼冶炼业	3341	181	104	60	17
其他稀有稀土金属冶炼业	3349	571	247	250	74
有色金属合金业	3360	569	378	118	73
有色金属压延加工业	3380	4341	3409	595	337
重有色金属压延加工业	3381	2072	1639	287	146
轻有色金属压延加工业	3383	2010	1590	262	158
贵金属压延加工业	3385	75	56	12	7
稀有稀土金属压延加工业	3387	184	124	34	26
金属制品业	3400	92581	69380	14513	8688
金属结构制造业	3410	7167	5254	1237	676
铸铁管制造业	3420	3841	1838	1324	679
工具制造业	3430	11797	9331	1695	771
切削工具制造业	3431	2457	1666	603	188
模具制造业	3434	5636	4778	546	312
手工具制造业	3435	2935	2292	450	193
其他工具制造业	3439	769	595	96	78
集装箱和金属包装物品制造业	3440	5020	3745	830	445
集装箱制造业	3441	165	137	18	10
金属包装物品及容器制造业	3442	4855	3608	812	435
金属丝绳及其制品业	3450	6765	4911	1274	580
建筑用金属制品业	3460	19605	14258	3195	2152

1-5 续表17

单位：个

行业小类	代码	法人单位数	东部	中部	西部
建筑小五金制造业	3461	4326	3646	492	188
水暖管道零件制造业	3463	3589	2554	758	277
金属门窗制造业	3465	10066	6770	1761	1535
其他建筑用金属制品业	3469	1624	1288	184	152
金属表面处理及热处理业	3470	7269	6131	656	482
日用金属制品业	3480	19824	16201	2324	1299
搪瓷制造业	3481	612	442	110	60
铝制品业	3482	3862	2835	710	317
不锈钢制品业	3483	3694	3463	135	96
刀剪制造业	3484	1197	1081	70	46
制锁业	3485	1443	1268	132	43
炊事用具制造业	3486	2467	1326	702	439
燃气用具制造业	3487	985	854	69	62
理发用具制造业	3488	266	257	5	4
其他日用金属制品业	3489	5298	4675	391	232
其他金属制品业	3490	11293	7711	1978	1604
铁制小农具制造业	3491	4375	2023	1168	1184
焊条制造业	3495	699	492	141	66
其他类未包括的金属制品业	3499	6219	5196	669	354
普通机械制造业	3500	85178	62200	15551	7427
锅炉及原动机制造业	3510	5393	3538	1224	631
锅炉制造业	3511	2494	1517	648	329
内燃机制造业	3512	408	272	81	55
汽轮机制造业	3513	82	59	18	5
水轮机制造业	3514	70	38	9	23
内燃机零部件及配件制造业	3515	1872	1360	363	149
其他锅炉及原动机制造业	3519	467	292	105	70
金属加工机械制造业	3520	10186	7147	1762	1277

1-5 续表18　　　　单位：个

行业小类	代码	法人单位数	东部	中部	西部
金属切削机床制造业	3521	1659	1231	253	175
锻压设备制造业	3523	929	679	169	81
铸造机械制造业	3525	1491	914	377	200
机床附件制造业	3526	1108	930	99	79
其他金属加工机械制造业	3529	4999	3393	864	742
通用设备制造业	3530	11387	9099	1585	703
起重运输设备制造业	3531	2117	1661	305	151
工矿车辆制造业	3532	284	131	118	35
泵制造业	3533	3265	2606	530	129
风机制造业	3534	1146	863	172	111
气体压缩机及气体分离设备制造业	3535	804	642	97	65
冷冻设备制造业	3536	960	843	77	40
风动工具制造业	3537	255	210	33	12
电动工具制造业	3538	943	843	59	41
其他通用设备制造业	3539	1613	1300	194	119
轴承、阀门制造业	3540	6297	5156	804	337
轴承制造业	3541	2424	1868	409	147
阀门制造业	3542	3873	3288	395	190
其他通用零部件制造业	3560	20000	16112	2544	1344
液压件及液力件制造业	3561	1879	1523	225	131
气动元件制造业	3562	1024	879	104	41
密封件制造业	3563	1032	837	123	72
粉末冶金制品业	3564	1055	769	202	84
紧固件制造业	3565	5849	4955	586	308
弹簧制造业	3566	1755	1364	222	169
链条制造业	3567	613	479	109	25
齿轮制造业	3568	887	609	183	95
其他类未包括的通用零部件制造业	3569	5906	4697	790	419

1-5 续表19 单位：个

行业小类	代码	法人单位数	东部	中部	西部
铸锻件制造业	3570	24066	16022	5821	2223
铸件制造业	3571	20906	13720	5293	1893
锻件制造业	3572	3160	2302	528	330
普通机械修理业	3580	2872	1674	870	328
其他普通机械制造业	3590	4977	3452	941	584
专用设备制造业	3600	43870	30146	9458	4266
冶金、矿山、机电工业专用设备制造业	3610	4339	2908	964	467
矿山设备制造业	3611	1819	983	627	209
冶金工业专用设备制造业	3613	676	476	128	72
电工专用设备制造业	3615	319	227	54	38
电子工业专用设备制造业	3617	618	484	66	68
其他机电工业专用设备制造业	3619	907	738	89	80
石化及其他工业专用设备制造业	3620	6071	4518	1002	551
石油工业专用设备制造业	3621	820	543	170	107
化学工业专用设备制造业	3622	963	736	133	94
化学纤维工业专用设备制造业	3623	144	117	20	7
橡胶工业专用设备制造业	3624	307	247	31	29
塑料工业专用设备制造业	3625	1039	920	75	44
森林工业专用设备制造业	3626	282	189	69	24
印刷工业专用设备制造业	3627	716	591	77	48
制药工业专用设备制造业	3628	377	283	70	24
建筑材料及其他非金属矿物制品专用设备制造业	3629	1423	892	357	174
轻纺工业专用设备制造业	3630	8778	6622	1489	667
食品、饮料、烟草工业专用设备制造业	3631	1465	1139	188	138
粮油工业专用设备制造业	3632	1008	463	402	143
饲料工业专用设备制造业	3633	152	90	43	19
包装工业专用设备制造业	3634	619	534	55	30
纺织、服装、皮革工业专用设备制造业	3635	3849	3297	376	176

1-5 续表20

单位：个

行业小类	代码	法人单位数	东部	中部	西部
照明器具工业专用设备制造业	3636	442	322	81	39
日用硅酸制品工业专用设备制造业	3637	155	109	32	14
制浆、造纸工业专用设备制造业	3638	683	394	226	63
日用化学工业专用设备制造业	3639	405	274	86	45
农、林、牧、渔、水利业机械制造业	3640	7307	3851	2644	812
拖拉机制造业	3641	319	165	110	44
机械化农机具制造业	3642	2708	1319	1022	367
营林机械制造业	3643	47	35	10	2
畜牧机械制造业	3644	163	104	43	16
渔业机械制造业	3645	149	125	14	10
水利机械制造业	3646	259	148	79	32
拖拉机配件制造业	3647	2057	1338	583	136
其他农、林、牧、渔、水利业机械制造业	3649	1875	887	783	205
医疗器械制造业	3650	3309	2518	496	295
手术器械制造业	3651	271	234	16	21
医疗仪器、设备制造业	3652	1260	1006	136	118
诊断用品制造业	3653	283	222	41	20
医用材料及医疗用品制造业	3654	1398	991	285	122
假肢、矫形器制造业	3655	97	65	18	14
其他专用设备制造业	3670	7723	6062	1108	553
建筑机械制造业	3671	1204	854	204	146
地质专用设备制造业	3672	139	90	26	23
畜牧兽医医疗器械制造业	3673	16	11	4	1
缝纫机制造业	3674	859	804	33	22
商业、饮食业、服务业专用机械制造业	3675	449	312	95	42
邮政机械及器材制造业	3676	84	64	13	7
环境保护机械制造业	3677	2031	1708	228	95
社会公共安全设备及器材制造业	3678	1136	825	210	101

1-5 续表21　　　　单位：个

行业小类	代码	法人单位数	东部	中部	西部
其他类未包括的专用设备制造业	3679	1805	1394	295	116
专用机械设备修理业	3680	6073	3397	1755	921
工业专用设备修理业	3681	840	550	221	69
农、林、牧、渔、水利机械修理业	3683	3420	1623	1170	627
医疗器械修理业	3685	90	49	29	12
其他专用机械设备修理业	3689	1723	1175	335	213
交通运输设备制造业	3700	50523	34230	9368	6925
铁路运输设备制造业	3710	1335	774	394	167
机车制造业	3711	29	14	10	5
客车制造业	3712	27	9	17	1
货车制造业	3713	36	13	12	11
机车车辆配件制造业	3714	688	425	188	75
铁路信号设备制造业	3715	95	43	27	25
铁路专用设备制造业	3716	102	59	26	17
铁路专用器材制造业	3717	262	151	85	26
其他铁路运输设备制造业	3719	96	60	29	7
汽车制造业	3720	15552	10865	2983	1704
载重汽车制造业	3721	190	95	53	42
客车制造业	3722	175	103	46	26
小轿车制造业	3723	63	42	12	9
微型汽车制造业	3724	81	47	26	8
特种车辆及改装汽车制造业	3725	694	422	176	96
汽车车身制造业	3726	288	150	97	41
汽车零部件及配件制造业	3727	14061	10006	2573	1482
摩托车制造业	3730	5270	3508	520	1242
摩托车整车制造业	3731	575	380	135	60
摩托车零部件及配件制造业	3732	4695	3128	385	1182
自行车制造业	3740	2325	2078	184	63

1-5 续表22

单位：个

行业小类	代码	法人单位数	东部	中部	西部
电车制造业	3750	40	34	4	2
船舶制造业	3760	1233	990	179	64
海洋运输船制造业	3761	143	128	8	7
内河船制造业	3762	569	405	128	36
渔轮制造业	3763	159	156	3	
船舶机械设备制造业	3764	357	297	40	20
海洋石油平台制造业	3765	5	4		1
航空航天器制造业	3770	224	87	39	98
飞机制造业	3771	135	45	25	65
其他航空航天器制造业	3779	89	42	14	33
交通运输设备修理业	3780	24346	15750	5027	3569
铁路运输设备修理业	3781	430	230	147	53
汽车修理业	3782	19474	11818	4442	3214
摩托车修理业	3783	1337	1090	103	144
电车修理业	3784	41	31	4	6
船舶修理业	3785	1590	1481	82	27
飞机修理业	3786	47	25	10	12
其他交通运输设备修理业	3789	1427	1075	239	113
其他交通运输设备制造业	3790	198	144	38	16
航标器材制造业	3791	19	18	1	
潜水装备制造业	3792	17	13	3	1
公路标志制造业	3793	162	113	34	15
电气机械及器材制造业	4000	49440	39795	6455	3190
电机制造业	4010	3582	2979	418	185
发电机制造业	4011	617	491	84	42
电动机制造业	4012	1791	1471	227	93
微电机制造业	4013	1174	1017	107	50
输配电及控制设备制造业	4020	14119	11217	1812	1090

1-5 续表23 单位：个

行业小类	代码	法人单位数	东部	中部	西部
变压器制造业	4021	2094	1604	312	178
整流器制造业	4022	354	283	41	30
电容器制造业	4023	629	528	68	33
开关控制设备制造业	4024	4705	3649	664	392
电器设备元件制造业	4027	3626	3112	312	202
其他输配电及控制设备制造业	4029	2711	2041	415	255
电工器材制造业	4040	12153	9178	2151	824
电线电缆制造业	4041	7340	5465	1386	489
绝缘制品业	4043	896	665	160	71
蓄电池制造业	4045	1609	1119	354	136
原电池制造业	4046	563	443	72	48
其他电工器材制造业	4049	1745	1486	179	80
日用电器制造业	4060	6941	6119	527	295
洗衣机制造业	4061	261	234	17	10
吸尘器制造业	4062	171	130	30	11
电冰箱制造业	4063	361	296	35	30
电风扇制造业	4064	763	689	44	30
空调器制造业	4065	1002	870	99	33
排油烟机制造业	4066	169	154	13	2
其他日用电器制造业	4069	4214	3746	289	179
照明器具制造业	4070	8400	7117	834	449
电光源制造业	4071	2249	1842	295	112
灯头、灯座制造业	4072	915	805	70	40
灯具制造业	4073	3085	2661	241	183
灯用电器附件制造业	4074	1375	1156	137	82
其他照明器具制造业	4079	776	653	91	32
电气机械修理业	4080	1635	1149	353	133
其他电气机械制造业	4090	2610	2036	360	214

1-5 续表24

单位：个

行业小类	代码	法人单位数	东部	中部	西部
电焊机制造业	4091	855	663	108	84
工业用电炉制造业	4092	339	270	35	34
其他类未包括的电气机械制造业	4099	1416	1103	217	96
电子及通信设备制造业	4100	21627	18771	1595	1261
通信设备制造业	4110	3223	2684	269	270
传输设备制造业	4111	594	446	56	92
交换设备制造业	4112	597	502	53	42
通信终端设备制造业	4113	393	331	32	30
其他通信设备制造业	4119	1639	1405	128	106
雷达制造业	4120	85	43	16	26
雷达整机制造业	4121	40	21	6	13
雷达专用配套设备及部件制造业	4122	45	22	10	13
广播电视设备制造业	4130	460	344	53	63
电子计算机制造业	4140	1431	1256	84	91
电子计算机整机制造业	4141	467	380	40	47
电子计算机外部设备制造业	4143	964	876	44	44
电子器件制造业	4150	1740	1531	116	93
电真空器件制造业	4151	324	272	29	23
半导体器件制造业	4153	763	648	69	46
集成电路制造业	4155	653	611	18	24
电子元件制造业	4160	8182	7270	553	359
日用电子器具制造业	4170	2007	1812	118	77
电视机、录像机、摄像机制造业	4171	522	419	55	48
收音机、录音机制造业	4172	1264	1188	51	25
电子计算器制造业	4173	221	205	12	4
电子设备及通信设备修理业	4180	1034	871	98	65
通信设备修理业	4181	165	115	30	20
广播电视设备修理业	4182	54	33	12	9

1-5 续表25 单位：个

行业小类	代码	法人单位数	东部	中部	西部
电子计算机修理业	4183	39	22	13	4
其他电子设备修理业	4189	776	701	43	32
其他电子设备制造业	4190	3465	2960	288	217
仪器仪表及文化、办公用机械制造业	4200	12724	10273	1380	1071
通用仪器仪表制造业	4210	5354	4211	559	584
工业自动化仪表制造业	4211	1506	1140	183	183
电工仪器、仪表制造业	4212	1142	897	118	127
光学仪器制造业	4213	521	377	57	87
计时仪器制造业	4214	173	157	7	9
分析仪器制造业	4215	247	207	21	19
试验机制造业	4216	155	122	19	14
实验室仪器及装置制造业	4217	156	129	19	8
通用仪器仪表元件、器件制造业	4218	717	602	41	74
其他通用仪器仪表制造业	4219	737	580	94	63
专用仪器仪表制造业	4220	1500	1127	219	154
环境保护仪器仪表制造业	4221	221	169	31	21
汽车仪器仪表制造业	4222	165	128	24	13
导航、制导仪器制造业	4223	52	34	9	9
农、林、牧、渔仪器、仪表制造业	4224	30	21	3	6
地质勘探、钻采、地震专用仪器制造业	4225	117	84	13	20
气象、海洋、水文、天文测量仪器制造业	4226	40	32	3	5
教学仪器制造业	4227	312	199	76	37
核子及核辐射测量仪器制造业	4228	17	11	3	3
专用仪器仪表元件、器件制造业	4229	546	449	57	40
电子测量仪器制造业	4230	526	420	56	50
计量器具制造业	4240	1271	942	231	98
传递标准用计量仪器制造业	4241	97	75	14	8
量具量仪制造业	4242	400	313	65	22

1-5 续表26 单位：个

行业小类	代码	法人单位数	东部	中部	西部
衡器制造业	4243	774	554	152	68
文化、办公用机械制造业	4250	791	708	48	35
电影机械制造业	4251	31	26	4	1
幻灯机及投影仪制造业	4252	25	21	4	
照相机及器材制造业	4254	285	262	11	12
复印机制造业	4256	63	58	2	3
打字机及油印机制造业	4257	64	60	2	2
其他文化、办公用机械制造业	4259	323	281	25	17
钟表制造业	4260	1774	1661	73	40
仪器仪表及文化、办公用机械修理业	4280	330	236	63	31
其他仪器仪表制造业	4290	1178	968	131	79
其他制造业	4300	52607	38263	10218	4126
工艺美术品制造业	4310	30536	22416	6199	1921
雕塑工艺品制造业	4311	4581	3804	522	255
金属工艺品制造业	4312	1624	1293	154	177
漆器工艺品制造业	4313	476	427	19	30
花画工艺品制造业	4314	2262	2081	120	61
竹、藤、棕、草工艺品制造业	4315	2687	2126	460	101
抽纱刺绣工艺品制造业	4316	3180	2764	288	128
地毯制造业	4317	3540	2235	843	462
首饰制造业	4318	1459	1217	137	105
其他工艺美术品制造业	4319	10727	6469	3656	602
日用杂品制造业	4350	6698	5664	638	396
制镜业	4351	396	247	97	52
眼镜制造业	4353	1101	1018	45	38
制伞业	4355	877	731	118	28
鬃毛加工及制刷业	4357	4324	3668	378	278
其他生产、生活用品制造业	4390	15373	10183	3381	1809

1-5 续表27

单位：个

行业小类	代码	法人单位数	东部	中部	西部
生产用其他产品制造业	4391	4032	3312	463	257
生活用其他产品制造业	4392	11341	6871	2918	1552
电力、煤气及水的生产和供应业	DDDD	27308	12491	8159	6658
电力、蒸汽、热水的生产和供应业	4400	18615	8226	5540	4849
电力生产业	4410	14090	6478	3797	3815
火力发电业	4411	1559	840	487	232
水力发电业	4412	12408	5566	3279	3563
核力发电业	4413	19	10	8	1
其他电业	4419	104	62	23	19
电力供应业	4420	3935	1448	1555	932
蒸汽、热水生产和供应业	4430	590	300	188	102
煤气生产和供应业	4500	833	453	204	176
煤气生产业	4510	136	83	37	16
煤气供应业	4520	697	370	167	160
自来水的生产和供应业	4600	7860	3812	2415	1633
自来水生产业	4610	4116	2111	1182	823
自来水供应业	4620	3744	1701	1233	810
建筑业	EEEE	118235	65309	33270	19656
土木工程建筑业	4700	83928	40753	28148	15027
房屋建筑业	4710	69788	31855	24749	13184
矿山建筑业	4720	355	162	121	72
铁路、公路、遂道、桥梁建筑业	4730	4686	2771	1179	736
堤坝、电站、码头建筑业	4740	1143	653	298	192
其他土木工程建筑业	4790	7956	5312	1801	843
线路、管道和设备安装	4800	14477	10298	2526	1653
线路、管道安装业	4810	6855	4610	1420	825
设备安装业	4820	7622	5688	1106	828
装修装饰业	4900	19830	14258	2596	2976

1-5 续表28　　　　单位：个

行业小类	代码	法人单位数	东部	中部	西部
地质勘探业、水利管理业	FFFF	20171	8282	7152	4737
地质勘探业	5000	2503	1076	804	623
区域地质勘查业	5010	145	65	50	30
海洋地质勘查业	5020	56	39	12	5
矿产地质勘探业	5030	1191	426	431	334
石油、天然气地质勘查业	5031	78	33	19	26
煤炭地质勘查业	5032	191	60	90	41
黑色金属矿产地质勘查业	5033	27	11	9	7
有色金属矿产地质勘查业	5034	184	60	62	62
贵金属矿产地质勘查业	5035	53	16	15	22
其他金属矿产地质勘查业	5036	71	23	21	27
非金属矿产地质勘查业	5037	56	22	18	16
水文地质勘查业	5038	531	201	197	133
工程地质勘查业	5040	735	373	202	160
环境地质勘查业	5050	53	22	18	13
地球物理和地球化学勘查业	5060	60	21	21	18
地质工程技术及其他技术服务业	5090	263	130	70	63
水利管理业	5100	17668	7206	6348	4114
交通运输、仓储及邮电通信业	GGGG	60177	34098	16608	9471
铁路运输业	5200	640	363	213	64
汽车运输业	5300	20496	11109	6156	3231
汽车运输业	5310	19202	10436	5657	3109
其他公路运输业	5390	1294	673	499	122
管道运输业	5400	44	21	14	9
水上运输业	5500	4145	2820	1005	320
远洋运输业	5510	322	307	15	
沿海运输业	5520	856	852	4	
内河、内湖运输业	5530	2462	1332	838	292

1-5 续表29

单位：个

行业小类	代码	法人单位数	东部	中部	西部
其他水上运输业	5590	505	329	148	28
航空运输业	5600	171	122	27	22
航空客货运输业	5610	155	112	24	19
通用航空业	5620	16	10	3	3
交通运输辅助业	5700	19509	10605	5450	3454
公路管理及养护业	5710	5798	1901	2198	1699
港口业	5720	943	744	158	41
沿海港口业	5721	336	331	5	
内河、内湖港口业	5722	607	413	153	41
水运辅助业	5730	1989	1633	203	153
机场及航空运输辅助业	5740	678	594	33	51
装卸搬运业	5750	5188	2606	1851	731
其他类未包括的交通运输辅助业	5790	4913	3127	1007	779
其他交通运输业	5800	309	207	52	50
仓储业	5900	7746	5526	1495	725
邮电通信业	6000	7117	3325	2196	1596
邮政业	6010	1538	558	583	397
电信业	6020	3777	1889	1197	691
邮电业	6030	1802	878	416	508
批发和零售贸易、餐饮业	HHHH	754762	500206	151108	103448
食品、饮料、烟草和家庭日用品批发业	6100	175716	121308	32942	21466
食品、饮料、烟草批发业	6110	65844	37615	18880	9349
粮食、食用油批发业	6111	29433	14558	10862	4013
糕点、糖果和饮料批发业	6112	9110	5597	2079	1434
肉、禽、蛋及其制品批发业	6113	6083	3659	1695	729
水产品批发业	6114	2897	2442	312	143
蔬菜、果品批发业	6115	4794	3065	1029	700
茶叶批发业	6116	1217	742	247	228

1-5 续表30

单位：个

行业小类	代码	法人单位数	东部	中部	西部
烟草及其制品批发业	6117	3317	1423	1069	825
盐及调味品批发业	6118	1890	880	692	318
其他食品、饮料、烟草批发业	6119	7103	5249	895	959
棉、麻、土畜产品批发业	6120	5605	2612	1778	1215
棉、麻批发业	6121	2729	1216	991	522
畜产品批发业	6122	2876	1396	787	693
纺织品、服装和鞋帽批发业	6130	19014	15954	1730	1330
纺织品批发业	6131	11915	9771	1253	891
服装批发业	6132	5419	4820	298	301
鞋帽批发业	6133	1680	1363	179	138
日用百货批发业	6140	23651	18059	2902	2690
百货批发业	6141	14457	10536	2000	1921
文化用品、钟表眼镜批发业	6142	5674	4747	477	450
其他日用百货批发业	6149	3520	2776	425	319
日用杂品批发业	6150	5473	3545	1120	808
五金、交电、化工批发业	6160	46983	37906	4504	4573
药品及医疗器械批发业	6170	9146	5617	2028	1501
西药批发业	6171	4025	2094	1085	846
中草药及制品批发业	6172	2326	1246	644	436
医疗器械批发业	6173	2795	2277	299	219
能源、材料和机械电子设备批发业	6200	185498	132361	29546	23591
能源批发业	6210	19772	12285	4926	2561
石油及制品批发业	6211	10353	6527	2284	1542
煤炭及制品批发业	6212	8714	5252	2530	932
其他能源批发业	6219	705	506	112	87
化工材料批发业	6220	15500	12248	1874	1378
木材批发业	6230	7900	4648	2184	1068
建筑材料批发业	6240	39895	30295	5142	4458

1-5 续表31 单位：个

行业小类	代码	法人单位数	东部	中部	西部
矿产品批发业	6250	3344	1772	777	795
金属材料批发业	6260	34214	24426	5774	4014
黑色金属材料批发业	6261	27000	18829	5015	3156
有色金属材料批发业	6262	7214	5597	759	858
机械、电子设备批发业	6270	44840	33119	5120	6601
汽车、摩托车及零配件批发业	6280	12968	9158	1864	1946
汽车批发业	6281	2870	1898	642	330
摩托车批发业	6282	813	575	138	100
汽车、摩托车零配件批发业	6289	9285	6685	1084	1516
再生物资回收批发业	6290	7065	4410	1885	770
其他批发业	6300	43839	28751	9730	5358
工艺美术品批发业	6310	2030	1699	157	174
图书报刊批发业	6320	1338	781	269	288
农业生产资料批发业	6330	21938	10842	7666	3430
其他类未包括的批发业	6390	18533	15429	1638	1466
零售业	6400	291273	180561	64799	45913
食品、饮料和烟草零售业	6410	52658	29682	13501	9475
粮油食品零售业	6411	19832	9072	6609	4151
副食品零售业	6412	15828	8290	4367	3171
其他食品、饮料和烟草零售业	6419	16998	12320	2525	2153
日用百货零售业	6420	70196	36739	19719	13738
百货零售业	6421	42180	22249	11515	8416
文化体育用品零售业	6422	6190	4489	930	771
钟表、眼镜及照相器材零售业	6423	1828	1262	288	278
其他日用百货零售业	6429	19998	8739	6986	4273
纺织品、服装和鞋帽零售业	6430	14767	10310	2594	1863
日用杂品零售业	6440	8231	4695	2028	1508
五金、交电、化工零售业	6450	68192	48897	10909	8386

1-5 续表32 单位：个

行业小类	代码	法人单位数	东部	中部	西部
药品及医疗器械零售业	6470	8482	4610	2569	1303
图书报刊零售业	6480	4092	2196	1000	896
其他零售业	6490	64655	43432	12479	8744
家具零售业	6491	2927	2170	426	331
煤炭零售业	6492	2411	1216	810	385
石油制品零售业	6493	15519	9526	3825	2168
汽车、摩托车及其零配件零售业	6494	16850	10731	3307	2812
计算机及软件、办公设备零售业	6495	9531	6921	1309	1301
信托业	6496	572	418	86	68
首饰业	6497	1958	1268	396	294
其他类未包括的零售业	6499	14887	11182	2320	1385
商业经纪与代理业	6500	3847	3432	272	143
餐饮业	6700	54589	33793	13819	6977
正餐	6710	43933	26419	12024	5490
快餐	6720	4078	2824	880	374
其他饮食业	6790	6578	4550	915	1113
小吃	6791	3493	2492	491	510
冷饮	6793	430	319	61	50
茶馆	6795	633	410	31	192
其他类未包括的餐饮业	6799	2022	1329	332	361
金融、保险业	IIII	70228	28084	23592	18552
金融业	6800	64207	25722	21411	17074
中央银行	6810	2209	790	796	623
商业银行	6820	15204	7059	5161	2984
其他银行	6830	1265	479	511	275
信用合作社	6840	36455	13064	13175	10216
信托投资业	6850	817	601	102	114
证券经纪与交易业	6860	1442	1064	268	110

1-5 续表33 单位：个

行业小类	代码	法人单位数	东部	中部	西部
其他非银行金融业	6870	6815	2665	1398	2752
财务公司	6871	420	252	58	110
融资租赁公司	6872	294	223	27	44
典当业	6873	477	307	92	78
其他类未包括的非银行金融业	6879	5624	1883	1221	2520
保险业	7000	6021	2362	2181	1478
房地产业	JJJJ	48363	36116	7906	4341
房地产开发与经营业	7200	32609	23768	5652	3189
房地产管理业	7300	11940	9294	1830	816
房地产代理与经纪业	7400	3814	3054	424	336
社会服务业	KKKK	173901	118062	33138	22701
公共设施服务业	7500	22914	13589	5923	3402
市内公共交通业	7510	4212	2761	870	581
市内公共汽电车业	7511	934	491	277	166
出租汽车业	7512	2639	1878	446	315
轨道交通业	7513	91	59	14	18
市内轮渡业	7514	140	64	45	31
其他市内公共交通业	7519	408	269	88	51
园林绿化业	7520	4416	2765	997	654
自然保护区管理业	7530	287	108	84	95
环境卫生业	7540	4673	2667	1293	713
市政工程管理业	7550	3533	1976	1051	506
风景名胜区管理业	7560	496	254	125	117
其他公共服务业	7590	5297	3058	1503	736
居民服务业	7600	30941	21839	5241	3861
理发及美容化妆业	7610	4024	2671	539	814
沐浴业	7620	2085	1260	646	179
洗染业	7630	1161	782	246	133

1-5 续表34

单位：个

行业小类	代码	法人单位数	东部	中部	西部
摄影及扩印业	7640	3195	2022	713	460
托儿所	7650	901	674	69	158
日用品修理业	7660	3965	2971	539	455
家务服务业	7670	883	646	174	63
殡葬业	7680	2293	1201	747	345
其他居民服务业	7690	12434	9612	1568	1254
旅馆业	7800	28425	15816	7632	4977
租赁服务业	7900	3086	2250	422	414
旅游业	8000	5556	3551	1119	886
娱乐服务业	8100	9091	6304	1027	1760
信息、咨询服务业	8200	46738	33785	7541	5412
广告业	8210	11043	8574	1293	1176
咨询服务业	8220	14128	7570	3980	2578
公证业	8221	1120	384	448	288
律师事务所	8222	5834	3314	1439	1081
会计、审计、统计咨询业	8223	6424	3529	1799	1096
社会调查业	8224	750	343	294	113
其他类未包括的信息咨询服务业	8290	21567	17641	2268	1658
计算机应用服务业	8300	10142	8531	991	620
软件开发咨询业	8310	6592	5691	505	396
数据处理业	8320	325	238	60	27
数据库服务业	8330	1106	891	173	42
计算机设备维护咨询业	8340	2119	1711	253	155
其他社会服务业	8400	17008	12397	3242	1369
市场管理服务业	8410	7844	5543	1674	627
其他类未包括的社会服务业	8490	9164	6854	1568	742
卫生、体育和社会福利业	LLLL	118388	40378	36994	41016
卫生	8500	101414	32505	31355	37554

1-5 续表35

单位：个

行业小类	代码	法人单位数	东部	中部	西部
医院	8510	79926	25484	23999	30443
综合医院	8511	17905	7657	5568	4680
专科医院	8512	1871	958	575	338
中医医院	8513	2181	820	795	566
门诊部	8514	3146	1041	979	1126
其他医院	8519	54823	15008	16082	23733
疗养院	8520	521	308	133	80
专科防治所（站）	8530	1780	773	725	282
卫生防疫站	8540	3818	1415	1316	1087
妇幼保健所(站)	8550	3205	1153	1185	867
药品检验所(室)	8560	1830	647	698	485
其他卫生	8590	10334	2725	3299	4310
体育	8600	2170	1276	513	381
社会福利保障业	8700	14804	6597	5126	3081
社会福利业	8710	8747	3703	3276	1768
干部休养所	8711	1533	699	456	378
福利收容院	8712	5722	2157	2458	1107
社区服务业	8713	1492	847	362	283
社会保险和救济业	8720	4668	2164	1471	1033
其他类未包括的社会福利保障业	8790	1389	730	379	280
教育、文化艺术及广播电影电视业	MMMM	266346	97994	80750	87602
教育	8900	218304	78347	67822	72135
高等教育	8910	3959	2007	1220	732
普通高等教育	8911	1250	667	361	222
成人高等教育	8912	2709	1340	859	510
中等教育	8920	73607	30617	26224	16766
中等专业学校	8921	6024	2762	2069	1193
普通中学	8922	54433	21978	19693	12762

1-5 续表36

单位：个

行业小类	代码	法人单位数	东部	中部	西部
农业、职业中学	8923	5238	2033	1907	1298
技工学校	8924	2200	1074	749	377
成人中等学校	8925	5622	2719	1784	1119
工读学校	8926	90	51	22	17
初等教育	8930	116295	32890	33483	49922
小学校	8931	115915	32703	33369	49843
成人初等学校	8932	380	187	114	79
学前教育	8940	10947	6571	2402	1974
特殊教育	8950	1121	555	398	168
其他教育	8990	12375	5707	4095	2573
文化艺术业	9000	31203	12390	7993	10820
艺术	9010	4384	2090	1480	814
出版	9020	3755	2199	959	597
文物保护	9030	2624	1042	963	619
图书馆	9040	2296	900	848	548
档案馆	9050	1392	538	434	420
群众文化	9060	8398	3772	2333	2293
新闻	9070	383	176	115	92
文化艺术经纪与代理业	9080	294	215	40	39
其他文化艺术业	9090	7677	1458	821	5398
广播电影电视业	9100	16839	7257	4935	4647
广播	9110	6755	2537	1761	2457
电影	9120	6273	3186	1816	1271
电视	9130	3811	1534	1358	919
科学研究和综合技术服务业	NNNN	51465	33490	10443	7532
科学研究业	9200	7989	4223	2208	1558
自然科学研究	9210	4813	2480	1414	919
社会科学研究	9220	1129	597	316	216

1-5 续表37

单位：个

行业小类	代码	法人单位数	东部	中部	西部
其他科学研究	9230	2047	1146	478	423
综合技术服务业	9300	43476	29267	8235	5974
气象	9310	2287	820	749	718
地震	9320	737	274	183	280
测绘	9330	1018	553	280	185
技术监督	9340	6995	3555	2244	1196
海洋环境	9350	87	81	4	2
环境保护	9360	2784	1399	838	547
技术推广和科技交流服务业	9370	8024	5622	1278	1124
工程设计业	9380	6947	4115	1664	1168
其他综合技术服务业	9390	14597	12848	995	754
国家机关、政党机关和社会团体	0000	1122089	463479	386577	272033
国家机关	9400	240892	87123	85065	68704
政党机关	9500	34382	12793	11163	10426
社会团体	9600	38951	19342	11001	8608
基层群众自治组织	9700	807864	344221	279348	184295
居民委员会	9710	99846	44397	38618	16831
村民委员会	9720	708018	299824	240730	167464
其他行业	PPPP	44357	29558	9931	4868
其他行业	9900	44357	29558	9931	4868
企业管理机构	9910	29829	17922	7989	3918
其他类未包括的行业	9990	14528	11636	1942	950

1-6　全部法人单位按地区分组的单位数

单位：个

地　区	代码	法人单位数（1999）	从事单一活动或位于一个地点的法人单位	法人单位数（2000）	从事单一活动或位于一个地点的法人单位
全　国	00	4221995	3863120	4366141	3992281
北　京	11	93702	90383	95950	92926
天　津	12	65937	64397	70060	68511
河　北	13	188210	175640	187953	175414
山　西	14	117739	99351	117190	98741
内蒙古	15	80412	75097	78468	73331
辽　宁	21	192661	181503	193968	181793
吉　林	22	63356	58884	78563	75448
黑龙江	23	101524	93558	99205	92098
上　海	31	287012	266972	322589	296771
江　苏	32	250437	242979	272250	265076
浙　江	33	270802	260965	265437	257808
安　徽	34	161555	140215	164218	143411
福　建	35	161118	142564	164308	145407
江　西	36	119430	110772	119559	111402
山　东	37	295397	220582	324981	231597
河　南	41	223741	208188	225806	210590
湖　北	42	155086	139502	149958	135049
湖　南	43	182145	168406	182055	168442
广　东	44	286112	270843	337512	323014
广　西	45	95882	85286	95597	85136
海　南	46	17373	16045	17784	16465
重　庆	50	89598	81881	81179	74912
四　川	51	235240	213965	235239	214077
贵　州	52	73977	69514	73124	68637
云　南	53	81093	71110	80243	70560
西　藏	54				
陕　西	61	191825	187990	195842	191901
甘　肃	62	54460	49117	51072	46439
青　海	63	19493	17784	19361	17659
宁　夏	64	11871	11312	11778	11291
新　疆	65	53865	47475	53982	47574

1-7 农、林、牧、渔业法人单位按地区分组的单位数

单位：个

地区	代码	法人单位数(1999)	从事单一活动或位于一个地点的法人单位	法人单位数(2000)	从事单一活动或位于一个地点的法人单位
全国	00	135932	128567	135788	128634
北京	11	1347	1272	1344	1287
天津	12	454	427	507	479
河北	13	4874	4739	4874	4739
山西	14	3421	3343	3408	3330
内蒙古	15	3195	3002	3291	3089
辽宁	21	5740	5433	5794	5483
吉林	22	4075	3907	4781	4662
黑龙江	23	3276	2939	3152	2849
上海	31	3875	3727	4200	4015
江苏	32	9792	9120	9323	8673
浙江	33	3210	3011	2978	2839
安徽	34	7050	6731	7206	6898
福建	35	2691	2522	2695	2516
江西	36	12461	12158	12466	12174
山东	37	3912	3694	4306	3878
河南	41	8352	8144	8407	8208
湖北	42	5106	4914	5127	4930
湖南	43	6004	5672	6004	5672
广东	44	4122	3887	4156	3929
广西	45	4487	4078	4487	4078
海南	46	793	655	802	665
重庆	50	5558	4916	4473	4052
四川	51	11590	10917	11590	10917
贵州	52	4378	4255	4360	4236
云南	53	4153	3842	3889	3582
西藏	54				
陕西	61	6260	6195	6577	6513
甘肃	62	1825	1726	1649	1581
青海	63	788	728	789	728
宁夏	64	433	392	430	401
新疆	65	2707	2219	2721	2230

1-8 采掘业法人单位按地区分组的单位数

单位：个

地 区	代码	法人单位数 (1999)	从事单一活动或位于一个地点的法人单位	法人单位数 (2000)	从事单一活动或位于一个地点的法人单位
全 国	00	93453	91569	92862	90818
北 京	11	505	500	481	478
天 津	12	135	133	140	140
河 北	13	5036	5015	5022	5001
山 西	14	8249	7981	8211	7959
内蒙古	15	2426	2352	1940	1839
辽 宁	21	4883	4842	5028	4947
吉 林	22	948	898	1369	1338
黑龙江	23	1981	1840	1875	1744
上 海	31	23	20	22	18
江 苏	32	1840	1831	2001	1994
浙 江	33	2395	2382	2424	2415
安 徽	34	3013	2913	3021	2942
福 建	35	3064	3059	3076	3071
江 西	36	5037	5001	5007	4973
山 东	37	4620	4532	5082	4757
河 南	41	6120	6046	5910	5835
湖 北	42	4215	4186	3756	3722
湖 南	43	11714	11334	11726	11352
广 东	44	3552	3509	4108	4082
广 西	45	2096	2077	2080	2065
海 南	46	138	135	132	129
重 庆	50	2025	1978	1916	1869
四 川	51	9471	9351	9429	9314
贵 州	52	1984	1970	1675	1661
云 南	53	1837	1734	1799	1702
西 藏	54				
陕 西	61	3836	3783	3549	3514
甘 肃	62	845	811	671	649
青 海	63	232	212	222	203
宁 夏	64	185	176	138	134
新 疆	65	1005	926	1010	930

1-9 制造业法人单位按地区分组的单位数

单位：个

地区	代码	法人单位数 (1999)	从事单一活动或位于一个地点的法人单位	法人单位数 (2000)	从事单一活动或位于一个地点的法人单位
全国	00	1209389	1190642	1261701	1237885
北京	11	19100	18728	18853	18539
天津	12	23373	23236	24822	24686
河北	13	60816	60475	60626	60252
山西	14	24897	24292	24713	24098
内蒙古	15	12010	11704	12008	11661
辽宁	21	58909	58134	60114	58871
吉林	22	12714	12362	16064	15844
黑龙江	23	21089	20632	20777	20454
上海	31	73195	69373	75976	71398
江苏	32	93030	92440	111732	111182
浙江	33	119277	118453	119565	119093
安徽	34	40062	38988	40105	39237
福建	35	82284	82198	82725	82639
江西	36	28734	28542	28834	28667
山东	37	98444	96421	108318	101233
河南	41	78380	77349	78964	77987
湖北	42	42762	42295	41705	41282
湖南	43	49557	48891	49567	48934
广东	44	106389	105805	124688	124125
广西	45	16799	16346	16634	16223
海南	46	1803	1763	1727	1696
重庆	50	18474	17936	17935	17477
四川	51	54699	53824	54599	53734
贵州	52	6591	6419	6286	6132
云南	53	12266	11580	12135	11524
西藏	54				
陕西	61	36110	35719	35789	35295
甘肃	62	7808	7521	6842	6594
青海	63	1531	1457	1484	1418
宁夏	64	1918	1862	1697	1666
新疆	65	6148	5682	6195	5729

1-10　电力、煤气及水的生产和供应业法人单位按地区分组的单位数

单位：个

地　区	代码	法人单位数 (1999)	从事单一活动或位于一个地点的法人单位	法人单位数 (2000)	从事单一活动或位于一个地点的法人单位
全　国	00	26595	25073	27308	25852
北　京	11	87	81	88	79
天　津	12	134	128	144	136
河　北	13	508	488	514	489
山　西	14	461	375	445	368
内蒙古	15	280	231	298	248
辽　宁	21	548	526	547	479
吉　林	22	332	281	392	357
黑龙江	23	350	312	338	302
上　海	31	375	332	356	310
江　苏	32	1006	986	1146	1127
浙　江	33	1882	1843	2003	1971
安　徽	34	980	879	1082	1025
福　建	35	1964	1957	1975	1968
江　西	36	1513	1495	1517	1500
山　东	37	523	379	576	397
河　南	41	652	553	655	556
湖　北	42	1730	1669	1730	1669
湖　南	43	1717	1630	1717	1630
广　东	44	3809	3679	3809	3679
广　西	45	871	832	871	832
海　南	46	162	149	162	149
重　庆	50	586	554	586	554
四　川	51	3021	2879	3021	2879
贵　州	52	638	621	638	621
云　南	53	815	736	815	736
西　藏	54				
陕　西	61	718	689	718	689
甘　肃	62	311	258	311	258
青　海	63	125	108	125	108
宁　夏	64	50	46	50	46
新　疆	65	369	304	369	304

1-11 建筑业法人单位按地区分组的单位数

单位：个

地区	代码	法人单位数 (1999)	从事单一活动或位于一个地点的法人单位	法人单位数 (2000)	从事单一活动或位于一个地点的法人单位
全国	00	112968	107577	118235	111921
北京	11	3385	3241	3501	3367
天津	12	2481	2413	2701	2610
河北	13	3789	3538	3793	3620
山西	14	2138	1979	2181	2021
内蒙古	15	1546	1439	1933	1835
辽宁	21	7007	6809	6662	6314
吉林	22	1160	1090	1645	1587
黑龙江	23	2669	2586	2761	2681
上海	31	9634	8871	10242	9305
江苏	32	4694	4571	5260	5080
浙江	33	6509	6278	6351	6162
安徽	34	4769	4440	5358	4963
福建	35	2678	2430	2476	2198
江西	36	2242	2197	2185	2140
山东	37	12768	12262	14045	12875
河南	41	5422	5137	5336	5072
湖北	42	4954	4860	4732	4630
湖南	43	7139	6857	7139	6885
广东	44	6076	5900	7832	7634
广西	45	1821	1708	1799	1736
海南	46	571	557	647	632
重庆	50	2387	2230	2508	2333
四川	51	5077	4999	5316	5250
贵州	52	790	712	792	714
云南	53	2816	2569	2793	2558
西藏	54				
陕西	61	5069	4915	5103	4947
甘肃	62	993	930	795	736
青海	63	381	336	403	357
宁夏	64	722	682	723	703
新疆	65	1132	896	1090	848

1-12 地质勘查业、水利管理业法人单位按地区分组的单位数

单位：个

地 区	代码	法人单位数 (1999)	从事单一活动或位于一个地点的法人单位	法人单位数 (2000)	从事单一活动或位于一个地点的法人单位
全 国	00	20150	18495	20171	18567
北 京	11	255	233	241	219
天 津	12	270	258	299	291
河 北	13	451	412	451	412
山 西	14	611	574	610	569
内蒙古	15	607	574	621	593
辽 宁	21	1155	1094	1163	1099
吉 林	22	792	766	935	919
黑龙江	23	681	647	675	644
上 海	31	335	318	343	322
江 苏	32	2112	1930	2052	1875
浙 江	33	679	627	666	633
安 徽	34	1044	975	1070	1000
福 建	35	385	328	390	331
江 西	36	534	466	533	473
山 东	37	707	624	777	654
河 南	41	1020	954	1015	953
湖 北	42	898	834	943	879
湖 南	43	750	619	750	619
广 东	44	992	933	1072	1008
广 西	45	703	604	703	604
海 南	46	123	109	125	111
重 庆	50	513	447	235	217
四 川	51	822	720	822	720
贵 州	52	1034	1010	1010	986
云 南	53	625	555	622	554
西 藏	54				
陕 西	61	981	953	949	922
甘 肃	62	390	351	410	373
青 海	63	180	162	178	160
宁 夏	64	63	51	72	59
新 疆	65	435	364	436	365

1-13 交通运输、仓储及邮电通信业法人单位按地区分组的单位数

单位：个

地区	代码	法人单位数（1999）	从事单一活动或位于一个地点的法人单位	法人单位数（2000）	从事单一活动或位于一个地点的法人单位
全国	00	57883	50611	60177	52800
北京	11	1047	994	1025	978
天津	12	1888	1843	2025	1981
河北	13	1776	1547	1776	1547
山西	14	1429	1196	1436	1197
内蒙古	15	935	764	1078	899
辽宁	21	2963	2652	3018	2690
吉林	22	784	647	968	877
黑龙江	23	2032	1778	1887	1677
上海	31	5791	5328	6628	6062
江苏	32	3863	3507	3951	3607
浙江	33	4007	3705	3916	3674
安徽	34	2371	1961	2542	2132
福建	35	1702	1466	1967	1688
江西	36	2186	1921	2198	1954
山东	37	3198	2737	3521	2872
河南	41	2370	1981	2343	1961
湖北	42	2170	1954	2103	1886
湖南	43	2053	1675	2053	1675
广东	44	3824	3456	4401	4042
广西	45	1495	1175	1495	1175
海南	46	380	340	375	332
重庆	50	1225	1040	1021	865
四川	51	2381	1943	2381	1943
贵州	52	716	610	732	626
云南	53	1243	927	1252	947
西藏	54				
陕西	61	1781	1651	1812	1679
甘肃	62	731	603	734	626
青海	63	347	286	346	284
宁夏	64	201	184	197	184
新疆	65	977	725	981	727

1-14 批发和零售贸易、餐饮业法人单位按地区分组的单位数

单位：个

地区	代码	法人单位数(1999)	从事单一活动或位于一个地点的法人单位	法人单位数(2000)	从事单一活动或位于一个地点的法人单位
全国	00	712442	645947	754762	684879
北京	11	26178	25170	25134	24213
天津	12	16469	15683	17922	17156
河北	13	20976	20018	20940	19973
山西	14	13084	10820	12951	10678
内蒙古	15	15099	14184	13541	12806
辽宁	21	44304	41417	44543	41399
吉林	22	9797	8817	12706	12060
黑龙江	23	18003	16317	17253	15737
上海	31	129031	119501	150566	137336
江苏	32	36479	34840	39578	38074
浙江	33	38436	35890	34087	32168
安徽	34	18626	14950	20311	16615
福建	35	20239	17260	21235	18109
江西	36	15121	13141	15095	13312
山东	37	40212	34791	44237	36534
河南	41	24562	20653	25794	21981
湖北	42	19563	18090	19053	17681
湖南	43	14499	11477	14404	11437
广东	44	69249	64852	82363	78283
广西	45	15848	13223	15772	13172
海南	46	3377	3154	3829	3600
重庆	50	11906	10272	10563	9227
四川	51	24187	20535	24085	20517
贵州	52	5515	4586	5438	4533
云南	53	13880	12442	13567	12198
西藏	54				
陕西	61	24217	23045	27123	25930
甘肃	62	7353	6566	6654	6062
青海	63	3474	3143	3401	3082
宁夏	64	3372	3288	3261	3219
新疆	65	9006	7489	8981	7461

1-15 金融、保险业法人单位按地区分组的单位数

单位：个

地区	代码	法人单位数（1999）	从事单一活动或位于一个地点的法人单位	法人单位数（2000）	从事单一活动或位于一个地点的法人单位
全国	00	69029	47857	70228	49339
北京	11	1089	811	961	706
天津	12	431	292	480	355
河北	13	4881	4066	4881	4066
山西	14	2853	2064	2815	2043
内蒙古	15	2004	1512	2073	1543
辽宁	21	2769	1544	2770	1542
吉林	22	1077	620	1323	981
黑龙江	23	1715	1012	1731	1097
上海	31	1639	1432	1875	1649
江苏	32	2347	1944	2349	1950
浙江	33	3220	2043	2849	1906
安徽	34	2890	1398	2926	1484
福建	35	1622	1109	1633	1120
江西	36	2503	1654	2508	1680
山东	37	3456	1936	3801	2034
河南	41	3551	2025	3516	2007
湖北	42	1889	1081	1878	1040
湖南	43	4822	3650	4822	3650
广东	44	3467	1771	4228	2592
广西	45	1904	1187	1904	1187
海南	46	379	258	353	230
重庆	50	1767	1460	1840	1487
四川	51	6852	5168	6852	5168
贵州	52	1197	950	1172	924
云南	53	2374	1746	2354	1739
西藏	54				
陕西	61	3204	2822	3321	2926
甘肃	62	1368	1131	1303	1111
青海	63	419	313	397	296
宁夏	64	271	232	268	224
新疆	65	1069	626	1045	602

1-16 房地产业法人单位按地区分组的单位数

单位：个

地 区	代码	法人单位数 (1999)	从事单一活动或位于一个地点的法人单位	法人单位数 (2000)	从事单一活动或位于一个地点的法人单位
全 国	00	44051	41864	48363	46013
北 京	11	1819	1770	2176	2127
天 津	12	1447	1436	1331	1321
河 北	13	736	713	736	713
山 西	14	405	383	390	367
内蒙古	15	502	467	618	590
辽 宁	21	2003	1923	1987	1905
吉 林	22	592	574	758	742
黑龙江	23	686	665	718	695
上 海	31	8929	8180	9921	9004
江 苏	32	2460	2362	2529	2431
浙 江	33	2829	2748	3007	2951
安 徽	34	1360	1259	1580	1485
福 建	35	1859	1792	2376	2292
江 西	36	218	210	277	269
山 东	37	1593	1420	1752	1490
河 南	41	1250	1181	1374	1314
湖 北	42	1151	1091	1268	1214
湖 南	43	923	871	923	871
广 东	44	6450	6319	8086	7947
广 西	45	1218	1152	1218	1152
海 南	46	991	978	997	985
重 庆	50	1392	1283	770	725
四 川	51	531	497	531	497
贵 州	52	543	538	712	709
云 南	53	541	506	541	506
西 藏	54				
陕 西	61	872	849	985	961
甘 肃	62	269	259	276	268
青 海	63	107	106	135	134
宁 夏	64	93	89	104	100
新 疆	65	282	243	287	248

1-17 社会服务业法人单位按地区分组的单位数

单位：个

地区	代码	法人单位数（1999）	从事单一活动或位于一个地点的法人单位	法人单位数（2000）	从事单一活动或位于一个地点的法人单位
全国	00	156948	148645	173901	165341
北京	11	14842	14576	16387	16142
天津	12	3830	3703	4259	4134
河北	13	2648	2549	2648	2549
山西	14	2311	2135	2289	2101
内蒙古	15	3796	3599	3571	3444
辽宁	21	8185	7794	8152	7756
吉林	22	2334	2233	3039	2974
黑龙江	23	3877	3666	3718	3591
上海	31	23641	22071	28464	26301
江苏	32	10143	9772	10519	10154
浙江	33	9886	9362	10213	9716
安徽	34	5247	4979	5726	5491
福建	35	5594	5191	6087	5642
江西	36	2556	2407	2583	2437
山东	37	6967	6490	7668	6813
河南	41	5955	5571	6227	5876
湖北	42	3098	3024	3181	3109
湖南	43	2804	2633	2804	2633
广东	44	10382	10016	19200	18775
广西	45	3189	2917	3189	2917
海南	46	1279	1232	1276	1236
重庆	50	4289	3707	2683	2573
四川	51	5236	4951	5236	4951
贵州	52	1085	1049	1061	1025
云南	53	3348	3090	3382	3125
西藏	54				
陕西	61	5983	5832	5833	5702
甘肃	62	1422	1338	1462	1395
青海	63	419	380	419	380
宁夏	64	533	510	536	511
新疆	65	2065	1865	2087	1888

1-18 卫生、体育和社会福利业法人单位按地区分组的单位数

单位：个

地 区	代码	法人单位数(1999)	从事单一活动或位于一个地点的法人单位	法人单位数(2000)	从事单一活动或位于一个地点的法人单位
全 国	00	116209	111194	118388	113264
北 京	11	971	948	991	970
天 津	12	938	934	949	949
河 北	13	5772	5567	5745	5540
山 西	14	3591	3490	3593	3486
内蒙古	15	2663	2617	2689	2645
辽 宁	21	4556	4343	4562	4346
吉 林	22	2220	2183	2574	2555
黑龙江	23	2905	2797	2870	2772
上 海	31	2238	2050	2503	2311
江 苏	32	4878	4742	4830	4695
浙 江	33	4478	4212	4455	4200
安 徽	34	8650	8302	8621	8273
福 建	35	2358	2098	2869	2548
江 西	36	3707	3532	3682	3538
山 东	37	4350	4113	4787	4318
河 南	41	4845	4742	4758	4645
湖 北	42	3566	3320	3913	3666
湖 南	43	4307	3959	4294	3946
广 东	44	4644	4209	4885	4452
广 西	45	3232	3079	3232	3079
海 南	46	567	546	570	549
重 庆	50	3191	2891	3099	2857
四 川	51	9713	9433	9713	9433
贵 州	52	3148	2938	3098	2893
云 南	53	3152	2834	3075	2783
西 藏	54				
陕 西	61	17506	17454	17852	17796
甘 肃	62	1591	1484	1693	1627
青 海	63	577	561	578	563
宁 夏	64	358	356	376	373
新 疆	65	1532	1455	1532	1456

1-19　教育、文化艺术及广播电影电视业法人单位按地区分组的单位数

单位：个

地区	代码	法人单位数（1999）	从事单一活动或位于一个地点的法人单位	法人单位数（2000）	从事单一活动或位于一个地点的法人单位
全　国	00	261996	228173	266346	232485
北　京	11	4281	3967	4494	4193
天　津	12	2819	2801	2920	2862
河　北	13	7924	6562	7924	6562
山　西	14	6946	4940	6940	4929
内蒙古	15	5855	4897	5890	4955
辽　宁	21	8038	6585	8043	6590
吉　林	22	4868	3987	5743	5066
黑龙江	23	6059	5229	5919	5153
上　海	31	6472	5891	7101	6486
江　苏	32	13921	13173	13729	12996
浙　江	33	10574	8772	10496	8917
安　徽	34	15754	14560	15920	14729
福　建	35	5813	4410	5623	4273
江　西	36	7430	5618	7455	5684
山　东	37	8245	7262	9069	7625
河　南	41	10804	7097	10843	7174
湖　北	42	12134	11783	13845	13493
湖　南	43	8195	6054	8195	6054
广　东	44	16431	15402	17209	16230
广　西	45	9746	8469	9746	8469
海　南	46	1643	1363	1640	1357
重　庆	50	7104	5750	6345	4870
四　川	51	16452	12970	16452	12970
贵　州	52	6529	5336	6515	5247
云　南	53	6386	5067	6405	5075
西　藏	54				
陕　西	61	35013	34834	35144	34999
甘　肃	62	5619	5316	5756	5433
青　海	63	2903	2644	2887	2623
宁　夏	64	843	770	870	778
新　疆	65	7194	6664	7227	6693

1-20 科学研究和综合技术服务业法人单位按地区分组的单位数

单位：个

地区	代码	法人单位数（1999）	从事单一活动或位于一个地点的法人单位	法人单位数（2000）	从事单一活动或位于一个地点的法人单位
全国	00	47868	45735	51465	49242
北京	11	6627	6561	8467	8415
天津	12	2581	2552	2844	2813
河北	13	969	931	969	931
山西	14	749	710	745	705
内蒙古	15	947	903	972	933
辽宁	21	2944	2845	3000	2899
吉林	22	955	934	1123	1106
黑龙江	23	1330	1252	1298	1250
上海	31	5114	4770	5681	5245
江苏	32	2807	2690	2919	2805
浙江	33	2311	2258	2238	2206
安徽	34	1391	1308	1433	1357
福建	35	1066	990	1093	1015
江西	36	894	848	907	865
山东	37	1988	1802	2187	1893
河南	41	1621	1532	1625	1544
湖北	42	1241	1218	1265	1243
湖南	43	1075	979	1075	979
广东	44	2186	2124	2628	2560
广西	45	1100	1011	1100	1011
海南	46	368	357	364	353
重庆	50	774	708	552	514
四川	51	1789	1704	1789	1704
贵州	52	513	497	512	500
云南	53	1122	1024	1129	1033
西藏	54				
陕西	61	1616	1553	1759	1693
甘肃	62	543	522	552	534
青海	63	217	204	218	202
宁夏	64	250	235	250	235
新疆	65	780	713	771	699

1-21 国家机关、政党机关、社会团体及基层群众自治组织法人单位按地区分组的单位数

单位：个

地 区	代码	法人单位数 (1999)	从事单一活动或位于一个地点的法人单位	法人单位数 (2000)	从事单一活动或位于一个地点的法人单位
全 国	00	1118239	945781	1122089	944249
北 京	11	10954	10376	10523	9984
天 津	12	7892	7786	7862	7765
河 北	13	65904	57953	65904	57953
山 西	14	45857	34408	45725	34225
内蒙古	15	28172	26524	27526	25878
辽 宁	21	36711	33736	36746	33752
吉 林	22	19870	18802	24059	23337
黑龙江	23	33598	30759	32946	30306
上 海	31	13326	11967	13939	12577
江 苏	32	56353	54541	55701	53982
浙 江	33	58450	56794	57443	56253
安 徽	34	47149	35498	46108	34689
福 建	35	26526	14677	26674	14801
江 西	36	33120	30596	33142	30753
山 东	37	103190	41055	113509	43107
河 南	41	67601	64148	67818	64407
湖 北	42	49731	38356	44538	33719
湖 南	43	64715	60520	64715	60520
广 东	44	40161	35092	40604	35760
广 西	45	29955	26194	29955	26194
海 南	46	4620	4288	4619	4291
重 庆	50	28106	26445	26368	25015
四 川	51	81609	72435	81609	72435
贵 州	52	38360	37088	38214	36942
云 南	53	26115	22147	26051	22161
西 藏	54				
陕 西	61	48026	47118	48661	47719
甘 肃	62	22965	19919	21616	18873
青 海	63	7683	7046	7665	7018
宁 夏	64	2467	2337	2687	2549
新 疆	65	19014	17172	19123	17281

第二部分 限额以上企业法人单位

2-1 限额以上企业按行业大类分组的单位数、从业人数和营业收入

（2000年）

行业大类	代码	企业单位数（个）	从业人数（万人）	男	女	营业收入（亿元）
总计	0000	248824	8158.62	5218.59	2940.02	113913.43
在总计中：						
工业	0001	166655	5709.10	3334.28	2374.82	75885.61
建筑业	0002	52603	1949.28	1641.68	307.60	10179.93
批发和零售贸易、餐饮业	0003	29566	500.24	242.63	257.60	27847.89
在总计中：						
采掘业	BBBB	7176	718.10	544.45	173.65	4168.47
煤炭采选业	0600	2646	408.53	323.64	84.90	1032.45
石油和天然气开采业	0700	84	85.40	55.98	29.42	2255.12
黑色金属矿采选业	0800	622	24.72	18.91	5.81	141.91
有色金属矿采选业	0900	1460	53.67	40.42	13.25	337.97
非金属矿采选业	1000	1814	55.11	41.44	13.67	297.20
木材及竹材采运业	1200	529	90.36	63.82	26.54	100.62
制造业	CCCC	151689	4670.42	2572.39	2098.03	64360.34
食品加工业	1300	11092	174.21	102.25	71.96	3125.56
食品制造业	1400	4861	95.19	46.22	48.97	1219.48
饮料制造业	1500	3546	106.52	62.01	44.50	1511.41
烟草加工业	1600	349	27.43	15.22	12.21	1305.93
纺织业	1700	11152	497.46	174.94	322.51	4303.36
服装及其他纤维制品制造业	1800	7188	206.03	53.57	152.46	1907.29
皮革、毛皮、羽绒及其制品业	1900	3244	116.77	36.25	80.52	1131.27
木材加工及竹、藤、棕、草制品业	2000	2647	48.72	27.89	20.83	598.32
家具制造业	2100	1609	27.57	17.46	10.11	293.00
造纸及纸制品业	2200	4779	117.41	68.92	48.48	1305.30
印刷业、记录媒介的复制	2300	3803	57.59	28.65	28.94	543.12
文教体育用品制造业	2400	1944	67.16	21.12	46.04	534.38
石油加工及炼焦业	2500	989	68.12	45.70	22.42	3814.68
化学原料及化学制品制造业	2600	11539	356.90	231.63	125.27	5165.52

2-1 续表 1

行业大类	代码	企业单位数（个）	从业人数（万人）	男	女	营业收入（亿元）
医药制造业	2700	3303	101.71	51.81	49.90	1491.75
化学纤维制造业	2800	859	42.22	22.80	19.42	1096.59
橡胶制品业	2900	1818	65.71	35.21	30.50	655.31
塑料制品业	3000	6384	114.35	54.19	60.16	1593.17
非金属矿物制品业	3100	14934	422.25	279.68	142.57	3047.56
黑色金属冶炼及压延加工业	3200	3008	260.52	187.56	72.96	4274.95
有色金属冶炼及压延加工业	3300	2606	113.05	77.57	35.48	1814.33
金属制品业	3400	8558	159.12	99.77	59.35	2110.49
普通机械制造业	3500	9452	289.42	193.35	96.08	2566.78
专用设备制造业	3600	6535	208.33	138.54	69.79	1785.57
交通运输设备制造业	3700	7049	309.33	205.23	104.09	4876.10
电气机械及器材制造业	4000	7951	221.97	118.73	103.24	3968.61
电子及通信设备制造业	4100	4602	198.70	83.37	115.34	6629.95
仪器仪表及文化、办公用机械制造业	4200	1887	56.55	28.74	27.81	725.76
其他制造业	4300	3881	98.51	37.19	61.31	789.38
电力、煤气及水的生产和供应业	DDDD	7790	320.58	217.44	103.14	7356.79
电力、蒸汽、热水的生产和供应业	4400	5050	260.40	181.49	78.91	6781.31
煤气生产和供应业	4500	309	16.09	10.42	5.67	226.81
自来水的生产和供应业	4600	2431	44.09	25.53	18.56	348.67
建筑业	EEEE	52603	1949.28	1641.68	307.60	10179.93
土木工程建筑业	4700	41512	1775.12	1505.66	269.46	8656.96
线路、管道和设备安装业	4800	5023	131.65	101.26	30.39	1147.58
装修装饰业	4900	6068	42.51	34.76	7.75	375.39
批发和零售贸易、餐饮业	HHHH	29566	500.24	242.63	257.60	27847.89
食品、饮料、烟草和家庭日用品批发	6100	7716	133.24	75.13	58.11	10287.44
能源、材料和机械电子设备批发业	6200	5410	63.28	40.18	23.10	10488.92
其他批发业	6300	2167	30.25	16.89	13.36	2255.21
零售业	6400	10449	212.10	85.24	126.86	4413.67
餐饮业	6700	3824	61.36	25.20	36.16	402.65

2-2 限额以上企业按地区分组的单位数、从业人数和营业收入

（2000年）

地区	代码	企业单位数（个）	从业人数（万人）	男	女	营业收入（亿元）
全国	00	248824	8158.62	5218.59	2940.02	113913.43
北京	11	8991	217.72	141.50	76.21	6376.61
天津	12	6561	121.85	74.27	47.58	3094.06
河北	13	10107	400.85	277.25	123.60	4567.69
山西	14	5226	235.98	168.43	67.55	1133.80
内蒙古	15	2796	123.10	82.02	41.08	826.94
辽宁	21	10041	429.48	280.08	149.39	6543.24
吉林	22	3966	197.20	131.29	65.91	2159.29
黑龙江	23	5346	302.46	206.66	95.80	3175.41
上海	31	11017	265.98	156.99	108.99	9867.10
江苏	32	25278	781.18	495.60	285.58	13289.42
浙江	33	20311	440.58	263.15	177.43	9349.85
安徽	34	5917	245.06	149.28	95.78	2475.49
福建	35	9365	209.51	115.76	93.75	3947.84
江西	36	5019	148.03	95.96	52.08	1125.24
山东	37	18519	759.22	490.78	268.43	9523.05
河南	41	14038	475.08	314.18	160.91	2753.89
湖北	42	9969	327.06	207.42	119.65	2811.60
湖南	43	7433	260.53	177.58	82.95	2457.92
广东	44	29521	760.94	395.63	365.31	14496.09
广西	45	4888	138.77	89.94	48.84	1344.52
海南	46	1243	24.31	15.72	8.59	337.49
重庆	50	4111	173.72	124.79	48.92	1261.51
四川	51	8497	394.75	275.85	118.90	3422.06
贵州	52	3112	97.26	66.14	31.12	910.90
云南	53	4440	149.29	106.58	42.72	2063.53
西藏	54	848	6.08	4.51	1.57	42.19
陕西	61	3850	186.56	126.94	59.62	1751.05
甘肃	62	3709	133.24	81.83	51.41	1163.67
青海	63	924	32.73	22.70	10.03	238.85
宁夏	64	1214	34.58	24.55	10.02	302.19
新疆	65	2567	85.52	55.23	30.29	1100.95

2-3 限额以上企业按地区、营业状态分组的单位数

（2000年）

单位：个

地　区	代码	企　业 单位数	营业	停业	筹建	当年撤消	其他
全　国	00	248824	238019	7919	444	1208	1234
北　京	11	8991	8611	246	56	40	38
天　津	12	6561	6275	216	27	32	11
河　北	13	10107	9611	331	51	42	72
山　西	14	5226	4837	318	35	8	28
内蒙古	15	2796	2726	54	8	3	5
辽　宁	21	10041	9389	612	13	8	19
吉　林	22	3966	3666	254	6	22	18
黑龙江	23	5346	5116	194	25	4	7
上　海	31	11017	10599	106		122	190
江　苏	32	25278	24667	492	19	56	44
浙　江	33	20311	20098	151	11	21	30
安　徽	34	5917	5814	60	9	17	17
福　建	35	9365	9158	161	17	11	18
江　西	36	5019	4634	332	10	10	33
山　东	37	18519	18130	280	13	67	29
河　南	41	14038	12631	698	2	405	302
湖　北	42	9969	9607	278	31	15	38
湖　南	43	7433	7078	312	7	7	29
广　东	44	29521	27711	1403	42	227	138
广　西	45	4888	4670	186	3	3	26
海　南	46	1243	1148	72	4	1	18
重　庆	50	4111	3966	133		7	5
四　川	51	8497	8366	103	8	4	16
贵　州	52	3112	2721	361	14	7	9
云　南	53	4440	4298	99	6	10	27
西　藏	54	848	801	28	1	6	12
陕　西	61	3850	3605	207	4	2	32
甘　肃	62	3709	3630	74	4		1
青　海	63	924	833	60	7	15	9
宁　夏	64	1214	1150	33	5	16	10
新　疆	65	2567	2473	65	6	20	3

2-4 限额以上企业按地区、国有经济控股情况分组的单位数

（2000年）

地区	代码	企业单位数（个）	#国有经济控股企业	绝对控股	相对控股	国有经济控股企业占限额以上企业比重（%）
全　国	00	248824	85052	81080	3972	34.18
北　京	11	8991	4090	3839	251	45.49
天　津	12	6561	2346	2294	52	35.76
河　北	13	10107	3889	3787	102	38.48
山　西	14	5226	2894	2862	32	55.38
内蒙古	15	2796	1115	1068	47	39.88
辽　宁	21	10041	3849	3762	87	38.33
吉　林	22	3966	2539	2280	259	64.02
黑龙江	23	5346	2792	2726	66	52.23
上　海	31	11017	3391	3067	324	30.78
江　苏	32	25278	4378	4068	310	17.32
浙　江	33	20311	2928	2635	293	14.42
安　徽	34	5917	1883	1801	82	31.82
福　建	35	9365	2477	2331	146	26.45
江　西	36	5019	3209	3146	63	63.94
山　东	37	18519	4701	4481	220	25.38
河　南	41	14038	4677	4626	51	33.32
湖　北	42	9969	5124	4852	272	51.40
湖　南	43	7433	3367	3197	170	45.30
广　东	44	29521	7090	6732	358	24.02
广　西	45	4888	2735	2656	79	55.95
海　南	46	1243	777	737	40	62.51
重　庆	50	4111	1256	1178	78	30.55
四　川	51	8497	2596	2423	173	30.55
贵　州	52	3112	1911	1883	28	61.41
云　南	53	4440	2225	2114	111	50.11
西　藏	54	848	466	450	16	54.95
陕　西	61	3850	2128	2046	82	55.27
甘　肃	62	3709	1417	1361	56	38.20
青　海	63	924	604	593	11	65.37
宁　夏	64	1214	592	531	61	48.76
新　疆	65	2567	1606	1554	52	62.56

注：国有经济控股企业是指国有及国有控股企业。

2-5 限额以上企业按地区、

（2000年）

地　区	代码	企业单位数	7人及以下	8-19人
全　国	00	248824	6580	14042
北　京	11	8991	310	1344
天　津	12	6561	2541	570
河　北	13	10107	89	322
山　西	14	5226	104	272
内蒙古	15	2796	27	154
辽　宁	21	10041	174	731
吉　林	22	3966	43	176
黑龙江	23	5346	66	245
上　海	31	11017	166	524
江　苏	32	25278	364	948
浙　江	33	20311	303	1329
安　徽	34	5917	21	98
福　建	35	9365	225	709
江　西	36	5019	94	333
山　东	37	18519	91	503
河　南	41	14038	260	576
湖　北	42	9969	215	723
湖　南	43	7433	102	167
广　东	44	29521	674	2227
广　西	45	4888	75	231
海　南	46	1243	66	115
重　庆	50	4111	26	133
四　川	51	8497	35	214
贵　州	52	3112	78	236
云　南	53	4440	57	202
西　藏	54	848	157	190
陕　西	61	3850	23	129
甘　肃	62	3709	93	285
青　海	63	924	35	91
宁　夏	64	1214	38	95
新　疆	65	2567	28	170

从业人员规模分组的单位数

单位：个

20-49人	50-99人	100-299人	300-499人	500-999人	1000-4999人	5000-9999人	10000人以上
38010	49286	81337	25564	19841	12937	808	419
2128	1762	2087	540	444	335	23	18
858	691	1013	379	299	188	13	9
1347	1976	3577	1181	947	608	35	25
801	894	1686	610	473	334	33	19
391	504	945	318	226	200	20	11
1498	1769	3063	1072	982	667	51	34
539	774	1327	448	356	260	23	20
790	1042	1782	526	451	348	59	37
1838	2708	3819	949	635	347	22	9
3574	5342	8883	2754	2039	1282	59	33
3517	4867	7036	1588	1004	629	27	11
596	1083	2270	806	623	389	20	11
1620	2069	3049	816	565	294	15	3
816	909	1715	518	378	241	7	8
2020	3216	6673	2461	2109	1352	60	34
2270	3167	4430	1349	1127	786	54	19
1542	1864	3285	1019	770	511	29	11
880	1386	2812	934	692	421	25	14
4975	5941	9306	2922	2202	1207	53	14
752	939	1719	545	400	214	9	4
264	258	319	97	90	33		1
378	586	1485	651	498	329	19	6
877	1435	2970	1140	990	771	42	23
502	662	981	279	191	163	15	5
727	843	1444	514	391	242	14	6
242	102	120	21	11	5		
529	700	1284	433	390	315	36	11
816	856	918	272	224	212	23	10
164	174	243	79	74	55	6	3
244	234	350	111	83	53	4	2
515	533	746	232	177	146	12	8

2-6 限额以上企业按地区、

（2000年）

地　区	代码	企业单位数	50万元及以下	50-100万元
全　国	00	248824	25536	8745
北　京	11	8991	928	405
天　津	12	6561	3496	219
河　北	13	10107	713	282
山　西	14	5226	1879	253
内蒙古	15	2796	429	163
辽　宁	21	10041	959	383
吉　林	22	3966	510	249
黑龙江	23	5346	747	261
上　海	31	11017	426	135
江　苏	32	25278	1111	493
浙　江	33	20311	519	305
安　徽	34	5917	179	160
福　建	35	9365	508	276
江　西	36	5019	872	386
山　东	37	18519	879	486
河　南	41	14038	1827	645
湖　北	42	9969	1644	415
湖　南	43	7433	621	388
广　东	44	29521	2219	559
广　西	45	4888	746	305
海　南	46	1243	336	78
重　庆	50	4111	363	174
四　川	51	8497	451	281
贵　州	52	3112	671	181
云　南	53	4440	378	211
西　藏	54	848	355	120
陕　西	61	3850	451	243
甘　肃	62	3709	534	365
青　海	63	924	227	72
宁　夏	64	1214	268	86
新　疆	65	2567	290	166

营业收入规模分组的单位数

单位：个

100-500万元	500-1000万元	1000-5000万元	5000万元-1亿元	1亿元以上
41881	54088	83836	17325	17413
1577	1869	2763	583	866
659	545	1019	259	364
1439	2313	3871	796	693
537	1042	1134	206	175
653	579	712	118	142
1702	2159	3417	689	732
987	668	1087	212	253
1142	1047	1520	337	292
878	2402	4829	1105	1242
3262	5095	10780	2249	2288
3272	4792	8182	1576	1665
1310	1375	2075	428	390
1451	2214	3451	781	684
1234	1055	1125	178	169
2897	4251	6728	1655	1623
4423	2823	3392	540	388
1715	2185	3108	490	412
1511	1960	2193	400	360
2556	7890	11374	2476	2447
1014	929	1373	269	252
188	194	309	73	65
749	999	1333	286	207
1541	2055	3020	612	537
667	702	581	142	168
894	873	1513	284	287
233	61	67	5	7
879	743	1028	227	279
1328	556	661	113	152
225	141	186	38	35
296	188	275	50	51
662	383	730	148	188

2-7 限额以上企业按行业中类、

（2000年）

行业中类	代码	企业单位数	北京	天津	河北	山西
总计	0000	248824	8991	6561	10107	5226
采掘业	BBBB	7176	49	22	404	637
煤炭采选业	0600	2646	14	2	99	544
煤炭开采业	0610	2458	13		91	484
煤炭洗选业	0620	188	1	2	8	60
石油和天然气开采业	0700	84		4	2	
天然原油开采业	0710	69		4	2	
天然气开采业	0720	15				
黑色金属矿采选业	0800	622	4		184	42
铁矿采选业	0810	530	4		184	38
其他黑色金属矿采选业	0820	92				4
有色金属矿采选业	0900	1460	5	1	49	14
重有色金属矿采选业	0910	546			6	3
轻有色金属矿采选业	0930	63			1	8
贵金属矿采选业	0950	674	4	1	37	3
非金属矿采选业	1000	1814	26	15	68	36
土砂石开采业	1010	1029	25	11	40	21
化学矿采选业	1020	164		1	4	11
采盐业	1030	205		3	16	
其他非金属矿采选业	1090	416	1		8	4
木材及竹材采运业	1200	529			1	1
木材采运业	1210	517			1	1
竹材采运业	1220	12				
制造业	CCCC	151689	4478	5323	6541	2651
食品加工业	1300	11092	206	192	506	229
粮食及饲料加工业	1310	5666	104	81	290	150
植物油加工业	1320	1392	10	19	46	30
制糖业	1330	439		3	2	4
屠宰及肉类蛋类加工业	1340	1833	76	37	117	33
水产品加工业	1350	922	1	15	24	
盐加工业	1360	46			1	
其他食品加工业	1390	794	15	37	26	12
食品制造业	1400	4861	186	170	296	138
糕点、糖果制造业	1410	1595	99	59	99	73
乳制品制造业	1420	377	17	10	29	9
罐头食品制造业	1430	501	4	6	16	14

地区分组的单位数

单位：个

内蒙古	辽宁	吉林	黑龙江	上海	江苏	浙江	安徽	福建	江西	山东
2796	10041	3966	5346	11017	25278	20311	5917	9365	5019	18519
197	257	192	223	3	196	114	131	196	322	569
91	56	60	100	1	27	3	45	49	71	241
81	48	59	83	1	26	3	45	49	70	225
10	8	1	17		1				1	16
2	4	14	3	1	1					2
1	2	14	3		1					1
1	2			1						1
14	65	13	1		5	3	11	14	2	27
13	63	13	1		5	3	10	13	2	27
1	2						1	1		
45	53	35	21		6	24	20	20	80	128
16	11	5	4		3	11	15	11	11	3
	2				1				1	1
25	29	27	17		2	6	4	6	14	123
26	71	45	38	1	156	83	49	68	47	168
13	22	25	31	1	122	50	35	37	18	58
3	12	3			6	3	6	6	4	
6	8				14	6	1	13	3	36
4	29	17	7		14	24	7	12	22	74
19	8	25	60				6	45	122	2
19	8	25	60				6	43	116	
								2	6	2
1022	5468	2337	2202	8524	17902	14111	3362	5487	2997	11106
142	411	205	291	153	899	494	437	362	457	1311
44	146	100	125	58	437	189	252	152	368	463
22	39	47	103	26	142	43	74	10	33	130
9	6	3	16		5			8	12	5
64	100	37	34	47	139	35	77	27	32	230
	77	1	1	7	112	168	4	84	3	287
	4	2			6	1		2	1	5
3	39	15	12	15	58	58	30	79	8	191
55	157	102	157	207	302	211	78	213	136	409
10	46	24	29	95	77	56	16	64	33	99
21	9	7	51	11	24	19	6	10	7	18
2	17	4	8	9	16	62	19	81	22	41

2-7 续表 1

行业中类	代码	河南	湖北	湖南	广东	广西
总计	0000	14038	9969	7433	29521	4888
采掘业	BBBB	727	270	388	443	289
煤炭采选业	0600	407	41	165	18	31
煤炭开采业	0610	375	41	159	18	31
煤炭洗选业	0620	32		6		
石油和天然气开采业	0700	4	3		4	
天然原油开采业	0710	4	3		4	
天然气开采业	0720					
黑色金属矿采选业	0800	25	48	20	31	42
铁矿采选业	0810	23	48	5	28	8
其他黑色金属矿采选业	0820	2		15	3	34
有色金属矿采选业	0900	190	37	127	67	134
重有色金属矿采选业	0910	20	19	75	27	113
轻有色金属矿采选业	0930	11	2		10	11
贵金属矿采选业	0950	150	14	20	6	9
非金属矿采选业	1000	99	134	63	269	57
土砂石开采业	1010	75	90	25	204	25
化学矿采选业	1020	3	12	10	6	8
采盐业	1030		9	2	14	7
其他非金属矿采选业	1090	21	23	26	45	17
木材及竹材采运业	1200		3	12	52	20
木材采运业	1210		3	12	52	20
竹材采运业	1220					
制造业	CCCC	8819	6088	4082	20733	2495
食品加工业	1300	1080	728	356	705	287
粮食及饲料加工业	1310	639	490	230	353	139
植物油加工业	1320	160	128	44	29	12
制糖业	1330	4	2	11	102	102
屠宰及肉类蛋类加工业	1340	229	79	56	86	16
水产品加工业	1350		8	1	89	15
盐加工业	1360	5	3	1	2	
其他食品加工业	1390	43	18	13	44	3
食品制造业	1400	389	166	130	536	136
糕点、糖果制造业	1410	141	49	37	243	35
乳制品制造业	1420	11	7	3	21	4
罐头食品制造业	1430	25	12	18	30	25

单位：个

海南	重庆	四川	贵州	云南	西藏	陕西	甘肃	青海	宁夏	新疆
1243	4111	8497	3112	4440	848	3850	3709	924	1214	2567
43	99	257	199	194	42	196	265	69	35	148
1	66	108	61	62	1	72	81	22	29	78
1	65	100	59	55	1	70	81	21	26	77
	1	8	2	7		2		1	3	1
1	1	7				17	7	3		4
						17	6	3		4
1	1	7					1			
1	7	18	2	7	9	7	12	2		6
1	1	14		4		5	11			6
	6	4	2	3	9	2	1	2		
13	5	43	76	56	13	70	92	18	1	17
	2	27	14	46	4	27	61	8		4
9	3		2				1			
3		9	60	6	9	41	27	10	1	11
16	19	58	17	30	11	17	72	21	5	29
5	9	13	2	4	1	6	50	5	2	4
	2	12	14	17	7	3	2	6	1	2
8	7	24		7		1	1	5	1	13
3	1	9	1	2	3	7	19	5	1	10
11	1	23	41	39	7	13	1	3		14
11	1	23	40	39	7	13	1	2		14
			1					1		
597	1635	3695	1736	1636	222	2131	2378	373	447	1111
88	95	347	194	187	22	209	210	58	41	190
28	52	160	106	83	13	152	112	29	29	92
1	13	51	53	9	4	26	18	7	1	62
33		8	3	80		1	4		1	15
4	20	114	29	9	4	24	38	19	6	15
20		3				1	1			
1		3		2	1		1	2		3
1	10	8	3	4		5	36	1	4	3
31	42	126	64	65	9	110	120	16	35	69
13	12	31	20	37	6	28	38	5	2	19
1	2	10	1	1	2	29	14	5	11	7
6	5	15	7	6	1	2	6		4	18

2-7 续表 2

行业中类	代码	企业单位数	北京	天津	河北	山西
发酵制品业	1440	261	4	6	14	3
调味品制造业	1450	813	18	26	39	19
其他食品制造业	1490	1314	44	63	99	20
饮料制造业	1500	3546	77	72	173	68
酒精及饮料酒制造业	1510	2237	26	26	116	45
软饮料制造业	1520	827	37	39	50	21
制茶业	1550	352	2	2		
其他饮料制造业	1590	130	12	5	7	2
烟草加工业	1600	349	1	1	3	4
烟叶复烤业	1610	113				2
卷烟制造业	1620	203	1	1	3	2
其他烟草加工业	1690	33				
纺织业	1700	11152	146	305	581	84
纤维原料初步加工业	1710	1018	4	8	151	4
棉纺织业	1720	4703	41	153	233	44
毛纺织业	1740	1126	36	35	115	10
麻纺织业	1760	231		1	2	2
丝绢纺织业	1770	1639	3	22	9	8
针织品业	1780	1995	49	71	55	14
其他纺织业	1790	440	13	15	16	2
服装及其他纤维制品制造业	1800	7188	229	313	177	15
服装制造业	1810	6236	210	277	151	12
制帽业	1820	151	4	6	4	2
制鞋业	1830	454	5	15	11	
其他纤维制品制造业	1890	347	10	15	11	1
皮革、毛皮、羽绒及其制品业	1900	3244	37	88	102	11
制革业	1910	542	2	12	28	1
皮革制品制造业	1920	2162	27	56	34	5
毛皮鞣制及制品业	1930	209	3	14	26	4
羽毛（绒）及制品业	1950	331	5	6	14	1
木材加工及竹、藤、棕、草制品业	2000	2647	33	63	84	15
锯材、木片加工业	2010	379	3	10	3	
人造板制造业	2020	1176	5	12	64	9
木制品业	2030	851	24	35	15	6
竹、藤、棕、草制品业	2040	241	1	6	2	
家具制造业	2100	1609	90	65	56	17

单位：个

内蒙古	辽宁	吉林	黑龙江	上海	江苏	浙江	安徽	福建	江西	山东
5	7	6	6	7	29	19	3	12	7	28
4	25	20	21	27	61	21	17	23	34	77
13	53	41	42	58	95	34	17	23	33	146
72	118	117	118	52	186	207	119	138	144	257
63	80	100	99	16	127	113	98	52	88	214
6	34	16	17	29	34	30	7	35	27	38
			2	2	14	60	12	48	26	1
3	4	1		5	11	4	2	3	3	4
3	5	8	15	4	8	4	16	12	10	17
1	3	3	8				3	5	2	3
2	2	5	6	2	6	3	12	5	8	14
			1	2	2	1	1	2		
104	237	91	99	625	2057	1790	318	316	164	1051
6	4	2	18	13	148	35	119	4	14	192
6	116	38	35	285	922	457	118	141	73	521
73	13	13	5	93	244	102	6	15	8	90
1	7	10	22		16	8	10	2	15	16
	38	3	4	24	317	776	37	9	20	66
17	45	21	12	181	315	346	23	124	27	138
1	14	4	3	29	95	66	5	21	7	28
16	200	43	17	687	979	1058	87	397	63	339
15	184	38	12	630	816	950	79	296	62	276
	4			10	41	12		2		10
	2	3	3	21	70	60	4	53	1	28
1	10	2	2	26	52	36	4	46		25
10	69	17	11	143	285	535	60	251	31	203
1	7	2	2	14	21	98	8	16	3	34
3	48	9	4	117	205	358	16	217	14	150
6	10		2	3	9	8	5	1		9
	4	6	3	9	50	71	31	17	14	10
10	127	126	105	125	314	172	109	153	144	133
1	22	25	18	12	36	4	14	12	8	18
8	26	44	33	50	207	68	66	82	79	73
1	78	55	53	57	56	43	12	40	43	40
	1	2	1	6	15	57	17	19	14	2
5	40	15	33	116	100	86	17	57	28	120

2-7 续表 3

行业中类	代码	河南	湖北	湖南	广东	广西
发酵制品业	1440	23	11	8	28	8
调味品制造业	1450	58	38	29	85	16
其他食品制造业	1490	131	49	35	129	48
饮料制造业	1500	239	211	102	288	95
酒精及饮料酒制造业	1510	169	107	55	103	55
软饮料制造业	1520	55	48	14	134	24
制茶业	1550	4	51	32	23	9
其他饮料制造业	1590	11	5	1	28	7
烟草加工业	1600	37	21	21	24	13
烟叶复烤业	1610	12	3	3	3	2
卷烟制造业	1620	23	17	17	9	10
其他烟草加工业	1690	2	1	1	12	1
纺织业	1700	604	455	205	1115	88
纤维原料初步加工业	1710	133	56	30	19	
棉纺织业	1720	325	282	125	463	42
毛纺织业	1740	33	14	3	120	3
麻纺织业	1760	22	27	21	12	9
丝绢纺织业	1770	27	24	4	59	18
针织品业	1780	54	36	18	366	15
其他纺织业	1790	10	16	4	76	1
服装及其他纤维制品制造业	1800	125	202	55	1984	15
服装制造业	1810	83	170	45	1756	11
制帽业	1820	6	3		45	
制鞋业	1830	32	7	2	121	2
其他纤维制品制造业	1890	4	22	8	62	2
皮革、毛皮、羽绒及其制品业	1900	230	52	59	867	31
制革业	1910	98	19	29	89	8
皮革制品制造业	1920	53	28	24	724	14
毛皮鞣制及制品业	1930	70	1	2	15	1
羽毛（绒）及制品业	1950	9	4	4	39	8
木材加工及竹、藤、棕、草制品业	2000	143	108	101	308	52
锯材、木片加工业	2010	42	18	2	65	8
人造板制造业	2020	66	38	64	86	26
木制品业	2030	28	34	17	118	10
竹、藤、棕、草制品业	2040	7	18	18	39	8
家具制造业	2100	80	99	25	395	13

单位：个

海南	重庆	四川	贵州	云南	西藏	陕西	甘肃	青海	宁夏	新疆
2	3	6	1	1			6		6	2
3	12	39	31	11		23	19	3	4	10
6	8	25	4	9		28	37	3	8	13
26	47	206	101	92	12	69	67	8	12	53
9	31	166	80	49	3	43	49	4	8	43
16	10	17	10	18	7	24	15	4	1	10
1	5	20	10	25		2	1			
	1	3	1		2		2		3	
1	6	13	40	27		16	13		2	4
	3	5	28	12		5	5		1	1
1	3	7	12	13		11	5		1	2
		1		2			3			1
15	91	203	38	24	8	112	96	13	12	105
	2	6	1		2	2	27	2	1	15
5	35	81	16	11		64	15	2	2	52
3	4	5	4	2	5	11	38	3	4	16
1	4	11	6	3		1	1		1	
2	40	92	2	4		23	1			7
3	5	6	8	4		9	11	6	2	14
1	1	2	1		1	2	3		2	1
3	14	25	14	17	17	25	48	7	3	14
3	10	24	10	16	16	24	39	6	3	12
			1				1			
	3		2	1		1	5	1		1
	1	1	1		1		3			1
5	25	35	10	7	1	13	36	4	8	8
	5	12	5	1		4	20	1		2
2	12	9	3	6	1	6	12	1		4
	2	6	1			1	3		5	2
3	6	8	1			2	1	2	3	
19	11	44	29	49	13	24	24		3	6
8		9	10	6	7	7	8			3
4	4	16	10	20		6	6		2	2
7	7	15	6	23	6	10	10		1	1
		4	3			1				
10	10	23	10	9	5	29	33	3	6	14

2-7 续表 4

行业中类	代码	企业单位数	北京	天津	河北	山西
木制家具制造业	2110	1154	70	48	45	12
竹、藤家具制造业	2120	30				
金属家具制造业	2130	268	12	13	9	5
塑料家具制造业	2140	10				
其他家具制造业	2190	147	8	4	2	
造纸及纸制品业	2200	4779	84	149	273	48
纸浆制造业	2210	71	3		2	
造纸业	2220	2534	29	59	179	32
纸制品业	2230	2174	52	90	92	16
印刷业、记录媒介的复制	2300	3803	321	120	108	82
印刷业	2310	3746	306	118	107	80
记录媒介的复制	2320	57	15	2	1	2
文教体育用品制造业	2400	1944	53	68	27	9
文化用品制造业	2410	561	23	33	3	2
体育用品制造业	2420	305	6	14	13	6
乐器及其他文娱用品制造业	2430	115	10	14	10	1
玩具制造业	2440	892	9	6	1	
游艺器材制造业	2450	17	2			
其他类未包括的文教体育用品制造业	2490	54	3	1		
石油加工及炼焦业	2500	989	33	17	63	181
人造原油生产业	2510	12	2	1	1	
原油加工业	2520	324	7	8	19	1
石油制品业	2530	348	24	8	24	4
炼焦业	2570	305			19	176
化学原料及化学制品制造业	2600	11539	302	489	594	276
基本化学原料制造业	2610	2050	30	89	114	101
化学肥料制造业	2620	1925	18	18	111	84
化学农药制造业	2630	612	7	24	46	6
有机化学产品制造业	2650	2753	72	171	178	34
合成材料制造业	2660	753	26	30	28	5
专用化学产品制造业	2670	2254	95	100	83	31
日用化学产品制造业	2680	1192	54	57	34	15
医药制造业	2700	3303	114	95	150	85
化学药品原药制造业	2710	687	11	30	42	13
化学药品制剂制造业	2720	930	36	26	39	36
中药材及中成药加工业	2730	1177	39	30	50	26

单位：个

内蒙古	辽宁	吉林	黑龙江	上海	江苏	浙江	安徽	福建	江西	山东
5	31	13	27	76	78	48	11	30	22	107
				1		2	1		3	1
	4	1	4	18	12	26	4	21	2	5
				1		2		1		
	5	1	2	20	10	8	1	5	1	7
17	111	65	72	185	331	389	91	266	94	394
2		1	1	1	1	2	1	3	3	5
7	58	45	35	65	112	215	66	113	52	226
8	53	19	36	119	218	172	24	150	39	163
31	129	87	69	232	261	237	69	118	107	169
31	129	86	69	228	261	236	69	114	107	169
		1		4		1		4		
	16	4	16	250	272	244	42	98	18	114
	5	4	14	102	48	105	13	22	9	20
	2		1	39	39	34	4	39	2	22
	6		1	17	11	6		5	1	6
	2			84	173	90	25	30	4	58
				1		3				1
	1			7	1	6		2	2	7
7	90	19	37	35	83	19	8	8	11	90
	2		3	1	1					
1	57	10	11	14	36	3	3	3	3	45
	29	9	18	19	43	16	3	5	5	35
6	2		5	1	3		2		3	10
94	420	176	156	620	1773	711	297	273	230	864
35	80	28	29	85	268	80	33	33	38	170
14	29	27	26	12	180	36	108	50	45	150
1	16	5	12	20	131	50	19	7	20	41
15	115	50	29	209	592	248	48	44	23	226
1	32	12	9	79	157	61	26	33	10	49
21	120	40	37	104	304	166	32	75	69	167
7	28	14	14	111	141	70	31	31	25	61
39	132	186	63	142	264	217	93	61	97	191
9	19	10	9	31	99	91	9	8	14	57
12	48	40	20	50	92	55	32	23	23	44
16	41	116	28	33	26	40	34	18	50	40

2-7 续表 5

行业中类	代码	河南	湖北	湖南	广东	广西
木制家具制造业	2110	54	78	20	251	10
竹、藤家具制造业	2120	1	4	2	13	1
金属家具制造业	2130	19	14	2	75	1
塑料家具制造业	2140				6	
其他家具制造业	2190	6	3	1	50	1
造纸及纸制品业	2200	468	211	160	765	93
纸浆制造业	2210	13	4	4	14	5
造纸业	2220	374	117	115	284	56
纸制品业	2230	81	90	41	467	32
印刷业、记录媒介的复制	2300	175	153	123	522	102
印刷业	2310	175	151	123	499	102
记录媒介的复制	2320		2		23	
文教体育用品制造业	2400	18	23	15	587	3
文化用品制造业	2410	7	9	10	80	2
体育用品制造业	2420			3	73	1
乐器及其他文娱用品制造业	2430	2			23	
玩具制造业	2440	7	11		392	
游艺器材制造业	2450	1			7	
其他类未包括的文教体育用品制造业	2490	1	3	2	12	
石油加工及炼焦业	2500	69	22	10	47	9
人造原油生产业	2510				1	
原油加工业	2520	25	11	1	12	4
石油制品业	2530	24	8	4	34	5
炼焦业	2570	20	3	5		
化学原料及化学制品制造业	2600	737	423	390	1063	224
基本化学原料制造业	2610	126	71	113	105	32
化学肥料制造业	2620	188	122	102	89	66
化学农药制造业	2630	60	29	29	27	15
有机化学产品制造业	2650	123	68	59	273	24
合成材料制造业	2660	26	22	9	101	2
专用化学产品制造业	2670	145	74	49	268	61
日用化学产品制造业	2680	69	37	29	200	24
医药制造业	2700	189	138	91	262	102
化学药品原药制造业	2710	45	37	15	33	10
化学药品制剂制造业	2720	58	31	24	75	13
中药材及中成药加工业	2730	49	48	37	106	59

单位：个

海南	重庆	四川	贵州	云南	西藏	陕西	甘肃	青海	宁夏	新疆
10	8	15	7	7	4	20	27	3	6	11
		1								
		4	1	1	1	5	6			3
	2	3	2	1		4				
17	30	156	43	56		90	72	4	21	24
				1		1	4			
5	17	91	24	35		62	28	2	15	16
12	13	65	19	20		27	40	2	6	8
37	43	84	77	93	12	70	79	11	11	71
36	43	83	77	93	12	70	79	11	11	71
1		1								
3	9	13	8	3	3	4	19	1	1	3
2	5	13	7	3	1	2	13		1	3
	3		1				2	1		
1							1			
						1	1			
	1				2	1	2			
	4	16	7	11		29	29	3	9	23
		2				10	21		5	12
	3	6	1	3		1	5	3		9
	1	8	6	8		18	3		4	2
43	149	371	188	181	8	150	194	34	52	57
3	36	106	62	56	2	33	45	13	22	12
10	40	113	79	64		41	60	13	17	13
3	4	22	6	4		4	3		1	
8	23	32	8	13	1	27	28	1	6	5
1	2	11	3	2		6	4		1	5
9	23	54	18	22	3	30	32	4	3	15
9	21	33	12	20	2	9	22	3	2	7
39	47	139	82	67	15	127	35	5	9	27
2	15	30	2	5		29	3	1	2	6
26	12	28	10	20		43	6	1	4	3
9	14	63	62	36	15	48	21	3	3	17

2-7 续表 6

行业中类	代码	企业单位数	北京	天津	河北	山西
动物药品制造业	2740	238	8	5	12	9
生物制品业	2750	271	20	4	7	1
化学纤维制造业	2800	859	15	25	29	8
纤维素纤维制造业	2810	144	4	7	8	
合成纤维制造业	2820	579	11	12	17	8
渔具及渔具材料制造业	2850	136		6	4	
橡胶制品业	2900	1818	30	107	120	16
轮胎制造业	2910	205	3	11	10	2
力车胎制造业	2920	80		14	4	2
橡胶板、管、带制造业	2930	364	6	15	43	6
橡胶零件制品业	2940	268	10	13	11	1
再生橡胶制造业	2950	83		3	12	2
橡胶靴鞋制造业	2960	392	2	23	17	2
日用橡胶制品业	2970	118	2	15	3	
橡胶制品翻修业	2980	42	1	2	1	
其他橡胶制品业	2990	266	6	11	19	1
塑料制品业	3000	6384	181	216	185	46
塑料薄膜制造业	3010	730	19	24	30	10
塑料板、管、棒材制造业	3020	828	18	32	38	7
塑料丝、绳及编织品制造业	3030	1050	17	31	36	12
泡沫塑料及人造革、合成革制造业	3040	728	25	19	32	4
塑料包装箱及容器制造业	3050	481	26	22	8	2
塑料鞋制造业	3060	294	2	2	2	
日用塑料杂品制造业	3070	417	11	6	6	3
塑料零件制造业	3080	392	8	29	5	3
其他塑料制品业	3090	1464	55	51	28	5
非金属矿物制品业	3100	14934	315	210	848	343
水泥制造业	3110	4554	39	20	289	125
水泥制品和石棉水泥制品业	3120	1922	100	38	76	46
砖瓦、石灰和轻质建筑材料制造业	3130	3289	93	68	187	48
玻璃及玻璃制品业	3140	1183	29	27	82	23
陶瓷制品业	3150	1844	10	18	90	34
耐火材料制品业	3160	807	13	6	60	32
石墨及碳素制品业	3170	318	4	8	17	21
矿物纤维及其制品业	3180	404	14	9	24	5
其他类未包括的非金属矿物制品业	3190	613	13	16	23	9

单位：个

内蒙古	辽宁	吉林	黑龙江	上海	江苏	浙江	安徽	福建	江西	山东
2	5	2	4	6	22	11	10	5	7	31
	19	18	2	22	25	20	8	7	3	19
3	24	13	2	52	187	105	21	28	8	97
2	3	3		8	19	16	3	8	3	8
1	16	9	2	42	146	82	12	14	5	57
	5	1		2	22	7	6	6		32
2	71	21	18	115	188	245	38	52	17	218
1	18	2	2	8	10	7	3	3	1	65
			1	8	10	6	2	1		8
	22	6	9	17	41	31	11	4	5	45
	9	4	3	22	48	26	8	9	3	28
	2	2		2	4	5	1	1	3	7
	10	3	2	18	27	134	4	20		23
1	3			6	13	11	4	2	1	5
	2		1	2	4	1		1	2	5
	5	4		32	31	24	5	11	2	32
15	173	78	72	453	712	855	156	307	60	434
7	24	20	14	49	65	63	18	20	10	55
1	37	12	21	55	117	92	20	31	5	76
5	43	16	12	27	85	132	57	20	21	123
1	13	9	8	53	115	88	16	40	6	50
	12	6	3	53	66	51	8	13	5	31
	4		1	8	11	44	4	78		9
	6	3		33	32	67	9	30	4	8
	5	2	1	49	40	104	6	9		16
1	29	10	12	126	181	214	18	66	9	66
144	566	231	233	321	1205	577	362	651	367	1112
58	144	54	62	20	247	208	156	183	134	319
18	65	39	47	89	171	75	45	42	39	116
33	97	72	79	74	314	92	72	164	77	264
12	34	22	13	61	141	52	41	20	12	91
7	26	7	9	22	69	56	12	222	69	142
5	139	12	6	20	77	39	10		7	57
5	22	10	5	6	30	13	7	2	3	25
2	12	4	5	18	71	18	7	1	10	54
4	27	11	7	11	85	24	12	17	16	44

2-7 续表 7

行业中类	代码	河南	湖北	湖南	广东	广西
动物药品制造业	2740	23	7	9	27	16
生物制品业	2750	14	15	6	21	4
化学纤维制造业	2800	27	27	15	125	8
纤维素纤维制造业	2810	11	6	1	23	
合成纤维制造业	2820	15	17	10	69	7
渔具及渔具材料制造业	2850	1	4	4	33	1
橡胶制品业	2900	90	51	39	228	14
轮胎制造业	2910	15	4	3	12	2
力车胎制造业	2920	4	3	4	8	
橡胶板、管、带制造业	2930	28	17	5	21	5
橡胶零件制品业	2940	6	10	3	26	2
再生橡胶制造业	2950	10	3	5	16	
橡胶靴鞋制造业	2960	16	6	9	46	2
日用橡胶制品业	2970	2	5	2	39	1
橡胶制品翻修业	2980	1	1	2	4	
其他橡胶制品业	2990	8	2	6	56	2
塑料制品业	3000	253	200	91	1383	62
塑料薄膜制造业	3010	32	22	11	102	10
塑料板、管、棒材制造业	3020	38	27	19	125	4
塑料丝、绳及编织品制造业	3030	86	68	26	90	25
泡沫塑料及人造革、合成革制造业	3040	17	12	7	179	5
塑料包装箱及容器制造业	3050	14	18	9	88	4
塑料鞋制造业	3060	21		2	96	3
日用塑料杂品制造业	3070	8	21	7	147	3
塑料零件制造业	3080	5	6	2	90	
其他塑料制品业	3090	32	26	8	466	8
非金属矿物制品业	3100	1318	993	666	1750	369
水泥制造业	3110	308	173	304	465	196
水泥制品和石棉水泥制品业	3120	135	284	38	152	28
砖瓦、石灰和轻质建筑材料制造业	3130	239	390	115	270	62
玻璃及玻璃制品业	3140	90	38	31	197	14
陶瓷制品业	3150	102	33	114	584	46
耐火材料制品业	3160	203	32	16	13	3
石墨及碳素制品业	3170	53	5	19	3	1
矿物纤维及其制品业	3180	70	12	8	27	1
其他类未包括的非金属矿物制品业	3190	118	26	21	39	18

单位：个

海南	重庆	四川	贵州	云南	西藏	陕西	甘肃	青海	宁夏	新疆
	1	7	3	1		2	3			
2	5	11	5	5		5	2			1
8	4	13	3	3		3	2		1	3
1	1	2		2		3	1			1
6	2	11	3	1			1		1	2
1	1									
13	24	25	17	13		19	15	2	4	6
4	3	6	4	2		1	1		1	1
				2		2		1		
2	2	2	1	2		10	6		2	
	7	7	5	1		2	3			1
		2					1			2
2	10	4	4	4		2	1			1
2	1									
1	1	2	2	1			3	1	1	
2		2	1	1		2				1
19	36	103	36	59	3	45	82	4	12	53
1	3	22	7	20		11	28	1	2	30
	4	20	4	3		7	7		1	7
7	5	23	12	20	1	12	25	2	4	7
1	5	4	4	4	1	2	4			4
4	4	13	3	5		5	5		1	2
	3	1	2	1						
	3	2	1		1		5			1
1	4	4	2				1			
5	5	14	1	6		8	7	1	4	2
73	228	572	244	246	27	231	468	58	64	142
19	118	264	129	177	11	118	103	17	22	72
21	13	36	24	22	9	29	90	4	12	19
19	39	48	26	20	7	38	223	18	9	32
2	26	67	13	7		16	12	3	1	6
7	18	108	6	10		13	7		1	2
2	6	19	5	2		4	6	5		8
	2	9	6	3		7	16	3	12	1
2	5	12	1	1		2	6	1	1	1
1	1	9	34	4		4	5	7	6	1

2-7 续表 8

行业中类	代码	企业单位数	北京	天津	河北	山西
黑色金属冶炼及压延加工业	3200	3008	23	133	285	276
炼铁业	3210	584	2	10	73	227
炼钢业	3220	280		7	27	8
钢压延加工业	3240	1581	18	114	173	10
铁合金冶炼业	3260	563	3	2	12	31
有色金属冶炼及压延加工业	3300	2606	44	83	89	83
重有色金属冶炼业	3310	649	7	14	27	7
轻有色金属冶炼业	3320	418	6	4	20	63
贵金属冶炼业	3330	144	2	2	8	1
稀有稀土金属冶炼业	3340	194	4	6	1	3
有色金属合金业	3360	87	4	4	3	
有色金属压延加工业	3380	1114	21	53	30	9
金属制品业	3400	8558	327	524	406	100
金属结构制造业	3410	785	65	28	37	8
铸铁管制造业	3420	321	16	5	27	22
工具制造业	3430	1051	42	66	44	8
集装箱和金属包装物品制造业	3440	742	32	43	34	3
金属丝绳及其制品业	3450	828	11	113	83	7
建筑用金属制品业	3460	1326	92	76	66	38
金属表面处理及热处理业	3470	555	14	38	18	1
日用金属制品业	3480	2192	40	105	58	5
其他金属制品业	3490	758	15	50	39	8
普通机械制造业	3500	9452	252	325	405	177
锅炉及原动机制造业	3510	1107	34	30	47	17
金属加工机械制造业	3520	1081	51	49	32	29
通用设备制造业	3530	2032	42	61	87	39
轴承、阀门制造业	3540	1115	16	25	40	15
其他通用零部件制造业	3560	1847	51	75	58	27
铸锻件制造业	3570	1802	31	61	124	36
普通机械修理业	3580	117	15	14	3	7
其他普通机械制造业	3590	351	12	10	14	7
专用设备制造业	3600	6535	261	233	281	123
冶金、矿山、机电工业专用设备制造业	3610	725	31	26	51	26
石化及其他工业专用设备制造业	3620	1092	39	36	50	11
轻纺工业专用设备制造业	3630	1375	24	57	54	18
农、林、牧、渔、水利业机械制造业	3640	1347	24	14	62	27

单位：个

内蒙古	辽宁	吉林	黑龙江	上海	江苏	浙江	安徽	福建	江西	山东
48	195	47	19	101	321	131	53	85	41	107
8	20	3	5	1	20	6	7	9	1	24
4	15	3	5	8	14	12	6	24	9	8
18	136	30	8	84	267	105	40	28	29	68
18	24	11	1	8	20	8		24	2	7
38	147	27	9	120	330	203	42	43	71	67
5	27	7		15	35	37	15	5	14	13
8	37	6	3	12	26	18	4	5	4	4
3	7	2		7	7	6	4	3	1	8
20	22	2		8	19	2		9	27	2
1	5		1	9	15	5			2	1
1	49	10	5	69	228	135	19	21	23	39
30	282	78	84	802	1094	876	118	202	78	549
1	33	6	6	104	114	44	10	11	11	37
4	12	4	4	10	34	16	6	11	1	34
1	25	11	9	117	146	168	16	23	15	79
2	32	8	9	69	105	56	13	28	13	50
8	26	4	7	53	144	63	21	12	9	43
9	56	27	25	96	146	97	16	39	11	95
	27		3	67	102	52	1	10	2	22
3	33	9	15	198	201	331	18	50	14	120
2	38	9	6	88	102	49	17	18	2	69
41	525	127	115	716	1614	1231	215	177	144	843
11	49	22	32	56	237	56	31	10	22	138
7	71	14	12	110	151	72	30	17	14	107
11	112	36	22	199	359	282	35	34	32	148
	59	11	12	69	176	297	21	28	10	69
3	74	17	14	168	304	359	54	42	28	153
7	126	23	15	83	325	137	38	34	28	204
2	3	3	3	4	4		1	1	3	4
	31	1	5	27	58	28	5	11	7	20
26	290	107	132	413	1009	512	120	125	95	603
5	49	20	9	42	107	51	14	8	13	40
1	66	15	33	88	191	116	9	13	11	108
6	46	16	10	94	232	113	20	23	21	113
7	31	29	52	21	173	47	39	21	25	234

2-7 续表 9

行业中类	代码	河南	湖北	湖南	广东	广西
黑色金属冶炼及压延加工业	3200	152	102	130	190	69
炼铁业	3210	47	14	13	22	7
炼钢业	3220	18	18	20	29	5
钢压延加工业	3240	49	56	37	134	19
铁合金冶炼业	3260	38	14	60	5	38
有色金属冶炼及压延加工业	3300	192	55	148	314	78
重有色金属冶炼业	3310	47	14	79	49	56
轻有色金属冶炼业	3320	62	11	18	19	8
贵金属冶炼业	3330	12	2	16		2
稀有稀土金属冶炼业	3340	9		10	20	3
有色金属合金业	3360	9	2	7	6	1
有色金属压延加工业	3380	53	26	18	220	8
金属制品业	3400	295	253	136	1643	55
金属结构制造业	3410	15	42	9	119	6
铸铁管制造业	3420	25	16	7	32	3
工具制造业	3430	32	25	23	147	2
集装箱和金属包装物品制造业	3440	15	26	8	116	5
金属丝绳及其制品业	3450	49	32	9	76	4
建筑用金属制品业	3460	47	31	12	188	10
金属表面处理及热处理业	3470	9	10	9	150	2
日用金属制品业	3480	82	48	30	709	17
其他金属制品业	3490	21	23	29	106	6
普通机械制造业	3500	497	326	244	584	117
锅炉及原动机制造业	3510	48	35	47	34	25
金属加工机械制造业	3520	43	39	28	76	14
通用设备制造业	3530	93	53	49	148	32
轴承、阀门制造业	3540	78	45	16	43	8
其他通用零部件制造业	3560	81	52	41	110	15
铸锻件制造业	3570	130	90	51	112	16
普通机械修理业	3580	2	7	3	16	2
其他普通机械制造业	3590	22	5	9	45	5
专用设备制造业	3600	549	280	191	446	108
冶金、矿山、机电工业专用设备制造业	3610	73	24	31	36	13
石化及其他工业专用设备制造业	3620	50	46	26	78	15
轻纺工业专用设备制造业	3630	129	78	57	126	23
农、林、牧、渔、水利业机械制造业	3640	204	53	40	35	34

单位：个

海南	重庆	四川	贵州	云南	西藏	陕西	甘肃	青海	宁夏	新疆
5	38	134	89	47	1	46	66	26	27	21
1	2	15	11	14		13	4		1	4
	3	14	7	3		7	1	1		4
4	26	53	10	12	1	15	22	1	4	10
	7	52	61	18		11	39	24	22	3
6	23	81	99	67	1	40	50	17	16	23
1	4	30	47	42	1	14	22	2	8	5
1	6	10	16	9		7	11	12	5	3
2		1	29	3		3	4			9
		10		7		4	3	1	1	1
	1	4	1			1	1	2		2
2	12	26	6	6		11	9		2	3
21	66	125	38	50	5	82	155	25	14	45
2	5	21	5	6		16	17	3	1	3
1	2	2	1	4		8	9	1	1	3
3	4	19	3	4		10	3	4		2
5	10	7	4	5	1	12	14	1	4	12
1	6	10	8	3		5	12	5	1	3
4	15	27	3	8	2	13	47	6	4	20
1	10	4		2		1				
2	14	25	10	8	1	10	30	5		1
2		10	4	10	1	7	23		3	1
8	110	207	64	56	2	125	141	13	23	28
1	20	33	6	10		18	26	2	2	8
	16	25	12	10		16	29	3	3	1
1	19	45	15	10		44	14	1	4	5
	11	25	4	5		12	12	1	6	1
2	18	42	9	8		12	21	1	3	5
1	23	33	8	9		17	29	5	3	3
2	1		4	1	2	3	6		1	
1	2	4	6	3		3	4		1	5
16	29	128	46	72	7	144	102	19	20	48
	2	17	2	7		15	6		5	2
1	6	20	4	6	1	30	14	4		4
2	8	25	9	22	1	32	13		2	1
9	2	30	10	20	1	33	31	8	6	25

行业中类	代码	企业单位数	北京	天津	河北	山西
医疗器械制造业	3650	577	46	38	12	6
其他专用设备制造业	3670	1153	79	53	40	15
专用机械设备修理业	3680	266	18	9	12	20
交通运输设备制造业	3700	7049	334	398	228	93
铁路运输设备制造业	3710	300	25	10	15	11
汽车制造业	3720	3125	133	166	132	27
摩托车制造业	3730	1066	4	28	19	1
自行车制造业	3740	383	2	88	13	1
电车制造业	3750	5				
船舶制造业	3760	288		7		
航空航天器制造业	3770	149	9	1	2	2
交通运输设备修理业	3780	1688	158	97	45	50
其他交通运输设备制造业	3790	45	3	1	2	1
电气机械及器材制造业	4000	7951	256	310	275	62
电机制造业	4010	809	16	33	20	7
输配电及控制设备制造业	4020	2234	120	96	52	23
电工器材制造业	4040	2524	39	109	162	16
日用电器制造业	4060	1095	30	32	7	3
照明器具制造业	4070	987	24	21	19	7
电气机械修理业	4080	60	12	4	3	5
其他电气机械制造业	4090	242	15	15	12	1
电子及通信设备制造业	4100	4602	303	255	60	25
通信设备制造业	4110	812	71	31	7	4
雷达制造业	4120	48		1		1
广播电视设备制造业	4130	97	14	1	4	
电子计算机制造业	4140	427	59	28	1	1
电子器件制造业	4150	532	25	29	20	3
电子元件制造业	4160	1651	51	114	23	11
日用电子器具制造业	4170	533	12	29	1	3
电子设备及通信设备修理业	4180	21	2	3		1
其他电子设备制造业	4190	481	69	19	4	1
仪器仪表及文化、办公用机械制造	4200	1887	133	141	34	18
通用仪器仪表制造业	4210	843	67	73	20	8
专用仪器仪表制造业	4220	237	21	17	5	3
电子测量仪器制造业	4230	84	8	8	2	
计量器具制造业	4240	170	8	6	2	3

单位：个

内蒙古	辽宁	吉林	黑龙江	上海	江苏	浙江	安徽	福建	江西	山东
1	12	10	8	77	106	51	11	12	12	25
5	63	13	9	79	192	129	21	46	12	77
1	23	4	11	12	8	5	6	2	1	6
21	313	218	75	422	730	748	114	169	154	396
	42	21	15	6	16	10	5	1	5	17
10	131	175	30	253	289	376	69	88	45	164
2	1	1	3	32	164	227	5	36	24	66
	4	1		15	82	51	2	2	3	9
	1								1	
	16	2	1	21	76	30	10	7	10	28
2	6	1	3	7	6		2		3	1
7	110	17	22	82	92	52	19	35	63	107
	2		1	6	5	2	2			4
25	339	75	98	667	1230	1074	165	166	95	440
3	35	10	11	53	136	126	20	29	20	45
9	135	32	37	182	367	301	29	44	19	142
10	115	20	36	209	376	265	87	43	33	145
1	17	5	6	86	156	191	13	15	4	64
1	21	4	5	102	149	175	11	30	14	27
	5			6	1					4
1	11	4	3	29	45	16	5	5	5	13
11	133	26	29	362	587	403	51	202	41	167
	20	5	1	75	86	88	5	33	15	28
	3	2	1		8		3	1		1
1	1	1	3	2	7	19	1	1		2
1	12	2	5	44	50	9	4	18	1	16
1	20	3	4	59	74	33	1	18	3	23
6	37	5	10	113	262	191	29	81	13	61
2	10	5	2	32	54	26	5	26	5	12
	1			3		1		2		1
	29	3	3	34	46	36	3	22	4	23
	83	19	27	194	219	234	20	65	24	82
	45	11	10	86	97	144	10	22	6	36
	9	2	6	23	38	32	5	7	6	6
	3	1	1	10	13	8	2		1	5
	4	1	2	17	28	20	2	4	4	13

2-7 续表11

行业中类	代码	河南	湖北	湖南	广东	广西
医疗器械制造业	3650	21	28	8	53	5
其他专用设备制造业	3670	61	37	24	92	14
专用机械设备修理业	3680	11	14	5	26	4
交通运输设备制造业	3700	268	418	176	671	161
铁路运输设备制造业	3710	23	8	17	10	3
汽车制造业	3720	108	302	87	145	74
摩托车制造业	3730	44	6	13	159	8
自行车制造业	3740	9	11		76	6
电车制造业	3750				3	
船舶制造业	3760	3	19	7	33	7
航空航天器制造业	3770	8	5	3		
交通运输设备修理业	3780	71	66	49	237	61
其他交通运输设备制造业	3790	2	1		8	2
电气机械及器材制造业	4000	298	153	167	1452	73
电机制造业	4010	27	22	27	108	12
输配电及控制设备制造业	4020	78	35	57	263	26
电工器材制造业	4040	143	66	59	386	21
日用电器制造业	4060	19	12	9	375	11
照明器具制造业	4070	21	15	10	289	2
电气机械修理业	4080	4	1		7	1
其他电气机械制造业	4090	6	2	5	24	
电子及通信设备制造业	4100	55	76	65	1462	37
通信设备制造业	4110	15	29	18	202	13
雷达制造业	4120		2	2	1	2
广播电视设备制造业	4130	2	2	5	19	1
电子计算机制造业	4140	3	6	1	149	1
电子器件制造业	4150	9	8	8	158	3
电子元件制造业	4160	13	18	19	512	8
日用电子器具制造业	4170	3	5	5	272	3
电子设备及通信设备修理业	4180	1			4	
其他电子设备制造业	4190	9	6	7	145	6
仪器仪表及文化、办公用机械制造	4200	50	63	26	297	14
通用仪器仪表制造业	4210	16	33	19	49	5
专用仪器仪表制造业	4220	6	10	1	16	1
电子测量仪器制造业	4230	2	3	2	6	2
计量器具制造业	4240	19	4	3	16	3

单位：个

海南	重庆	四川	贵州	云南	西藏	陕西	甘肃	青海	宁夏	新疆
	5	11	3	1		7	6		1	1
1	5	23	11	10		26	10	1	3	2
3	1	2	7	6	4	1	22	6	3	13
39	298	186	94	60	25	99	61	25	14	41
	3	11		4		18	3			1
3	93	113	22	26		28	11	6	5	14
12	184	21	4	1		1				
		2				5	1			
	7	2	1			1				
		15	39	1		30	3			
24	11	21	27	28	25	16	43	19	8	26
		1	1						1	
16	68	173	35	47		102	54	3	13	20
1	5	17	3	6		9	4		2	2
6	21	45	11	17		49	23	1	5	9
6	23	76	10	18		28	13	1	3	6
1	7	12	7	1		5	6			
2	10	10	3	3		5	5	1		1
			1	1		1	1		2	1
	2	13		1		5	2		1	1
20	24	95	34	6		56	10	2	3	2
1	9	27	5	2		17	4	1		
		10	4			5	1			
	1	7		1		2				
1	2	6	2	1		4				
4	2	12	3	1		4	3		1	
8	7	24	14	1		15	1	1	1	2
5	1	6	4			4	1			
1						1				
	2	3	2			4			1	
3	34	18	13	14		31	19	2	8	2
3	22	6	11	12		18	8		6	
	9	6		1		2	3	1		1
		3				1	1		2	
		1	1	1		3	3	1		1

2-7 续表12

行业中类	代码	企业单位数	北京	天津	河北	山西
文化、办公用机械制造业	4250	180	13	14		
钟表制造业	4260	270	5	17	3	1
仪器仪表及文化、办公用机械修理	4280	15	4	3	1	
其他仪器仪表制造业	4290	88	7	3	1	3
其他制造业	4300	3881	84	156	99	15
工艺美术品制造业	4310	2647	46	101	65	6
日用杂品制造业	4350	476	10	13	15	
其他生产、生活用品制造业	4390	758	28	42	19	9
电力、煤气及水的生产和供应业	DDDD	7790	44	85	316	277
电力、蒸汽、热水的生产和供应业	4400	5050	32	59	217	166
电力生产业	4410	2959	19	9	87	86
电力供应业	4420	1777	2	27	116	68
蒸汽、热水生产和供应业	4430	314	11	23	14	12
煤气生产和供应业	4500	309	3	14	16	9
煤气生产业	4510	54	1	4	3	5
煤气供应业	4520	255	2	10	13	4
自来水的生产和供应业	4600	2431	9	12	83	102
自来水生产业	4610	1393	4	5	35	41
自来水供应业	4620	1038	5	7	48	61
建筑业	EEEE	52603	1696	456	1807	1114
土木工程建筑业	4700	41512	872	282	1565	934
房屋建筑业	4710	35222	713	197	1373	753
矿山建筑业	4720	205	2	1	16	24
铁路、公路、遂道、桥梁建筑业	4730	2574	35	24	76	46
堤坝、电站、码头建筑业	4740	712	12	13	11	12
其他土木工程建筑业	4790	2799	110	47	89	99
线路、管道和设备安装	4800	5023	269	110	135	118
线路、管道安装业	4810	2541	133	70	69	61
设备安装业	4820	2482	136	40	66	57
装修装饰业	4900	6068	555	64	107	62
批发和零售贸易、餐饮业	HHHH	29566	2724	675	1039	547
食品、饮料、烟草和家庭日用品批发业	6100	7716	469	125	301	128
食品、饮料、烟草批发业	6110	4210	172	45	202	83
棉、麻、土畜产品批发业	6120	511	19	12	22	8
纺织品、服装和鞋帽批发业	6130	746	59	11	14	3
日用百货批发业	6140	493	58	15	6	8

单位：个

内蒙古	辽宁	吉林	黑龙江	上海	江苏	浙江	安徽	福建	江西	山东
	10		2	35	22	11		3		7
	6	2	4	12	7	10	1	24	3	11
		1								
	6	1	2	11	14	9		5	4	4
9	60	6	20	210	359	542	43	491	64	327
7	38	4	9	94	217	346	29	369	42	279
	5		1	22	59	101	5	69	7	15
2	17	2	10	94	83	95	9	53	15	33
216	292	199	241	41	218	349	187	328	347	372
141	187	130	153	14	112	224	105	242	246	227
39	77	52	59	7	100	162	39	169	144	87
84	56	43	70	1	3	62	63	67	102	117
18	54	35	24	6	9		3	6		23
5	18	13	6	5	18	11	14	7	9	18
1	5		1	1	3	2	2	1	2	4
4	13	13	5	4	15	9	12	6	7	14
70	87	56	82	22	88	114	68	79	92	127
22	43	23	50	18	69	85	56	55	78	57
48	44	33	32	4	19	29	12	24	14	70
987	2738	775	1962	1481	5178	3484	1571	1846	994	4416
864	1891	603	1503	916	3809	2418	1399	1314	916	3656
777	1508	480	1264	601	3064	1736	1205	1054	858	3397
9	20	1	6	2	4	20	14	2	2	12
44	143	65	142	134	264	298	88	122	16	84
7	15	12	23	17	66	81	37	49	11	23
27	205	45	68	162	411	283	55	87	29	140
82	522	142	275	158	638	355	112	172	42	396
59	217	92	129	67	284	192	80	86	19	155
23	305	50	146	91	354	163	32	86	23	241
41	325	30	184	407	731	711	60	360	36	364
374	1286	463	718	968	1784	2253	666	1508	359	2056
95	308	142	173	238	544	695	256	380	130	498
76	207	99	129	101	238	305	152	181	84	283
2	7	4	3	3	62	30	32	4	12	45
5	22	2	6	38	75	123	11	73	10	29
2	11	3	3	31	43	50	8	23	4	19

2-7 续表13

行业中类	代码	河南	湖北	湖南	广东	广西
文化、办公用机械制造业	4250	2	7		50	1
钟表制造业	4260	4	4	1	147	1
仪器仪表及文化、办公用机械修理	4280	1			2	1
其他仪器仪表制造业	4290		2		11	
其他制造业	4300	181	75	137	718	65
工艺美术品制造业	4310	136	40	117	514	60
日用杂品制造业	4350	21	11	7	83	1
其他生产、生活用品制造业	4390	24	24	13	121	4
电力、煤气及水的生产和供应业	DDDD	384	290	338	877	359
电力、蒸汽、热水的生产和供应业	4400	253	174	219	619	261
电力生产业	4410	111	117	163	438	177
电力供应业	4420	136	47	55	178	84
蒸汽、热水生产和供应业	4430	6	10	1	3	
煤气生产和供应业	4500	12	6	8	34	3
煤气生产业	4510	3	1	2	9	
煤气供应业	4520	9	5	6	25	3
自来水的生产和供应业	4600	119	110	111	224	95
自来水生产业	4610	70	78	83	110	53
自来水供应业	4620	49	32	28	114	42
建筑业	EEEE	1983	2258	1812	4120	1211
土木工程建筑业	4700	1710	2026	1714	3087	1033
房屋建筑业	4710	1501	1860	1589	2542	836
矿山建筑业	4720	7	4	4	5	6
铁路、公路、遂道、桥梁建筑业	4730	97	38	57	243	73
堤坝、电站、码头建筑业	4740	18	29	24	75	38
其他土木工程建筑业	4790	87	95	40	222	80
线路、管道和设备安装	4800	157	84	70	335	97
线路、管道安装业	4810	88	32	35	170	68
设备安装业	4820	69	52	35	165	29
装修装饰业	4900	116	148	28	698	81
批发和零售贸易、餐饮业	HHHH	2125	1063	813	3348	534
食品、饮料、烟草和家庭日用品批发业	6100	370	261	277	1013	124
食品、饮料、烟草批发业	6110	227	156	182	450	79
棉、麻、土畜产品批发业	6120	51	26	21	39	8
纺织品、服装和鞋帽批发业	6130	12	19	10	170	5
日用百货批发业	6140	15	17	14	86	6

单位：个

海南	重庆	四川	贵州	云南	西藏	陕西	甘肃	青海	宁夏	新疆
						1	2			
	2	1	1			3				
						1	1			
	1	1				2	1			
13	13	25	18	5	26	24	75	10	2	9
11	2	8	4	1	24	14	46	9	2	7
	6	14	2			1	8			
2	5	3	12	4	2	9	21	1		2
97	98	447	252	290	76	226	208	92	45	199
67	50	269	161	183	70	126	143	60	29	111
45	33	190	103	118	63	80	81	37	7	60
22	16	78	58	65	7	43	55	17	11	24
	1	1				3	7	6	11	27
8	10	38	5	4		4	3		1	7
			1	1			1			1
8	10	38	4	3		4	2		1	6
22	38	140	86	103	6	96	62	32	15	81
12	22	98	37	53	1	45	32	11	7	40
10	16	42	49	50	5	51	30	21	8	41
325	1797	3314	695	1398	133	912	530	298	598	714
244	1575	2747	603	1179	133	830	453	231	438	567
201	1437	2468	540	1047	105	717	398	189	340	472
2	7	3	5	3		15	3		3	3
20	55	134	36	75	7	54	15	19	36	34
10	13	30	6	16	5	13	11	7	15	13
11	63	112	16	38	16	31	26	16	44	45
34	109	220	44	68		46	47	26	73	87
14	52	158	25	45		24	20	17	47	33
20	57	62	19	23		22	27	9	26	54
47	113	347	48	151		36	30	41	87	60
181	482	784	230	922	375	385	328	92	89	395
54	115	260	90	292	15	133	70	26	18	116
24	74	181	78	199	6	87	51	12	12	35
1	4	17	1	4	4	6	3	2		59
4	6	10	2	9	1	12	3	1		1
5	5	9	1	28	1	5	4	3	2	8

2-7 续表14

行业中类	代码	企业单位数	北京	天津	河北	山西
日用杂品批发业	6150	119	8	1	4	
五金、交电、化工批发业	6160	700	70	23	24	12
药品及医疗器械批发业	6170	937	83	18	29	14
能源、材料和机械电子设备批发业	6200	5410	472	168	213	124
能源批发业	6210	1822	66	21	87	77
化工材料批发业	6220	548	33	20	19	14
木材批发业	6230	50	7	2	4	
建筑材料批发业	6240	271	45	5	10	
矿产品批发业	6250	80	8	2	2	3
金属材料批发业	6260	1091	137	54	48	12
机械、电子设备批发业	6270	829	122	36	12	9
汽车、摩托车及零配件批发业	6280	543	43	23	23	6
再生物资回收批发业	6290	176	11	5	8	3
其他批发业	6300	2167	116	44	124	32
工艺美术品批发业	6310	78	5	2		
图书报刊批发业	6320	162	7	3	1	
农业生产资料批发业	6330	1491	35	17	123	28
其他类未包括的批发业	6390	436	69	22		4
零售业	6400	10449	1275	262	346	217
食品、饮料和烟草零售业	6410	1678	205	60	58	32
日用百货零售业	6420	4138	314	64	156	98
纺织品、服装和鞋帽零售业	6430	406	50	9	18	14
日用杂品零售业	6440	152	20	9	2	2
五金、交电、化工零售业	6450	988	199	39	34	19
药品及医疗器械零售业	6470	634	60	3	32	13
图书报刊零售业	6480	882	39	26	34	11
其他零售业	6490	1571	388	52	12	28
餐饮业	6700	3824	392	76	55	46
正餐	6710	3530	354	60	55	43
快餐	6720	185	33	6		1
其他饮食业	6790	109	5	10		2

单位：个

内蒙古	辽宁	吉林	黑龙江	上海	江苏	浙江	安徽	福建	江西	山东
1	3	5	2	2	8	8	1	4	1	7
2	23	12	9	31	59	92	18	50	5	42
7	35	17	21	32	59	87	34	45	14	73
62	314	81	118	162	329	562	124	373	60	347
35	107	47	57	33	117	173	58	94	32	133
2	23	2	11	19	38	91	11	52	6	46
	1	1	5	3	3	4		4		4
1	10	1	2	18	9	18	5	39	2	7
1	9				1	2	1	11	1	2
7	66	9	17	33	74	118	15	55	9	70
4	45	5	14	39	40	70	9	74	6	33
10	49	15	5	11	23	58	21	40	3	35
2	4	1	7	6	24	28	4	4	1	17
32	66	47	63	46	119	132	83	117	34	235
1	1	1		3	4	11	1	17	2	2
3	3	2	1	5	4	14	10	8	2	24
25	52	44	57	5	91	74	68	39	28	191
3	10		5	33	20	33	4	53	2	18
150	379	155	297	357	583	644	188	438	109	716
26	58	28	41	93	79	132	25	54	23	62
40	178	60	138	132	311	240	90	150	44	333
3	22	6	21	28	28	13	4	21	4	18
1	2		3	5	6	6	2	3	1	10
24	24	15	23	36	38	66	10	38	3	65
16	11	9	14	17	32	17	20	39	11	49
16	35	23	24	16	64	54	27	40	14	88
24	49	14	33	30	25	116	10	93	9	91
35	219	38	67	165	209	220	15	200	26	260
34	206	35	63	139	191	207	15	178	22	252
1	8	2	2	15	9	9		19	3	8
	5	1	2	11	9	4		3	1	

2-7 续表15

行业中类	代码	河南	湖北	湖南	广东	广西
日用杂品批发业	6150	4	5	3	31	5
五金、交电、化工批发业	6160	27	17	12	94	5
药品及医疗器械批发业	6170	34	21	35	143	16
能源、材料和机械电子设备批发业	6200	230	178	121	619	65
能源批发业	6210	100	67	64	181	36
化工材料批发业	6220	13	10	8	69	5
木材批发业	6230		1		6	
建筑材料批发业	6240	7	8	3	46	1
矿产品批发业	6250	6	3	1	10	3
金属材料批发业	6260	55	43	22	92	6
机械、电子设备批发业	6270	25	23	11	145	6
汽车、摩托车及零配件批发业	6280	17	18	9	58	7
再生物资回收批发业	6290	7	5	3	12	1
其他批发业	6300	152	66	67	213	57
工艺美术品批发业	6310	1	2	3	11	5
图书报刊批发业	6320	11	6	3	24	9
农业生产资料批发业	6330	128	49	58	85	42
其他类未包括的批发业	6390	12	9	3	93	1
零售业	6400	1199	421	292	631	198
食品、饮料和烟草零售业	6410	129	69	41	86	32
日用百货零售业	6420	551	195	83	249	73
纺织品、服装和鞋帽零售业	6430	63	18	5	24	5
日用杂品零售业	6440	30	11	1	6	7
五金、交电、化工零售业	6450	109	36	22	66	21
药品及医疗器械零售业	6470	50	33	35	38	28
图书报刊零售业	6480	91	34	75	32	10
其他零售业	6490	176	25	30	130	22
餐饮业	6700	174	137	56	872	90
正餐	6710	161	129	50	830	86
快餐	6720	10	7	3	27	1
其他饮食业	6790	3	1	3	15	3

单位：个

海南	重庆	四川	贵州	云南	西藏	陕西	甘肃	青海	宁夏	新疆
	4	5	1	3		1				2
4	11	14	3	18	1	10	2	3	1	6
16	11	24	4	31	2	12	7	5	3	5
32	54	109	45	187	9	93	52	19	19	69
9	24	51	18	43	2	32	22	5	7	24
2	6	6	6	19		7	2	1		7
2		1				1	1			
	1	2		16	5	5	3	1		1
4			1	3			4		2	
4	6	24	6	58	1	21	10	4	3	12
10	9	9	8	25	1	14	7	4	3	11
1	4	14	5	19		10	2	2	3	9
	4	2	1	4		3	1	2	1	5
15	21	50	12	88	22	28	26	4	6	50
	2	1	1	1					1	
1	1	12		2		2	1	1	1	1
7	13	35	6	76	17	24	22	3	4	45
7	5	2	5	9	5	2	3			4
35	193	246	61	317	291	98	155	30	30	136
2	44	57	8	79	83	7	21	9	3	32
14	93	85	23	141	143	54	38	10	9	29
1	4	12		4	4	2				5
	7	5	3	2	2	2	4			
2	11	25	8	18	5	7	10	2	3	10
4	10	19	5	17	7	6	12	1	7	19
4	11	29	6	16	13	14	27	1	1	7
8	13	14	8	40	34	6	43	7	7	34
45	99	119	22	38	38	33	25	13	16	24
44	92	110	22	34	17	32	23	9	15	22
1	3	7		1	3	1	1	2	1	1
	4	2		3	18		1	2		1

2-8 限额以上企业按行业小类、东中西部地区分组的单位数

（2000年）

单位：个

行业小类	代码	企业单位数	东部	中部	西部
总计	0000	248824	155842	59710	33272
采掘业	BBBB	7176	2585	3087	1504
煤炭采选业	0600	2646	542	1524	580
煤炭开采业	0610	2458	506	1397	555
煤炭洗选业	0620	188	36	127	25
石油和天然气开采业	0700	84	19	26	39
天然原油开采业	0710	69	14	25	30
天然气开采业	0720	15	5	1	9
黑色金属矿采选业	0800	622	376	176	70
铁矿采选业	0810	530	336	153	41
其他黑色金属矿采选业	0820	92	40	23	29
锰矿采选业	0821	78	40	21	17
铬矿采选业	0822	14		2	12
有色金属矿采选业	0900	1460	500	569	391
重有色金属矿采选业	0910	546	185	168	193
铜矿采选业	0911	115	16	57	42
铅锌矿采选业	0912	351	147	77	127
镍钴矿采选业	0914	6		1	5
锡矿采选业	0915	45	16	19	10
锑矿采选业	0916	17	4	9	4
汞矿采选业	0917	5		1	4
其他重有色金属矿采选业	0919	7	2	4	1
轻有色金属矿采选业	0930	63	35	22	6
铝矿采选业	0931	21	4	13	4
镁矿采选业	0932	9	4	4	1
钛矿采选业	0933	27	23	4	
其他轻有色金属矿采选业	0939	6	4	1	1
贵金属矿采选业	0950	674	226	274	174
金矿采选业	0951	656	220	263	173
银矿采选业	0952	18	6	11	1
稀有稀土金属矿采选业	0960	177	54	105	18
钨钼矿采选业	0961	113	29	80	4
稀有高熔点金属矿采选业	0963	11	5	5	1
稀散金属矿采选业	0964	4	1	1	2
非金属矿采选业	1000	1814	998	537	279
土砂石开采业	1010	1029	600	333	96
石灰石开采业	1011	210	143	54	13

*东部:包括北京、天津、河北、辽宁、上海、江苏、浙江、福建、山东、广东、广西、海南
中部:包括山西、内蒙、吉林、黑龙江、安徽、江西、河南、湖北、湖南
西部:包括重庆、四川、贵州、云南、西藏、陕西、甘肃、青海、宁夏、新疆

2-8 续表 1　　　　单位：个

行业小类	代码	企业单位数	东部	中部	西部
建筑装饰用石开采业	1012	367	239	105	23
耐火土石开采业	1013	61	23	31	7
其他土砂石开采业	1019	391	195	143	53
化学矿采选业	1020	164	46	52	66
硫矿采选业	1021	57	21	23	13
磷矿采选业	1022	55	5	16	34
天然钾盐采选业	1023	3		1	2
硼矿采选业	1024	16	8	1	7
其他化学矿采选业	1029	33	12	11	10
采盐业	1030	205	125	21	59
海盐业	1031	118	118		
湖盐业	1032	22		6	16
井盐业	1033	44	6	5	33
矿盐业	1034	21	1	10	10
其他非金属矿采选业	1090	416	227	131	58
石棉采选业	1091	25	2		23
云母采选业	1092	4		2	2
石墨采选业	1093	43	24	17	2
石膏采选业	1094	74	42	25	7
宝石、玉石采选业	1095	10	6	1	3
水晶采选业	1096	1			1
滑石采选业	1097	34	26	7	1
其他类未包括的非金属矿采选业	1099	225	127	79	19
木材及竹材采运业	1200	529	139	248	142
木材采运业	1210	517	135	242	140
竹材采运业	1220	12	4	6	2
制造业	CCCC	151689	102765	33560	15364
食品加工业	1300	11092	5614	3925	1553
粮食及饲料加工业	1310	5666	2440	2398	828
碾米业	1311	1267	393	807	67
磨粉业	1312	1847	710	752	385
面、米制品业	1313	406	171	172	63
配合及混合饲料制造业	1314	1885	981	608	296
蛋白饲料制造业	1315	71	45	21	5
水产饲料制造业	1317	101	87	9	5
其他饲料制造业	1319	89	53	29	7
植物油加工业	1320	1392	507	641	244

2-8 续表 2

单位：个

行业小类	代码	企业单位数	东部	中部	西部
食用植物油加工业	1321	1339	489	626	224
非食用植物油加工业	1322	53	18	15	20
制糖业	1330	439	266	61	112
甘蔗糖业	1331	341	230	22	89
甜菜糖业	1332	60	10	32	18
加工糖业	1334	38	26	7	5
屠宰及肉类蛋类加工业	1340	1833	914	641	278
屠宰业	1341	637	342	212	83
肉制品加工业	1342	1035	485	371	179
肉类副产品加工业	1343	106	61	30	15
蛋品加工业	1344	55	26	28	1
水产品加工业	1350	922	899	18	5
冷冻水产品加工业	1351	715	699	14	2
干制水产品加工业	1352	111	109	2	
腌制水产品加工业	1353	25	22	1	2
鱼糜及鱼糜制品加工业	1354	25	25		
其它水产品加工业	1359	46	44	1	1
盐加工业	1360	46	22	12	12
其他食品加工业	1390	794	566	154	74
食品制造业	1400	4861	2854	1351	656
糕点、糖果制造业	1410	1595	985	412	198
糖果业	1411	244	172	48	24
糕点业	1412	555	263	186	106
饼干业	1413	248	172	62	14
方便主食品业	1414	321	213	82	26
蜜饯业	1415	145	108	24	13
其他糕点、糖果制品业	1419	82	57	10	15
乳制品制造业	1420	377	173	122	82
罐头食品制造业	1430	501	313	124	64
肉类罐头制造业	1431	52	20	17	15
禽类罐头制造业	1432	7	2	3	2
水产罐头制造业	1433	19	15	3	1
水果罐头制造业	1434	154	105	36	13
蔬菜罐头制造业	1435	204	122	52	30
其他罐头食品制造业	1439	65	49	13	3
发酵制品业	1440	261	164	72	25
氨基酸制造业	1441	20	11	8	1

2-8 续表 3　　单位：个

行业小类	代码	企业单位数	东部	中部	西部
味精制造业	1442	89	63	17	9
柠檬酸制造业	1443	34	17	15	2
酵母制品业	1444	33	24	7	2
酶制剂制造业	1445	38	21	14	3
其他发酵制品业	1449	47	28	11	8
调味品制造业	1450	813	421	240	152
酱油、酱类制造业	1451	550	272	180	98
食醋制造业	1452	69	27	21	21
调味料制造业	1453	98	71	16	11
调味油制造业	1454	19	5	7	7
其他调味品制造业	1459	77	46	16	15
其他食品制造业	1490	1314	798	381	135
豆制品制造业	1491	152	93	45	14
淀粉及淀粉制品业	1492	430	243	133	54
代乳品制造业	1493	12	3	8	1
制冰业	1495	40	37	2	1
淀粉糖业	1497	64	37	19	8
冷冻饮品制造业	1498	258	142	92	24
其他类未包括的食品制造业	1499	358	243	82	33
饮料制造业	1500	3546	1689	1190	667
酒精及饮料酒制造业	1510	2237	937	824	476
酒精制造业	1511	148	77	54	17
白酒制造业	1512	1298	458	496	344
啤酒制造业	1513	537	248	215	74
黄酒制造业	1514	102	77	14	11
葡萄酒制造业	1515	81	46	22	13
果露酒制造业	1516	71	31	23	17
软饮料制造业	1520	827	500	211	116
碳酸饮料制造业	1521	253	141	77	35
天然矿泉水制造业	1522	167	105	39	23
果菜汁饮料制造业	1523	228	127	59	42
固体饮料制造业	1524	68	53	10	5
其他软饮料制造业	1529	111	74	26	11
制茶业	1550	352	162	127	63
其他饮料制造业	1590	130	90	28	12
烟草加工业	1600	349	93	135	121
烟叶复烤业	1610	113	16	37	60

2-8 续表 4

单位：个

行业小类	代码	企业单位数	东部	中部	西部
卷烟制造业	1620	203	57	92	54
其他烟草加工业	1690	33	20	6	7
纺织业	1700	11152	8326	2124	702
纤维原料初步加工业	1710	1018	578	382	58
轧花业	1711	736	379	320	37
洗毛业	1712	32	16	9	7
亚麻纤维初步加工业	1713	26	2	19	5
苎麻纤维初步加工业	1714	30	6	20	4
其他纤维原料初步加工业	1719	194	175	14	5
棉纺织业	1720	4703	3379	1046	278
棉纺业	1721	1443	871	424	148
棉织业	1722	1325	966	296	63
印染业	1723	882	765	85	32
棉制品业	1724	667	465	176	26
棉线带制造业	1725	156	122	30	4
帘子布制造业	1726	62	54	6	2
其他棉纺织业	1729	168	136	29	3
毛纺织业	1740	1126	869	165	92
毛条加工业	1741	86	65	13	8
毛纺业	1742	579	454	62	63
毛织业	1743	239	201	29	9
毛染整业	1744	74	58	16	
工业用呢、工业用毡制造业	1745	38	23	9	6
其他毛纺织业	1749	110	68	36	6
麻纺织业	1760	231	74	130	27
苎麻纺织业	1761	79	21	45	13
亚麻纺织业	1762	46	15	29	2
黄、洋、青麻纺织业	1763	78	23	46	9
其他麻纺织业	1769	28	15	10	3
丝绢纺织业	1770	1639	1343	127	169
缫丝业	1771	441	269	60	112
绢纺业	1772	106	92	6	8
丝织业	1773	762	687	41	34
丝印染业	1774	179	172	3	4
丝制品业	1775	109	84	14	11
其他丝绢纺织业	1779	42	39	3	
针织品业	1780	1995	1708	222	65

2-8 续表 5 单位：个

行业小类	代码	企业单位数	东部	中部	西部
棉针织品业	1781	897	716	142	39
毛针织品业	1782	645	581	44	20
丝针织品业	1783	200	180	19	1
其他针织品业	1789	253	231	17	5
其他纺织业	1790	440	375	52	13
服装及其他纤维制品制造业	1800	7188	6381	623	184
服装制造业	1810	6236	5560	516	160
制帽业	1820	151	138	11	2
制鞋业	1830	454	388	52	14
其他纤维制品制造业	1890	347	295	44	8
皮革、毛皮、羽绒及其制品业	1900	3244	2616	481	147
制革业	1910	542	329	163	50
轻革业	1911	437	253	142	42
重革业	1912	20	13	5	2
其他制革业	1919	85	63	16	6
皮革制品制造业	1920	2162	1952	156	54
皮鞋制造业	1921	1009	893	78	38
革皮服装制造业	1923	328	271	46	11
皮箱制造业	1924	130	121	8	1
皮包制造业	1925	425	416	8	1
其他类未包括的皮革制品业	1929	270	251	16	3
毛皮鞣制及制品业	1930	209	99	90	20
毛皮鞣制业	1931	77	25	45	7
毛皮服装业	1932	56	37	13	6
其他毛皮制品业	1939	76	37	32	7
羽毛（绒）及制品业	1950	331	236	72	23
羽毛（绒）加工业	1951	105	63	27	15
羽毛（绒）制品业	1952	226	173	45	8
木材加工及竹、藤、棕、草制品业	2000	2647	1583	861	203
锯材、木片加工业	2010	379	201	128	50
锯材加工业	2011	289	141	101	47
木片加工业	2012	90	60	27	3
人造板制造业	2020	1176	703	407	66
胶合板制造业	2021	627	364	245	18
纤维板制造业	2022	163	83	57	23
刨花板制造业	2023	123	51	55	17
其他人造板制造业	2029	263	205	50	8

2-8 续表 6

单位：个

行业小类	代码	企业单位数	东部	中部	西部
木制品业	2030	851	523	249	79
生产用木制品业	2031	520	305	154	61
生活用木制品业	2033	331	218	95	18
竹、藤、棕、草制品业	2040	241	156	77	8
家具制造业	2100	1609	1148	319	142
木制家具制造业	2110	1154	804	242	108
竹、藤家具制造业	2120	30	18	11	1
金属家具制造业	2130	268	196	51	21
塑料家具制造业	2140	10	10		
其他家具制造业	2190	147	120	15	12
造纸及纸制品业	2200	4779	3057	1226	496
纸浆制造业	2210	71	36	29	6
造纸业	2220	2534	1401	843	290
机制纸及纸板制造业	2221	2340	1262	801	277
手工纸制造业	2223	16	9	7	
加工纸制造业	2224	178	130	35	13
纸制品业	2230	2174	1620	354	200
印刷业、记录媒介的复制	2300	3803	2356	896	551
印刷业	2310	3746	2305	891	550
书、报、刊印刷业	2311	1464	820	419	225
包装装潢印刷业	2312	1061	767	179	115
其他印刷业	2319	1221	718	293	210
记录媒介的复制	2320	57	51	5	1
文教体育用品制造业	2400	1944	1735	145	64
文化用品制造业	2410	561	445	68	48
文具制造业	2411	181	159	15	7
本册制造业	2413	121	75	19	27
笔制造业	2415	158	131	20	7
教学标本、模型制造业	2417	29	24	2	3
其他文化用品制造业	2419	72	56	12	4
体育用品制造业	2420	305	282	16	7
球类制造业	2421	81	76	3	2
体育器材制造业	2423	113	103	5	5
其他体育用品制造业	2429	111	103	8	
乐器及其他文娱用品制造业	2430	115	109	5	1
中乐器制造业	2431	15	12	3	
西乐器制造业	2433	70	68	2	

2-8 续表 7 单位：个

行业小类	代码	企业单位数	东部	中部	西部
电子乐器制造业	2435	11	11		
其他乐器及文娱用品制造业	2439	19	18		1
玩具制造业	2440	892	845	47	
游艺器材制造业	2450	17	14	1	2
其他类未包括的文教体育用品制造业	2490	54	40	8	6
石油加工及炼焦业	2500	989	494	364	131
人造原油生产业	2510	12	9	3	
原油加工业	2520	324	208	66	50
石油制品业	2530	348	242	75	31
炼焦业	2570	305	35	220	50
化学原料及化学制品制造业	2600	11539	7376	2779	1384
基本化学原料制造业	2610	2050	1089	574	387
无机酸制造业	2611	319	173	90	56
烧碱制造业	2613	132	69	38	25
纯碱制造业	2615	82	45	31	6
无机盐制造业	2617	684	358	209	117
其他基本化学原料制造业	2619	833	444	206	183
化学肥料制造业	2620	1925	769	716	440
氮肥制造业	2621	683	254	301	128
磷肥制造业	2622	543	185	187	171
钾肥制造业	2623	45	23	7	15
复合肥料制造业	2624	468	226	152	90
微量元素肥料制造业	2625	25	8	12	5
其他化学肥料制造业	2629	161	73	57	31
化学农药制造业	2630	612	387	181	44
农药原药制造业	2631	248	169	65	14
农药制剂制造业	2633	364	218	116	30
有机化学产品制造业	2650	2753	2160	449	144
有机化工原料制造业	2651	786	569	161	56
涂料制造业	2652	882	700	125	57
油墨制造业	2653	120	106	10	4
颜料制造业	2654	227	181	39	7
染料制造业	2655	340	304	32	4
其他有机化学产品制造业	2659	398	300	82	16
合成材料制造业	2660	753	599	120	34
聚烯烃塑料制造业	2661	101	77	20	4
热固性树脂及塑料制造业	2662	150	116	29	5

2-8 续表 8

单位：个

行业小类	代码	企业单位数	东部	中部	西部
工程塑料制造业	2663	87	76	11	
功能高分子制造业	2664	115	97	14	4
有机硅氟材料制造业	2665	54	38	12	4
合成橡胶制造业	2666	59	49	6	4
合成纤维单（聚合）体制造业	2667	48	37	7	4
其他合成材料制造业	2669	139	109	21	9
专用化学产品制造业	2670	2254	1552	498	204
化学试剂、助剂制造业	2671	928	681	200	47
专项化学用品制造业	2672	501	374	87	40
林产化学产品制造业	2673	251	158	69	24
炸药及火工产品制造业	2674	248	91	89	68
信息化学品制造业	2675	152	123	18	11
放射化学产品制造业	2676	6	5		1
添加剂制造业	2677	168	120	35	13
日用化学产品制造业	2680	1192	820	241	131
肥皂及皂粉、合成洗涤剂制造业	2681	332	207	78	47
合成脂肪酸制造业	2682	19	11	7	1
硬脂酸、硬化油制造业	2683	52	44	5	3
香料、香精制造业	2684	181	118	39	24
化妆品制造业	2685	242	210	22	10
牙膏制造业	2686	39	30	4	5
火柴制造业	2687	73	29	27	17
动物胶制造业	2688	64	26	27	11
其他日用化学产品制造业	2689	190	145	32	13
医药制造业	2700	3303	1769	981	553
化学药品原药制造业	2710	687	433	161	93
化学药品制剂制造业	2720	930	527	276	127
中药材及中成药加工业	2730	1177	491	404	282
动物药品制造业	2740	238	148	73	17
生物制品业	2750	271	170	67	34
化学纤维制造业	2800	859	703	124	32
纤维素纤维制造业	2810	144	105	29	10
化纤浆粕制造业	2811	30	19	9	2
粘胶纤维制造业	2812	79	59	17	3
其他纤维素纤维制造业	2819	35	27	3	5
合成纤维制造业	2820	579	479	79	21
锦纶纤维制造业	2821	76	64	11	1

2-8 续表 9

单位：个

行业小类	代码	企业单位数	东部	中部	西部
涤纶纤维制造业	2822	331	270	44	17
腈纶纤维制造业	2823	24	23	1	
维纶纤维制造业	2824	12	9	2	1
其他合成纤维制造业	2829	136	113	21	2
渔具及渔具材料制造业	2850	136	119	16	1
渔具用丝制造业	2851	10	7	3	
渔具用线制造业	2852	6	6		
渔具用绳制造业	2853	5	4	1	
渔网制造业	2854	71	60	10	1
其他渔具制造业	2859	44	42	2	
橡胶制品业	2900	1818	1401	292	125
轮胎制造业	2910	205	153	33	19
力车胎制造业	2920	80	59	16	5
橡胶板、管、带制造业	2930	364	252	87	25
橡胶零件制品业	2940	268	204	38	26
再生橡胶制造业	2950	83	52	26	5
橡胶靴鞋制造业	2960	392	324	42	26
日用橡胶制品业	2970	118	102	15	1
橡胶制品翻修业	2980	42	24	7	11
轮胎翻新业	2981	36	18	7	11
其他橡胶制品翻修业	2989	6	6		
其他橡胶制品业	2990	266	231	28	7
塑料制品业	3000	6384	4980	971	433
塑料薄膜制造业	3010	730	462	144	124
塑料板、管、棒材制造业	3020	828	625	150	53
塑料丝、绳及编织品制造业	3030	1050	636	303	111
泡沫塑料及人造革、合成革制造业	3040	728	620	80	28
塑料包装箱及容器制造业	3050	481	378	65	38
塑料鞋制造业	3060	294	259	28	7
日用塑料杂品制造业	3070	417	349	55	13
塑料零件制造业	3080	392	356	25	11
其他塑料制品业	3090	1464	1295	121	48
非金属矿物制品业	3100	14934	7997	4657	2280
水泥制造业	3110	4554	2149	1374	1031
水泥制品和石棉水泥制品业	3120	1922	973	691	258
水泥制品业	3121	1274	680	430	164
砼结构构件制造业	3123	529	239	213	77

2-8 续表10

单位：个

行业小类	代码	企业单位数	东部	中部	西部
石棉水泥制品业	3124	83	31	41	11
其他水泥制品业	3129	36	23	7	6
砖瓦、石灰和轻质建筑材料制造业	3130	3289	1704	1125	460
砖瓦制造业	3131	1716	664	709	343
石灰制造业	3132	162	84	68	10
建筑用石加工业	3133	702	512	153	37
轻质建筑材料制造业	3134	220	133	59	28
防水密封建筑材料制造业	3135	176	108	53	15
隔热保温材料制造业	3136	170	104	52	14
其他砖瓦、石灰和轻质建筑材料制造业	3139	143	99	31	13
玻璃及玻璃制品业	3140	1183	750	282	151
建筑用玻璃制品业	3141	245	157	57	31
工业技术用玻璃制造业	3142	115	81	26	8
光学玻璃制造业	3143	60	41	12	7
玻璃仪器制造业	3145	22	17	4	1
日用玻璃制品业	3147	520	298	126	96
玻璃保温容器制造业	3148	63	46	15	2
其他玻璃及玻璃制品业	3149	158	110	42	6
陶瓷制品业	3150	1844	1292	387	165
建筑、卫生陶瓷制造业	3151	1009	741	143	125
工业用陶瓷制造业	3153	157	84	62	11
日用陶瓷制造业	3155	614	411	176	27
其他陶瓷制品业	3159	64	56	6	2
耐火材料制品业	3160	807	429	323	55
石棉制品业	3161	97	58	29	10
云母制品业	3163	31	21	4	6
其他耐火材料制品业	3169	679	350	290	39
石墨及碳素制品业	3170	318	131	128	59
冶金用碳素制品业	3171	175	65	75	35
电工用碳素制品业	3172	33	14	13	6
其他石墨及碳素制品业	3179	110	52	40	18
矿物纤维及其制品业	3180	404	251	123	30
玻璃纤维及其制品业	3181	147	93	36	18
玻璃钢制品业	3182	242	153	78	11
其他矿物纤维及其制品业	3189	15	5	9	1
其他类未包括的非金属矿物制品业	3190	613	318	224	71
黑色金属冶炼及压延加工业	3200	3008	1645	868	495

2-8 续表11 单位：个

行业小类	代码	企业单位数	东部	中部	西部
炼铁业	3210	584	195	325	64
炼钢业	3220	280	149	91	40
钢压延加工业	3240	1581	1150	277	154
铁合金冶炼业	3260	563	151	175	237
有色金属冶炼及压延加工业	3300	2606	1524	665	417
重有色金属冶炼业	3310	649	286	188	175
铜冶炼业	3311	197	141	32	24
铅锌冶炼业	3312	259	79	75	105
镍钴冶炼业	3314	16	6	5	5
锡冶炼业	3316	23	11	6	6
锑冶炼业	3317	68	23	31	14
汞冶炼业	3318	2			2
其他重有色金属冶炼业	3319	84	26	39	19
轻有色金属冶炼业	3320	418	160	179	79
铝冶炼业	3321	245	110	86	49
镁冶炼业	3322	106	24	72	10
钛冶炼业	3323	11	5	3	3
其他轻有色金属冶炼业	3329	56	21	18	17
贵金属冶炼业	3330	144	54	41	49
金冶炼业	3331	111	32	33	46
银冶炼业	3332	12	7	4	1
其他贵金属冶炼业	3339	21	15	4	2
稀有稀土金属冶炼业	3340	194	96	71	27
钨钼冶炼业	3341	58	32	23	3
其他稀有稀土金属冶炼业	3349	136	64	48	24
有色金属合金业	3360	87	53	22	12
有色金属压延加工业	3380	1114	875	164	75
重有色金属压延加工业	3381	485	391	72	22
轻有色金属压延加工业	3383	573	447	80	46
贵金属压延加工业	3385	12	9	2	1
稀有稀土金属压延加工业	3387	44	28	10	6
金属制品业	3400	8558	6781	1172	605
金属结构制造业	3410	785	600	108	77
铸铁管制造业	3420	321	201	89	31
工具制造业	3430	1051	862	140	49
切削工具制造业	3431	261	192	46	23
模具制造业	3434	381	333	36	12

2-8 续表12

单位：个

行业小类	代码	企业单位数	东部	中部	西部
手工具制造业	3435	341	279	50	12
其他工具制造业	3439	68	58	8	2
集装箱和金属包装物品制造业	3440	742	575	97	70
集装箱制造业	3441	49	48	1	
金属包装物品及容器制造业	3442	693	527	96	70
金属丝绳及其制品业	3450	828	629	146	53
建筑用金属制品业	3460	1326	965	216	145
建筑小五金制造业	3461	188	157	26	5
水暖管道零件制造业	3463	378	279	77	22
金属门窗制造业	3465	610	401	104	105
其他建筑用金属制品业	3469	150	128	9	13
金属表面处理及热处理业	3470	555	503	35	17
日用金属制品业	3480	2192	1864	224	104
搪瓷制造业	3481	120	90	22	8
铝制品业	3482	430	320	82	28
不锈钢制品业	3483	523	504	16	3
刀剪制造业	3484	128	122	5	1
制锁业	3485	241	216	16	9
炊事用具制造业	3486	164	87	45	32
燃气用具制造业	3487	160	140	7	13
理发用具制造业	3488	41	41		
其他日用金属制品业	3489	385	344	31	10
其他金属制品业	3490	758	582	117	59
铁制小农具制造业	3491	139	74	37	28
焊条制造业	3495	146	108	31	7
其他类未包括的金属制品业	3499	473	400	49	24
普通机械制造业	3500	9452	6797	1886	769
锅炉及原动机制造业	3510	1107	717	265	125
锅炉制造业	3511	411	255	109	47
内燃机制造业	3512	191	117	45	29
汽轮机制造业	3513	31	21	8	2
水轮机制造业	3514	25	16	4	5
内燃机零部件及配件制造业	3515	395	278	88	29
其他锅炉及原动机制造业	3519	54	30	11	13
金属加工机械制造业	3520	1081	750	216	115
金属切削机床制造业	3521	360	235	77	48
锻压设备制造业	3523	189	137	42	10

2-8 续表13

单位：个

行业小类	代码	企业单位数	东部	中部	西部
铸造机械制造业	3525	96	68	22	6
机床附件制造业	3526	98	71	16	11
其他金属加工机械制造业	3529	338	239	59	40
通用设备制造业	3530	2032	1505	370	157
起重运输设备制造业	3531	499	362	100	37
工矿车辆制造业	3532	55	24	21	10
泵制造业	3533	530	374	119	37
风机制造业	3534	168	122	22	24
气体压缩机及气体分离设备制造业	3535	138	102	21	15
冷冻设备制造业	3536	178	151	23	4
风动工具制造业	3537	39	29	5	5
电动工具制造业	3538	176	156	14	6
其他通用设备制造业	3539	249	185	45	19
轴承、阀门制造业	3540	1115	830	208	77
轴承制造业	3541	591	420	124	47
阀门制造业	3542	524	410	84	30
其他通用零部件制造业	3560	1847	1411	317	119
液压件及液力件制造业	3561	271	218	40	13
气动元件制造业	3562	90	78	9	3
密封件制造业	3563	98	76	14	8
粉末冶金制品业	3564	157	115	33	9
紧固件制造业	3565	453	340	77	36
弹簧制造业	3566	121	94	18	9
链条制造业	3567	130	97	31	2
齿轮制造业	3568	160	99	40	21
其他类未包括的通用零部件制造业	3569	367	294	55	18
铸锻件制造业	3570	1802	1254	418	130
铸件制造业	3571	1558	1080	369	109
锻件制造业	3572	244	174	49	21
普通机械修理业	3580	117	68	31	18
其他普通机械制造业	3590	351	262	61	28
专用设备制造业	3600	6535	4297	1623	615
冶金、矿山、机电工业专用设备制造业	3610	725	454	215	56
矿山设备制造业	3611	344	158	149	37
冶金工业专用设备制造业	3613	149	108	30	11
电工专用设备制造业	3615	42	31	10	1
电子工业专用设备制造业	3617	78	65	8	5

2-8 续表14

单位：个

行业小类	代码	企业单位数	东部	中部	西部
其他机电工业专用设备制造业	3619	112	92	18	2
石化及其他工业专用设备制造业	3620	1092	801	202	89
石油工业专用设备制造业	3621	194	111	50	33
化学工业专用设备制造业	3622	214	159	40	15
化学纤维工业专用设备制造业	3623	15	11	3	1
橡胶工业专用设备制造业	3624	59	52	5	2
塑料工业专用设备制造业	3625	172	155	16	1
森林工业专用设备制造业	3626	75	47	22	6
印刷工业专用设备制造业	3627	115	100	10	5
制药工业专用设备制造业	3628	53	39	12	2
建筑材料及其他非金属矿物制品专	3629	195	127	44	24
轻纺工业专用设备制造业	3630	1375	907	355	113
食品、饮料、烟草工业专用设备制	3631	217	145	42	30
粮油工业专用设备制造业	3632	307	128	136	43
饲料工业专用设备制造业	3633	42	22	15	5
包装工业专用设备制造业	3634	99	73	21	5
纺织、服装、皮革工业专用设备制造业	3635	495	404	78	13
照明器具工业专用设备制造业	3636	36	29	5	2
日用硅酸制品工业专用设备制造业	3637	16	13	2	1
制浆、造纸工业专用设备制造业	3638	134	74	50	10
日用化学工业专用设备制造业	3639	29	19	6	4
农、林、牧、渔、水利业机械制造业	3640	1347	705	476	166
拖拉机制造业	3641	136	73	44	19
机械化农机具制造业	3642	480	196	206	78
营林机械制造业	3643	9	7	1	1
畜牧机械制造业	3644	28	17	6	5
渔业机械制造业	3645	21	19	2	
水利机械制造业	3646	56	29	19	8
拖拉机配件制造业	3647	347	220	105	22
其他农、林、牧、渔、水利业机械制造业	3649	270	144	93	33
医疗器械制造业	3650	577	437	105	35
手术器械制造业	3651	48	41	3	4
医疗仪器、设备制造业	3652	189	153	22	14
诊断用品制造业	3653	69	52	11	6
医用材料及医疗用品制造业	3654	238	172	59	7
假肢、矫形器制造业	3655	33	19	10	4
其他专用设备制造业	3670	1153	865	197	91

2-8 续表15 单位：个

行业小类	代码	企业单位数	东部	中部	西部
建筑机械制造业	3671	274	175	64	35
地质专用设备制造业	3672	41	23	10	8
缝纫机制造业	3674	129	112	10	7
商业、饮食业、服务业专用机械制造业	3675	68	46	17	5
邮政机械及器材制造业	3676	23	15	4	4
环境保护机械制造业	3677	191	155	31	5
社会公共安全设备及器材制造业	3678	185	152	22	11
其他类未包括的专用设备制造业	3679	242	187	39	16
专用机械设备修理业	3680	266	128	73	65
工业专用设备修理业	3681	49	31	12	6
农、林、牧、渔、水利机械修理业	3683	108	27	34	47
医疗器械修理业	3685	9	5	3	1
其他专用机械设备修理业	3689	100	65	24	11
交通运输设备制造业	3700	7049	4609	1537	903
铁路运输设备制造业	3710	300	155	105	40
机车制造业	3711	13	6	4	3
客车制造业	3712	9	5	4	
货车制造业	3713	12	5	4	3
机车车辆配件制造业	3714	144	71	57	16
铁路信号设备制造业	3715	22	11	7	4
铁路专用设备制造业	3716	19	9	4	6
铁路专用器材制造业	3717	64	39	18	7
其他铁路运输设备制造业	3719	17	9	7	1
汽车制造业	3720	3125	1954	853	318
载重汽车制造业	3721	79	29	27	23
客车制造业	3722	97	58	27	12
小轿车制造业	3723	20	12	6	2
微型汽车制造业	3724	24	16	7	1
特种车辆及改装汽车制造业	3725	296	180	69	47
汽车车身制造业	3726	79	52	23	4
汽车零部件及配件制造业	3727	2530	1607	694	229
摩托车制造业	3730	1066	756	99	211
摩托车整车制造业	3731	239	171	36	32
摩托车零部件及配件制造业	3732	827	585	63	179
自行车制造业	3740	383	348	27	8
电车制造业	3750	5	4	1	
船舶制造业	3760	288	225	52	11

2-8 续表16

单位：个

行业小类	代码	企业单位数	东部	中部	西部
海洋运输船制造业	3761	65	56	7	2
内河船制造业	3762	109	75	30	4
渔轮制造业	3763	47	45	2	
船舶机械设备制造业	3764	67	49	13	5
航空航天器制造业	3770	149	32	29	88
飞机制造业	3771	105	19	22	64
其他航空航天器制造业	3779	44	13	7	24
交通运输设备修理业	3780	1688	1100	364	224
铁路运输设备修理业	3781	74	33	30	11
汽车修理业	3782	1367	860	304	203
摩托车修理业	3783	9	4	5	
电车修理业	3784	1	1		
船舶修理业	3785	175	166	9	
飞机修理业	3786	26	11	8	7
其他交通运输设备修理业	3789	36	25	8	3
其他交通运输设备制造业	3790	45	35	7	3
航标器材制造业	3791	2	2		
潜水装备制造业	3792	3	2	1	
公路标志制造业	3793	40	31	6	3
电气机械及器材制造业	4000	7951	6298	1138	515
电机制造业	4010	809	614	147	48
发电机制造业	4011	149	102	32	15
电动机制造业	4012	407	294	86	27
微电机制造业	4013	253	218	29	6
输配电及控制设备制造业	4020	2234	1734	319	181
变压器制造业	4021	488	326	105	57
整流器制造业	4022	56	47	7	2
电容器制造业	4023	114	96	14	4
开关控制设备制造业	4024	767	596	105	66
电器设备元件制造业	4027	371	314	29	28
其他输配电及控制设备制造业	4029	438	355	59	24
电工器材制造业	4040	2524	1876	470	178
电线电缆制造业	4041	1715	1255	337	123
绝缘制品业	4043	182	141	28	13
蓄电池制造业	4045	234	169	53	12
原电池制造业	4046	160	120	24	16
其他电工器材制造业	4049	233	191	28	14

2-8 续表17 单位：个

行业小类	代码	企业单位数	东部	中部	西部
日用电器制造业	4060	1095	985	72	38
洗衣机制造业	4061	76	66	6	4
吸尘器制造业	4062	34	32	2	
电冰箱制造业	4063	98	72	16	10
电风扇制造业	4064	152	142	6	4
空调器制造业	4065	195	173	18	4
排油烟机制造业	4066	34	32	2	
其他日用电器制造业	4069	506	468	22	16
照明器具制造业	4070	987	861	88	38
电光源制造业	4071	310	258	36	16
灯头、灯座制造业	4072	75	64	8	3
灯具制造业	4073	390	355	25	10
灯用电器附件制造业	4074	113	93	14	6
其他照明器具制造业	4079	99	91	5	3
电气机械修理业	4080	60	43	10	7
其他电气机械制造业	4090	242	185	32	25
电焊机制造业	4091	82	60	13	9
工业用电炉制造业	4092	45	33	8	4
其他类未包括的电气机械制造业	4099	115	92	11	12
电子及通信设备制造业	4100	4602	3991	379	232
通信设备制造业	4110	812	655	92	65
传输设备制造业	4111	150	106	22	22
交换设备制造业	4112	167	140	19	8
通信终端设备制造业	4113	127	102	15	10
其他通信设备制造业	4119	368	307	36	25
雷达制造业	4120	48	17	11	20
雷达整机制造业	4121	26	12	5	9
雷达专用配套设备及部件制造业	4122	22	5	6	11
广播电视设备制造业	4130	97	71	15	11
电子计算机制造业	4140	427	388	24	15
电子计算机整机制造业	4141	147	121	15	11
电子计算机外部设备制造业	4143	280	267	9	4
电子器件制造业	4150	532	466	40	26
电真空器件制造业	4151	102	82	11	9
半导体器件制造业	4153	244	205	25	14
集成电路制造业	4155	186	179	4	3
电子元件制造业	4160	1651	1461	124	66

2-8 续表18

单位：个

行业小类	代码	企业单位数	东部	中部	西部
日用电子器具制造业	4170	533	482	35	16
电视机、录像机、摄像机制造业	4171	189	151	26	12
收音机、录音机制造业	4172	294	283	7	4
电子计算器制造业	4173	50	48	2	
电子设备及通信设备修理业	4180	21	18	2	1
通信设备修理业	4181	3	1	1	1
广播电视设备修理业	4182	3	3		
其他电子设备修理业	4189	15	14	1	
其他电子设备制造业	4190	481	433	36	12
仪器仪表及文化、办公用机械制造	4200	1887	1499	247	141
通用仪器仪表制造业	4210	843	647	113	83
工业自动化仪表制造业	4211	286	221	43	22
电工仪器、仪表制造业	4212	170	124	25	21
光学仪器制造业	4213	141	92	19	30
计时仪器制造业	4214	34	33		1
分析仪器制造业	4215	31	25	5	1
试验机制造业	4216	32	24	3	5
实验室仪器及装置制造业	4217	28	21	7	
通用仪器仪表元件、器件制造业	4218	55	49	5	1
其他通用仪器仪表制造业	4219	66	58	6	2
专用仪器仪表制造业	4220	237	175	39	23
环境保护仪器仪表制造业	4221	32	25	4	3
汽车仪器仪表制造业	4222	32	25	5	2
导航、制导仪器制造业	4223	22	14	4	4
农、林、牧、渔仪器、仪表制造业	4224	2	2		
地质勘探、钻采、地震专用仪器制造业	4225	24	16	5	3
气象、海洋、水文、天文测量仪器制造业	4226	10	8	1	1
教学仪器制造业	4227	59	41	11	7
核子及核辐射测量仪器制造业	4228	3	2		1
专用仪器仪表元件、器件制造业	4229	53	42	9	2
电子测量仪器制造业	4230	84	65	12	7
计量器具制造业	4240	170	121	38	11
传递标准用计量仪器制造业	4241	15	11	3	1
量具量仪制造业	4242	60	47	10	3
衡器制造业	4243	95	63	25	7
文化、办公用机械制造业	4250	180	166	11	3
电影机械制造业	4251	9	7	2	

2-8 续表19 单位：个

行业小类	代码	企业单位数	东部	中部	西部
幻灯机及投影仪制造业	4252	8	7	1	
照相机及器材制造业	4254	84	81	1	2
复印机制造业	4256	32	30	2	
打字机及油印机制造业	4257	12	12		
其他文化、办公用机械制造业	4259	35	29	5	1
钟表制造业	4260	270	243	20	7
仪器仪表及文化、办公用机械修理	4280	15	11	2	2
其他仪器仪表制造业	4290	88	71	12	5
其他制造业	4300	3881	3124	550	207
工艺美术品制造业	4310	2647	2140	390	117
雕塑工艺品制造业	4311	398	350	39	9
金属工艺品制造业	4312	113	97	8	8
漆器工艺品制造业	4313	33	25	3	5
花画工艺品制造业	4314	128	121	7	
竹、藤、棕、草工艺品制造业	4315	285	259	25	1
抽纱刺绣工艺品制造业	4316	313	280	31	2
地毯制造业	4317	359	233	59	67
首饰制造业	4318	228	189	25	14
其他工艺美术品制造业	4319	790	586	193	11
日用杂品制造业	4350	476	393	52	31
制镜业	4351	23	12	7	4
眼镜制造业	4353	169	161	3	5
制伞业	4355	143	133	9	1
鬃毛加工及制刷业	4357	141	87	33	21
其他生产、生活用品制造业	4390	758	591	108	59
生产用其他产品制造业	4391	250	210	24	16
生活用其他产品制造业	4392	508	381	84	43
电力、煤气及水的生产和供应业	DDDD	7790	3378	2479	1933
电力、蒸汽、热水的生产和供应业	4400	5050	2261	1587	1202
电力生产业	4410	2959	1377	810	772
火力发电业	4411	1094	619	328	147
水力发电业	4412	1822	733	475	614
核力发电业	4413	4	4		
其他电业	4419	39	21	7	11
电力供应业	4420	1777	735	668	374
蒸汽、热水生产和供应业	4430	314	149	109	56
煤气生产和供应业	4500	309	155	82	72

2-8 续表20

单位：个

行业小类	代码	企业单位数	东部	中部	西部
煤气生产业	4510	54	33	17	4
煤气供应业	4520	255	122	65	68
自来水的生产和供应业	4600	2431	962	810	659
自来水生产业	4610	1393	546	501	346
自来水供应业	4620	1038	416	309	313
建筑业	EEEE	52603	28758	13456	10389
土木工程建筑业	4700	41512	21087	11669	8756
房屋建筑业	4710	35222	17222	10287	7713
矿山建筑业	4720	205	92	71	42
铁路、公路、遂道、桥梁建筑业	4730	2574	1516	593	465
堤坝、电站、码头建筑业	4740	712	410	173	129
其他土木工程建筑业	4790	2799	1847	545	407
线路、管道和设备安装	4800	5023	3221	1082	720
线路、管道安装业	4810	2541	1525	595	421
设备安装业	4820	2482	1696	487	299
装修装饰业	4900	6068	4450	705	913
批发和零售贸易、餐饮业	HHHH	29566	18356	7128	4082
食品、饮料、烟草和家庭日用品批发业	6100	7716	4749	1832	1135
食品、饮料、烟草批发业	6110	4210	2287	1188	735
粮食、食用油批发业	6111	1067	686	287	94
糕点、糖果和饮料批发业	6112	414	251	87	76
肉、禽、蛋及其制品批发业	6113	326	213	73	40
水产品批发业	6114	77	74	3	
蔬菜、果品批发业	6115	102	82	13	7
茶叶批发业	6116	28	17	5	6
烟草及其制品批发业	6117	1837	755	637	445
盐及调味品批发业	6118	103	56	31	16
其他食品、饮料、烟草批发业	6119	256	153	52	51
棉、麻、土畜产品批发业	6120	511	252	159	100
棉、麻批发业	6121	389	173	137	79
畜产品批发业	6122	122	79	22	21
纺织品、服装和鞋帽批发业	6130	746	623	78	45
纺织品批发业	6131	475	381	54	40
服装批发业	6132	225	198	22	5
鞋帽批发业	6133	46	44	2	
日用百货批发业	6140	493	353	74	66
百货批发业	6141	324	225	52	47

2-8 续表21 单位：个

行业小类	代码	企业单位数	东部	中部	西部
文化用品、钟表眼镜批发业	6142	130	103	16	11
其他日用百货批发业	6149	39	25	6	8
日用杂品批发业	6150	119	81	22	16
五金、交电、化工批发业	6160	700	517	114	69
药品及医疗器械批发业	6170	937	636	197	104
西药批发业	6171	682	458	142	82
中草药及制品批发业	6172	195	127	49	19
医疗器械批发业	6173	60	51	6	3
能源、材料和机械电子设备批发业	6200	5410	3656	1098	656
能源批发业	6210	1822	1057	537	228
石油及制品批发业	6211	1493	848	437	208
煤炭及制品批发业	6212	317	200	97	20
其他能源批发业	6219	12	9	3	
化工材料批发业	6220	548	417	77	54
木材批发业	6230	50	40	7	3
建筑材料批发业	6240	271	208	29	34
矿产品批发业	6250	80	54	16	10
金属材料批发业	6260	1091	757	189	145
黑色金属材料批发业	6261	923	637	166	120
有色金属材料批发业	6262	168	120	23	25
机械、电子设备批发业	6270	829	632	106	91
汽车、摩托车及零配件批发业	6280	543	371	104	68
汽车批发业	6281	347	221	78	48
摩托车批发业	6282	60	48	7	5
汽车、摩托车零配件批发业	6289	136	102	19	15
再生物资回收批发业	6290	176	120	33	23
其他批发业	6300	2167	1284	576	307
工艺美术品批发业	6310	78	61	11	6
图书报刊批发业	6320	162	103	38	21
农业生产资料批发业	6330	1491	761	485	245
其他类未包括的批发业	6390	436	359	42	35
零售业	6400	10449	5864	3028	1557
食品、饮料和烟草零售业	6410	1678	921	414	343
粮油食品零售业	6411	578	222	148	208
副食品零售业	6412	698	402	198	98
其他食品、饮料和烟草零售业	6419	402	297	68	37
日用百货零售业	6420	4138	2214	1299	625

2-8 续表22

单位：个

行业小类	代码	企业单位数	东部	中部	西部
采掘业	BBBB	7176	2585	3087	1504
制造业	CCCC	151689	102765	33560	15364
电力、煤气及水的生产和供应业	DDDD	7790	3378	2479	1933
建筑业	EEEE	52603	28758	13456	10389
批发和零售贸易、餐饮业	HHHH	29566	18356	7128	4082
百货零售业	6421	3318	1783	1021	514
文化体育用品零售业	6422	90	69	14	7
钟表、眼镜及照相器材零售业	6423	55	40	8	7
其他日用百货零售业	6429	675	322	256	97
纺织品、服装和鞋帽零售业	6430	406	237	138	31
日用杂品零售业	6440	152	76	51	25
五金、交电、化工零售业	6450	988	628	261	99
药品及医疗器械零售业	6470	634	330	201	103
图书报刊零售业	6480	882	442	315	125
其他零售业	6490	1571	1016	349	206
家具零售业	6491	62	46	11	5
煤炭零售业	6492	79	34	30	15
石油制品零售业	6493	607	361	135	111
汽车、摩托车及其零配件零售业	6494	426	286	96	44
计算机及软件、办公设备零售业	6495	191	155	32	4
信托业	6496	5	4	1	
首饰业	6497	51	32	11	8
其他类未包括的零售业	6499	150	98	33	19
餐饮业	6700	3824	2803	594	427
正餐	6710	3530	2602	552	376
快餐	6720	185	136	29	20
其他饮食业	6790	109	65	13	31
小吃	6791	59	39	4	16
冷饮	6793	9	3	3	3
茶馆	6795	7	3		4
其他类未包括的餐饮业	6799	34	20	6	8

2-9 限额以上企业按行业大类、直辖市和省会城市以及计划单列市分组的单位数

（2000年）　　　　　　　　　　单位：个

地　区	代码	总计	煤炭采选业	石油和天然气开采业	黑色金属矿采选业
总　　计	0000	84801	372	18	38
北　　京	1100	8991	14		4
天　　津	1200	6561	2	4	
石 家 庄	1301	11017	1	1	
太　　原	1401	1813	8		12
呼和浩特	1501	648	29		1
沈　　阳	2101	511			2
长　　春	2201	2346	6	2	1
哈 尔 滨	2301	870	10	1	
上　　海	3100	1756	6		
南　　京	3201	2630		1	2
杭　　州	3301	3902	1		1
合　　肥	3401	718			
福　　州	3501	2090			
南　　昌	3601	817	2		
济　　南	3701	1821	45	1	4
郑　　州	4101	2399	158		
武　　汉	4201	1737			1
长　　沙	4301	1097	18		
广　　州	4401	6558		1	
南　　宁	4501	781	5		1
海　　口	4601	634			
重　　庆	5001	2528	15		1
成　　都	5101	2536	8	2	
贵　　阳	5201	955	6		
昆　　明	5301	1510	4		1
拉　　萨	5401	319			5
西　　安	6101	1219		1	1
兰　　州	6201	1296	26	1	
西　　宁	6301	443	1		
银　　川	6401	547	2		
乌鲁木齐	6501	742	5	1	
大　　连	2102	2055			
宁　　波	3302	3761			
厦　　门	3502	1685			
青　　岛	3702	2258			1
深　　圳	4403	3250		2	

2-9 续表 1

单位：个

地区	代码	有色金属矿采选业	非金属矿采选业	木材及竹材采运业	食品加工业
总计	0000	59	431	20	2214
北京	1100	5	26		206
天津	1200	1	15		192
石家庄	1301		1		153
太原	1401	2	14		122
呼和浩特	1501		2		22
沈阳	2101	5	2		9
长春	2201	2	7		53
哈尔滨	2301	1	6		45
上海	3100	1	11	17	82
南京	3201	4	31		62
杭州	3301	5	20		51
合肥	3401		1		19
福州	3501	1	16		97
南昌	3601		1		79
济南	3701		8		48
郑州	4101	4	10		64
武汉	4201		5		47
长沙	4301	2	6	1	25
广州	4401	1	106	1	94
南宁	4501	1	4		47
海口	4601	1	1		12
重庆	5001		9		45
成都	5101	2	4		76
贵阳	5201	1	9		37
昆明	5301	2	19		38
拉萨	5401	5	8		8
西安	6101	3	2	1	42
兰州	6201	3	33		34
西宁	6301		1		12
银川	6401		2		15
乌鲁木齐	6501		3		12
大连	2102		7		103
宁波	3302		5		66
厦门	3502		1		40
青岛	3702	7	29		125
深圳	4403		6		32

2-9 续表 2 单位：个

地区	代码	食品制造业	饮料制造业	烟草加工业	纺织业
总计	0000	1556	839	62	2902
北京	1100	186	77	1	146
天津	1200	170	72	1	305
石家庄	1301	207	52	4	625
太原	1401	69	25	1	96
呼和浩特	1501	17	6	2	10
沈阳	2101	12	9	1	14
长春	2201	39	20	1	38
哈尔滨	2301	15	20	1	9
上海	3100	52	31	1	45
南京	3201	28	16	1	60
杭州	3301	60	41	1	369
合肥	3401	6	5	1	18
福州	3501	28	35	2	80
南昌	3601	23	19	1	38
济南	3701	20	13	2	61
郑州	4101	30	16	6	37
武汉	4201	22	20	2	36
长沙	4301	21	9	1	23
广州	4401	120	53	2	223
南宁	4501	25	7	2	7
海口	4601	13	11		8
重庆	5001	29	21	3	51
成都	5101	48	84	2	26
贵阳	5201	21	13	3	11
昆明	5301	25	24	5	12
拉萨	5401	7	9		4
西安	6101	30	13	1	36
兰州	6201	31	14	4	22
西宁	6301	5	3		3
银川	6401	14	8		8
乌鲁木齐	6501	15	7	1	17
大连	2102	38	11		30
宁波	3302	38	18	2	224
厦门	3502	14	15	3	20
青岛	3702	45	23	3	132
深圳	4403	33	19	1	57

2-9 续表 3

单位：个

地区	代码	服装及其他纤维制品制造业	皮革、毛皮、羽绒及其制品业	木材加工及竹、藤、棕、草制品业	家具制造业
总计	0000	3134	1071	684	678
北京	1100	229	37	33	90
天津	1200	313	88	63	65
石家庄	1301	687	143	125	116
太原	1401	27	22	26	16
呼和浩特	1501	2	1		3
沈阳	2101	8	2	1	2
长春	2201	22	15	16	17
哈尔滨	2301	13	5	13	5
上海	3100	7	6	24	11
南京	3201	101	43	24	24
杭州	3301	171	108	30	18
合肥	3401	7	3	6	5
福州	3501	46	34	14	16
南昌	3601	28	4	7	2
济南	3701	25	15	7	7
郑州	4101	17	9	17	8
武汉	4201	39	6	5	8
长沙	4301	23	18	5	5
广州	4401	550	250	59	90
南宁	4501	5	4	8	3
海口	4601	3		3	6
重庆	5001	12	19	9	8
成都	5101	12	19	15	16
贵阳	5201	5	4	5	3
昆明	5301	11	2	18	8
拉萨	5401	11	1	3	2
西安	6101	8	5	3	14
兰州	6201	25	5	12	14
西宁	6301	6	1		
银川	6401	3	3	2	5
乌鲁木齐	6501	8		3	6
大连	2102	85	16	54	10
宁波	3302	288	20	34	13
厦门	3502	70	28	12	7
青岛	3702	95	64	19	10
深圳	4403	172	71	9	45

2-9 续表 4

单位：个

地区	代码	造纸及纸制品业	印刷业、记录媒介的复制	文教体育用品制造业	石油加工及炼及炼焦业
总计	0000	1552	1659	923	275
北京	1100	84	321	53	33
天津	1200	149	120	68	17
石家庄	1301	185	232	250	35
太原	1401	49	18	1	14
呼和浩特	1501	5	11	1	20
沈阳	2101	3	7		1
长春	2201	21	38	1	8
哈尔滨	2301	5	13	1	5
上海	3100	24	20	6	4
南京	3201	44	27	36	22
杭州	3301	139	59	29	3
合肥	3401	6	21	5	1
福州	3501	49	29	19	
南昌	3601	11	28	5	1
济南	3701	42	24	8	12
郑州	4101	128	42	2	7
武汉	4201	23	23	2	4
长沙	4301	26	18	6	2
广州	4401	139	143	132	13
南宁	4501	15	16		2
海口	4601	8	20	1	
重庆	5001	17	34	8	4
成都	5101	37	42	2	3
贵阳	5201	14	30	2	1
昆明	5301	14	40	2	3
拉萨	5401		10	2	
西安	6101	40	32	2	5
兰州	6201	28	27	11	21
西宁	6301	3	4	1	2
银川	6401	10	11		3
乌鲁木齐	6501	3	35		4
大连	2102	18	22	6	7
宁波	3302	53	19	74	6
厦门	3502	39	42	28	3
青岛	3702	56	23	48	5
深圳	4403	65	58	111	4

2-9 续表 5

单位：个

地 区	代码	化学原料及化学制品制造业	医药制造业	化学纤维制造业	橡胶制品业
总 计	0000	3689	1274	265	679
北 京	1100	302	114	15	30
天 津	1200	489	95	25	107
石家庄	1301	620	142	52	115
太 原	1401	168	41	7	15
呼和浩特	1501	17	12	5	1
沈 阳	2101	10	8	2	2
长 春	2201	62	49	2	22
哈尔滨	2301	25	41		7
上 海	3100	38	22	1	7
南 京	3201	188	33	6	15
杭 州	3301	175	43	23	18
合 肥	3401	29	12	1	4
福 州	3501	47	22	7	8
南 昌	3601	47	28	3	7
济 南	3701	93	33	8	7
郑 州	4101	99	33	5	9
武 汉	4201	51	44	1	10
长 沙	4301	51	17	1	10
广 州	4401	281	69	16	76
南 宁	4501	27	25	2	2
海 口	4601	15	24	5	8
重 庆	5001	86	35	2	20
成 都	5101	90	70	5	8
贵 阳	5201	65	51	1	10
昆 明	5301	72	36	2	8
拉 萨	5401	5	10		
西 安	6101	43	48	2	7
兰 州	6201	108	9	1	11
西 宁	6301	11	2		2
银 川	6401	23	6	1	4
乌鲁木齐	6501	18	10	2	3
大 连	2102	58	13	6	9
宁 波	3302	82	15	30	29
厦 门	3502	33	12	6	18
青 岛	3702	81	20	15	48
深 圳	4403	80	30	5	22

2-9 续表 6

单位：个

地 区	代码	塑料制品业	非金属矿物制品业	黑色金属冶炼及压延加工业	有色金属冶炼及压延加工业
总 计	0000	2511	3599	816	731
北 京	1100	181	315	23	44
天 津	1200	216	210	133	83
石 家 庄	1301	453	321	101	120
太 原	1401	42	194	26	17
呼和浩特	1501	10	30	14	15
沈 阳	2101	5	20	4	5
长 春	2201	32	71	22	28
哈 尔 滨	2301	16	47	9	7
上 海	3100	22	56	8	5
南 京	3201	81	144	32	37
杭 州	3301	122	126	31	15
合 肥	3401	17	31	5	2
福 州	3501	104	99	19	6
南 昌	3601	17	33	8	8
济 南	3701	32	77	13	8
郑 州	4101	36	371	31	41
武 汉	4201	23	75	18	14
长 沙	4301	15	64	4	14
广 州	4401	244	310	53	41
南 宁	4501	10	26	1	5
海 口	4601	14	14		3
重 庆	5001	31	117	23	18
成 都	5101	33	101	32	24
贵 阳	5201	16	83	22	13
昆 明	5301	32	57	17	19
拉 萨	5401	2	16	1	1
西 安	6101	14	63	14	8
兰 州	6201	45	154	40	15
西 宁	6301	1	18	10	5
银 川	6401	7	18	6	3
乌鲁木齐	6501	13	30	12	6
大 连	2102	46	74	22	6
宁 波	3302	231	60	39	68
厦 门	3502	61	35	3	10
青 岛	3702	64	62	15	9
深 圳	4403	223	77	5	8

2-9 续表 7

单位：个

地区	代码	金属制品业	普通机械制造业	专用设备制造业	交通运输设备制造业
总计	0000	3760	3641	2296	3333
北京	1100	327	252	261	334
天津	1200	524	325	233	398
石家庄	1301	802	716	413	422
太原	1401	56	81	61	29
呼和浩特	1501	22	34	24	14
沈阳	2101	6	14	8	8
长春	2201	59	121	73	110
哈尔滨	2301	27	40	18	105
上海	3100	42	45	41	32
南京	3201	118	147	85	112
杭州	3301	156	222	107	118
合肥	3401	25	23	27	27
福州	3501	57	52	29	51
南昌	3601	18	43	28	36
济南	3701	72	101	52	70
郑州	4101	54	88	111	54
武汉	4201	48	70	56	79
长沙	4301	19	46	33	39
广州	4401	342	179	115	242
南宁	4501	14	11	16	25
海口	4601	13	2	6	19
重庆	5001	58	93	23	252
成都	5101	63	71	47	106
贵阳	5201	20	30	19	42
昆明	5301	26	36	45	37
拉萨	5401	2		4	23
西安	6101	50	55	64	50
兰州	6201	82	90	38	29
西宁	6301	14	11	9	13
银川	6401	10	17	9	13
乌鲁木齐	6501	17	14	10	24
大连	2102	63	144	45	88
宁波	3302	251	311	94	168
厦门	3502	54	31	11	33
青岛	3702	88	94	48	52
深圳	4403	161	32	33	79

2-9 续表 8 单位：个

地　区	代码	电气机械及器材制造业	电子及通信设备制造业	仪器仪表及文化、办公用机械制造业	其他制造业
总　计	0000	3398	2516	1134	1264
北　京	1100	256	303	133	84
天　津	1200	310	255	141	156
石家庄	1301	667	362	194	210
太　原	1401	32	17	5	16
呼和浩特	1501	8	11	5	3
沈　阳	2101	7	4		3
长　春	2201	122	42	17	15
哈尔滨	2301	22	10	11	1
上　海	3100	47	16	17	9
南　京	3201	104	101	39	24
杭　州	3301	194	110	57	43
合　肥	3401	30	12	4	1
福　州	3501	66	59	27	67
南　昌	3601	40	12	7	7
济　南	3701	54	25	9	12
郑　州	4101	65	17	10	7
武　汉	4201	43	48	34	6
长　沙	4301	33	15	13	55
广　州	4401	294	247	68	151
南　宁	4501	13	6	2	2
海　口	4601	10	17	2	7
重　庆	5001	59	22	33	10
成　都	5101	96	51	15	7
贵　阳	5201	22	13	12	3
昆　明	5301	25	6	14	3
拉　萨	5401				11
西　安	6101	67	37	27	9
兰　州	6201	26	5	10	16
西　宁	6301	2	2	2	6
银　川	6401	8	2	6	1
乌鲁木齐	6501	12	1	2	2
大　连	2102	63	36	19	18
宁　波	3302	280	122	72	60
厦　门	3502	45	82	14	81
青　岛	3702	79	34	20	63
深　圳	4403	197	414	93	95

2-9 续表 9　　　　单位：个

地　区	代码	电力、蒸汽、热水的生产和供应业	煤气生产和供应业	自来水的生产和供应业	土木工程建筑业
总　　计	0000	664	97	310	11203
北　　京	1100	32	3	9	872
天　　津	1200	59	14	12	282
石 家 庄	1301	14	5	22	916
太　　原	1401	22	1	9	195
呼和浩特	1501	10		2	123
沈　　阳	2101	9	1	6	193
长　　春	2201	19	1	9	388
哈 尔 滨	2301	15	4	6	80
上　　海	3100	21	3	15	416
南　　京	3201	10	3	7	372
杭　　州	3301	32	3	15	398
合　　肥	3401	5	1	4	190
福　　州	3501	30	4	11	288
南　　昌	3601	6	1	6	108
济　　南	3701	20	2	7	332
郑　　州	4101	25	1	8	221
武　　汉	4201	15	2	15	414
长　　沙	4301	10	2	7	252
广　　州	4401	65	10	25	477
南　　宁	4501	4		6	209
海　　口	4601	4	4	2	157
重　　庆	5001	13	4	8	821
成　　都	5101	34	5	16	718
贵　　阳	5201	17	3	9	166
昆　　明	5301	21	2	12	335
拉　　萨	5401	13		1	47
西　　安	6101	8	1	7	158
兰　　州	6201	7	3	3	113
西　　宁	6301	6		4	149
银　　川	6401	6	1	1	155
乌鲁木齐	6501	12	1	2	182
大　　连	2102	17	2	7	413
宁　　波	3302	30	4	9	326
厦　　门	3502	9	1	2	170
青　　岛	3702	17	2	8	327
深　　圳	4403	27	3	18	240

2-9 续表10 单位：个

地　区	代码	线路、管道和设备安装	装修装饰业	食品、饮料、烟草和家庭日用品批发业	能源、材料和机械电子设备批发业
总　计	0000	2203	3469	3125	3022
北　京	1100	269	555	469	472
天　津	1200	110	64	125	168
石家庄	1301	158	407	238	162
太　原	1401	20	13	63	53
呼和浩特	1501	28	16	22	24
沈　阳	2101	23	12	17	23
长　春	2201	149	136	104	133
哈尔滨	2301	23	6	43	38
上　海	3100	106	110	64	53
南　京	3201	78	118	81	53
杭　州	3301	79	190	149	155
合　肥	3401	28	17	42	35
福　州	3501	58	127	81	67
南　昌	3601	7		29	30
济　南	3701	94	140	54	52
郑　州	4101	48	60	72	75
武　汉	4201	43	81	83	82
长　沙	4301	10	8	59	32
广　州	4401	73	138	259	259
南　宁	4501	34	51	25	21
海　口	4601	32	46	40	29
重　庆	5001	91	94	85	43
成　都	5101	87	213	66	51
贵　阳	5201	27	40	23	32
昆　明	5301	42	97	89	112
拉　萨	5401			8	5
西　安	6101	21	21	53	66
兰　州	6201	35	22	27	28
西　宁	6301	19	36	22	17
银　川	6401	43	70	12	12
乌鲁木齐	6501	67	59	27	38
大　连	2102	82	73	75	93
宁　波	3302	80	144	129	114
厦　门	3502	50	113	146	202
青　岛	3702	37	75	72	69
深　圳	4403	52	117	172	124

2-9 续表11 单位：个

地区	代码	其他批发业	零售业	餐饮业
总计	0000	807	4342	2120
北京	1100	116	1275	392
天津	1200	44	262	76
石家庄	1301	46	357	165
太原	1401	23	59	23
呼和浩特	1501	2	45	19
沈阳	2101	7	22	13
长春	2201	23	120	109
哈尔滨	2301	12	58	31
上海	3100	20	130	57
南京	3201	17	77	22
杭州	3301	34	154	27
合肥	3401	12	23	5
福州	3501	31	123	84
南昌	3601	7	17	14
济南	3701	17	49	46
郑州	4101	28	227	48
武汉	4201	16	77	46
长沙	4301	15	38	26
广州	4401	71	179	297
南宁	4501	15	46	31
海口	4601	14	28	32
重庆	5001	9	97	83
成都	5101	10	50	67
贵阳	5201	6	25	19
昆明	5301	25	91	19
拉萨	5401	6	55	33
西安	6101	10	41	31
兰州	6201	6	47	14
西宁	6301	4	24	12
银川	6401	3	17	6
乌鲁木齐	6501	8	35	15
大连	2102	19	99	58
宁波	3302	21	105	27
厦门	3502	46	52	43
青岛	3702	27	90	57
深圳	4403	37	148	73

2-10 限额以上企业按行业大类分组的实收资本构成比例

（2000年）

单位：%

行业大类	代码	国家资本	集体资本	法人资本	个人资本	港澳台资本	外商资本
总计	0000	46.53	10.35	18.31	7.18	7.83	9.79
采掘业	BBBB	88.24	3.32	5.51	1.60	0.95	0.38
煤炭采选业	0600	87.76	4.65	4.55	2.03	0.11	0.91
石油和天然气开采业	0700	93.85	0.13	4.57	0.05	1.40	
黑色金属矿采选业	0800	79.26	9.05	6.34	5.09	0.25	0.02
有色金属矿采选业	0900	61.49	15.80	15.44	6.26	0.70	0.32
非金属矿采选业	1000	61.72	12.05	13.78	7.88	3.10	1.48
木材及竹材采运业	1200	98.81	0.20	0.76	0.22	0.02	
制造业	CCCC	37.49	10.42	17.95	8.44	11.19	14.50
食品加工业	1300	38.58	12.53	13.65	11.83	9.94	13.47
食品制造业	1400	23.57	10.44	13.94	6.73	17.09	28.22
饮料制造业	1500	34.32	7.35	15.16	8.05	15.00	20.12
烟草加工业	1600	96.33	0.93	1.93	0.06	0.30	0.45
纺织业	1700	29.33	18.08	16.11	11.35	15.76	9.36
服装及其他纤维制品制造业	1800	8.32	19.97	15.28	12.56	27.08	16.79
皮革、毛皮、羽绒及其制品业	1900	8.71	15.50	12.92	15.78	32.53	14.56
木材加工及竹、藤、棕、草制品业	2000	26.65	13.02	18.39	10.69	16.68	14.56
家具制造业	2100	11.34	17.56	17.37	16.27	21.74	15.71
造纸及纸制品业	2200	27.02	13.42	11.69	8.27	11.61	27.98
印刷业、记录媒介的复制	2300	40.34	10.76	15.33	6.22	19.36	7.98
文教体育用品制造业	2400	8.04	10.70	11.04	7.00	48.43	14.79
石油加工及炼焦业	2500	60.34	3.60	28.08	2.83	2.14	3.01
化学原料及化学制品制造业	2600	46.44	7.46	19.92	7.82	4.96	13.40
医药制造业	2700	33.63	7.81	25.40	13.42	6.20	13.54
化学纤维制造业	2800	33.50	8.92	19.00	9.56	19.58	9.45
橡胶制品业	2900	31.15	9.50	11.25	9.14	15.24	23.73

2-10 续表 1

单位：%

行业大类	代码	国家资本	集体资本	法人资本	个人资本	港澳台资本	外商资本
塑料制品业	3000	12.36	17.37	16.37	10.27	27.30	16.34
非金属矿物制品业	3100	31.31	17.98	18.18	10.54	9.77	12.21
黑色金属冶炼及压延加工业	3200	74.92	5.17	11.48	3.30	3.17	1.97
有色金属冶炼及压延加工业	3300	49.42	9.50	22.14	6.43	7.68	4.83
金属制品业	3400	16.17	18.69	15.04	10.96	20.80	18.34
普通机械制造业	3500	36.06	10.65	19.99	10.35	4.79	18.16
专用设备制造业	3600	43.06	11.05	21.17	10.50	4.73	9.49
交通运输设备制造业	3700	44.27	5.82	23.84	5.78	4.92	15.38
电气机械及器材制造业	4000	19.69	14.32	20.70	12.39	12.25	20.65
电子及通信设备制造业	4100	22.58	3.28	19.77	6.21	17.22	30.94
仪器仪表及文化、办公用机械制造	4200	33.99	6.29	15.27	8.04	12.70	23.71
其他制造业	4300	6.68	19.81	15.05	12.07	28.70	17.69
电力、煤气及水的生产和供应业	DDDD	63.05	1.64	25.86	2.16	3.71	3.58
电力、蒸汽、热水的生产和供应业	4400	58.50	1.64	29.32	2.37	4.19	3.98
煤气生产和供应业	4500	93.21	0.20	2.22	1.23	1.07	2.07
自来水的生产和供应业	4600	89.63	2.30	6.04	0.69	0.63	0.70
建筑业	EEEE	36.94	31.42	18.63	11.56	0.99	0.45
土木工程建筑业	4700	38.38	31.47	18.06	11.40	0.39	0.30
线路、管道和设备安装	4800	36.19	38.26	17.51	7.06	0.79	0.19
装修装饰业	4900	17.58	16.24	29.42	23.40	10.13	3.22
批发和零售贸易、餐饮业	HHHH	55.07	11.15	19.25	7.82	3.19	3.52
食品、饮料、烟草和家庭日用品批发业	6100	68.88	9.74	15.16	5.19	0.43	0.60
能源、材料和机械电子设备批发业	6200	67.19	4.36	20.74	4.70	1.01	2.00
其他批发业	6300	50.49	26.46	16.71	5.30	0.23	0.81
零售业	6400	38.65	13.76	23.20	13.71	4.24	6.44
餐饮业	6700	30.03	15.39	18.69	10.20	15.69	9.99

2-11 限额以上企业按地区分组的实收资本构成比例

（2000年） 单位：%

地区	代码	国家资本	集体资本	法人资本	个人资本	港澳台资本	外商资本
全国	00	46.53	10.35	18.31	7.18	7.83	9.79
北京	11	47.66	5.48	29.18	3.22	2.98	11.47
天津	12	55.42	9.83	7.37	1.97	5.04	20.37
河北	13	60.07	12.38	10.98	8.16	3.05	5.36
山西	14	79.55	7.54	5.10	5.00	1.40	1.42
内蒙古	15	69.58	3.40	18.75	6.22	0.86	1.19
辽宁	21	55.12	7.59	18.83	5.34	3.16	9.95
吉林	22	66.25	6.91	13.38	5.54	1.93	5.99
黑龙江	23	76.24	5.23	11.28	4.53	1.26	1.46
上海	31	29.46	6.46	31.70	3.25	8.03	21.10
江苏	32	25.32	15.89	18.91	11.73	8.08	20.07
浙江	33	24.99	16.75	19.84	24.27	6.22	7.92
安徽	34	54.95	10.46	17.19	5.92	4.59	6.88
福建	35	24.38	6.50	17.22	9.34	28.04	14.53
江西	36	72.28	8.39	8.56	4.33	2.60	3.85
山东	37	42.51	16.82	19.49	8.13	3.51	9.53
河南	41	57.47	18.45	12.07	6.77	2.64	2.60
湖北	42	60.27	12.20	15.93	3.66	3.07	4.87
湖南	43	62.33	10.75	11.47	7.85	1.81	5.80
广东	44	23.51	10.85	19.37	5.27	29.42	11.59
广西	45	66.11	8.31	11.21	4.53	2.17	7.66
海南	46	61.86	6.68	16.88	4.88	4.97	4.74
重庆	50	45.11	10.28	24.03	11.81	2.75	6.02
四川	51	54.67	7.34	22.72	10.93	1.80	2.55
贵州	52	73.21	5.25	15.38	3.53	1.70	0.93
云南	53	70.18	9.85	10.81	5.63	1.27	2.26
西藏	54	75.28	6.79	11.45	6.27	0.04	0.18
陕西	61	71.99	5.52	13.51	5.38	2.21	1.39
甘肃	62	76.72	9.34	9.54	3.16	0.66	0.58
青海	63	83.64	5.82	6.87	2.93	0.71	0.03
宁夏	64	57.90	4.50	23.49	10.05	0.28	3.77
新疆	65	66.32	8.10	20.06	4.49	0.20	0.83

2-12 限额以上企业按地区、

（2000年）

地区	代码	企业单位数	内资企业	国有企业	集体企业
全国	00	252653	224261	83347	79666
北京	11	9783	8568	4533	2366
天津	12	6618	5455	2193	2290
河北	13	10286	9611	3697	3700
山西	14	5811	5731	3434	1452
内蒙古	15	2777	2679	1171	466
辽宁	21	10676	9593	3638	3652
吉林	22	3916	3678	2164	800
黑龙江	23	5611	5432	2766	1327
上海	31	11940	8386	2321	2815
江苏	32	24140	20972	4005	8577
浙江	33	19320	17352	2736	4882
安徽	34	6015	5771	1741	2184
福建	35	8750	6170	2156	2017
江西	36	5198	5049	3280	1299
山东	37	18302	16525	4280	7696
河南	41	14397	13940	4171	6461
湖北	42	13625	13325	6628	5031
湖南	43	7510	7310	3286	2924
广东	44	27102	19072	6706	7306
广西	45	5173	4955	2747	1533
海南	46	1338	1231	961	158
重庆	50	3886	3755	1030	1429
四川	51	8498	8233	2544	2832
贵州	52	3036	2974	1836	742
云南	53	6044	5882	2603	2255
西藏	54	870	861	475	269
陕西	61	3867	3746	1957	1005
甘肃	62	3155	3118	1392	1136
青海	63	928	913	609	145
宁夏	64	1273	1218	592	262
新疆	65	2808	2756	1695	655

登记注册类型分组的单位数

单位：个

股份合作企业	国有联营企业	集体联营企业	国有与集体联营	国有独资公司	其他企业	港、澳、台商投资企业	外商投资企业
13633	693	926	1147	1777	59217	18069	12884
299	35	34	72	53	1569	501	769
291	24	14	70	78	872	430	849
306	21	34	6	86	2423	320	385
109	7	12	2	32	807	54	34
110	6	2	3	30	1133	47	53
378	10	16	21	70	2147	376	851
87	7	5	5	48	804	91	170
147	5	7	6	60	1365	77	95
736	68	125	488	163	1879	1597	1928
3608	38	148	109	101	7257	1616	1709
3011	25	62	63	72	9395	1221	962
419	12	19	14	76	1663	130	135
387	97	45	44	27	2083	2191	673
164	9	6	6	43	434	84	66
783	37	67	26	86	4960	704	1239
493	20	54	23	78	2659	259	189
155	18	25	13	41	1374	199	122
308	5	17	4	38	1184	124	89
459	167	147	76	222	6240	7362	1941
96	7	10	3	63	698	112	112
12	6	4	3	2	180	96	44
224	4	10	10	31	1289	72	80
370	13	17	34	63	3141	145	143
74	10	13	4	40	403	38	31
152	10	6	10	24	899	70	57
12	5		5	2	96		9
121	17	11	9	31	741	74	67
206	1	8	6	39	528	28	12
31	1	1		7	165	11	2
16	2	4	4	11	384	14	45
69	6	3	8	60	445	26	23

2-13 限额以上企业按行业中类、

（2000年）

行业中类	代码	企业单位数	内资企业	国有企业	集体企业
总计	0000	248824	217871	70716	69762
采掘业	BBBB	7176	7064	3229	2441
煤炭采选业	0600	2646	2635	1287	950
煤炭开采业	0610	2458	2457	1256	868
煤炭洗选业	0620	188	178	31	82
石油和天然气开采业	0700	84	82	44	4
天然原油开采业	0710	69	67	39	3
天然气开采业	0720	15	15	5	1
黑色金属矿采选业	0800	622	614	158	263
铁矿采选业	0810	530	522	115	229
其他黑色金属矿采选业	0820	92	92	43	34
有色金属矿采选业	0900	1460	1446	612	511
重有色金属矿采选业	0910	546	539	178	183
轻有色金属矿采选业	0930	63	60	29	18
非金属矿采选业	1000	1814	1738	614	701
土砂石开采业	1010	1029	992	265	497
化学矿采选业	1020	164	159	99	24
采盐业	1030	205	205	127	35
其他非金属矿采选业	1090	416	382	123	145
木材及竹材采运业	1200	529	529	504	7
木材采运业	1210	517	517	496	6
竹材采运业	1220	12	12	8	1
制造业	CCCC	151689	123308	36824	35175
食品加工业	1300	11092	9930	4811	1802
粮食及饲料加工业	1310	5666	5316	2870	773

登记注册类型分组的单位数

单位：个

股份合作企业	国有联营企业	集体联营企业	国有与集体联营	国有独资公司	其他企业	港、澳、台商投资企业	外商投资企业
13633	693	926	1147	1777	59217	18069	12884
203	20	36	13	64	1058	69	43
67	2	13	2	33	281	10	1
55	2	12	2	33	229	1	
12		1			52	9	1
3	2			2	27	2	
3	1			2	19	2	
	1				8		
19	3	5	2	9	155	7	1
16	2	5	2	9	144	7	1
3	1				11		
46	7	4	4	8	254	8	6
30		1	1	2	144	4	3
					13	2	1
64	5	13	4	11	326	41	35
31	1	8	2	3	185	22	15
4			1	2	29	2	3
7	2	1		6	27		
22	2	4	1		85	17	17
4	1		1	1	11		
4	1		1	1	8		
					3		
10488	365	679	921	1057	37799	16500	11881
585	27	41	26	59	2579	499	663
277	11	26	10	30	1319	167	183
113	4	1	5	12	330	41	55

2-13 续表 1

行业中类	代码	企业单位数	内资企业	国有企业	集体企业
制糖业	1330	439	426	252	30
屠宰及肉类蛋类加工业	1340	1833	1697	812	333
水产品加工业	1350	922	664	146	251
盐加工业	1360	46	46	32	6
其他食品加工业	1390	794	485	92	185
食品制造业	1400	4861	3989	1927	726
糕点、糖果制造业	1410	1595	1231	687	191
乳制品制造业	1420	377	334	139	50
罐头食品制造业	1430	501	391	159	72
发酵制品业	1440	261	231	79	60
调味品制造业	1450	813	723	446	80
其他食品制造业	1490	1314	1079	417	273
饮料制造业	1500	3546	3110	1425	490
酒精及饮料酒制造业	1510	2237	2076	962	270
软饮料制造业	1520	827	608	258	120
制茶业	1550	352	334	170	77
其他饮料制造业	1590	130	92	35	23
烟草加工业	1600	349	344	273	37
烟叶复烤业	1610	113	111	94	7
卷烟制造业	1620	203	200	162	22
其他烟草加工业	1690	33	33	17	8
纺织业	1700	11152	9049	1970	2880
纤维原料初步加工业	1710	1018	966	156	625
棉纺织业	1720	4703	3968	971	1162
毛纺织业	1740	1126	845	203	199
麻纺织业	1760	231	211	78	57

单位：个

股份合作企业	国有联营企业	集体联营企业	国有与集体联营	国有独资公司	其他企业	港、澳、台商投资企业	外商投资企业
14		1	1	9	119	2	11
80	7	5	5	6	449	69	67
79	5	5	1	2	175	107	151
1					7		
21		3	4		180	113	196
193	11	19	19	36	1058	430	442
43	1	4	2	7	296	206	158
18	2	1	3	8	113	10	33
19	3	3	2	3	130	55	55
14	2	1	3	4	68	13	17
45	2	5	1	5	139	34	56
54	1	5	8	9	312	112	123
127	14	6	10	52	986	195	241
84	12	3	7	46	692	74	87
32	1		2	4	191	97	122
6		1	1	2	77	7	11
5	1	2			26	17	21
3	3		4	5	19	3	2
1	1			1	7	2	
2	2		1	4	7	1	2
			3		5		
806	16	35	76	106	3160	1436	667
38		3	3	2	139	35	17
366	11	16	45	66	1331	518	217
104	1	3	11	10	314	187	94
13		1	2	6	54	12	8

2-13 续表 2

行业中类	代码	企业单位数	内资企业	国有企业	集体企业
丝绢纺织业	1770	1639	1489	255	387
针织品业	1780	1995	1295	263	368
其他纺织业	1790	440	275	44	82
服装及其他纤维制品制造业	1800	7188	4065	511	1486
服装制造业	1810	6236	3511	445	1268
制帽业	1820	151	88	11	38
制鞋业	1830	454	271	28	94
其他纤维制品制造业	1890	347	195	27	86
皮革、毛皮、羽绒及其制品业	1900	3244	1948	308	663
制革业	1910	542	424	69	142
皮革制品制造业	1920	2162	1118	151	360
毛皮鞣制及制品业	1930	209	158	38	85
羽毛（绒）及制品业	1950	331	248	50	76
木材加工及竹、藤、棕、草制品业	2000	2647	2100	594	584
锯材、木片加工业	2010	379	338	150	103
人造板制造业	2020	1176	985	219	212
木制品业	2030	851	596	192	194
竹、藤、棕、草制品业	2040	241	181	33	75
家具制造业	2100	1609	1174	276	346
木制家具制造业	2110	1154	852	222	244
竹、藤家具制造业	2120	30	27	5	8
金属家具制造业	2130	268	195	39	67
塑料家具制造业	2140	10	5		2
其他家具制造业	2190	147	95	10	25
造纸及纸制品业	2200	4779	4100	860	1692
纸浆制造业	2210	71	60	19	25

单位：个

股份合作企业	国有联营企业	集体联营企业	国有与集体联营	国有独资公司	其他企业	港、澳、台商投资企业	外商投资企业
131	1	4	5	10	696	106	44
121	1	7	8	11	516	464	236
33	2	1	2	1	110	114	51
305	4	26	38		1695	1899	1224
254	4	26	34		1480	1633	1092
7					32	37	26
21			3		125	136	47
23			1		58	93	59
188		10	11	8	760	823	473
52		2	2	1	156	78	40
111		8	8	7	473	676	368
11					24	23	28
14			1		107	46	37
97	8	7	5	5	800	321	226
12		3	1	1	68	22	19
52	7	2	3	3	487	128	63
26	1	2	1	1	179	132	123
7					66	39	21
62		9	5	3	473	271	164
47		5	5	3	326	186	116
1		2			11	2	1
6					83	46	27
					3	3	2
8		2			50	34	18
293	10	25	20	27	1173	461	218
1		1	2	1	11	9	2

2-13 续表 3

行业中类	代码	企业单位数	内资企业	国有企业	集体企业
造纸业	2220	2534	2313	524	935
纸制品业	2230	2174	1727	317	732
印刷业、记录媒介的复制	2300	3803	3341	2030	537
印刷业	2310	3746	3305	2008	532
记录媒介的复制	2320	57	36	22	5
文教体育用品制造业	2400	1944	1034	227	307
文化用品制造业	2410	561	406	141	96
体育用品制造业	2420	305	130	25	35
乐器及其他文娱用品制造业	2430	115	63	21	17
玩具制造业	2440	892	383	30	138
游艺器材制造业	2450	17	12	3	3
其他类未包括的文教体育用品制造业	2490	54	40	7	18
石油加工及炼焦业	2500	989	897	239	303
人造原油生产业	2510	12	12		6
原油加工业	2520	324	294	89	106
石油制品业	2530	348	294	65	110
炼焦业	2570	305	297	85	81
化学原料及化学制品制造业	2600	11539	10044	2932	2847
基本化学原料制造业	2610	2050	1868	518	569
化学肥料制造业	2620	1925	1870	850	362
化学农药制造业	2630	612	565	155	130
有机化学产品制造业	2650	2753	2306	444	772
合成材料制造业	2660	753	570	112	170
专用化学产品制造业	2670	2254	1921	569	590
日用化学产品制造业	2680	1192	944	284	254
医药制造业	2700	3303	2772	1054	441

单位：个

股份合作企业	国有联营企业	集体联营企业	国有与集体联营	国有独资公司	其他企业	港、澳、台商投资企业	外商投资企业
139	4	11	8	23	669	134	87
153	6	13	10	3	493	318	129
201	7	10	10	16	530	332	130
201	7	10	10	16	521	313	128
					9	19	2
95	3	4	17	3	378	610	300
35	3		10	2	119	100	55
10		1	2		57	121	54
9				1	15	24	28
37		3	5		170	352	157
1					5	4	1
3					12	9	5
54	4	8	6	8	275	38	54
					6		
19		1	5	5	69	13	17
20	3	4		1	91	20	34
15	1	3	1	2	109	5	3
1008	50	58	80	138	2931	746	749
159	8	17	15	38	544	75	107
105	8	8	7	39	491	27	28
76	3	5	5	6	185	24	23
308	13	13	21	19	716	241	206
82	4	2	4	7	189	95	88
209	13	7	17	16	500	170	163
69	1	6	11	13	306	114	134
178	19	17	32	41	990	254	277

2-13 续表 4

行业中类	代码	企业单位数	内资企业	国有企业	集体企业
化学药品原药制造业	2710	687	599	178	122
化学药品制剂制造业	2720	930	749	310	92
中药材及中成药加工业	2730	1177	1003	398	153
动物药品制造业	2740	238	222	97	50
生物制品业	2750	271	199	71	24
化学纤维制造业	2800	859	642	146	174
纤维素纤维制造业	2810	144	102	32	22
合成纤维制造业	2820	579	442	94	109
渔具及渔具材料制造业	2850	136	98	20	43
橡胶制品业	2900	1818	1486	276	454
轮胎制造业	2910	205	169	31	41
力车胎制造业	2920	80	68	10	27
橡胶板、管、带制造业	2930	364	331	66	111
橡胶零件制品业	2940	268	213	42	71
再生橡胶制造业	2950	83	79	9	35
橡胶靴鞋制造业	2960	392	313	51	59
日用橡胶制品业	2970	118	78	19	26
橡胶制品翻修业	2980	42	38	19	9
其他橡胶制品业	2990	266	197	29	75
塑料制品业	3000	6384	4467	771	1570
塑料薄膜制造业	3010	730	556	126	205
塑料板、管、棒材制造业	3020	828	619	106	206
塑料丝、绳及编织品制造业	3030	1050	915	192	363
泡沫塑料及人造革、合成革制造业	3040	728	484	78	176
塑料包装箱及容器制造业	3050	481	328	61	117
塑料鞋制造业	3060	294	168	12	59

单位：个

股份合作企业	国有联营企业	集体联营企业	国有与集体联营	国有独资公司	其他企业	港、澳、台商投资企业	外商投资企业
61		2	7	16	213	42	46
43	8	7	9	12	268	81	100
47	9	4	9	10	373	92	82
15	1	2	2		55	10	6
12	1	2	5	3	81	29	43
62	1	7	3	14	235	139	78
5				4	39	24	18
48	1	4	2	10	174	98	39
9		3	1		22	17	21
219	2	9	17	19	490	205	127
12	1	2	2	10	70	15	21
7		1			23	9	3
34	1	1	4	8	106	14	19
22			1		77	29	26
3			1		31	2	2
105		3	7	1	87	59	20
7			1		25	31	9
2					8	2	2
27		2	1		63	44	25
527	16	39	24	13	1507	1313	604
48	1	4	5	4	163	100	74
59	2	2	4	4	236	127	82
137	1	11	4	1	206	85	50
48	1	5	3		173	174	70
31	3	3	3	2	108	102	51
30		1			66	103	23

2-13 续表 5

行业中类	代码	企业单位数	内资企业	国有企业	集体企业
日用塑料杂品制造业	3070	417	264	38	84
塑料零件制造业	3080	392	258	25	77
其他塑料制品业	3090	1464	875	133	283
非金属矿物制品业	3100	14934	13508	3815	4678
水泥制造业	3110	4554	4398	1120	1468
水泥制品和石棉水泥制品业	3120	1922	1762	737	536
砖瓦、石灰和轻质建筑材料制造业	3130	3289	3027	972	1169
玻璃及玻璃制品业	3140	1183	955	215	282
陶瓷制品业	3150	1844	1438	332	462
耐火材料制品业	3160	807	770	149	331
石墨及碳素制品业	3170	318	291	68	116
矿物纤维及其制品业	3180	404	338	81	120
其他类未包括的非金属矿物制品业	3190	613	529	141	194
黑色金属冶炼及压延加工业	3200	3008	2822	523	1007
炼铁业	3210	584	564	129	201
炼钢业	3220	280	266	61	75
钢压延加工业	3240	1581	1460	176	560
铁合金冶炼业	3260	563	532	157	171
有色金属冶炼及压延加工业	3300	2606	2318	427	800
重有色金属冶炼业	3310	649	600	120	221
轻有色金属冶炼业	3320	418	376	80	121
贵金属冶炼业	3330	144	141	63	40
稀有稀土金属冶炼业	3340	194	163	43	47
有色金属合金业	3360	87	74	12	30
有色金属压延加工业	3380	1114	964	109	341
金属制品业	3400	8558	6902	1215	2536

单位：个

股份合作企业	国有联营企业	集体联营企业	国有与集体联营	国有独资公司	其他企业	港、澳、台商投资企业	外商投资企业
34		1		2	105	121	32
37	4	4	2		109	76	58
103	4	8	3		341	425	164
911	32	89	67	64	3852	823	603
307	13	26	17	24	1423	98	58
94	13	12	21	5	344	85	75
203	2	22	2	6	651	141	121
74		8	13	10	353	134	94
94		4	1	7	538	285	121
63	1	8	4	5	209	10	27
17	1	2	2	2	83	8	19
24	2	2	3	2	104	25	41
35		5	4	3	147	37	47
223	9	24	26	59	951	108	78
28		5	2	3	196	13	7
8		3		23	96	10	4
154	4	11	17	28	510	68	53
33	5	5	7	5	149	17	14
195	4	11	20	24	837	156	132
44	1		2	8	204	23	26
19	2	2	2	4	146	26	16
7		1	1	1	28		3
12		1			60	11	20
5		1		2	24	5	8
108	1	6	15	9	375	91	59
715	15	40	81	18	2282	982	674

2-13 续表 6

行业中类	代码	企业单位数	内资企业	国有企业	集体企业
金属结构制造业	3410	785	665	124	262
铸铁管制造业	3420	321	281	64	110
工具制造业	3430	1051	826	219	249
集装箱和金属包装物品制造业	3440	742	563	104	219
金属丝绳及其制品业	3450	828	711	114	297
建筑用金属制品业	3460	1326	1129	208	408
金属表面处理及热处理业	3470	555	452	60	188
日用金属制品业	3480	2192	1684	224	558
其他金属制品业	3490	758	591	98	245
普通机械制造业	3500	9452	8417	2333	2368
锅炉及原动机制造业	3510	1107	1030	321	251
金属加工机械制造业	3520	1081	966	419	211
通用设备制造业	3530	2032	1757	527	442
轴承、阀门制造业	3540	1115	981	216	237
其他通用零部件制造业	3560	1847	1609	406	463
铸锻件制造业	3570	1802	1660	236	667
普通机械修理业	3580	117	113	82	24
其他普通机械制造业	3590	351	301	126	73
专用设备制造业	3600	6535	5866	2273	1339
冶金、矿山、机电工业专用设备制造业	3610	725	654	262	147
石化及其他工业专用设备制造业	3620	1092	949	309	224
轻纺工业专用设备制造业	3630	1375	1221	461	271
农、林、牧、渔、水利业机械制造业	3640	1347	1329	581	325
医疗器械制造业	3650	577	460	164	103
其他专用设备制造业	3670	1153	995	320	221
专用机械设备修理业	3680	266	258	176	48

单位：个

股份合作企业	国有联营企业	集体联营企业	国有与集体联营	国有独资公司	其他企业	港、澳、台商投资企业	外商投资企业
61	6	6	15	2	189	57	63
25	1	3		1	77	21	19
83	1	5	11	5	253	134	91
66		6	6		162	102	77
83	1	4	10	4	198	59	58
107	1	4	6	2	393	117	80
58			7	1	138	70	33
177	4	9	16	2	694	327	181
55	1	3	10	1	178	95	72
962	22	39	100	70	2523	431	604
102	3	7	13	18	315	20	57
74	3	5	14	12	228	57	58
225	4	2	15	21	521	105	170
171	5	3	8	7	334	47	87
209	3	8	19	4	497	108	130
160	3	13	29	6	546	65	77
					7	3	1
21	1	1	2	2	75	26	24
562	16	17	42	68	1549	315	354
64	2	1	1	16	161	30	41
106	1	4	7	6	292	72	71
126	3	3	7	10	340	87	67
115	5		7	14	282	7	11
59	1	2	7	3	121	39	78
89	4	7	13	14	327	78	80
3				5	26	2	6

2-13 续表 7

行业中类	代码	企业单位数	内资企业	国有企业	集体企业
交通运输设备制造业	3700	7049	6159	2428	1468
铁路运输设备制造业	3710	300	284	137	79
汽车制造业	3720	3125	2655	795	736
摩托车制造业	3730	1066	923	87	243
自行车制造业	3740	383	274	54	92
电车制造业	3750	5	4	3	
船舶制造业	3760	288	269	125	52
航空航天器制造业	3770	149	147	128	2
交通运输设备修理业	3780	1688	1563	1087	250
其他交通运输设备制造业	3790	45	40	12	14
电气机械及器材制造业	4000	7951	6246	1258	2002
电机制造业	4010	809	667	204	145
输配电及控制设备制造业	4020	2234	1814	411	587
电工器材制造业	4040	2524	2079	308	785
日用电器制造业	4060	1095	779	105	243
照明器具制造业	4070	987	647	128	182
电气机械修理业	4080	60	58	40	12
其他电气机械制造业	4090	242	202	62	48
电子及通信设备制造业	4100	4602	2434	804	402
通信设备制造业	4110	812	503	174	66
雷达制造业	4120	48	47	32	2
广播电视设备制造业	4130	97	77	30	11
电子计算机制造业	4140	427	175	49	15
电子器件制造业	4150	532	262	117	33
电子元件制造业	4160	1651	841	236	191
日用电子器具制造业	4170	533	259	84	49

单位：个

股份合作企业	国有联营企业	集体联营企业	国有与集体联营	国有独资公司	其他企业	港、澳、台商投资企业	外商投资企业
505	15	46	67	74	1556	430	460
19	1		3	1	44	5	11
251	9	29	41	37	757	170	300
122	1	8	8	7	447	73	70
29	2		4	3	90	83	26
					1	1	
25			2	7	58	7	12
1				12	4		2
57	2	9	8	7	143	86	39
1			1		12	5	
768	17	45	62	44	2050	962	743
83	4	3	8	8	212	65	77
271	5	8	20	12	500	201	219
266	3	23	14	7	673	265	180
72		4	9	7	339	174	142
54	2	6	8	8	259	235	105
1	1				4	1	1
21	2	1	3	2	63	21	19
172	26	15	27	49	939	1270	898
33	6	7	3	9	205	146	163
				3	10	1	
2	2			1	31	13	7
9	1		2	7	92	156	96
12	2	3	4	9	82	165	105
93	12		10	12	287	469	341
9	3	4	6	5	99	192	82

2-13 续表 8

行业中类	代码	企业单位数	内资企业	国有企业	集体企业
电子设备及通信设备修理业	4180	21	16	11	1
其他电子设备制造业	4190	481	254	71	34
仪器仪表及文化、办公用机械制造	4200	1887	1377	573	298
通用仪器仪表制造业	4210	843	669	261	148
专用仪器仪表制造业	4220	237	195	96	39
电子测量仪器制造业	4230	84	69	36	12
计量器具制造业	4240	170	134	41	34
文化、办公用机械制造业	4250	180	92	43	12
钟表制造业	4260	270	137	66	33
仪器仪表及文化、办公用机械修理	4280	15	12	9	3
其他仪器仪表制造业	4290	88	69	21	17
其他制造业	4300	3881	2647	442	936
工艺美术品制造业	4310	2647	1842	246	712
日用杂品制造业	4350	476	250	32	64
其他生产、生活用品制造业	4390	758	555	164	160
电力、煤气及水的生产和供应业	DDDD	7790	7470	6250	426
电力、蒸汽、热水的生产和供应业	4400	5050	4776	3838	265
电力生产业	4410	2959	2695	1981	179
电力供应业	4420	1777	1771	1606	72
蒸汽、热水生产和供应业	4430	314	310	251	14
煤气生产和供应业	4500	309	275	228	12
煤气生产业	4510	54	46	36	2
煤气供应业	4520	255	229	192	10
自来水的生产和供应业	4600	2431	2419	2184	149
自来水生产业	4610	1393	1386	1244	84
自来水供应业	4620	1038	1033	940	65

单位：个

股份合作企业	国有联营企业	集体联营企业	国有与集体联营	国有独资公司	其他企业	港、澳、台商投资企业	外商投资企业
		1			3	3	2
14			2	3	130	125	102
121	4	6	6	19	350	255	255
72	2	1	3	13	169	59	115
16	1	4		1	38	20	22
2					19	4	11
11			1	2	45	18	18
12	1		2	2	20	40	48
4					34	106	27
						1	2
4		1		1	25	7	12
351	10	17	20	4	867	793	441
246	6	10	9	1	612	512	293
38	1	3		2	110	151	75
67	3	4	11	1	145	130	73
73	27	10	9	109	566	182	138
59	24	8	8	72	502	157	117
52	17	8	7	46	405	151	113
4	5		1	13	70	5	1
3	2			13	27	1	3
3	1	1	1	10	19	19	15
1	1			3	3	6	2
2		1	1	7	16	13	13
11	2	1		27	45	6	6
10	1	1		21	25	2	5
1	1			6	20	4	1

2-13 续表 9

行业中类	代码	企业单位数	内资企业	国有企业	集体企业
建筑业	EEEE	52603	51471	9544	25960
土木工程建筑业	4700	41512	41238	7560	22602
房屋建筑业	4710	35222	35039	5009	20637
矿山建筑业	4720	205	205	116	56
铁路、公路、遂道、桥梁建筑业	4730	2574	2544	1168	674
堤坝、电站、码头建筑业	4740	712	710	421	162
其他土木工程建筑业	4790	2799	2740	846	1073
线路、管道和设备安装	4800	5023	4908	1297	1991
线路、管道安装业	4810	2541	2509	699	1046
设备安装业	4820	2482	2399	598	945
装修装饰业	4900	6068	5325	687	1367
批发和零售贸易、餐饮业	HHHH	29566	28558	14869	5760
食品、饮料、烟草和家庭日用品批发业	6100	7716	7675	5335	817
食品、饮料、烟草批发业	6110	4210	4195	3532	191
棉、麻、土畜产品批发业	6120	511	511	171	289
纺织品、服装和鞋帽批发业	6130	746	742	444	26
日用百货批发业	6140	493	483	198	104
日用杂品批发业	6150	119	118	41	57
五金、交电、化工批发业	6160	700	695	313	113
药品及医疗器械批发业	6170	937	931	636	37
能源、材料和机械电子设备批发业	6200	5410	5330	3017	583
能源批发业	6210	1822	1790	1173	138
化工材料批发业	6220	548	542	281	59
木材批发业	6230	50	50	35	5
建筑材料批发业	6240	271	270	138	34
矿产品批发业	6250	80	80	58	3

单位：个

股份合作企业	国有联营企业	集体联营企业	国有与集体联营	国有独资公司	其他企业	港、澳、台商投资企业	外商投资企业
1901	88	152	97	210	13519	743	389
1428	56	116	62	165	9249	155	119
1212	39	96	42	97	7907	109	74
2				4	27		
97	5	8	5	46	541	13	17
19		1	4	8	95	2	
98	12	11	11	10	679	31	28
229	11	13	17	29	1321	73	42
108	5	8	9	8	626	21	11
121	6	5	8	21	695	52	31
244	21	23	18	16	2949	515	228
968	193	49	107	337	6275	575	433
141	51	7	24	137	1163	20	21
45	21	3	5	74	324	6	9
5			3	7	36		
18	14	2	9	27	202	4	
18	5	1		12	145	3	7
5					15	1	
30	1	1	4	9	224	3	2
20	10		3	8	217	3	3
161	70	12	25	84	1378	38	42
35	22	6	9	30	377	18	14
24	9		2	6	161	5	1
1				2	7		
16	3		2	3	74	1	
1	1			2	15		

2-13 续表10

行业中类	代码	企业单位数	内资企业	国有企业	集体企业
金属材料批发业	6260	1091	1088	593	129
机械、电子设备批发业	6270	829	808	450	67
汽车、摩托车及零配件批发业	6280	543	526	242	59
再生物资回收批发业	6290	176	176	47	89
其他批发业	6300	2167	2155	821	978
工艺美术品批发业	6310	78	78	52	4
图书报刊批发业	6320	162	162	145	7
农业生产资料批发业	6330	1491	1491	384	926
其他类未包括的批发业	6390	436	424	240	41
零售业	6400	10449	10259	4740	2670
食品、饮料和烟草零售业	6410	1678	1654	1043	252
日用百货零售业	6420	4138	4022	1313	1529
纺织品、服装和鞋帽零售业	6430	406	391	150	107
日用杂品零售业	6440	152	152	17	114
五金、交电、化工零售业	6450	988	985	364	232
药品及医疗器械零售业	6470	634	633	446	34
图书报刊零售业	6480	882	881	840	12
其他零售业	6490	1571	1541	567	390
餐饮业	6700	3824	3139	956	712
正餐	6710	3530	2953	892	667
快餐	6720	185	87	20	15
其他饮食业	6790	109	99	44	30

单位：个

股份合作企业	国有联营企业	集体联营企业	国有与集体联营	国有独资公司	其他企业	港、澳、台商投资企业	外商投资企业
43	11	4	4	16	288	1	2
16	10	1	5	17	242	8	13
21	14	1	2	7	180	5	12
4			1	1	34		
51	2	5	5	20	273	2	10
			3	1	18		
2				1	7		
37	1	3		6	134		
12	1	2	2	12	114	2	10
420	51	16	44	86	2232	99	91
65	8	2	4	13	267	13	11
176	17	5	8	26	948	52	64
10	1			1	122	13	2
7	1			1	12		
54	5	5	3	8	314	1	2
21			2	10	120	1	
2				13	14		1
85	19	4	27	14	435	19	11
195	19	9	9	10	1229	416	269
184	18	9	9	9	1165	377	200
6	1			1	44	31	67
5					20	8	2

2-14 限额以上企业按登记注册类型、

（2000年）

登记注册类型	代码	企业单位数	7人及以下	8-19人
总计	000	248824	6580	14042
国有	110	70716	2125	5367
集体	120	69762	2229	3432
股份合作企业	130	13633	347	535
国有联营企业	141	693	20	79
集体联营企业	142	926	17	43
国有与集体联营企业	143	1147	61	35
其他联营企业	149	645	25	42
国有独资公司	151	1777	17	74
其他有限责任公司	159	19985	250	1088
股份有限公司	160	8617	119	272
私营独资企业	171	11968	425	690
私营合伙企业	172	2429	23	126
私营有限责任公司	173	13465	273	1173
私营股份有限公司	174	1613	74	92
其他内资企业	190	495	12	49
港澳台商投资	200	18069	276	490
与港澳台商合资经营企业	210	9214	190	266
与港澳台商合作经营企业	220	2286	33	60
港澳台商独资经营企业	230	6362	53	160
港澳台商投资股份有限公司	240	207		4
外商投资企业	300	12884	287	455
中外合资经营企业	310	7674	196	246
中外合作经营企业	320	1160	18	43
外资企业	330	3920	73	163
外商投资股份有限公司	340	130		3

从业人员规模分组的单位数

单位：个

20-49人	50-99人	100-299人	300-499人	500-999人	1000-4999人	5000-9999人	10000人以上
38010	49286	81337	25564	19841	12937	808	419
11925	12345	19639	6939	6459	5267	418	232
9919	13874	24752	7472	5327	2646	81	30
2040	3227	5167	1306	706	293	9	3
137	143	212	52	35	14	1	
155	224	323	96	49	18		1
135	250	412	122	95	36	1	
123	143	188	61	38	24		1
121	177	313	191	242	456	102	84
2682	3695	6624	2393	1948	1231	56	18
776	1171	2492	1165	1280	1234	70	38
2784	3427	3626	656	282	77		1
513	751	795	136	64	21		
2508	3119	4507	1025	613	241	6	
280	360	548	139	83	35	2	
96	98	146	47	26	21		
2176	3657	6902	2242	1550	737	33	6
1235	1949	3557	1046	655	303	12	1
276	465	869	285	210	86	2	
644	1208	2408	890	658	323	14	4
21	35	68	21	27	25	5	1
1640	2625	4691	1522	1044	586	29	5
973	1581	2854	924	583	304	10	3
152	253	428	136	91	38	1	
503	767	1373	448	354	220	17	2
12	24	36	14	16	24	1	

2-15 限额以上企业按行业中类、

（2000年）

行业中类	代码	企业单位数	50万元及以下	50-100万元
总计	0000	248824	25536	8745
采掘业	BBBB	7176	903	276
煤炭采选业	0600	2646	349	93
煤炭开采业	0610	2458	334	89
煤炭洗选业	0620	188	15	4
石油和天然气开采业	0700	84	4	2
天然原油开采业	0710	69	3	2
天然气开采业	0720	15	1	
黑色金属矿采选业	0800	622	49	9
铁矿采选业	0810	530	33	5
其他黑色金属矿采选业	0820	92	16	4
有色金属矿采选业	0900	1460	178	46
重有色金属矿采选业	0910	546	44	10
轻有色金属矿采选业	0930	63	14	2
非金属矿采选业	1000	1814	216	70
土砂石开采业	1010	1029	146	35
化学矿采选业	1020	164	15	12
采盐业	1030	205	27	8
其他非金属矿采选业	1090	416	28	15
木材及竹材采运业	1200	529	103	54
木材采运业	1210	517	100	53
竹材采运业	1220	12	3	1
制造业	CCCC	151689	14479	3862
食品加工业	1300	11092	1565	412
粮食及饲料加工业	1310	5666	1005	269
植物油加工业	1320	1392	168	35
制糖业	1330	439	34	1
屠宰及肉类蛋类加工业	1340	1833	235	72
水产品加工业	1350	922	51	15
盐加工业	1360	46	5	2
其他食品加工业	1390	794	67	18
食品制造业	1400	4861	940	268
糕点、糖果制造业	1410	1595	394	95

营业收入规模分组的单位数

单位：个

100-500 万 元	500-1000 万 元	1000-5000 万 元	5000万元 -1亿元	1亿元以上
41881	54088	83836	17325	17413
1327	1832	2188	337	313
572	714	696	97	125
559	651	619	87	119
13	63	77	10	6
9	9	16	3	41
8	7	11	2	36
1	2	5	1	5
74	185	250	28	27
57	166	218	26	25
17	19	32	2	2
193	354	541	88	60
65	154	225	27	21
12	7	24	1	3
296	521	597	81	33
153	326	325	35	9
27	42	53	7	8
32	42	65	19	12
84	111	154	20	4
182	44	82	37	27
177	43	82	35	27
5	1		2	
18320	39208	56006	10296	9518
1852	2432	3475	754	602
1109	1216	1548	300	219
188	274	482	113	132
26	37	204	81	56
325	388	585	129	99
83	284	342	78	69
10	10	15	3	1
111	223	299	50	26
726	1053	1381	262	231
214	323	402	81	86

2-15 续表 1

行业中类	代码	企业单位数	50万元及以下	50-100万元
乳制品制造业	1420	377	20	10
罐头食品制造业	1430	501	65	19
发酵制品业	1440	261	33	6
调味品制造业	1450	813	225	78
其他食品制造业	1490	1314	203	60
饮料制造业	1500	3546	580	132
酒精及饮料酒制造业	1510	2237	320	84
软饮料制造业	1520	827	164	30
制茶业	1550	352	73	15
其他饮料制造业	1590	130	23	3
烟草加工业	1600	349	25	2
烟叶复烤业	1610	113	12	
卷烟制造业	1620	203	7	2
其他烟草加工业	1690	33	6	
纺织业	1700	11152	734	127
纤维原料初步加工业	1710	1018	33	8
棉纺织业	1720	4703	339	55
毛纺织业	1740	1126	80	20
麻纺织业	1760	231	25	3
丝绢纺织业	1770	1639	86	14
针织品业	1780	1995	145	23
其他纺织业	1790	440	26	4
服装及其他纤维制品制造业	1800	7188	466	91
服装制造业	1810	6236	398	82
制帽业	1820	151	10	1
制鞋业	1830	454	36	5
其他纤维制品制造业	1890	347	22	3
皮革、毛皮、羽绒及其制品业	1900	3244	246	33
制革业	1910	542	58	10
皮革制品制造业	1920	2162	127	17
毛皮鞣制及制品业	1930	209	38	2
羽毛（绒）及制品业	1950	331	23	4
木材加工及竹、藤、棕、草制品业	2000	2647	273	89

单位：个

100-500万元	500-1000万元	1000-5000万元	5000万元-1亿元	1亿元以上
62	80	133	38	34
70	129	180	26	12
26	49	97	27	23
154	161	154	18	23
200	311	415	72	53
533	727	1025	262	287
311	458	670	193	201
120	168	220	47	78
80	81	86	14	3
22	20	49	8	5
33	23	85	47	134
16	9	34	17	25
8	9	44	26	107
9	5	7	4	2
982	2577	4761	1041	930
131	267	486	60	33
377	979	1874	512	567
109	239	466	105	107
29	48	93	17	16
122	366	780	172	99
180	565	868	132	82
34	113	194	43	26
493	2064	3295	493	286
410	1797	2868	436	245
14	43	74	6	3
41	124	196	27	25
28	100	157	24	13
298	829	1365	248	225
77	105	205	45	42
158	589	963	165	143
42	63	47	7	10
21	72	150	31	30
398	852	837	113	85

2-15 续表 2

行业中类	代码	企业单位数	50万元及以下	50-100万元
锯材、木片加工业	2010	379	60	21
人造板制造业	2020	1176	70	28
木制品业	2030	851	114	31
竹、藤、棕、草制品业	2040	241	29	9
家具制造业	2100	1609	218	49
木制家具制造业	2110	1154	171	39
竹、藤家具制造业	2120	30	6	
金属家具制造业	2130	268	33	9
塑料家具制造业	2140	10		
其他家具制造业	2190	147	8	1
造纸及纸制品业	2200	4779	395	83
纸浆制造业	2210	71	7	
造纸业	2220	2534	219	30
纸制品业	2230	2174	169	53
印刷业、记录媒介的复制	2300	3803	729	319
印刷业	2310	3746	724	318
记录媒介的复制	2320	57	5	1
文教体育用品制造业	2400	1944	140	43
文化用品制造业	2410	561	83	27
体育用品制造业	2420	305	19	8
乐器及其他文娱用品制造业	2430	115	10	4
玩具制造业	2440	892	17	2
游艺器材制造业	2450	17	4	
其他类未包括的文教体育用品制造业	2490	54	7	2
石油加工及炼焦业	2500	989	70	15
人造原油生产业	2510	12		
原油加工业	2520	324	22	6
石油制品业	2530	348	17	5
炼焦业	2570	305	31	4
化学原料及化学制品制造业	2600	11539	1022	223
基本化学原料制造业	2610	2050	186	39
化学肥料制造业	2620	1925	172	41
化学农药制造业	2630	612	53	10

单位：个

100-500 万　元	500-1000 万　元	1000-5000 万　元	5000万元 -1亿元	1亿元以上
70	113	101	9	5
158	387	399	66	68
141	269	251	35	10
29	83	86	3	2
138	506	580	68	50
111	353	398	49	33
3	9	10	1	1
20	89	100	8	9
	2	6	2	
4	53	66	8	7
547	1453	1783	309	209
10	27	16	5	6
292	687	969	179	158
245	739	798	125	45
834	785	916	135	85
825	775	892	129	83
9	10	24	6	2
163	541	805	160	92
73	155	172	39	12
21	84	133	24	16
9	31	44	7	10
55	243	437	85	53
1	9	2	1	
4	19	17	4	1
87	236	355	65	161
2	2	7		1
33	57	99	16	91
35	83	139	22	47
17	94	110	27	22
1317	2842	4426	883	826
240	530	777	138	140
232	378	749	185	168
83	130	226	59	51

2-15 续表 3

行业中类	代码	企业单位数	50万元及以下	50-100万元
有机化学产品制造业	2650	2753	243	42
合成材料制造业	2660	753	46	9
专用化学产品制造业	2670	2254	198	55
日用化学产品制造业	2680	1192	124	27
医药制造业	2700	3303	230	86
化学药品原药制造业	2710	687	50	12
化学药品制剂制造业	2720	930	60	12
中药材及中成药加工业	2730	1177	80	42
动物药品制造业	2740	238	27	14
生物制品业	2750	271	13	6
化学纤维制造业	2800	859	54	7
纤维素纤维制造业	2810	144	10	
合成纤维制造业	2820	579	37	5
渔具及渔具材料制造业	2850	136	7	2
橡胶制品业	2900	1818	162	25
轮胎制造业	2910	205	17	
力车胎制造业	2920	80	17	2
橡胶板、管、带制造业	2930	364	21	7
橡胶零件制品业	2940	268	20	4
再生橡胶制造业	2950	83	10	
橡胶靴鞋制造业	2960	392	39	5
日用橡胶制品业	2970	118	10	2
橡胶制品翻修业	2980	42	9	1
其他橡胶制品业	2990	266	19	4
塑料制品业	3000	6384	424	117
塑料薄膜制造业	3010	730	53	14
塑料板、管、棒材制造业	3020	828	47	23
塑料丝、绳及编织品制造业	3030	1050	101	34
泡沫塑料及人造革、合成革制造业	3040	728	52	10
塑料包装箱及容器制造业	3050	481	32	9
塑料鞋制造业	3060	294	8	1
日用塑料杂品制造业	3070	417	23	6
塑料零件制造业	3080	392	22	6

单位：个

100-500万元	500-1000万元	1000-5000万元	5000万元-1亿元	1亿元以上
271	714	1089	204	190
61	164	309	67	97
279	623	858	156	85
151	303	418	74	95
458	755	1212	272	290
51	160	268	63	83
115	176	371	92	104
196	297	401	82	79
65	62	55	11	4
31	60	117	24	20
54	172	293	95	184
16	27	46	12	33
28	89	198	73	149
10	56	49	10	2
204	519	680	115	113
13	29	56	29	61
8	14	24	8	7
55	106	138	19	18
25	95	104	12	8
8	32	31	2	
43	109	157	24	15
8	28	60	8	2
13	10	9		
31	96	101	13	2
698	1937	2517	449	242
71	189	268	66	69
93	245	326	55	39
182	337	349	32	15
66	187	323	61	29
50	144	194	41	11
25	93	137	22	8
35	147	173	20	13
47	107	155	31	24

2-15 续表 4

行业中类	代码	企业单位数	50万元及以下	50-100万元
其他塑料制品业	3090	1464	86	14
非金属矿物制品业	3100	14934	1422	415
水泥制造业	3110	4554	191	33
水泥制品和石棉水泥制品业	3120	1922	366	93
砖瓦、石灰和轻质建筑材料制造业	3130	3289	473	189
玻璃及玻璃制品业	3140	1183	95	12
陶瓷制品业	3150	1844	131	25
耐火材料制品业	3160	807	45	30
石墨及碳素制品业	3170	318	20	11
矿物纤维及其制品业	3180	404	35	9
其他类未包括的非金属矿物制品业	3190	613	66	13
黑色金属冶炼及压延加工业	3200	3008	247	32
炼铁业	3210	584	58	8
炼钢业	3220	280	15	1
钢压延加工业	3240	1581	136	9
铁合金冶炼业	3260	563	38	14
有色金属冶炼及压延加工业	3300	2606	164	26
重有色金属冶炼业	3310	649	43	5
轻有色金属冶炼业	3320	418	23	3
贵金属冶炼业	3330	144	17	7
稀有稀土金属冶炼业	3340	194	15	3
有色金属合金业	3360	87	4	
有色金属压延加工业	3380	1114	62	8
金属制品业	3400	8558	838	157
金属结构制造业	3410	785	54	16
铸铁管制造业	3420	321	33	5
工具制造业	3430	1051	104	26
集装箱和金属包装物品制造业	3440	742	58	10
金属丝绳及其制品业	3450	828	121	13
建筑用金属制品业	3460	1326	145	41
金属表面处理及热处理业	3470	555	52	10
日用金属制品业	3480	2192	174	28
其他金属制品业	3490	758	97	8

单位：个

100-500 万元	500-1000 万元	1000-5000 万元	5000万元-1亿元	1亿元以上
129	488	592	121	34
2033	4265	5627	728	444
384	1319	2233	244	150
307	411	633	77	35
720	1003	799	68	37
113	337	441	97	88
178	538	755	139	78
134	239	292	46	21
54	114	94	19	6
49	108	168	21	14
94	196	212	17	15
219	768	1124	268	350
45	164	220	52	37
11	70	84	20	79
97	358	614	159	208
66	176	206	37	26
204	607	1038	254	313
65	151	251	49	85
24	129	133	41	65
22	33	45	9	11
11	45	81	18	21
8	22	37	10	6
74	227	491	127	125
924	2617	3214	469	339
82	230	320	55	28
44	85	120	24	10
135	329	387	46	24
79	200	270	48	77
80	212	311	57	34
171	421	456	57	35
48	192	205	24	24
203	716	863	130	78
82	232	282	28	29

2-15 续表 5

行业中类	代码	企业单位数	50万元及以下	50-100万元
普通机械制造业	3500	9452	725	232
锅炉及原动机制造业	3510	1107	64	27
金属加工机械制造业	3520	1081	108	38
通用设备制造业	3530	2032	127	40
轴承、阀门制造业	3540	1115	60	19
其他通用零部件制造业	3560	1847	150	50
铸锻件制造业	3570	1802	123	28
普通机械修理业	3580	117	57	13
其他普通机械制造业	3590	351	36	17
专用设备制造业	3600	6535	664	251
冶金、矿山、机电工业专用设备制造业	3610	725	50	23
石化及其他工业专用设备制造业	3620	1092	62	28
轻纺工业专用设备制造业	3630	1375	127	44
农、林、牧、渔、水利业机械制造业	3640	1347	188	77
医疗器械制造业	3650	577	40	23
其他专用设备制造业	3670	1153	85	33
专用机械设备修理业	3680	266	112	23
交通运输设备制造业	3700	7049	877	295
铁路运输设备制造业	3710	300	19	12
汽车制造业	3720	3125	229	64
摩托车制造业	3730	1066	43	8
自行车制造业	3740	383	74	11
电车制造业	3750	5	1	1
船舶制造业	3760	288	14	4
航空航天器制造业	3770	149	4	
交通运输设备修理业	3780	1688	489	194
其他交通运输设备制造业	3790	45	4	1
电气机械及器材制造业	4000	7951	479	112
电机制造业	4010	809	43	14
输配电及控制设备制造业	4020	2234	137	40
电工器材制造业	4040	2524	146	25
日用电器制造业	4060	1095	52	13
照明器具制造业	4070	987	55	9

单位：个

100-500万元	500-1000万元	1000-5000万元	5000万元-1亿元	1亿元以上
1310	2775	3523	504	383
155	278	408	75	100
156	268	406	71	34
280	570	770	120	125
142	304	474	79	37
280	579	657	80	51
218	672	670	61	30
15	13	17	2	
64	91	121	16	6
1138	1655	2130	371	326
136	166	252	62	36
150	295	434	76	47
255	364	456	68	61
311	304	326	67	74
84	159	212	34	25
168	331	402	58	76
34	36	48	6	7
895	1596	2315	483	588
38	59	126	18	28
337	739	1195	247	314
109	306	422	82	96
32	77	125	34	30
1		2		
32	71	101	32	34
8	12	49	37	39
337	319	275	28	46
1	13	20	5	1
763	2013	3182	693	709
101	194	327	65	65
266	615	870	160	146
193	590	1056	269	245
77	249	395	120	189
84	285	438	64	52

2-15 续表 6

行业中类	代码	企业单位数	50万元及以下	50-100万元
电气机械修理业	4080	60	25	5
其他电气机械制造业	4090	242	21	6
电子及通信设备制造业	4100	4602	280	77
通信设备制造业	4110	812	39	11
雷达制造业	4120	48	1	2
广播电视设备制造业	4130	97	9	5
电子计算机制造业	4140	427	18	5
电子器件制造业	4150	532	33	8
电子元件制造业	4160	1651	102	28
日用电子器具制造业	4170	533	37	12
电子设备及通信设备修理业	4180	21	9	
其他电子设备制造业	4190	481	32	6
仪器仪表及文化、办公用机械制造	4200	1887	175	66
通用仪器仪表制造业	4210	843	82	30
专用仪器仪表制造业	4220	237	33	12
电子测量仪器制造业	4230	84	11	4
计量器具制造业	4240	170	7	5
文化、办公用机械制造业	4250	180	9	3
钟表制造业	4260	270	22	7
仪器仪表及文化、办公用机械修理	4280	15	5	2
其他仪器仪表制造业	4290	88	6	3
其他制造业	4300	3881	329	75
工艺美术品制造业	4310	2647	192	44
日用杂品制造业	4350	476	27	7
其他生产、生活用品制造业	4390	758	110	24
电力、煤气及水的生产和供应业	DDDD	7790	901	589
电力、蒸汽、热水的生产和供应业	4400	5050	560	231
电力生产业	4410	2959	404	210
电力供应业	4420	1777	130	13
蒸汽、热水生产和供应业	4430	314	26	8
煤气生产和供应业	4500	309	14	8
煤气生产业	4510	54	3	
煤气供应业	4520	255	11	8

单位：个

100-500万元	500-1000万元	1000-5000万元	5000万元-1亿元	1亿元以上
7	9	10	2	2
35	71	86	13	10
335	950	1782	417	761
68	143	310	92	149
5	7	18	8	7
12	24	34	9	4
18	69	155	50	112
40	99	199	49	104
133	380	702	118	188
17	101	174	45	147
1	4	5	1	1
41	123	185	45	49
257	456	685	122	126
117	204	296	56	58
32	55	81	15	9
15	17	32		5
34	45	65	7	7
13	35	63	25	32
29	68	115	16	13
2	3	3		
15	29	30	3	2
424	1191	1568	193	101
274	863	1079	131	64
48	140	220	22	12
102	188	269	40	25
1825	1038	1910	600	927
790	625	1495	509	840
566	393	731	234	421
146	176	666	242	404
78	56	98	33	15
53	62	92	40	40
5	11	16	6	13
48	51	76	34	27

2-15 续表 7

行业中类	代码	企业单位数	50万元及以下	50-100万元
自来水的生产和供应业	4600	2431	327	350
自来水生产业	4610	1393	148	178
自来水供应业	4620	1038	179	172
建筑业	EEEE	52603	8488	3742
土木工程建筑业	4700	41512	5747	2527
房屋建筑业	4710	35222	4718	2100
矿山建筑业	4720	205	35	10
铁路、公路、遂道、桥梁建筑业	4730	2574	310	118
堤坝、电站、码头建筑业	4740	712	101	33
其他土木工程建筑业	4790	2799	583	266
线路、管道和设备安装	4800	5023	990	475
线路、管道安装业	4810	2541	484	226
设备安装业	4820	2482	506	249
装修装饰业	4900	6068	1751	740
批发和零售贸易、餐饮业	HHHH	29566	765	276
食品、饮料、烟草和家庭日用品批发业	6100	7716	116	29
食品、饮料、烟草批发业	6110	4210	54	14
棉、麻、土畜产品批发业	6120	511	10	2
纺织品、服装和鞋帽批发业	6130	746	7	3
日用百货批发业	6140	493	13	4
日用杂品批发业	6150	119	4	1
五金、交电、化工批发业	6160	700	17	2
药品及医疗器械批发业	6170	937	11	3
能源、材料和机械电子设备批发业	6200	5410	80	21
能源批发业	6210	1822	16	4
化工材料批发业	6220	548	5	3
木材批发业	6230	50	2	
建筑材料批发业	6240	271	2	4
矿产品批发业	6250	80		
金属材料批发业	6260	1091	20	3
机械、电子设备批发业	6270	829	19	4
汽车、摩托车及零配件批发业	6280	543	11	3
再生物资回收批发业	6290	176	5	

单位：个

100-500万元	500-1000万元	1000-5000万元	5000万元-1亿元	1亿元以上
982	351	323	51	47
569	211	213	41	33
413	140	110	10	14
16849	7725	11849	2242	1708
13266	6331	10200	1973	1468
11500	5505	8699	1658	1042
38	24	63	19	16
622	323	746	179	276
192	96	166	36	88
914	383	526	81	46
1587	663	917	188	203
790	337	503	96	105
797	326	414	92	98
1996	731	732	81	37
3560	4285	11883	3850	4947
211	229	3382	1670	2079
93	129	1902	953	1065
14	8	233	97	147
23	10	236	156	311
20	26	207	98	125
8	3	66	19	18
32	33	318	134	164
21	20	420	213	249
150	181	2313	1058	1607
28	47	752	368	607
10	15	231	115	169
	4	24	8	12
13	14	149	43	46
	2	34	19	25
50	42	463	206	307
25	37	348	158	238
22	17	208	107	175
2	3	104	34	28

2-15 续表 8

行业中类	代码	企业单位数	50万元及以下	50-100万元
其他批发业	6300	2167	39	13
工艺美术品批发业	6310	78	1	
图书报刊批发业	6320	162		1
农业生产资料批发业	6330	1491	27	12
其他类未包括的批发业	6390	436	11	
零售业	6400	10449	419	136
食品、饮料和烟草零售业	6410	1678	77	35
日用百货零售业	6420	4138	190	56
纺织品、服装和鞋帽零售业	6430	406	15	5
日用杂品零售业	6440	152	6	1
五金、交电、化工零售业	6450	988	42	14
药品及医疗器械零售业	6470	634	10	6
图书报刊零售业	6480	882	17	2
其他零售业	6490	1571	62	17
餐饮业	6700	3824	111	77
正餐	6710	3530	88	69
快餐	6720	185	4	6
其他饮食业	6790	109	19	2

单位：个

100-500 万　元	500-1000 万　元	1000-5000 万　元	5000万元 -1亿元	1亿元以上
79	118	1176	369	373
1		28	20	28
2	7	106	16	30
61	87	873	253	178
15	24	169	80	137
1392	2800	4154	697	851
253	487	652	82	92
568	1050	1410	332	532
55	118	163	34	16
36	64	36	8	1
159	276	402	47	48
47	194	298	37	42
45	218	542	38	20
229	393	651	119	100
1728	957	858	56	37
1602	912	795	49	15
77	29	42	6	21
49	16	21	1	1

2-16 限额以上企业按登记注册类型、营业状态分组的单位数

（2000年）　　　　单位：个

登记注册类型	代码	企业单位数	营业	停业	筹建	当年撤消	其他
总计	000	248824	238019	7919	444	1208	1228
国有	110	70716	64546	4787	129	536	712
集体	120	69762	67492	1676	33	323	238
股份合作企业	130	13633	13378	166	15	43	31
国有联营企业	141	693	666	21	2	1	3
集体联营企业	142	926	902	18	1	5	
国有与集体联营企业	143	1147	1121	15	1	9	1
其他联营企业	149	645	629	11	1	2	2
国有独资公司	151	1777	1717	18	10	9	23
其他有限责任公司	159	19985	19628	215	59	31	52
股份有限公司	160	8617	8421	104	37	22	33
私营独资企业	171	11968	11720	173	12	41	22
私营合伙企业	172	2429	2355	37	7	18	12
私营有限责任公司	173	13465	13208	153	45	25	34
私营股份有限公司	174	1613	1561	25	14	6	7
其他内资企业	190	495	382	35	3	71	4
港澳台商投资	200	18069	17622	335	35	38	39
与港澳台商合资经营企业	210	9214	8933	216	15	20	30
与港澳台商合作经营企业	220	2286	2234	38	2	10	2
港澳台商独资经营企业	230	6362	6252	78	17	8	7
港澳台商投资股份有限公司	240	207	203	3	1		
外商投资企业	300	12884	12671	130	40	28	15
中外合资经营企业	310	7674	7546	88	15	15	10
中外合作经营企业	320	1160	1127	18	7	5	3
外资企业	330	3920	3868	24	18	8	2
外商投资股份有限公司	340	130	130				

2-17 限额以上企业按开业时间、营业状态分组的单位数

（2000年）

开业时间	代码	企业单位数（个）	营业	停业	当年撤消	其他
总计	00	248824	238019	7919	1208	1678
1978年以前	01	61861	58008	2774	341	738
1979-1981年	02	10247	9743	389	48	67
1982-1984年	03	13216	12619	480	56	61
1985-1988年	04	24208	23168	819	125	96
1989-1991年	05	17940	17134	627	98	81
1992年	06	13766	13251	373	80	62
1993年	07	19264	18504	579	109	72
1994年	08	16160	15582	431	89	58
1995年	09	15321	14766	403	75	77
1996年	10	14138	13648	355	59	76
1997年	11	13028	12666	254	63	45
1998年	12	15053	14657	259	45	92
1999年	13	10762	10522	137	18	85
2000年	14	3860	3751	39	2	68

第三部分　二〇〇〇年部分限额以上企业名录一览表

按行业大类索引）

2000年部分限额以上

煤炭采选业

企业名称	法人代表	电话	分机	邮政编码
煤炭采选业				
兖州矿业集团有限公司	赵经彻	5382239		273500
平顶山煤业（集团）有限责任公司	陈庆禄	2921770		467000
徐州矿务集团有限公司	闵长江	5753940	20315	221006
开滦（集团）有限责任公司	杨中	2823811		063018
西山煤电（集团）有限责任公司	杜复新	6125941	215380	030053
新汶矿业集团有限责任公司	郎庆田	7872733		271233
平朔煤炭工业公司	张宝山	2054480		038506
枣庄矿业（集团）有限责任公司	江卫	4081134		277000
阳泉煤业集团有限责任公司	张崇慧	7073112		045000
铁法煤业（集团）有限责任公司	张明元	6835663		112700
鹤岗矿务局	曲继贤	3224032		154100
大屯煤电(集团)有限公司	曹祖民	4025204		221611
七台河矿业精煤（集团）有限责任公司	王峰	8263478		154600
抚顺矿务局	王占洲	2533889		113008
淄博矿务局	耿加怀	5851344		255120
峰峰矿务局	刘延安	5012323	23990	056201
鸡西矿务局	任振民	2723368		158100
潞安矿务局	郝忠	5921443		046204
阜新矿务局	李凤威	2820063		123000
鹤壁矿务局	李永新	2645201		458000
上海大屯能源股份有限责任公司	曹祖民	58218560		200135
晋城矿务局	袁宗本	3664145		048006
邢台市矿业（集团）有限责任公司	郑存良	2054045		054021
双鸭山矿务局	王永和	4222656		155102
攀枝花矿务局	诸韶华	5520774		617066
焦作矿务局	辛世都	3532584		454002
北京矿务局	倪文驹	69842461	21140	102300
肥城矿业集团有限公司	梁兴泰	3128000		271612
汾西矿务局	温玉龙	7191402		032000
沈阳矿务局	赵子德	89872470		110122
义马煤业(集团)有限责任公司	李玉成	5898324		472300
太西集团有限责任公司	张文江	2027581	2428688	753000

企业名录一览表

企业所在地区	企业详细地址	主要产品（主要业务活动）
山东省济宁市邹城市	邹城镇凫山路40号	煤炭开采
河南省平顶山市新华区	矿工路西9号	原煤生产、洗精煤、发供电
江苏省徐州市泉山区	淮海西路235号	原煤、洗煤
河北省唐山市路南区	新华东道70号	原煤、洗煤
山西省太原市万柏林区	西矿街319号	原煤、洗精煤
山东省泰安市新泰市	孙村	原煤、洗精煤
山西省朔州市朔城区	平朔生活区	煤炭采选
山东省枣庄市薛城区	常庄泰山南路	混煤、洗精煤
山西省阳泉市矿区	北大西街5号	煤炭建安物资供销、运输房地产
辽宁省铁岭市铁法市	调兵山镇	原煤开采、洗煤
黑龙江鹤岗市向阳区	红军路二道街188号	煤炭开采
江苏省徐州市沛县	大屯镇	原煤、洗煤、电
黑龙江七台河市桃山区	东进路43号	原煤
辽宁省抚顺市新抚区	中央大街25号	原煤、洗煤、天然气
山东省淄博市淄川区	洪山	原煤
河北省邯郸市峰峰矿区	峰峰镇矿区太中路	原煤、精煤
黑龙江鸡西市鸡冠区	红旗路15号	原煤、洗精煤、电力
山西省长治市襄垣县	候堡	原煤、洗精煤、水泥
辽宁省阜新市海州区	西山街道	原煤、洗煤
河南省鹤壁市山城区	红旗街98号	原煤、输送带
上海市浦东新区	桃林路18号	煤炭开采、煤炭制造
山西省晋城市城区	矿区	煤炭开采
河北省邢台市桥西区	西大郭中兴路104号	原煤开采、洗选
黑龙江双鸭山市尖山区	新兴大街84号	煤炭开采
四川省攀枝花市西区	陶家渡95号	原煤、洗精煤、火力发电
河南省焦作市山阳区	解放中路239号	原煤、洗选
北京市门头沟区	新桥南大街2号	煤炭开采
山东省泰安市肥城市	王瓜店	原煤
山西省晋中市介休市	西关正街40号	原煤、洗精煤
辽宁省沈阳市新城子区	虎石台镇	原煤、洗煤加工、石膏
河南省三门峡市义马市	千秋路东段6号	原煤、炼焦用洗精煤、水泥
宁夏石嘴山市大武口区	贺兰山南路362号	原煤、洗煤

2000年部分限额以上

石油和天然气开采业

企业名称	法人代表	电话	分机	邮政编码
萍乡矿业集团有限公司	文培斌	6333803		337000
铜川矿务局	沈浩	2184459		727000
河南神火(集团)有限公司	李志经	5113726	82139	476611
郑州煤炭工业(集团)有限责任公司	赵宗晋	9782700		452371
神府东胜煤炭有限责任公司	杨景才	8222718		719315
霍州矿务局	任福耀	5622745		031400
水城矿务局	赵安国	8223202		553000
伊泰煤炭股份有限公司	张双旺	8525584		017000
龙口矿务局	薛忠臻	8812201		265700
辽源市矿务局	张义	3617059		136201
霍林河煤业集团有限责任公司	王利民	7953099		029200
盘江煤电(集团)有限责任公司	康星海	3221073	21841	561617
韩城矿务局	惠建基	5212012	61392	715400
邯郸矿务局	张复生	3041586	22169	056002
涟邵矿务局	李有元	8313381	29873	417000
南桐矿务局	潘秀强	48340729		400802
靖远矿务局	徐志科	6632991		730913
长广煤矿公司	徐林	6079227		313121
石油和天然气开采业				
大庆油田有限责任公司	苏树林	5995685		163453
中国石油辽河油田分公司	王春鹏	7820516		124010
长庆油田	胡文瑞	6597434		710021
华北石油管理局	刘海胜	2724859		062552
中原石油勘探局	刘锦信	4822172		457000
中国石油天然气股份有限公司塔里木油田分公司	廖永远	2171208		841000
辽河石油勘探局	王革	7820516		124010
中海石油（中国）有限公司深圳分公司	傅成玉	6692880		518067
中国石油天然气股份有限公司大港石油公司	姚和清	25971708		300280
中国石油天然气股份司西南油气田分公司	夏鸿辉	3324911		610051
中海石油（中国）有限公司天津分公司	朱明才	25807231		300452
吉林石油集团有限责任公司	柏承强	6224653		138000
中海石油(中国）有限公司湛江分公司	郭保蕃	3900097		524057
中国石化胜利油田有限公司	宋万超	8711112		257001

企业名录一览表

企业所在地区	企业详细地址	主要产品（主要业务活动）
江西省萍乡市安源区	昭萍路5号	原煤、改装车、浮法玻璃
陕西省铜川市王益区		原煤
河南省商丘市永城市	演集镇谢庄村村委会	原煤、电解铝、纺织
河南省郑州市中原区	航海西路金苑小区	煤 炭、电力、水泥
内蒙古伊克昭盟东胜市	建设街	煤炭
山西省临汾市霍州市	城关桥东街	煤炭采选
贵州省六盘水市钟山区	开拓路16号	采选煤、火力发电、建筑
内蒙古伊克昭盟东胜市	鄂尔多斯西街	煤炭生产
山东省烟台市龙口市	央格庄	原煤
吉林省辽源市西安区	东梅街8号	煤炭、水泥
内蒙古通辽市霍林郭勒市	中心大街	原煤
贵州省六盘水市盘县	断江镇沿塘	原煤、冶炼精煤
陕西省渭南市韩城市	黄河大街	原煤、洗精煤、焦炭
河北省邯郸市丛台区	中华大街56号	原煤、水泥、生铁
湖南省娄底市娄星区	底星街1号	原煤、焦煤、水泥
重庆市万盛区	东林街道	原煤、火力发电、水泥
甘肃省白银市平川区		原煤
浙江省湖州市长兴县	长广矿区	煤炭开采
黑龙江大庆市让胡路区	龙腾路1号	天然原油开采
辽宁省盘锦市兴隆台区	石油大街	原油天然气开采
陕西省西安市未央区	长庆兴隆园	原油天然气
河北省沧州市任丘市	新华区	天然原油、天然气
河南省濮阳市市区	梅花巷居委会	天然原油开采开发
新疆巴音郭楞蒙古自治州库尔勒市	石化大道26号	石油天然气勘探、炼油、化工产品
辽宁省盘锦市兴隆台区	石油大街	原油、天然气
广东省深圳市南山区	蛇口工来二路1号	天然原油开采
天津市大港区	海滨街	石油化工产品生产销售
四川省成都市成华区	府青路一段一号	天然气、原油
天津市塘沽区	河口街	油气勘探开发、技术服务
吉林省松原市宁江区	临江街	原油、石油产品
广东省湛江市坡头区	南调路	天然原油、天然气
山东省东营市东营区	济南路258号	石油、天然气

2000年部分限额以上

企业名称	法人代表	电话	分机	邮政编码
中国石油天然气股份有限公司玉门分公司	刘世洲	3924036		735200
中国海洋石油南海东部公司	刁国涛	84418847		510240
河南石油勘探局	吕连海	3830188		473132
江汉石油管理局	文光辉	6502920		433124
大港油田集团有限责任公司	姚和清	25922240		300280
吐哈油田勘探开发指挥部	蔡志刚	8764376		838202
江苏石油勘探局	秦顺亭	7761312		225009
青海石油管理局	蒋诘敏	8933897		736202
延长油矿管理局	赫宇	8512085		717208
江汉油田上市公司	李叶	6502920		433100
上海石油天然气总公司	吴家骅	62555888		200041
华北石油管理局二连石油勘探开发公司	田金德	8292313		026000
中国石油天然气股份有限公司冀东油田分公司	徐中清	8766153		063004
玉门石油管理局	刘世洲	3922555		735200
中国石油天然气股份有限公司青海油田分公司	黄立功	8935552		736202
延长油矿管理局永宁钻采公司	田树喜	6622644		717500
西北石油局	张爱东	6637910	24677	830011
定边县原油运销有限公司		4220956		718600
南泥湾钻采总公司	董义龙	2952199		716008
江汉石油钻头股份有限公司	刘恩学	6518321		433124
吴旗石油钻采公司	李树荣	7612234		717600
内蒙古乌审旗红山天然气开发有限责任公司	边广明			017313
德阳新场气田开发有限责任公司	王一兵	2307032		618000
重庆鼎发实业股份有限公司	许义达	74515491		408300
延安地区子长县煤矿建设公司	李文山	7113284		717300
安达市庆新油田开发有限责任公司	刘国志	5688279		151413
吉林京源石油开发有限责任公司	李永义	6227211		138001
大明公司玉皇庙分公司	纪长明	4880340		251600
延川县石油开发总公司	刘抗美	8112166		717200
河南油田腾龙实业总公司	陆绪先	3850276		473132
乾安县石油开发有限责任公司	于君	6236539		131400
前郭县石油开发有限责任公司	温尚复	2124240		131100
德阳联益石油天然气勘探开发有限公司	青永固	2800372		618000

企业名录一览表

企业所在地区	企业详细地址	主要产品（主要业务活动）
甘肃省酒泉地区玉门市	南坪区	原油加工、采油
广东省广州市海珠区	江南大道中168号	天然原油开采
河南省南阳市宛城区	官庄镇田李庄村委会	天然原油开采
湖北省潜江市	江汉油田	天然原油、天然气、精制盐
天津市大港区	大港油田港东街	天然原油、天然气
新疆吐鲁番地区鄯善县	解放路	天然原油采掘
江苏省南京市浦口区	文汇西路1号	石油、天然气
青海省海西蒙古族藏族自治州	花土沟镇	天然原油、天然气、石油加工
陕西省延安市延川县	永坪镇	原油、汽油、柴油
湖北省潜江市	广华	石油开采
上海市静安区	江宁路336号	天然气
内蒙古锡林郭勒盟锡林浩特市	华油大街	原油
河北省唐山市路北区	新华西道51号甲区	原油开采
甘肃省酒泉地区玉门市	玉门南坪区06号	天然原油、原油加工
青海省海西蒙古族藏族自治州	花土沟	原油开采
陕西省延安市志丹县	保安镇北街	原油
新疆乌鲁木齐市新市区		石油开采、天然气
陕西省榆林市定边县	长城南街	原油
陕西省延安市宝塔区	临镇付家湾	原油开采
湖北省潜江市	码	石油天然气、矿山及石油设备
陕西省延安市吴旗县	源乡宗圪堵村	天然原油开采
内蒙古伊克昭盟乌审旗	乌兰陶勒盖巴音敖包	天然气
四川省德阳市旌阳区	泰山北路86号	天然气
重庆市垫江县	桂溪镇工农路296号	天然气、墙地砖
陕西省延安市子长县	瓦窑堡	原油
黑龙江绥化市安达市	昌德村	原油生产及销售
吉林省松原市宁江区	工农街	石油、天然气勘查
山东省济南市商河县	玉皇庙镇	开发石油化工产品
陕西省延安市延川县	南街	天然原油开采
河南省南阳市宛城区	官庄镇龚营村委会	天然原油开采
吉林省松原市扶余县	乾安镇鸣凤街	原油
吉林省松原市前郭尔罗斯蒙古族自	前郭镇育才街	天然原油
四川省德阳市旌阳区	天元镇天元开发区	天然气开采

2000年部分限额以上

黑色金属矿采选业

企业名称	法人代表	电话	分机	邮政编码
黑油山开发有限责任公司	方建国	888523		834000
成都龙星天然气有限责任公司	徐向莲	4851188		610100
黑色金属矿采选业				
马钢(集团)控股有限公司	顾建国	2882581		243003
邯邢冶金矿山管理局	段太翔	3023951	6493	056032
大冶市陈贵矿业有限责任公司	万经怀	8996378		435124
峨口铁矿	张隆伟	5266747		034207
海南钢铁公司	马肇修	6609905		572700
华灵集团矿业有限责任公司	闵佰友	8472498		435109
黄石市鹿峰集团有限公司	潘天宝	5415987		435006
鲁中冶金矿山公司	章湖杰	6811238		271113
沙河市金康实业集团有限公司	崔留住	8681685		054104
新平鲁奎山矿冶(集团)有限责任公司	冯　敏	7080005		653401
西藏矿业发展股份有限公司	肖永恩	6336744		850000
西藏矿产开发有限公司	肖永恩	6336107		850000
灵乡长坪集团	胡先林	8474288		435121
山东金岭铁矿	张相军	3081201	68195	255081
山东宏鲁矿业集团公司	段连文			255000
淄博顺达企业集团总公司	王淦	7600760		255418
广东省大宝山矿业有限公司	李应儒	6618321		512128
沙河市广进集团公司	任广进	8886454		054100
遵化市北方钢铁公司	梁平安	6634808		064200
广东大顶铁矿股份有限公司	钟寿献	8446007		517169
唐山市富鑫企业集团公司	杨凤林	6051016		064200
新疆钢铁雅满苏矿业有限责任公司	陶跃	2311383		839001
通钢集团板石矿业有限责任公司	尤春林	3329815	3326114	134304
唐山首钢马兰庄铁矿有限责任公司	王志军	7034014	2172	064413
鞍钢弓长岭矿山公司附属企业公司	兰学烈			111008
山东腾达集团总公司	吕长宝	3781017		262503
徐州利国铁矿	孟宪华	6710173		221138
石家庄太行矿业有限公司	王义	2791213		050600
哈密市天宝选烧有限责任公司	郭立群	6511224		839126
莱芜钢铁集团淄博锚链有限公司	杨浩	5060242		255167

企业名录一览表

企业所在地区	企业详细地址	主要产品（主要业务活动）
新疆克拉玛依市克拉玛依区	准葛尔路23号	原油回收
四川省成都市龙泉驿区	滨河北街	天然气开采
安徽省马鞍山市雨山区	红旗中路8号	铁矿石、铁精矿
河北省邯郸市丛台区	中华北大街54号	铁矿石、铁精矿、生铁
湖北省黄石市大冶市	陈贵	铁矿石、铁精矿、铸件
山西省忻州市代县	峨口镇郝街村	铁精矿采选、球团矿
海南省河池地区昌江黎族自治县	石碌人民南路	炼钢块矿、炼铁块矿、铁富粉矿
湖北省大冶市	灵乡	铁矿石、铁精粉
湖北省黄石市铁山区	铁山	水泥
山东省莱芜市莱城区	张家洼	铁精粉
河北省邢台市沙河市	册井	铁精纷、铁矿石、生铁
云南省玉溪市新平彝族傣族自治县	扬武镇	铁矿采选、炼铁、水泥
西藏拉萨市城关区	扎基路14号	铬铁矿石
西藏拉萨市城关区	娘热南路2号	铬铁矿开采
湖北省黄石市大冶市	灵乡长坪	铁矿石、铁精矿
山东省淄博市张店区	中埠镇	铁矿石、铁精矿粉、铜精矿
山东省淄博市临淄区	召口	采矿、选矿
山东省淄博市临淄区	东召西	铁京粉、生物酶、二辛酯
广东省韶关市北江区	沙溪镇	铁矿石、铜精矿
河北省邢台市沙河市	十里亭	铁精粉、水泥
河北省唐山市遵化市	苏家洼驸马寨	铁精粉、汽车板簧、扁钢
广东省河源市连平县	油溪镇	铁矿采运
河北省唐山市遵化市	兴旺寨安平庄	铁精粉、团球
新疆哈密地区哈密市	天山北路25号	铁矿石、石灰石、水泥
吉林省白山市八道江区	板石	铁矿石、铁精粉
河北省唐山市迁安市	马兰庄镇	铁精粉、铁矿石
辽宁省辽阳市弓长岭区	团山街	铁矿石
山东省潍坊市青州市	庙子镇兴旺店	铁矿石、水泥、塑料编织袋
江苏省徐州市九里区	利国	铁矿石、炼铁
河北省石家庄市行唐县	口头镇	铁矿粉
新疆哈密地区哈密市	雅满苏	球团矿、选矿
山东省淄博市淄川区	黑旺	铁矿石、船用锚链

2000年部分限额以上

有色金属矿采选业

企业名称	法人代表	电话	分机	邮政编码
遵化市吉星物资有限责任公司	王洪庆	6030245		064201
胶州市京盛重晶石有限公司	王致京	6250397		266326
鄂州市矿业中江实业有限公司	吕中明	2331182		436050
黎城县铁矿(集团)有限公司	申金喜	6682183		047606
抚顺罕王集团	杨敏	2332508		113008
淄博北金矿业公司	王得详	7602106		255419
密云县冶金矿山公司	王德敏	69044227		101500
怀集县冶金矿产工业总公司	黄文强	5523421		526400
淄博市华联矿业有限责任公司	周国桥	3380075		256119
广西壮族自治区大新锰矿	李维健	3783178		532315
福建省潘洛铁矿	严明	7760114		364405
涞源县支家庄铁矿	孙福龙	7395002		074304
包头市达茂旗联营铁矿	张耀	8911311		014500
浙江漓铁集团公司	魏仕校	4011111		312000
都川冶金化工股份有限公司	白桦	8750027		547100
山西翼城尧森农工商实业有限公司	李殿普			043501
云南文山斗南锰业实业有限责任公司	董　英	3882649		663101
沙河市西毛村凤凰山铁矿	杨虎林	8631188		054000
大栗子矿业有限责任公司	张安玉	5726353		134602
宽城满族自治县豆子沟铁矿	张志强	6958009		067601
有色金属矿采选业				
柳州华锡集团有限责任公司	李万富	2610111		545006
山东招金集团公司	路东尚	8227500		265400
金堆城钼业公司	卢爽晰	4088201		714102
山东河西黄金矿业集团公司	刘汝铮	8322213	211	265402
灵宝市朱阳镇董家埝采矿队	李士年	6811221		472532
招远市金昶集团公司	杨香月	8374028		265404
山东蓬莱黑岚沟黄金工业公司	穆范敏	5781238		265613
个旧锡都实业总公司	王承昆	2125200		661000
南川市矿产品开发（集团）公司	袁志华	71413412		408400
广西高峰矿业有限责任公司	邓熙骅	7577054		547205
灵宝市朱阳镇寺上采矿队	许吉祥	6811205		472532
内蒙古宏峰实业股份有限公司	高建华	8365072		024000

企业名录一览表

企业所在地区	企业详细地址	主要产品（主要业务活动）
河北省唐山市遵化市	娘娘庄	铁精粉
山东省青岛市胶州市	铺集	重晶石
湖北省鄂州市鄂城区	泽林镇	铁矿石
山西省长治市黎城县	东崖底镇上河村	铁精矿粉
辽宁省抚顺市顺城区	葛布街11号	铁精粉
山东省淄博市临淄区	召口	矿石
北京市密云县	密云行宫	铁矿采选
广东省肇庆市怀集县	怀城镇工业大道82号	铁矿石、塑料制品、石料
山东省淄博市沂源县	韩旺镇马家沟村	铁矿石成品矿
广西南宁地区大新县	下雷	锰矿石
福建省龙岩市漳平市	芦芝乡	铁精矿、铁矿石
河北省保定市涞源县	杨家庄	铁矿开采
内蒙古包头市达尔罕茂明安联合旗	三合明	铁精粉加工
浙江省绍兴市越城区	北海街道胜利西路657号	铁精矿、普通钢材
广西河池地区环江毛南族自治县	川山乡	铁矿石
山西省临汾市翼城县	董家洼	铁矿石
云南省文山壮族苗族自治州砚山县	平远镇	锰矿石、碳素锰铁
河北省邢台市沙河市	西毛村	铁矿石
吉林省白山市临江市	大栗子镇	铁矿石、生铁
河北省承德市宽城满族自治县	碾子峪乡沙窝店村	铁精粉
广西柳州市市郊区	桂中大道华锡大厦	有色金属锡采选、销售
山东省烟台市招远市	文化路2号	黄金
陕西省渭南市华县	金堆镇石可村	钼精矿、氧化钼、硫精矿
山东省烟台市招远市	蚕庄镇河西村	金精矿、塑料制品、水泥
河南省三门峡市灵宝市	朱阳镇董家埝村	金矿石
山东省烟台市招远市	金岭镇邹家村	黄金、粉丝、玩具
山东省烟台市蓬莱市	遇驾夼镇	黄金、铜材、不锈钢阀门
云南省红河哈尼族彝族自治州	金湖东路121号	精中矿含锡、一号电积铜
重庆市南川市	隆化镇南大街	铝矾土、棕刚玉
广西河池地区南丹县	大厂镇同车江	锡精矿、锌精矿、铅锑混合精矿
河南省三门峡市灵宝市	朱阳镇寺上村	金矿石
内蒙古赤峰市红山区	西屯	铅锌精矿

2000年部分限额以上

企业名称	法人代表	电话	分机	邮政编码
中金黄金股份有限公司	宋鑫	66200643		300457
锡铁山矿务局	吕秉才	208263		817303
山东金辉集团公司	贾玉辉	8311339		265401
抚顺红透山铜矿	祁成林	3265313	8200	113321
三门峡金渠（集团）有限责任公司	戚国忠	2996399		472000
东川矿务局	曹树农	2511020		654102
山西铝厂	宛吉廷	5244046		043300
招远市金岭镇原疃金矿	杨金生	8370558		265404
易门矿务局	于海洋	4981133		651101
莱州市金仓矿业有限公司	邓鹏飞	2212965		261400
兴灵矿产采选有限责任公司	余志清	6833116		472541
兰坪有色金属有限责任公司	代祖让	3213433		671400
山东省新城金矿	李春光	2698201		261438
故县镇黄金选冶有限责任公司	吴长锋	6833123		472541
招远市招城金矿	杨丰瑞	8216182		265400
隆林县有色金属有限责任公司	邹书德	8206191		533400
灵宝市城关镇黄金公司	马泰	8665004	7446	472500
大冶钢山集团	柯加明	8712669		435101
蓬莱市黄金冶炼厂	李杰锡	5841332		265615
梅州市金雁铜业公司	邹新丰	2266898		514021
河南省淅川县长城企业集团	曹长城	4209060		474485
灵宝市豫灵镇矿产品加工厂	郭续长	6888115		472533
汉源县有色金属总厂	彭遐谋	4222656	4222618	625300
玲珑黄金矿业公司	王培月	8369370		265406
玛曲县格尔珂堆浸试验场	扎西	6121747		747300
辽宁省排山楼金矿	姜人孝	8166305		123126
宏源黄金有限责任公司	张恒玉	8628165		265719
山东省三山岛金矿	李广兴	2780148		261442
灵宝市豫灵镇东峪金矿	王百忍	6895328		472533
洛南县陈耳金矿有限责任公司	王东	7263318		726104
灵宝市大王镇黄金选厂	刘灵宝	6388014		472511
莱州市平里店镇金矿	张邵忠	2222641		261414
蓬莱市大柳行金矿	姜作群	5841236		265615

企业名录一览表

企业所在地区	企业详细地址	主要产品（主要业务活动）
河北省承德市宽城满族自治县	开发区洞庭路27号九洲	黄金
青海省海西蒙古族藏族自治州	锡铁山人民街	铅精矿采选、锌精矿
山东省烟台市招远市	辛庄镇西陈家	黄金
辽宁省抚顺市清原满族自治县	红透山镇红山街	粗铜、铜精矿、锌精矿
河南省三门峡市湖滨区	崤山西路1号	黄金开采、石材开采、化工设备
云南省昆明市东川区	汤丹镇菜元一段居委会	铜精矿含铜、脉矿采选、水泥
山西省运城市河津市	清涧镇铝厂	氧化铝、发电
山东省烟台市招远市	金岭镇原疃村	黄金
云南省玉溪市易门县	绿汁镇小绿汁	铜精矿
山东省烟台市莱州市	莱州镇莱州北路609号	黄金
河南省三门峡市灵宝市	故县镇故县村	金块矿
云南省怒江傈僳族自治州	金顶镇金凤	铅锌矿石、锌精矿、电解锌
山东省烟台市莱州市	金城镇新城村	黄金
河南省三门峡市灵宝市	故县镇故县村	黄金、金精粉、金块矿
山东省烟台市招远市	考家村北	金精矿
广西百色地区隆林各族自治县	城北区	铝锭、锑锭、铝塑管件
河南省三门峡市灵宝市	城关镇新华西路	黄金、金矿石
湖北省大冶市	同录山	铜粉、铜金属、铁金矿
山东省烟台市蓬莱市	大柳行镇小柳行村	黄金、白银
广东省梅州市梅县	彬芳大道88号	铜精矿、电解铜、硫酸
河南省南阳市淅川县	毛堂乡老田村委会	黄金采选冶、首饰加工、电缆电线
河南省三门峡市灵宝市	豫灵镇上屯村	金矿石
四川省雅安市汉源县	富林镇黑石河东路	锌锭、焙沙、锌精矿
山东省烟台市招远市	玲珑镇小蒋家村	黄金
甘肃省甘南藏族自治州玛曲县	尼玛乡格尔珂	金矿采选
辽宁省阜新市阜新蒙古族自治县	上排村	黄金
山东省烟台市龙口市	大庄子	金精粉
山东省烟台市莱州市	三山岛镇	黄金
河南省三门峡市灵宝市	豫灵镇吴村村	铅金矿
陕西省商洛地区洛南县	陈耳镇高村	成品金、含量金
河南省三门峡市灵宝市	大王镇干店村	金精矿、黄金
山东省烟台市莱州市	平里店后曹村	金矿采选
山东省烟台市蓬莱市	大柳行镇时金河村	黄金

2000年部分限额以上

非金属矿采选业

企业名称	法人代表	电话	分机	邮政编码
黑龙江省乌拉嘎金矿	张亚林	3605989	2368	153221
南京栖霞山锌阳矿业有限公司	张美山	5761651	8291	210033
广西北山矿业有限责任公司	刘贻业	8770028		547111
山东省焦家金矿	王永顺	2211755		261400
非金属矿采选业				
甘肃亚盛实业(集团)股份有限公司	周长生	8483195		730030
贵州开磷(集团)有限责任公司	彭氏辉	7588433		550302
山东海源盐化集团有限公司	李培吉	5221807		262700
云浮硫铁矿企业集团公司	刘兴渝	8825123		527343
河北省南堡盐场	燕惠源	8503234		063305
荆襄磷化学工业公司	曾春苟	4890938		431910
海城市牌楼滑石矿	张绍谦	3772459		114207
济南惠祥集团有限公司	胡培祥	3471494		250201
重庆云峰实业公司	李贤贵	65224450		400052
珠海市万山区建材开发公司	陈贤	2238043		519000
山东省青龙矿业集团	徐振军	8429308		265416
天津长芦海晶集团有限公司	张金茹	66887185		300450
栖霞市滑石粉总厂	林世龙	5541018		265306
江苏省盐业集团有限责任公司	茆庆国	5415521		222001
江苏船山集团有限责任公司	冷青松	5821888	2011	212113
内蒙古兰泰实业股份有限公司	王刚	8821044		750333
营口盐业(集团)有限责任公司	杨玉磐	3840701		115002
云南磷化学工业(集团)公司	李天惠	7896001		650600
湖北省黄麦岭磷化工集团公司	张富荣	7422014		432800
湖北金山磷化集团	胡从全	4857849		431911
襄阳县双沟航运砂石公司	陶改军	2816585		441111
伊克昭亿利建材化工（集团）公司	王文彪	8342641		017000
湖南省湘澧盐矿	高守梅	4223188		415400
岑溪市石材有限公司	林监宏			543214
河北省长芦大清河盐场	吴宗生	4055101		063606
襄阳县张湾砂石公司	田战胜	2811414		441104
句容市茅迪有限公司	刘义福	7421888		212400
青岛磊鑫实业总公司	胡崇胜	7879288		266107

企业名录一览表

企业所在地区	企业详细地址	主要产品（主要业务活动）
黑龙江伊春市嘉荫县	乌拉嘎镇	金矿采选
江苏省南京市栖霞区	栖霞镇	铅精矿、锌精矿、硫精矿
广西河池地区环江毛南族自治县	上朝镇北山	铅(锌)精矿
山东省烟台市莱州市	金城镇焦家村	黄金
甘肃省兰州市城关区		硫化碱、无水硫酸钠
贵州省贵阳市开阳县	金中镇	磷矿石、黄磷、重钙
山东省潍坊市寿光市	寿光镇迎宾路91号	原盐、溴素、甲氧苄氨嘧啶
广东省云浮市云城区	高峰高峰	硫铁矿、硫酸、磷肥
河北省唐山市丰南市	滨海镇尖坨子	原盐、工业溴、氯化钾
湖北省荆门市钟祥市	胡集金牛山	磷矿石、磷肥、硫酸
辽宁省鞍山市海城市	牌楼镇宋家村	滑石、滑石粉
山东省济南市章丘市	绣惠镇	焦宝石、原煤、精铸砂
重庆市九龙坡区	云峰	碎矿石、石灰、石灰粉
广东省珠海市香洲区	华路华子石西村	建材
山东省烟台市招远市	青龙镇上东庄	氟石
天津市塘沽区	新村街营	海盐
山东省烟台市栖霞市	庙后乡庙后村	滑石粉
江苏省连云港市新浦区	海连中	海盐、氯化钾、溴素
江苏省镇江市润州区	韦岗镇润州区	石灰石、模架
内蒙古阿拉善盟阿拉善左旗	吉兰泰镇吉兰泰路一居委会	原盐、加工盐
辽宁省营口市站前区	辽河大街农贸里23号	海盐、精盐、粉洗盐
云南省昆明市晋宁县	昆阳镇	磷矿石采选
湖北省孝感市大悟县	悟阳平	磷矿石、过磷酸钙、磷酸二铵
湖北省荆门市钟祥市	胡集镇207国道	磷矿石、过磷酸钙、钙镁磷肥
湖北省襄樊市襄阳县	双沟	砂石
内蒙古伊克昭盟东胜市		化学矿采选
湖南省常德市津市市	盐矿路	矿盐、工业无水硫酸钠
广西梧州市岑溪市	糯垌镇	花岗岩荒料、花岗岩板材
河北省唐山市乐亭县	马头营镇大清河	海盐、氯化镁、精制盐
湖北省襄樊市襄阳县	张湾	黄砂
江苏省镇江市句容市	磨盘乡潘冲村	玄武石加工
山东省青岛市城阳区	夏庄镇罗圈涧村	石子

木材及竹材采运业

企业名称	法人代表	电话	分机	邮政编码
江西盐矿	丁重明	7372457		331200
莱州市盐业集团有限公司	王守先	2331072		261413
南京华宏(集团)有限公司	铁　骐	5504711	203	210037
湖州道场矿产集团公司	浦佩佩	2045324		313001
山东天象集团公司	周吉庆	7388078		266719
宿豫县骆马湖乡砂矿	孟晓军	4510003		223821
化州市白石工业总公司	谢本明	7550188		525136
衡阳县井头建材有限公司	王大发	6753428		421221
重庆万州区索特股份有限公司	文传书	58960318	2568	404005
广西滑石工业公司	卢德云	5592275	2008	541100
荥阳市崔庙建材开发有限公司	李增运	4823183		450131
平度市刘戈庄石墨矿	刘召波	7389088		266719
河南省中牟县郑庵砂厂	杨国义	2262055		451470
从化佑陶高岭土有限公司	许文清	87875378		510940
湖南省湘衡盐矿	杨汉清	8302271		421006
华龙石材集团有限公司	王金云	3391910		157616
青岛石墨股份有限公司	蒲忠民	3431085		266613
湖北银光盐化有限公司	钟亮宽	3223713	2410	432404
河北省矾山磷矿	王玉山	6750013		075641
青岛黑龙石墨有限公司	车坚亭	6376666		266719
禹州市苌庄乡铝矾土矿	赵全忠	8761118		461692
木材及竹材采运业				
吉林敦化丹峰林业有限公司	周全恩	6209781		133714
吉林省临江林业局	张显成	5224377		134600
大兴安岭新林业局	白胜文	2725141		165023
大兴安岭西林吉林业局	吴玉波	2737012		165300
吉林省三岔子林业局	李风春	3748380		134702
黑龙江省大海林林业局	张德安	7550048		157125
大兴安岭地区塔河林业局	潘录	2729001		165200
吉林省白河林业局	李瑞森	5718216		133613
吉林森林工业股份有限公司红石林业分公司	石国新	2023459		132400
松江河林业有限公司	宫喜福	6311115		134504
大兴安岭图强林业局	潘录	2756988		165301

企业名录一览表

企业所在地区	企业详细地址	主要产品（主要业务活动）
江西省宜春市樟树市	洋湖	精制盐、硫酸钠
山东省烟台市莱州市	莱州镇土山村	原盐
江苏省南京市下关区		白云石、金属镁
浙江省湖州市市辖区	道场乡政府内	块石、石子、塘渣
山东省青岛市平度市	张舍	石墨
江苏省宿迁市宿豫县	皂河三湾	黄砂开采
广东省茂名市化州市	文楼	石米、双飞粉
湖南省衡阳市衡阳县	井头镇	建筑材料
重庆市万州区	观音岩1号	盐
广西桂林市临桂县	临桂镇居民委员会	滑石块、滑石粉、纸袋
河南省郑州市荥阳市	崔庙镇崔庙村	石灰石
山东省青岛市平度市	刘戈庄	石墨
河南省郑州市中牟县	郑庵镇小庄村	水洗砂、水洗砂
广东省广州市从化市	鳌头镇	陶瓷原料
湖南省衡阳市郊区	茶山坳	精制盐
黑龙江牡丹江市林口县	楚山	花岗岩荒料、成品墓碑石
山东省青岛市莱西市	南墅	鳞片石墨
湖北省孝感市应城市	四里棚盐环路490号	加工盐、无水硫酸钠
河北省张家口市涿鹿县	矾山镇孟家窑村	磷矿采选
山东省青岛市平度市	西石岭	石墨
河南省许昌市禹州市	苌庄乡缸瓷窑村民委员会	铝矾土
吉林省延边朝鲜族自治州敦化市	丹江街16	木材、锯材、人造板
吉林省白山市临江市	南围子	木材、刨花板、细木工板
黑龙江大兴安岭地区新林区	新林	木材
黑龙江大兴安岭地区漠河县	西林吉	木材采运
吉林省白山市江源县	三岔子林昌街1号	木材、锯材、胶合板
黑龙江牡丹江市海林市	长汀	木材
黑龙江大兴安岭地区塔河县	塔河镇	木材
吉林省延边朝鲜族自治州安图县	二道白河	木材、锯材、刨花板
吉林省吉林市桦甸市	红石镇	木材
吉林省白山市抚松县	松江河	木材、锯材、纤维板
黑龙江大兴安岭地区漠河县	图强	木材

2000年部分限额以上

企业名称	法人代表	电话	分机	邮政编码
松岭林业局	王学义	2721001		165012
黑龙江省海林林业局	王振民	7322574		157100
黑龙江省柴河林业局	许海沧	7520521		157131
内蒙古根河林业局	鹿占山	7442161		022350
大兴安岭地区十八站林业局	李彦平	2745207		165201
大兴安岭呼中林业局	刘树山	2733086		165036
内蒙古金河林业局	王财	7466013		022359
吉林省露水河林业局	冯顺福	6369104		134506
黑龙江省东方红林业局	马万章	5912312		158402
内蒙古莫尔道嘎林业局	孙瑞	7444241		022191
黑龙江省东京城林业局	张旭东	7919317		157421
黑龙江省朗乡林业局	徐中泰	2874082		152519
吉林省汪清林业局	王悦山	8813077		133200
大兴安岭阿木尔林业局	李文顺	2751218		165302
吉林省大石头林业局	王铁华	6508416		133702
黑龙江省方正林业局	黄德昌	7194314		150822
黑龙江省友好林业局	岳维祥	3692278		153031
内蒙古阿龙山森工公司	陈显明	7469889		022362
吉林省和龙林业局	廉云铉	4233283		133500
内蒙古满归林业局	张良武	7461359		022363
吉林省白石山林业局	田关喜	7051411	2454	132503
吉林省泉阳林业局	石国新	6515324		134505
黑龙江省汤旺河林业局	安忠辉	3532929		153037
内蒙古图里河林业局	吴国良	7449201		022167
黑龙江省山河屯林业局	王东旭	3572862		150232
黑龙省伊春市新青林业局	董仲喜	3562653		153036
内蒙古阿里河林业局	刘洪国	5693293		165450
本溪满族自治县国有林场工业有限公司	宫伟	6822728		117100
内蒙古甘河林业局	袁会春	7481116		165419
尚志市亚布力林业局	侯得中	3393040		150631
黑龙江省穆棱林业局	岳宝昌	3065201		157513
建瓯市林业总公司	林恒茂	3832875		353100
黑龙江省林口林业局	赵学海	3300423		157621

企业名录一览表

企业所在地区	企业详细地址	主要产品（主要业务活动）
黑龙江大兴安岭地区松岭区	松岭	木材采运
黑龙江牡丹江市海林市	海林新华街96号	木材、锯材、胶合板
黑龙江牡丹江市海林市	柴河	木材、锯材、胶合板
内蒙古呼伦贝尔盟根河市	中央	木材采运、刨花板、锯材
黑龙江大兴安岭地区塔河县	十八站	木材
黑龙江大兴安岭地区呼中区	呼中	木材采运
内蒙古呼伦贝尔盟根河市	金河建设	木材
吉林省白山市抚松县	松江河正阳	木材采运
黑龙江鸡西市虎林市	东方红镇	木材采运
内蒙古呼伦贝尔盟额尔古纳市	莫尔道嘎	木材采运
黑龙江牡丹江市宁安市	东京城振兴路	木材采用
黑龙江伊春市铁力市	朗乡镇林城街	木材、人造板、锯材
吉林省延边朝鲜族自治州汪清县	东振路14号	锯材
黑龙江大兴安岭地区漠河县	劲涛镇	木材采运
吉林省延边朝鲜族自治州敦化市	大石头	木材、锯材、胶合板
黑龙江哈尔滨市方正县	大罗密镇高楞村	木材采运
黑龙江伊春市友好区	东升街	木材、胶合板、水泥
内蒙古呼伦贝尔盟根河市	阿龙山解放路	木材
吉林省延边朝鲜族自治州和龙市	文化街民安委11号	木材、锯材
内蒙古呼伦贝尔盟根河市		木材
吉林省吉林市蛟河市	白石山白林路45号	木材、锯材、胶合板
吉林省白山市抚松县	泉阳	木材采运
黑龙江伊春市汤旺河区	汤旺河	木材、刨花板、装饰板
内蒙古呼伦贝尔盟牙克石市	图里河	木材
黑龙江哈尔滨市五常市	山河镇山河屯林业地区	木材、锯材、纤维板
黑龙江伊春市新青区	兴安	木材采运
内蒙古呼伦贝尔盟鄂伦春自治旗	阿里河	木材采运
辽宁省本溪市本溪满族自治县	小市镇长江路392号	木材采运、林付产品加工销售
内蒙古呼伦贝尔盟鄂伦春自治旗	甘河	木材、锯材、纤维板
黑龙江哈尔滨市尚志市	亚布力镇	木材采运、蚀花板、木制品
黑龙江牡丹江市穆棱市	穆棱	木材、木材机械加工
福建省南平市建瓯市	解放路179号	木材
黑龙江牡丹江市林口县	古城二村	木材、木制品、花岗石荒料

2000年部分限额以上

食品加工业

企业名称	法人代表	电话	分机	邮政编码
福建省泰宁县林业总公司	欧阳玉健	7832401		354400
黑龙江省沾河林业局	陈忠祥	6353888		164133
黑龙江省迎春林业局	王常文	5948234		158403
黑龙江省鹤北林业局	邓恩元	6081645		154212
吉林省天桥岭林业局	姚世家	8412488		133204
黄泥河林业有限公司	谭大维	6552674		133704
食品加工业				
双汇实业集团有限责任公司	万隆	2622616		462000
山东金锣企业集团总公司	周连奎	8692769		276036
诸城市大龙实业有限公司	王金友	6063672		262200
东海粮油(张家港)工业有限公司	王克义	8381018		215634
吉林德大有限公司	王秀林	7201013		130300
东山华农食品有限公司	周建福	5860677		363400
上海大江(集团)股份有限公司	李绍祝	57817650		201600
山东华盛集团总公司	王廷江	8252152		276017
大连华农集团有限责任公司	李广富	7260169		116101
南海油脂工业(赤湾)有限公司	郭连海	6694322	272	518068
丹徒县龙山鳗业联合公司	黄澄清	3511370	8838	212142
秦皇岛正大有限公司	王国安	5051102	2007	066200
青岛正大有限公司	卢月胜	5017548		266109
南海龙光集团公司	冯成桂	6332168	289	528200
上海嘉里粮油工业有限公司	潘昆利	58712277		201208
大成食品（大连）有限公司	陈清湾	5250495		116308
得利斯集团公司	郑和平	6401234	9030	262216
黑龙江正大实业有限公司	姜鸿斌	7351941		150525
内蒙古草原兴发股份有限公司	张振武	3512279		024076
南宁糖业股份有限公司	熊可模	4910567		530031
正大集团(天津)实业有限公司	李建成	25327581		300457
烟台龙大企业集团	宫学斌	7710334		265209
山东风祥集团总公司	刘学景	6775260	3007	252325
北海粮油工业(天津)有限公司	张振涛	25350834	3053	300454
山东崮山水产集团公司	邹积明	5382007		264207
南京雨润肉食品公司	祝义才	6802757		210041

企业名录一览表

企业所在地区	企业详细地址	主要产品（主要业务活动）
福建省三明市泰宁县	杉城镇金湖西路28号	竹木采伐、林产化工、机制纸
黑龙江黑河市五大连池市	沾河林业局	木材采运
黑龙江鸡西市虎林市	迎春镇	木材采运
黑龙江鹤岗市萝北县	鹤北	木材、锯材
吉林省延边朝鲜族自治州汪清县	天桥岭镇	木材
吉林省延边朝鲜族自治州敦化市	黄泥河	木材、锯材、胶合板
河南省漯河市源汇区	人民东路100号	火腿肠、牛肉、鲜冻猪肉
山东省临沂市兰山区	半程	猪鸡屠宰、大豆分离蛋白
山东省潍坊市诸城市	密州路东首	冻鸡、混合饲料、玉米淀粉
江苏省苏州市张家港市	中兴	食用油
吉林省长春市德惠市	京哈公路1149公里	鸡肉、饲料、豆佰
福建省漳州市东山县	西埔镇白石街石坛路	烤鳗
上海市松江区	松江镇谷阳南路26号	肉制品加工业、配混合饲料
山东省临沂市罗庄区	沈泉庄	日用陶瓷、建筑陶瓷、肉食品
辽宁省大连市金州区	石河镇石河村461号	豆油、豆粕、大豆卵磷脂
广东省深圳市南山区	赤湾	食用油
江苏省镇江市丹徒县	黄墟镇丹徒县	烤鳗、鳗鱼、甲鱼饲料
河北省秦皇岛市山海关区	城东路30号	饲料、肉品、雏鸡
山东省青岛市城阳区	城阳镇后桃林村	饲料
广东省佛山市南海市	桂城南海大道经委大楼	制糖、造纸、发电
上海市浦东新区	东沟镇东塘路168号	食用植物油
辽宁省大连市瓦房店市	炮台三家子	饲料、冻鸡肉、鸡雏
山东省潍坊市诸城市	城昌城西老庄	低温肉制品
黑龙江哈尔滨市呼兰县	利民镇裕田村	鲜鸡肉 、鸡猪饲料、大豆色拉油
内蒙古赤峰市元宝山区	平庄	饲料、鸡肉、牛羊肉系列
广西南宁市江南区	亭洪路48号	机制糖、机制纸、酒精
天津市塘沽区	开发区洞庭路149号	豆油制造、豆粕制造
山东省烟台市莱阳市	龙旺庄镇东庙后村	保鲜蒜台、速冻芋仔、速冻菠菜
山东省聊城市阳谷县	安乐镇刘庙村	冻鸡、饲料
天津市塘沽区	胡北路2号增1号	精炼食用植物油
山东省威海市环翠区	崮山镇	水产品加工
江苏省南京市雨花台区	沙洲街道双和村	肉食品

2000年部分限额以上

食品制造业

企业名称	法人代表	电话	分机	邮政编码
河南华英禽业集团股份有限公司	曹家富	3931030		465150
博兴县渤海油脂工业有限公司	舒中峰	2325654		256500
鄂州武昌鱼集团有限责任公司	付小安	3223366	2707	436000
湖南正虹饲料有限公司	吴明夏	5223245		414418
大庆金锣食品股份有限公司	李瑛	6358830		163453
威海市新港水产总公司	李百建	5261861		264201
博兴县植物油厂	刘连民	2510246		256505
大地集团公司	李德永	3401137		221116
青岛嘉里植物油有限公司	郭建海	3843600		266021
四川省绵竹龙蟒矿物资饲料集团有限公司	李家权	6205484		618200
大连连王连大油脂有限公司	王传宝	3290093		116203
辽宁大成农牧实业有限公司	陈清淳	25833083	202	110141
广西贵糖（集团）股份有限公司	杨和荣	4214012	22042	537102
大连粮食工业总厂	曲忠厚	6430906		116035
正大康地(蛇口)有限公司	黄正纲	6851238	8206	518067
四川嘉里粮油工业有限公司	郭建海	5866333	202	610211
南通宝港油脂发展公司	陈保存	5539968		226006
营口渤海油脂工业有限公司	符志棠	6268388	239	115007
湖南唐人神集团股份有限公司	陶一山	8591298		412002
江门甘蔗化工厂(集团)股份有限公司	周润	3361611	412	529075
广东正大康地有限公司	陈宗海	82300823	327	510660
北京市顺义区肉类联合加工厂	冯庆森	69472616		101300
文登市前岛渔业公司	孙连国	8781094		264404
东莞市东糖集团公司	陈尧森	8812123	3362	523243
食品制造业				
上海光明乳业有限公司	王佳芬	64041393		200032
河南省莲花味精企业集团	李怀清	4321866	6160	466200
椰树集团有限公司	王光兴	6777124		570102
河南省南街村有限公司	耿付杰	8011274		462600
箭牌口香糖有限公司	WILLIAM W	82218816		510730
双城雀巢有限公司	贺永勤	3123734		150100
昆山统一企业食品有限公司	萧逢时	7310333		215300
菱花集团公司	江保安	2080655		272073

企业名录一览表

企业所在地区	企业详细地址	主要产品（主要业务活动）
河南省信阳市潢川县	城关镇中山街居委会	鸭产品、饲料、羽绒
山东省滨州市博兴县	博兴县外向型工业园	色拉油
湖北省鄂州市鄂城区	南浦路南浦路92号	肉制品、水产品、化学药品
湖南省岳阳市汨罗市	屈原农场营田	混合饲料、配合饲料
黑龙江大庆市让胡路区	西宾路47号	生猪屠宰、火腿肠
山东省威海市环翠区	孙家疃	水产品加工
山东省滨州市博兴县	陈户镇纯梁	豆油、豆粕
江苏省徐州市铜山县	铜山	食用植物油、花生蛋白、豆奶粉
山东省青岛市市北区	登州路	食用植物油
四川省德阳市绵竹市	清道镇保水	磷酸氢钙、普通过磷酸钙、硫酸
辽宁省大连市普兰店市	泡子乡谷泡村	豆油、大豆粕
辽宁省沈阳市于洪区	太湖街23号	饲料、鸡肉
广西贵港市港北区	贵城人民西路	机制糖、机制纸、酒精
辽宁省大连市甘井子区	革镇堡	食用植物油
广东省深圳市南山区	蛇口工业区港湾大道	混合饲料
四川省成都市双流县	白家高碑	食用油、饲料
江苏省南通市崇川区	狼山港区	食用植物油加工
辽宁省营口市鲅鱼圈区	港内1号	植物油、豆粕
湖南省株洲市芦淞区	株董路	饲料
广东省江门市蓬江区	北街甘化	机制糖、机制浆、机制纸
广东省广州市天河区	东圃镇黄埔大道路段	饲料
北京市顺义区	南法信地区焦各庄	屠宰生猪
山东省威海市文登市	泽库前岛	水产品加工
广东省东莞市	中堂镇槎滘管理区	机制甘蔗糖、高活性干酵母
上海市徐汇区	枫林路251号	液态奶、乳制品、软饮料
河南省周口市项城市	水寨镇交通中路27号	味精
海南省海口市新华区	龙华路41号	硬罐头、软罐头、矿泉水等
河南省漯河市临颍县	城关镇邢庄村	食品制造
广东省广州市黄埔区	夏港开发区友谊路	口香糖
黑龙江哈尔滨市双城市	双城镇承旭村	乳制品
江苏省苏州市昆山市	青阳南路	方便面
山东省济宁市任城区	柳行	味精

2000年部分限额以上

企业名称	法人代表	电话	分机	邮政编码
天津顶益国际食品有限公司	魏应交	25325954	1336	300457
内蒙古伊利实业股份有限公司	郑俊怀	3901403		010080
石家庄三鹿集团股份有限公司	田文华	7044184		050071
椰树集团海南椰汁饮料有限公司	王光兴	6773448		570102
长春大成玉米开发有限公司	徐周文	7870773		130111
黄龙食品工业有限公司	刘少敏	6215466	317	136100
佛山市海天调味食品有限公司	庞康	2832370		528000
露露集团有限责任公司	王宝林	2066791	3065	067000
北京三元食品有限公司	邢春华	64071305		100009
爱芬食品(北京)有限公司	司徒克林	61667410		101407
广西黑五类食品集团公司	韦清文	5321628		537500
杭州顶益国际食品有限公司	魏应交	6910122	3062	310018
滨州金汇玉米开发有限公司	王金友	3513128		256651
上海太太乐调味品有限公司	孙小琦	59136475		201812
沈阳顶益国际食品有限公司	魏应交	25815242		110041
山东青援食品集团有限公司	徐传亮	2252837		276401
华龙食品集团有限公司	范现国	6581588		055350
河南省科迪食品有限公司	张青海	4471193		476343
上海晨光食品工业有限公司	施恭旗	59760788	203	201702
广州番禺糖果有限公司	黎鉴星	84732801	242	511400
重庆顶益国际食品有限公司	刘晓萱	62826999	5210	400060
英特儿营养乳品有限公司	麦惠舜	58990899	2309	201206
江苏梁丰食品集团公司	蔡兴华	8221624		215600
青岛大洋食品集团公司	藏剑士	4852760		266042
山东龙丰集团公司	宋学俊	8526068		265701
广东省燕塘企业总公司	祝启明	87705560	2118	510507
黑龙江省完达山企业集团乳品有限公司	姜夏	5086002		158307
上海市达能饼干食品有限公司	秦鹏	64823280		200233
天津顶园国际食品有限公司	吴茂森	25322478		300457
联合饼干(中国)有限公司	韦利成	6696573	273	518067
北京统一食品有限公司	韩余增	60772828		102206
上海不凡帝糖果有限公司	潘龙	64626300	211	200245
广州奥桑味精食品有限公司	陈光松	84318368	2008	510280

企业名录一览表

企业所在地区	企业详细地址	主要产品（主要业务活动）
天津市塘沽区	开发区第五大街20号	方便面制造
内蒙古呼和浩特市玉泉区	泉源巷31号	冷冻饮品、乳制品、液体乳
河北省石家庄市新华区	和平西路539号	奶粉
海南省海口市新华区	龙华路41号	椰树牌天然椰子汁
吉林省长春市宽城区	宽城区西	玉米淀粉、蛋白粉饲料
吉林省四平市公主岭市	文化街	玉米淀粉、蛋白粉、颗粒饲料
广东省佛山市城区	文沙路16号	酱油、蚝油、酱醋味精等
河北省承德市双桥区	石洞子沟翠桥街路南6号	杏仁露
北京市西城区	鼓楼西大街75号	液态奶、乳酸饮料、奶粉
北京市怀柔县	雁栖工业开区	糖果、宠物食品
广西玉林市容县	容城	黑芝麻糊
浙江省杭州市江干区	下沙经济技术开发区	方便面
山东省滨州市滨城区	滨城经五路5号	玉米、淀粉
上海市嘉定区	封浜镇新华村	味精、酱油
辽宁省沈阳市于洪区	台湾街15号	方便面
山东省临沂市沂水县	沂博路39号	饼干、方便面、糖果
河北省邢台市隆尧县	莲子镇西范	方便面
河南省商丘市虞城县	利民乡张楼村委会	罐头、方便面、速东冷饮
上海市长宁区	北翟路299号	膨化食品
广东省广州市番禺区	沙湾	胶姆糖、糖果
重庆市南岸区	七小区丹龙路77号	方便面
上海市浦东新区	金桥出口加工区宁桥路18号	乳制品
江苏省苏州市张家港市	杨舍	巧克力
山东省青岛市四方区	四方四流南路9号	花生制品、干燥菜、水产品
山东省烟台市龙口市	城关	方便面主食品、小麦粉
广东省广州市天河区	燕岭路	乳制品、葛根素注射液、兽药
黑龙江鸡西市密山市	完达山企业集团乳品有	乳制品
上海市徐汇区	漕河泾镇漕宝路440号	饼干
天津市塘沽区	开发区洞庭路161号	饼干
广东省深圳市南山区	蛇口工业七路	饼干
北京市昌平区	沙河镇西沙屯	方便主食品
上海市闵行区	绿春路318号	糖果
广东省广州市海珠区	工业大道南石头南基村	味精

2000年部分限额以上

饮料制造业

企业名称	法人代表	电话	分机	邮政编码
珠海市益力集团公司	陈荣高	5222452		519125
东莞徐记食品有限公司	徐乘	2268948		523118
广州顶益国际食品有限公司	魏应元	82230331		510730
河南裕恒食品有限公司	赵启三	53224465		466321
广州麦芽有限公司	欧伟明	82212497		510730
沈阳红梅企业集团有限责任公司	姜月恒	25820480		110026
兖州市雪花淀粉集团公司	李庆思	3866285		272103
华纳（广州）有限公司	乔力勤	82220771	8203	510730
江苏菊花味精集团公司	缪正兴	8481288		215612
饮料制造业				
四川省宜宾五粮液集团有限公司	王国春	3553988	5332	644007
维维集团	崔桂亮	3290169		221003
杭州娃哈哈集团公司	宗庆后	6039921		310016
北京燕京啤酒集团公司	李福成	89492654	6692	101300
广东健力宝饮料有限公司	李经伟	7721102		528100
青岛啤酒集团有限公司	李桂荣	5711119		266071
广州市珠江啤酒集团公司	杨荣明	84206636	420	510308
烟台张裕集团有限公司	孙利强	6242258		264000
河南仰韶集团有限公司	费国华	4812881		472400
乐百氏(广东)食品饮料有限公司	伊盛盟	2101803	313	528415
中国贵州茅台酒厂(集团)有限责任公司	季克良	2386074		564501
上海市可口可乐(中国)饮料公司	郑铭心	50311188		201206
黑龙江华润金玉实业有限公司	吴学军	7714809	2004	151100
四川剑南春集团有限责任公司	田德举	6202268		618200
四川省成都全兴酒厂	杨肇基	7513999		610036
四川沱牌集团有限公司	李家顺	6766868		629209
泸州老窖集团有限责任公司	袁秀平	2296262	2609	646000
上海市申美饮料食品有限公司	翁懋	50311688	2415	200245
四川蓝剑集团	曾清荣	8282700		618400
广东太古可口可乐有限公司	施逸伦	82296288	8614	510700
上海百事可乐饮料有限公司	陈秋芳	64303280		200245
福建惠泉啤酒集团股份有限公司	程汉川	7387699		362100
山东兰陵企业(集团)总公司	崔学文	8307733		276004

企业名录一览表

企业所在地区	企业详细地址	主要产品（主要业务活动）
广东省珠海市斗门县	井岸	味精、白砂糖、瓦楞纸
广东省东莞市	东城区街道办事处周屋	糖果、点心、果冻
广东省广州市黄埔区	广州开发区东区宏明路	方便面
河南省周口市沈丘县	付井镇付井村	金丝猴系列糖果
广东省广州市黄埔区	夏港开发区创业路2号	麦芽、饲料
辽宁省沈阳市铁西区	卫工北街44号	味精、酱油、菌休蛋白
山东省济宁市兖州市	王因镇娄庄	淀粉
广东省广州市黄埔区	夏港开发区东基工业区	嘉绿仙、何氏润喉糖、舒适刀片
江苏省苏州市张家港市	港口	味精
四川省宜宾市翠屏区	岷江北路150号	白酒、印刷、药品
江苏省徐州市铜山县	建国东路205号	豆奶粉、食用油、饮料
浙江省杭州市江干区	四季青镇秋涛路128-1号	软饮料、果奶
北京市顺义区	仁和地区办事处	啤酒
广东省佛山市三水市	健力宝南路	无酒精饮料
山东省青岛市市南区	东海路35号	啤酒
广东省广州市海珠区	新港东路	啤酒
山东省烟台市芝罘区	世回尧路174号	葡萄酒
河南省三门峡市渑池县	城关镇会盟大道北街	白酒、纸箱、瓶盖
广东省中山市	小榄镇菊城大道东30号	其它饮料制造
贵州省遵义市仁怀市	茅台镇河滨街	贵州茅台酒、贵州醇
上海市浦东新区	桂桥路539号	碳酸饮料
黑龙江绥化市肇东市	肇东肇兰路18号	酒精、玉米油
四川省德阳市绵竹市	剑南镇剑南春西路	白酒、片剂、酊水
四川省成都市金牛区	土桥	白酒
四川省遂宁市射洪县	柳树镇	白酒
四川省泸州市江阳区	桂花街46号	泸州老窖国窖酒、泸州老窖特曲
上海市闵行区	文景路251号	碳酸饮料
四川省德阳市什邡市	元石镇双槐村	啤酒、饮料、包装装璜
广东省广州市黄埔区	港前路2号	可口可乐系列
上海市闵行区	文井路288号	可乐型、柠檬型、果味型汽水
福建省泉州市惠安县	建设大街157号	啤酒
山东省临沂市兰山区	沂蒙路426号	饮料酒、酒精

2000年部分限额以上

烟草加工业

企业名称	法人代表	电话	分机	邮政编码
哈尔滨啤酒有限公司	李文涛	5302453	4204	150030
山西省杏花村汾酒集团公司	高玉文	7229920		032205
沈阳华润雪花啤酒有限公司	王群	25877591	226	110021
重庆啤酒（集团）有限责任公司	华已兴	68611557		400039
江苏维桑集团	肖丰	2760144		221003
天津可口可乐饮料有限公司	陈奇伟	25328404		300457
海南椰风食品工业有限公司	刘扬武	7663998		571929
江苏风鸣集团股份有限公司	刘洪涛	4222975		221700
东莞雀巢有限公司	穆立	2404088	118	523076
北京可口可乐饮料有限公司	刘福春	67885588		100176
肇庆蓝带啤酒卢堡有限公司	梁启华	2873188	136	526040
广州百事可乐饮料有限公司	朱华煦	84223284		510300
浙江上虞茶厂	陈国柱	2150012		312351
桂林漓泉股份有限公司桂林啤酒厂	孔繁健	3832078		541002
深圳金威啤酒有限公司	袁有监	5516328		518019
中法合营王朝葡萄酿酒有限公司	何秀恒	26998888		300402
山东景芝集团公司	赵可金	4612984		262119
南京中萃食品有限公司	黎辉煌	5410950	1209	210037
张弓集团有限公司	路光	7601606		476733
百事（中国）有限公司	雪力礼	82214888	8111	510730
四川省古蔺县郎酒集团有限责任公司	付志明	7512133		646523
湖南湘泉集团有限公司	田家贵	8223397		416000
河北省冀州市旭日保健制品有限公司	刘守忠	8612532		053200
广州生力啤酒有限公司	梁伟权	86509983		510160
中国长城葡萄酒有限公司	吴谦	6232216		075400
青岛啤酒西安有限责任公司	李桂荣	6741473		710016
江苏洋河集团有限公司	杨廷栋	5433008		223725
烟草加工业				
玉溪红塔烟草(集团)有限责任公司	字国瑞	2968872		653100
上海烟草（集团）公司	董浩林	65418740	8643	200082
长沙卷烟厂	卢平	5559133		410014
昆明卷烟厂	李万兴	5818118	3137	650202
常德卷烟厂	曾献兵	7288888		415000

企业名录一览表

企业所在地区	企业详细地址	主要产品（主要业务活动）
黑龙江哈尔滨市香坊区	油坊街20号	啤酒
山西省吕梁地区汾阳市	杏花村西堡	白酒
辽宁省沈阳市铁西区	建设东路42号	啤酒
重庆市九龙坡区	石桥铺石杨路16号	啤酒
江苏省徐州市铜山县	彭城路石磊巷8号	营养粉、面粉、饲料
天津市塘沽区	洞庭路140号	碳酸饮料制造
海南省河池地区澄迈县	永发	饮料
江苏省徐州市丰县	城徐丰路1号	白酒
广东省东莞市	莞太路篁村路段123号	雀巢速溶、伴侣、1+2混合咖啡
北京市大兴县	开发区荣京东街9号	可口可乐、雪碧、芬达汽水
广东省肇庆市端州区	端州八路	啤酒
广东省广州市海珠区	新窖敦和路57号	百事、七喜、美平达
浙江省绍兴市上虞市	蒿坝镇蒿坝蒿二	珠茶
广西桂林市象山区	翠竹路	啤酒
广东省深圳市罗湖区	布心东昌路1号	啤酒
天津市北辰区	小淀村村委会津围公路	葡萄酒
山东省潍坊市安丘市	景芝景芝街	白酒、玉米淀粉
江苏省南京市玄武区	龙蟠路新庄村51-6号	碳酸饮料
河南省商丘市宁陵县	张弓镇北村村委会	白酒、酒精、印刷
广东省广州市黄埔区	金碧路金华二街	百事浓缩液
四川省泸州市古蔺县		郎酒、曲酒
湖南省湘西土家族苗族自治州	香园路19号	白酒、啤酒
河北省衡水市冀州市	冀州镇金鸡大街25号	饮料
广东省广州市荔湾区	西增路63号	啤酒
河北省张家口市怀来县	沙城镇五街	葡萄酒
陕西省西安市未央区	啤酒路一号	啤酒
江苏省宿迁市泗阳县	洋河中大街	白酒
云南省玉溪市红塔区	州城玉江路	卷烟
上海市杨浦区	许昌路1062	卷烟
湖南省长沙市雨花区	劳动东路125号	卷烟
云南省昆明市官渡区	龙泉镇右营	卷烟、烟叶复烤
湖南省常德市武陵区	洞庭大道西路199号	卷烟

2000年部分限额以上

企业名称	法人代表	电话	分机	邮政编码
曲靖卷烟厂	巍剑	3511001		655001
颐中烟草（集团）有限公司	蒲强	3837279		266021
贵州黄果树烟草(集团)有限责任公司	段兆元	5973494		550003
红河卷烟厂	邱建康	6122739		652300
广州卷烟二厂	罗松亮	81812508	640	510145
龙岩卷烟厂	卢金来	2213888	2333	364000
成都卷烟厂	龚锦华	4714977		610051
安阳卷烟厂	赵志正	3931801	1252	455004
南京卷烟厂	张岩磊	6645366		210018
厦门卷烟厂	张帝赞	5053016		361004
什邡卷烟厂	董兴顺	8216000		618400
宝鸡卷烟厂	陈晖	3214499	284	721000
济南卷烟厂	孙其泽	8260088	1308	250100
杭州卷烟厂	刘建设	6052044	5207	310008
广州卷烟一厂	成善松	84219811		510310
淮阴卷烟厂	蒋洪喜	3974676	3112	223002
昭通卷烟厂	毕志东	2130999		657000
大理卷烟厂	叶世兴	2125004	8746	671000
徐州卷烟厂	张铭业	3673208		221005
楚雄卷烟厂	张国良			675000
南昌卷烟厂	郑　伟	6523747		330009
河南省新郑卷烟厂	郑建民	2619606		451150
宁波卷烟厂	徐芳权	7332916		315040
云南省烟草烟叶公司	胡启鹏	7272666	3300	650229
张家口卷烟厂	卢瑞刚	2017836		075000
郑州卷烟厂	周朝琦	6322918	3148	450000
广西甲天下烟草（集团）有限责任公司	张克勤	3836854		545005
贵州省毕节卷烟厂	于明汉	223540	2126	551700
许昌卷烟厂	宋有申	3315331	6268	461000
湖北三峡烟草有限公司	胡学斌	6446002		443000
云南省烟草公司烟叶分公司	胡启鹏	7187535		650218
遵义卷烟厂	李力平	8624941	6216	563003
郴州卷烟厂	梅国庆	2229803		423000

企业名录一览表

企业所在地区	企业详细地址	主要产品（主要业务活动）
云南省曲靖市麒麟区	城关镇麒麟北路	卷烟
山东省青岛市市北区	华阳路	卷烟
贵州省贵阳市云岩区	如意巷25号	卷烟
云南省红河哈尼族彝族自治州	弥阳镇桃园路50号	卷烟、复烤烟叶
广东省广州市荔湾区	中山七路333号	卷烟
福建省龙岩市新罗区	西城西桥	卷烟
四川省成都市成华区	外东槐树店路4号	卷烟
河南省安阳市铁西区	殷都路南段	卷烟
江苏省南京市玄武区	杨将军巷9号	卷烟
福建省厦门市开元区	湖滨中路24号	卷烟
四川省德阳市什邡市	方亭镇外南街	卷烟、雪茄烟
陕西省宝鸡市金台区	东风路一号	卷烟
山东省济南市历城区	洪楼	硬盒将军、明九洲
浙江省杭州市上城区	中山南路77号	卷烟
广东省广州市海珠区	新港中赤	卷烟
江苏省淮阴市	大庆路32号	卷烟
云南省昭通地区昭通市	凤凰镇海楼路	卷烟
云南省大理白族自治州大理市	下关建设东路191号	卷烟
江苏省徐州市鼓楼区	环城环城路80号	卷烟
云南省楚雄彝族自治州楚雄市	鹿城镇鹿城东路	卷烟
江西省南昌市西湖区	抚生路118号	卷烟
河南省郑州市新郑市	烟厂大街16号	卷烟
浙江省宁波市江东区	东胜街道曙光路109号	卷烟
云南省昆明市官渡区	阿拉乡西邑	多烤烟叶、烟叶批发
河北省张家口市桥东区	工业路65号	卷烟
河南省郑州市管城回族区	陇海东路72号	卷烟
广西柳州市鱼峰区	屏山大道185号	卷烟
贵州省毕节地区毕节市	市东办事处望城坡	卷烟
河南省许昌市魏都区	西关大街130号	卷烟
湖北省宜昌市西陵区	游泳池巷2号	卷烟
云南省昆明市官渡区	阿拉乡西邑村	复烤烟叶
贵州省遵义市红花岗区	上海路	卷烟
湖南省郴州市北湖区	七里大道3号	卷烟

2000年部分限额以上

纺织业

企业名称	法人代表	电话	分机	邮政编码
北京卷烟厂	王平	65762415		100024
石家庄卷烟厂	严金虎	7026340		050051
广西南宁烟草(集团)有限责任公司	黄胜表	3310157		530001
云南省烟草罗平县公司复烤厂	段树苍	8212875		655800
深圳卷烟厂	卢杰英	5533525	214	518020
广东韶关卷烟厂	赖建义	8772269		512026
南阳卷烟厂	连仲祥	3223916	244	473007
兰州卷烟厂	武卫东	8465311		730030
零陵卷烟厂	蒋效拉	6228704	2277	425006
西昌卷烟厂	陈霖	2507187		615042
黔江卷烟厂	李恩华	79223395		409700
云南烟草文山州复烤厂	黄国能	2120356		663000
纺织业				
南山集团	宋作文	8616009		265718
江苏阳光集团公司	陆克平	6121888	715	214426
山东魏桥纺织集团有限公司	张士平	4731194		256212
上海申达股份有限公司	席时平	62319898	8801	200042
吴江丝绸集团公司	华建平			215200
东莞福安纺织印染有限公司	陈佛培	5532318		523840
石家庄常山纺织股份有限公司	韩希厚	6674239		050011
华芳实业总公司	秦大乾	8441711		215611
广东美雅集团股份有限公司	李国洪			529700
三毛集团公司	周建平	6121478		214426
山东龙喜集团公司	王景胜	8561364		265705
顺德金丰漂染有限公司	何标玲	7772909		528325
江苏新伍集团	孙亚平	6151260	8008	214422
山东德棉集团有限公司	王根源	2425321		253002
青岛即发集团股份有限公司	陈玉兰	8513493		266221
无锡市第一棉纺织厂	李光明	2723567		214031
江苏华纺集团公司	沈学如	8591800		215618
黑牡丹(集团)股份有限公司	曹德法	8111238		213001
无锡庆丰集团有限公司	许鲁平	2403612		214008
河南新野纺织(集团)股份有限公司	魏学柱	6221701	2207	473500

企业名录一览表

企业所在地区	企业详细地址	主要产品（主要业务活动）
北京市朝阳区	管庄西里42号	卷烟
河北省石家庄市桥西区	维明南大街1号	卷烟
广西南宁市城北区	北湖南路8号	卷烟
云南省曲靖市罗平县	罗雄镇云贵路696号	烟叶复烤
广东省深圳市罗湖区	太宁路43号	卷烟
广东省韶关市武江区	新华南路	卷烟
河南省南阳市宛城区	东关办事处仲景路49号	卷烟
甘肃省兰州市城关区	酒泉路62号	卷烟
湖南省永州市芝山区	河西街74号	卷烟
四川省凉山彝族自治州西昌市	袁家山	卷烟
重庆市黔江区	交通北路103号	卷烟
云南省文山壮族苗族自治州文山县	攀枝花乡环北路	烟叶复烤
山东省烟台市龙口市	东江	枕巾
江苏省无锡市江阴市	新桥镇何巷村	精纺呢绒、服装、毛纱
山东省滨州市邹平县	魏桥镇齐东路34号	棉纱、棉布
上海市静安区	武宁路448号	纱、布
江苏省苏州市吴江市	松陵吴江市盛泽镇	丝织品
广东省东莞市	长安镇霄边管理区	胶布、色线、色布
河北省石家庄市长安区	和平东路183号	纱、布
江苏省苏州市张家港市	塘桥镇	棉纺纱、呢绒、色织布
广东省江门市鹤山市	沙坪镇永安居委会人民西路	晴纶毛绒、晴纶条、拉舍尔毛毯
江苏省无锡市江阴市	新桥镇振新村	精纺呢绒、服装、毛纱
山东省烟台市龙口市	诸由观西台	印染布、水泥、饮料
广东省佛山市顺德市	杏坛镇新涌工业区	筒子纱漂染、印染布
江苏省无锡市江阴市	云亭镇新伍村	精纺呢绒、毛纺织
山东省德州市德城区	顺河西路18号	纱、布、印染布
山东省青岛市即墨市	市北三路4号	针织品、发制品、手套
江苏省无锡市南长区	健康路122号	棉纱、棉布
江苏省苏州市张家港市	塘市	机织纱
江苏省常州市天宁区		纱、布
江苏省无锡市崇安区	广勤路203号	棉纱、棉布、睡袋
河南省南阳市新野县	城关镇村民委员会	棉纱、棉布、床单

2000年部分限额以上

服装及其他纤维制品制造业

企业名称	法人代表	电话	分机	邮政编码
鄂尔多斯羊绒制品股份有限公司	王林祥	8523812		017000
江苏银都集团公司	王希明	3512702		224100
新疆纺织工业(集团)公司	王继文	4871333	2221	830017
中国鹰翔集团公司	徐关祥	3555588		215228
珠海市前山裕新织染厂有限公司	陈裕辉	8630634		519070
天门市金天贸工农股份有限公司	陈远豪	5236435		431700
江阴市红星集团公司	周筱晔	6884964		214400
浙江小龙纺织集团有限公司	宋根泉	3330755		313021
山东济宁樱花纺织(集团)有限责任公司	李新胜	2388016		272135
上海针织九厂	苏寿南	63737888		200025
苏州丝绸集团有限责任公司	沈文娟	7291497		215005
江苏大生集团有限公司	施黄彬	5544711	328	226002
春华锦纶纺织有限公司	陈成均	7733978		529600
宁波维科集团股份有限公司	何承命	7253690		315010
山东滨州印染集团	刘建营	3311888	2108	256617
天津纺织集团有限公司	刘宝根	23317825		300041
东莞德永佳纺织制衣有限公司	黎兆强	8821738		523138
无锡太平洋集团有限公司	王洁辛	2724741		214031
苏州锦祥纺织染整有限公司	陈远和	6291131		215106
包头鹿金羊绒制品有限公司	高丰	4171155	3233	014040
江苏茶梅灯芯绒集团有限责任公司	王根南	6654818		214445
浙江万顺集团有限公司	沈法良	3916885		313009
徐州纺织厂	胡绍述	5725197		221006
北京京棉集团有限责任公司	叶大钧	65584499	2291	100025
南阳纺织集团有限公司	李兴敏	3121951	2216	473125
宜兴市乐祺纺织印染有限公司	甄仲民	7933516	8031	214207
江苏裕纶纺织实业总公司	朱继南	4832311	3148	214500
大成纺织集团有限公司	张锡渭	8113472		213001
江苏宏大集团	徐守清	8594188		224015
新疆罗布淖尔纺织集团有限责任公司	王用来	2100284		841000
服装及其他纤维制品制造业				
上海凯托<集团>有限公司	蔡福忠	57463666		201415
雅戈尔集团股份有限公司	李如成	7425873		315011

企业名录一览表

企业所在地区	企业详细地址	主要产品（主要业务活动）
内蒙古伊克昭盟东胜市	达拉特南路102号	羊毛绒、羊绒衫
江苏省盐城市大丰市	大新路99号	床上用品、短绒
新疆乌鲁木齐市水磨沟区		棉纱、棉布、印染纱
江苏省苏州市吴江市	吴江市盛泽镇	丝织
广东省珠海市香洲区	逸仙路127号	染色牛仔布
湖北省天门市	竟陵东湖	棉纱
江苏省无锡市江阴市	澄江镇环城西路78号	色织布、人造毛皮、腈织针织绒
浙江省湖州市	东林镇	纺织品、印染、印花
山东省济宁市市中区	观音阁太白东路63号	棉纱、棉布、印染
上海市卢湾区	黄陂南路888号	针棉织品
江苏省苏州市平江区	人民路537号	丝织品、合成纤维
江苏省南通市港闸区	唐闸	纱、线、布、毛巾
广东省阳江市阳春市	春城镇春江大道122	尼龙丝袜、尼龙丝、纸箱
浙江省宁波市海曙区	鼓楼街道和义路99号	纱、布、针织衫裤
山东省滨州市滨城区	黄河二路819号	纯棉、混纺、纯化纤印染布
天津市和平区	赤峰道33	纺织品及加工、商业物资批发零售
广东省东莞市	麻涌镇德永佳工业城	棉、TC针织染整布、染整棉纱毛线
江苏省无锡市南长区	健康路203号	色织布、毛巾、纺织器材
江苏省苏州市吴县市	渡村镇	羊毛衫
内蒙古包头市东河区	巴彦塔拉大街东河南	羊绒纱
江苏省无锡市江阴市	璜土镇璜石路18号	灯芯绒、织布、服装
浙江省湖州市	南浔镇适园路	通信电缆、毛纱谩
江苏省徐州市泉山区	西关纺织中路2号	纱、布
北京市朝阳区	八里庄东里 1 号	棉纱、布
河南省南阳市宛城区	白河镇长江路200号	棉纱、棉布
江苏省无锡市宜兴市	丁蜀镇	纺织印染
江苏省泰州靖江市	靖城镇纺织路1号	棉纱、棉布
江苏省常州市天宁区	古村街道	棉纱、棉布
江苏省盐城市城区	张庄仓头	毛绒
新疆巴音郭楞蒙古自治州库尔勒市	石化路	纯棉纱、纯棉布、棉浆粕
上海市奉贤县	庄行镇华严开发	服装制造
浙江省宁波市鄞县	石矸镇雅戈尔大道1号	衬衫

2000年部分限额以上

企业名称	法人代表	电话	分机	邮政编码
常熟市康博制衣总厂	高德康	2532888	6807	215532
江苏综艺股份有限公司	昝圣达	6563931		226376
高丰纺织染联合企业有限公司	杨敏德	8682222	3317	528500
厦门进雄企业有限公司	李胤宰	6022106	1115	361006
宁波杉杉集团有限公司	郑永刚	7711333		315040
潮阳市桂光集团有限公司	张桂溪	7612401		515159
江苏晨风集团股份有限公司	尹国新	2828282		213224
青岛三湖制鞋有限公司	朴渊九	2590101		266232
宁夏圣雪绒国际企业集团公司	霍继红	5046307		750001
大杨企业集团	李桂莲	3450093		116215
河北帝贤针纺集团公司	王淑贤	3011523		067400
江苏江南化纤集团有限公司	陶国平	5481181		215143
江苏老三集团公司	姚幼卿	8813818		213018
红豆集团	周耀庭	8761888		214199
花都市伟豪时装有限公司	许仲宽	86861530		510800
上海华东制衣集团	周仁飞	68267821		201325
湖北美尔雅纺织服装实业（集团）公司	罗日炎	6360242		435003
宁波申洲织造有限公司	马宝兴	6885510		315800
河北兴达集团有限公司	裴全根	8224135		053100
湖北幸福实业股份有限公司	周作桃	6641563		433100
江苏虎豹集团公司	蒋茂远	7840090		225127
青岛共和针织服装有限公司	管泽禄	8581118		266200
平湖市茉织华实业发展有限公司	李勤夫	5700777	888	314205
广东省东莞市通达实业总公司	叶树棠	6612602		523321
沈阳黎明服装集团公司	王宏明	86203487		110032
天津星湖实业有限公司	权东七	24994177		300300
茉织华实业(集团)有限公司	李勤夫	5700777		314205
湖北天宇时装有限公司	张晓林	4861929		431705
江苏琴曼集团公司	孙志丁	7941598	3020	225126
耐克(苏州)体育用品有限公司	菲力普耐	3539898	2101	215400
江苏香塘集团有限公司	顾建平	3293152		215425
江苏吴中实业股份有限公司	赵唯一	5272131		215007
普宁市雷伊股份有限公司	陈鸿成	2357888		515322

企业名录一览表

企业所在地区	企业详细地址	主要产品（主要业务活动）
江苏省苏州市常熟市	白茆	绒服
江苏省南通市通州市	兴东镇黄金村	服装、木材、软件
广东省佛山市高明市	沿江路11号	棉纱、棉布、成衣
福建省厦门市湖里区	悦华路151号	帐篷
浙江省宁波市江东区	百丈街道百丈东路158号	西服、时装、衬衫
广东省汕头市潮阳市	上堡居委会	服装
江苏省常州市金坛市	五叶镇	丝绸服装
山东省青岛市即墨市	蓝村府前街4号	旅游鞋
宁夏银川市城区	解放西街119号	羊绒衫、羊绒纱
辽宁省大连市普兰店市	杨树房镇杨树房村	服装
河北省承德市承德县	下板城镇新兴居委会	针织服装
江苏省苏州市吴县市	黄埭镇	涤纶短丝
江苏省常州市郊区	雕庄	针织服装、针织胚布
江苏省无锡市锡山市	港下镇港下镇居委	服装、摩托车
广东省广州市花都区	新华	加工服装
上海市南汇县	东海镇东朝路64号	服装制造
湖北省黄石市下陆区	南湖桂林	服装、纺织
浙江省宁波市北仑区	开发区塘湾工业区	服装制造
河北省衡水市枣强县	枣强东坏中路19号	制鞋
湖北省潜江市	张金	服装
江苏省扬州市邗江县	汊河	衬衫、西服、内衣
山东省青岛市即墨市	南龙湾	针织品
浙江省嘉兴市平湖市	新仓镇新仓工业区	服装、服装辅料、电子元件
广东省东莞市	石龙镇石龙红棉二马路6号	企业管理、餐饮、刺绣印花
辽宁省沈阳市皇姑区	昆山中路10号	服装、毛织品
天津市东丽区	新立镇	旱冰鞋
浙江省嘉兴市平湖市	新仓镇	服装
湖北省天门市	九真	服装
江苏省扬州市邗江县	蒋王	琴曼衬衫、西服、皮装
江苏省苏州市太仓市	太仓	耐克运动鞋
江苏省苏州市太仓市	归庄镇	工艺拖鞋
江苏省苏州市吴县市	城区	服装
广东省揭阳市普宁市	军埠军埠	服装

2000年部分限额以上

皮革、毛皮、羽绒及其制品业

企业名称	法人代表	电话	分机	邮政编码
山东金泉发展集团总公司	张建伟	5366136	8001	264206
浙江嘉兴丝绸股份有限公司	周国建	2089227		314000
罗定市华天龙制衣厂有限公司	郭彩婵	3825198		527200
北京顺美服装股份有限公司	李长友	64609988		100028
宝安盛昶鞋业有限公司	葛爱堂	7099970	132	518105
广州市智盛制衣有限公司	黄绪	86812701		510800
江苏雅鹿实业股份有限公司	顾振华	3820580		215428
江苏云蝠集团	郭健	6321666		214413
江苏东方国际集团公司	蒋学明	3851388		215236
苏州龙华服装有限公司	周荣清	6211555		215164
江苏AB集团有限责任公司	周惠明	7891804		215347
无锡光明(集团)有限公司	赵启文	2812545		214031
湖北多佳(集团)股份有限公司	杨立康	3862587		436000
远东实业股份有限公司	李晓卫	6984685		213015
皮革、毛皮、羽绒及其制品业				
福州市顺大运动用品有限公司	梅村建二	3621791		350014
福建清禄鞋业有限公司	梅村建二	3688888	8713	350015
河北省辛集市皮革商业城集团公司	刘运铎	3223371		052360
江苏森达集团公司	朱相桂	6213511		224700
河南鞋城皮革制品有限公司	崔庆义	7585189		477293
番禺创信鞋业有限公司	吴振昌	34931988		511473
青岛泰光制鞋有限公司	金风九	6491140	232	266604
福建三丰鞋业有限公司	王秋雄	3497668	8349	350018
葆祥国际服装中心试验厂	张葆祥	7768648	5132	050071
河北省辛集市制革工业区	王占英	3232122		052360
莆田县荔丰鞋业开发有限公司	王秋雄	3991998		351119
广州欣昌鞋业有限公司	何树滋	82386985		510725
青岛大明皮革有限公司	李光沐	2212449		266300
丰源制靴大连有限公司	南清一	7677620	138	116100
广州万邦鞋业有限公司	陈锦郎	86029291		510440
青岛世原鞋业有限公司	申奇东	6239240		266323
福建协丰鞋业有限公司	王秋雄	2894210		351131
番禺世门手袋有限公司	朴股宽	84754777		511434

企业名录一览表

企业所在地区	企业详细地址	主要产品（主要业务活动）
山东省威海市环翠区	温泉	服装、喷胶棉、
浙江省嘉兴市秀城区	东门街道中山东路22号	服装制品
广东省云浮市罗定市	罗城镇泷洲北路	机恤套装、波裤、泳衣
北京市顺义区	仁和地区办事处梅沟营	服装
广东省深圳市宝安区	松岗蚌岗路67号	进料加工
广东省广州市花都区	新华镇新华路109号	生产、加工各类成衣
江苏省苏州市太仓市	鹿河镇太仓	茄克衫
江苏省无锡市江阴市	顾山镇人民路	羊毛衫
江苏省苏州市吴江市	桃源镇经济开发区	丝绸服装
江苏省苏州市吴县市	胥口镇新胥路	生产服装
江苏省苏州市昆山市	正仪镇	针织内衣
江苏省无锡市南长区	运河东路边148号	衬衫、T恤、其他服装
湖北省鄂州市鄂城区	凤凰	服装
江苏省常州市钟楼区	清潭街道	服装
福建省福州市晋安区	鼓山福兴投资区	运动鞋
福建省福州市马尾区	马尾区开发区上岐路1号	运动鞋
河北省石家庄市辛集市	田家庄乡商业城	皮衣、手套
江苏省盐城市建湖县	近湖乡建湖镇湖中南路	男女皮鞋
河南省周口市鹿邑县	玄武镇涡北村	黄牛皮软面革、旅游鞋
广东省广州市番禺区	灵山镇九比村	运动鞋、运动凉鞋、休闲鞋
山东省青岛市莱西市	李权庄	旅游鞋
福建省福州市仓山区	仓山城门	运动鞋
河北省石家庄市新华区	友谊北大街332号	裘皮、革皮、面料服装
河北省石家庄市辛集市	辛集镇锚营村西	轻革业
福建省莆田市莆田县	梧塘	鞋
广东省广州市黄埔区	大沙	牛皮工作鞋
山东省青岛市胶州市	庄里头村东	层皮加工
辽宁省大连市甘井子区	苏家村	旅游靴
广东省广州市白云区	平沙村平沙路18号	牛面运动鞋
山东省青岛市胶州市	大朱戈556号	鞋、鞋底、鞋帮
福建省莆田市莆田县	洞湖口	运动鞋
广东省广州市番禺区	工业路	手袋、线包

2000年部分限额以上

木材加工及竹、藤、棕、草制品业

企业名称	法人代表	电话	分机	邮政编码
广州海丰鞋业有限公司	刘明桂	85516772	2235	510623
高要市庆隆工业有限公司	吴键均	8391979		526100
广州荣诚鞋业有限公司	张荣梧	86409469	108	510430
青岛信五皮革有限公司	金福宰	7221145		266300
汕头经济特区春源实业（集团）有限公司	林显利	8880088		515041
营口一心箱包有限公司	权荣富	6201427		115007
青岛昌新鞋有限公司	郑焕一	7224091		266300
珠海经济特区美星制鞋有限公司	陈敏雄	8614308	231	519070
威海市金猴集团公司	柳富林	5206188		264200
东莞田氏化工有限公司	田庆先	5118638		523911
青岛信宇皮革有限公司	林敬默	4815303		266108
河北省辛集市试炮营皮革工业区	孙更锁	3229288		052360
光隆羽绒制品(苏州)有限公司	李正华	7632999		215334
广东山河集团有限公司	沈益思	3381688		524022
河北省齐盛皮革股份有限公司	李白娃	5750101		052460
上海富国皮革有限公司	严慈亮	62503354	120	200436
常熟五洋皮件有限公司	毛建华	2815026		215500
广州市广荣鞋业有限公司	冼美洁	86638735	141	510430
厦门集立工业有限公司	曾辉光	6068991		361021
深圳珍兴鞋业有限公司	陈玉珍	5202364	21	518083
沈阳凌海鞋业有限公司	王心智	86781490	222	110036
廊坊派皇工贸集团有限公司	张乃之	5232113		065800
萧山市柳桥羽绒有限公司	付妙奎	2721751		311201
江苏梦兰集团公司	钱月宝	2831833		215558
青岛信元服装有限公司	赵诚哲	8456791	8003	266600
上海中庚皮业有限公司	沈宏祥	58281515	8004	201308
广州市广达鞋业有限公司	于日江	86413466		510430
中山通佳鞋业有限公司	杨基烈	5214510		528451
青岛双龙服装有限公司	崔章源	8580141		266200
番禺利得鞋业有限公司	张健治	84767888		511442
华夏山二(厦门)皮革制品有限公司	张俊明	7131234		361100
中山市南艺制革有限公司	谢文森	3115878		528427
木材加工及竹、藤、棕、草制品业				

企业名录一览表

企业所在地区	企业详细地址	主要产品（主要业务活动）
广东省广州市天河区	猎德路海心沙岛	皮鞋
广东省肇庆市高要市	广新一路11号	劳动保护皮鞋
广东省广州市白云区	石井镇石沙路300号	运动鞋
山东省青岛市胶州市	云溪东环路16号	牛皮革、羊皮、蓝湿牛皮
广东省汕头市龙湖区	天山路北段春源工业村	皮塑鞋类、雨具、针棉织品
辽宁省营口市鲅鱼圈区	海东办事处崔屯村	箱包
山东省青岛市胶州市	云溪泉州路6号	生产鞋及鞋附件
广东省珠海市香洲区	前山明珠南路3047号	牛皮鞋
山东省威海市环翠区	和平路106号	皮鞋、服装、皮包
广东省东莞市	虎门镇博冲管理区	PVC人造革、PVC薄膜
山东省青岛市城阳区	流亭镇红埠村	皮衣
河北省石家庄市辛集市	田家庄乡试炮营	轻革
江苏省苏州市昆山市	兵希镇盛	羽绒
广东省湛江市霞山区	湛江人民大道中66号	水洗羽绒及制品
河北省石家庄市无极县	张段固镇齐洽村	皮革
上海市宝山区	大场镇南大路80	轻革
江苏省苏州市常熟市	梅李	票夹
广东省广州市白云区	石井镇小坪村	运动鞋
福建省厦门市集美区	后溪镇叶厝居委会	鞋
广东省深圳市盐田区	四村	真皮皮鞋
辽宁省沈阳市于洪区	北陵乡小韩村	运动鞋
河北省廊坊市文安县	文安大庄子	皮革及皮革制品
浙江省杭州市萧山市	城厢镇柳桥村	羽毛羽绒
江苏省苏州市常熟市	藕渠	被单
山东省青岛市莱西市	水集烟台路108号	皮包
上海市南汇县	芦潮港镇征海村	轻革
广东省广州市白云区	石井镇石沙路289号	运动鞋
广东省中山市	南朗	皮鞋
山东省青岛市即墨市	通济西北关	皮衣
广东省广州市番禺区	南村镇里仁洞村银坑岗	皮鞋
福建省厦门市同安区	大同顶溪关工业区	皮夹、皮包、皮带
广东省中山市	南头	皮革

2000年部分限额以上

企业名称	法人代表	电话	分机	邮政编码
上海福海(木业)企业有限公司	李伟	58911188	111	201204
广东省宜华企业（集团）有限公司	刘绍喜	5100989	8512	515834
江苏胜阳集团	夏友忠	2730652	8002	221112
鲁丽集团有限公司	薛茂林	5361300		262724
南海市沙头镇华光装饰板材厂	冯明昌	6913888	8205	528208
上海百霖木业有限公司	娄宝根	58223388	301	201316
上海新辰防火板有限公司	李加清	58120888		201409
抚顺市梨花木业集团公司	杨伟言	4058087		113116
上海新越木业有限公司	吴育成	58120888	8220	201315
上海新林木业股份有限公司	陶新康	58120888	8227822	201315
广东肇庆康蓝中密板企业集团公司	丘杰文	7785388		526600
新美集团公司	李加清	58120888	8201	201409
维德木业(苏州)有限公司	庄启程	5393113		215151
浙江德华木业股份有限公司	丁鸿敏	8405635		313218
扬州市快乐集团公司	王道江	6716050	8040	225248
邢台县胶合板有限责任公司	赵炳旭	3037602		054001
维隆木业(苏州)有限公司	庄启程	5393117		215151
新英木业公司	李加清	58120888	8215	201409
上海新福木业有限公司	蔡燕华	58120888	82	201315
永安林业(集团)股份有限公司	吴景贤	3633405		366000
封开明珠实业(集团)公司	区珠明	6713522		526500
临海市台州德仁集团有限公司	郭世德	5306878		317000
深圳光大木材工业有限公司	孔丹	6695030	209	518052
乐山吉象人造林制品有限公司	莫若愚	2440888		614000
上海百霖胶合板有限公司	龙观生	58223388		201316
上海富美家装饰材料有限公司	施大卫	59201143		201700
北京森华人造板有限公司	武大年	67224433	5438	100075
福州人造板厂	黄玉亭	3639048		350009
湖北吉象人造林制品有限公司	丹尼尔史宾	7295855		434400
上海新美阁木制别墅有限公司	姚建刚	58120888		201409
东台市中阳木业有限公司	赵应明	5420298		224217
上海汇丽地板制品有限公司	张永定	58135757		201319
杭州海通木业有限公司	王慧俊	8111931		310021

企业名录一览表

企业所在地区	企业详细地址	主要产品（主要业务活动）
上海市浦东新区	北蔡镇中心路88号	胶合板制造、细木工板
广东省汕头市澄海市	莲下镇大坪工业区	地板块、木家具
江苏省徐州市铜山县	三堡	胶合板、木工板、刨花板
山东省潍坊市寿光市	候镇候一村	胶合板、钢材
广东省佛山市南海市	沙头镇石江	胶合板
上海市浦东新区	北蔡镇南汇航头闸航路18号	胶合板、贴面板
上海市奉贤县	头桥镇朝阳村85号	胶合板
辽宁省抚顺市抚顺县	救兵乡马郡村	地板块
上海市奉贤县	头桥镇奉贤叶大公路51号	胶合板
上海市南汇县	新场镇康桥路78号	细木工板
广东省肇庆市德庆县	德城镇	中密度纤维板、强化耐磨木地板
上海市奉贤县	奉贤县头桥镇	胶合板制造业
江苏省苏州市虎丘区	郊区浒墅	胶合板
浙江省湖州市德清县	洛舍镇杨树湾	装饰板、胶合板
江苏省扬州市江都市	高徐镇	单板、胶合板
河北省邢台市邢台县	东汪镇东汪村	胶合板
江苏省苏州市虎丘区	郊区浒关	胶合板
上海市奉贤县	头桥镇康桥路787号	胶合板制造
上海市南汇县	康桥镇桥工业区	胶合板
福建省三明市永安市	燕江东路12号	原木、胶合板、松香
广东省肇庆市封开县	三元西路76号	中纤板、家具、宝丽板
浙江省台州市临海市	城关镇泾头项村	三夹板
广东省深圳市南山区	月亮湾大道93-2号	胶合板、中度纤维板、装饰板
四川省乐山市市中区	伏龙8号	人造板
上海市南汇县	航头镇	胶合板
上海市青浦区	胜利路2号	防火板、人造石材
北京市海淀区	西三旗东高新建材城内	中密度纤维板
福建省福州市台江区	鳌峰路118号	中密度纤维板
湖北省荆州市石首市	笔架张城垸	中密度纤维板
上海市奉贤县	头桥镇朝阳村85号	胶合板制造业、胶合板
江苏省盐城市东台市	郑介村	胶合板、贴面板、细木工板
上海市南汇县	周浦镇康桥东路299号	纤维板制造业
浙江省杭州市江干区	丁桥镇同协村	三合板

2000年部分限额以上

家具制造业

企业名称	法人代表	电话	分机	邮政编码
上海森大木业有限公司	徐文华	64087592		200232
常熟市江湾集团有限公司	邹荣发	2571328		215542
敦化福敦木业有限公司	刘德来	6223175	8065	133700
河北银港人造板公司	范华志	8711505		050800
湖南长元人造板股份有限公司	刘衡甫	4484914		410008
南海市水口冠华装饰材料厂	陈家绍	5660203		528244
上海耀河建筑装饰材料有限公司	林友文	57619060		201601
抚顺市新宾县南杂木木制品集团	王成志			113217
湖北省福江木业有限公司	程延辉	3302888		433300
三水市金本镇永利木业有限公司	陈广新	7518318		528132
四川升达林产有限公司强化木地板厂	董静涛	3682291		610300
天津美式家具有限公司	JEFFREY	25324746		300457
中国江海木业有限公司	沈生源	3753992		214171
广西壮族自治区梧州木材厂	苏克	3827180		543002
花都市盛丰工业区建设发展有限公司	江永生	86838090		510800
抚顺市金花地板集团	金希标	7643271		113006
沭阳县明星木业有限公司	张道轩	3250187		223643
家具制造业				
福建正盛日用品有限公司	郑世平	3498618	8005	350018
大连华丰家俱有限公司	何云峰	8614156	3205	116400
天津市隆庆股份有限公司	于培田	27471587		300102
上海震旦家具有限公司	王城阳	59161010	247	201818
广东天健实业集团有限公司	梁广义	6578798		529159
光明家具集团股份有限公司	冯永明	3667092		153000
福建联福林业有限公司	毛桂荣	2249946	200	350111
吉林亚森业有限公司	刘凤涛	2023459		132002
汨罗市保安设备集团公司	陈范兴	5680033		414411
昆山华冈金属塑料制品有限公司	吴念平	7622996		215314
浙江华越家具工业有限公司	陈俊镛	2836086		311215
哈尔滨常安实业总公司	李玉坤	6804786	8248	150069
厦门新技术集成有限公司	李基天	5773666		361009
广州市南方家俱有限公司	周燕霞	84905844		511453
美克国际家私(天津)制造有限公司	冯东明	25329262		300457

企业名录一览表

企业所在地区	企业详细地址	主要产品（主要业务活动）
上海市徐汇区	龙华镇喜泰路229号	其他人造板
江苏省苏州市常熟市	唐市镇	胶合板
吉林省延边朝鲜族自治州敦化市	渤海街	抱花板、基材板、门皮
河北省石家庄市正定县	正定镇东柏棠	胶合板、刨花板、纤维板
湖南省长沙市开福区	新河北堤一号	胶合板、中密度板、双贴面创花板
广东省佛山市南海市	流潮村委会	夹板
上海市松江区	泗泾镇望东南路199号	装饰材料
辽宁省抚顺市新宾满族自治县	南杂木镇振兴街	地板、家具
湖北省荆州市监利县	环城路8号	木芯板、刨花板
广东省佛山市三水市	天湖	装饰板
四川省成都市青白江区	华严同井村	强化木地板、墙板、木制品
天津市塘沽区	开发区洞庭路159号	家具半成品
江苏省无锡市锡山市	西漳镇	胶合板
广西梧州市万秀区	西堤三路63号	刨花板、中密度板、强化木地板
广东省广州市花都区	新华镇花城路竹苑一街	夹板
辽宁省抚顺市顺城区	施家街6号	地板
江苏省宿迁市沭阳县	桑墟	细木工板
福建省福州市仓山区	城门濂江工业区1号	沙滩折叠椅
辽宁省大连市庄河市	延安路二段125号	家具
天津市南开区	长江道26号	家具、厨房设备
上海市嘉定区	戬浜镇申霞路369号	其他家具
广东省江门市新会市	河村	家具
黑龙江伊春市伊春区	青山路118号	家具
福建省福州市闽侯县	南通镇陈厝	房间组合家具
吉林省吉林市昌邑区		木制家具
湖南省岳阳市汨罗市	赤马	金属门、保险柜
江苏省苏州市昆山市	周市镇青	钢家具
浙江省杭州市萧山市	农一场经济技术开发区	钢塑家具
黑龙江哈尔滨市动力区	朝阳平顺	家具
福建省厦门市湖里区	禾山镇枋湖西路139号	桌椅、床、帐篷
广东省广州市番禺区	东涌市南公路东涌段2号	藤家具
天津市塘沽区	开发区第七大街51号	家具制造

2000年部分限额以上

企业名称	法人代表	电话	分机	邮政编码
肇庆欧美家私厂	曹俊文	8471241		526116
青岛良木集团公司	王友旭	4817589	806	266108
雄明梳化家私(深圳)有限公司	林永安	4206851		518119
文登星都工艺家具有限公司	李元雨	8545027		264414
天津福家家具有限公司	董双喜	88242891	3005	300221
顺德市锡安家具有限公司	梁灼棠	6654950	222	528311
海沃氏家具(上海)有限公司	JohnAnell	50460907		200131
兴京木制品(北京)有限公司	刘谟荣	65895692		100024
威海市华艺实业集团总公司	邹康新	5251656		264202
日照三木集团有限公司	杨宝友	8221888		276807
南海市联邦家私装饰有限公司	杜泽华	5770588		528247
华鹤集团有限公司	吴雪松	2346436	218	161005
北京市时代家俱厂	周友富	65891474		100024
上海轻工厨房设备有限公司	王鸿新	58428999		200126
石家庄金明实业总公司	张延海	5068403		050801
广州环美家具有限公司	李有田	82214068		510730
浙江华邦家具工业有限公司	蔡文达	2618240		311217
美克国际家具股份有限公司	冯东明	3716200		830026
天津环美家具有限公司	李有田	25329198	208	300457
广州市欧亚床垫家具有限公司	邓志	83361260		510120
南通东海工艺有限公司	郁培良	2615888		226125
东莞科利威鞋家具有限公司	侯伟富	2266347		523120
优比(中国)有限公司	林清华	7623636		215314
石家庄金马实业公司	张根	5052193		050801
浙江华欣家具工业有限公司	李绍明	2721182		311215
常州红星家具工业城	车建新	5308888		213017
青岛沙发厂	刘林生	5737559	34	266034
文登东洋堂家具有限公司	金延奎	8545027		264414
衡阳县金溪竹木土产公司	贺明生	6789732		421229
山东风阳集团股份有限公司	寇祖山	6182436	3028	255300
惠州市金马家私实业有限公司	张国祥	2244821		516001
射阳县春桂装璜有限公司	夏守春	2352342		224300
珠海励致洋行家私有限公司	俞敏	3382738	880	519085

企业名录一览表

企业所在地区	企业详细地址	主要产品（主要业务活动）
广东省肇庆市高要市	新桥开发区	办公家具
山东省青岛市城阳区	流亭镇红埠村	桐木拼板、家具
广东省深圳市龙岗区	葵涌	沙发
山东省威海市文登市	苘山	家具
天津市河西区	解放南路469号	木家具、刨花板
广东省佛山市顺德市	北窖镇蓬莱路18号	家具
上海市浦东新区	外高桥保税区	金属家具制造、椅子、文件柜
北京市朝阳区	豆各庄双桥中路于家围村甲	木制家具
山东省威海市环翠区	田村东河北	家具
山东省日照市东港区	汾水安东卫西村	木制家具
广东省佛山市南海市	平地	民用家具、办公家具
黑龙江齐齐哈尔市龙沙区	新立街52号	家具、木门
北京市朝阳区	黑庄户么铺	家俱
上海市浦东新区	杨思镇扬思潘家宅18号	木制家具
河北省石家庄市正定县	二十里铺	家具
广东省广州市黄埔区	南岗庙头工业村	木制品家具、布艺沙发、木制配件
浙江省杭州市萧山市	新街镇	家具
新疆乌鲁木齐市新市区		家俱
天津市塘沽区	开发区第四大街59号	木制家具、木制地板
广东省广州市越秀区	沿江西路147号	软床垫、床架
江苏省南通市海门市	麒麟镇云程村	家具
广东省东莞市	附城主山	家具产品
江苏省苏州市昆山市	周市镇	钢制办公家具
河北省石家庄市正定县	二十里铺小马村	家具
浙江省杭州市萧山市	经济技术开发区	钢塑家具
江苏省常州市郊区	北环路32号	木制家具、软体家具
山东省青岛市市北区	吴兴路139号	金丝达椅子、家具、席梦丝床垫
山东省威海市文登市	苘山	家具
湖南省衡阳市衡阳县	金溪镇	竹木制品
山东省淄博市周村区	风阳路138号	床垫
广东省惠州市惠城区	小新村	家俱
江苏省盐城市射阳县	合德镇	家具
广东省珠海市香洲区	金峰东路官塘工业村	高档办公家私

2000年部分限额以上

造纸及纸制品业

企业名称	法人代表	电话	分机	邮政编码
泉州市菲莉家俱发展有限公司	杨建辉	2480999		362000
哈尔滨室内装饰集团股份有限公司	吕建起	4844891		150076
造纸及纸制品业				
金东纸业(镇江)有限公司	黄志源	3375800		212132
苏州工业园区亚太纸品有限公司	林江山	2651818		215500
山东晨鸣纸业集团股份有限公司	陈永兴	5280000		232700
宁波中华纸业有限公司	黄鸿年	7464811		315012
德州华北纸业集团有限公司	谢兴华	2743645		253035
珠海经济特区红塔仁恒纸业有限公司	李振国	8610208	836	519070
福建南纸股份有限公司	黄国英	8808888		353000
苏州紫兴纸业有限公司	陈启宗	8251060		215011
华泰集团有限公司	李建华	6888721	8810	257335
广州宝洁纸品有限公司	马福祥	82221828	2216	510730
维达纸业(广东)有限公司	李朝旺	6122846		529100
黑龙集团公司	张伟东	2712287	8507	161006
高唐县造纸厂	李洪法	3951006	8128	252800
上海泛亚潜力纸业有限公司	陈正男	56649708	108	200942
山东华众纸业有限公司	张清泉	4418888		277014
吉林造纸(集团)有限公司	曲丹时	2702525	00000	132002
延边石岘白麓纸业股份有限公司	王相阁	3868007		133101
亚龙纸制品(昆山)有限公司	王　洋	7536988		215300
保定钞票纸厂	陈挺业	3176982	8092	071071
华新利乐(佛山)包装有限公司	李赫逊龙万	3831626		528041
利乐包装(昆山)有限公司	李赫逊	7307725		215300
青岛海王纸业集团股份有限公司	冷玉喜	6112205		266400
临清银河纸业集团有限公司	孙占元	2435478		252600
岳阳纸业集团有限责任公司	王新松	8561622	567	414002
山东潍坊恒信纸业集团总公司	杨广英	8233981	3246	261041
金城造纸(集团)有限责任公司	柏丹	8285193		121203
福建省青山纸业股份有限公司	黄国英	5656888		365506
恒安集团有限公司	施文博	5786241		362261
福建省青州造纸厂	梁诗坚	5656888		365506
河北冀腾纸业公司	李玉鹏	4110427		063500

企业名录一览表

企业所在地区	企业详细地址	主要产品（主要业务活动）
福建省泉州市鲤城区	火炬开发区	钢塑家俱
黑龙江哈尔滨市道里区	前进路73号	家具、木制品
江苏省镇江市京口区	大港镇	机制纸
江苏省苏州市常熟市	新港	纸品
山东省潍坊市寿光市	圣城595号	双胶纸
浙江省宁波市海曙区	段塘镇丁家街108号	涂布白纸板
山东省德州市德城区	二屯镇	机制纸及纸板制造
广东省珠海市香洲区	前山金鸡西路	高级涂布白卡纸
福建省南平市延平区	滨江北路177号	新闻纸
江苏省苏州市金阊区	新区滨河路159号	机制纸
山东省东营市广饶县	菜园村	书写纸、双面胶版纸、涂布白板纸
广东省广州市黄埔区	广州开发区滨河路1号	卫生巾
广东省江门市新会市	东侯工业开发区	卫生纸
黑龙江齐齐哈尔市建华区	中华西路168号	新闻纸、冰雪运动器材、医药
山东省聊城市高唐县	高唐	机制纸
上海市宝山区	盛桥镇工业小区内	胶印新闻纸
山东省枣庄市薛城区	宋庄	涂布白板纸、牛皮箱板纸
吉林省吉林市昌邑区		新闻纸、纸袋纸
吉林省延边朝鲜族自治州图们市	石岘镇	机制纸及纸板、商品木浆
江苏省苏州市昆山市	玉山镇经济技术开发区	纸制品
河北省保定市新市区	纸厂路98号	机制纸及纸板
广东省佛山市城区	高新技术产业开发区	利乐包制品
江苏省苏州市昆山市	开发区	包装盒
山东省青岛市胶南市	铁山路210号	纸
山东省聊城市临清市	西门里街	书写纸、印刷纸、胶印书刊纸
湖南省岳阳市岳阳楼区	洪家洲	胶印书刊纸、胶印新闻纸、箱板纸
山东省潍坊市奎文区	民生东街30号	文化用纸、生活用纸
辽宁省锦州市凌海市	东湖1号	胶印书刊纸
福建省三明市沙县	青州村	机制纸、本色木浆
福建省泉州市晋江市	安海镇桥头村	妇女卫生、塑料制品、服装
福建省三明市沙县	青州村	本色浆板
河北省唐山市滦南县	奔城西马路88号	箱板纸、涂布白板纸、瓦楞原纸

2000年部分限额以上

印刷业、记录媒介的复制

企业名称	法人代表	电话	分机	邮政编码
美福瓦通纸品(深圳)有限公司	朱树豪	3592838		518038
恒安(福建)妇幼用品公司	施文博	5786241		362261
湖北十月集团有限公司	郭新志	4232638		436200
佛山华丰纸业有限公司	王奇	2021126		528000
福斯达纸业(烟台)有限公司	李曙明	6837020		264002
宜宾纸业股份有限公司	田心和	3558047		644007
河南省漯河市舞阳县云鹏集团公司	朱云鹏	7122075		462400
广州威达高实业有限公司	张仁	84337631		510280
宁夏美利纸业集团	刘崇喜	7679218	7679337	751700
上海尤妮佳有限公司	葛文耀	63742980		200021
中山联合鸿兴造纸有限公司	任浩明	7796524	21385	528400
昆山钞票纸厂	赵增华	7332950		215300
浙江胜达集团公司	方悟校	2260788		311264
金海纸制品(昆山)有限公司	黄志源	7538688		215300
新乡县刘庄农工商总公司	史来贺	5680020		453731
牡丹江恒丰纸业集团有限责任公司	李荣华	6331111	6449	157013
山东华金集团有限公司	邢东尚	4036860		273201
中外合资镇江大东纸业有限公司	黄亦方	8820202	8002	212003
北京利乐包包装有限公司	李赫逊	67741155	58	100022
佳木斯金龙集团汤原纸业有限公司	刘吉祥	7622619		154700
印刷业、记录媒介的复制				
上海印钞厂	罗鸿翔	52931111		200063
成都印钞公司	赵金柱	2723590		611130
北京印钞厂	古道明	63543344	2443	100054
大连盛道集团有限公司	刘丽春	2669191	651	116013
西安印钞厂	曹晓芳	4262320	243	710077
邮电部北京邮票厂	王振宏	63515981		100054
上海烟草工业印刷厂	杨圣明	65459091		200082
常德金鹏凹版印刷有限公司	李有权	7270127		415000
南昌印钞厂	陳义清	5278154		330043
江苏联通集团公司	六以方	6886472		214400
湖南金沙利彩色印刷有限公司	杨广松	4060188		410100
天津环球磁卡股份有限公司	刘栋来	23266601	88	300202

企业名录一览表

企业所在地区	企业详细地址	主要产品（主要业务活动）
广东省深圳市福田区	红柳道2号福田保税区	纸板
福建省泉州市晋江市	安海镇桥头工业	卫生巾
湖北省黄冈市浠水县	清泉	装帧纸
广东省佛山市城区	河滨路17号	机制纸及纸板
山东省烟台市芝罘区	幸福南路(西)8号	涂布白卡纸、涂布白板纸
四川省宜宾市翠屏区	安阜街道办事处岷江西路	新闻纸
河南省漯河市舞阳县	舞泉镇东街145号	文化用纸、印刷机械
广东省广州市海珠区	工业大道中400号	灰板纸、白纸板、涂布白纸板
宁夏吴忠市中卫县	施庙	文化用纸、卫生用纸、瓦楞纸
上海市黄浦区	宁海东路200号	卫生巾
广东省中山市		瓦楞纸、箱纸
江苏省苏州市昆山市	玉山镇震川东路1188号	纸
浙江省杭州市萧山市	城厢镇祥里村	纸制品
江苏省苏州市昆山市	玉山镇经济技术开发区	纸制品
河南省新乡市新乡县	七里营镇刘庄村民委员会	瓦楞纸制造
黑龙江牡丹江市西安区	光华	卷烟纸、铝箔衬纸、滤咀棒纸
山东省济宁市泗水县	金庄	机制纸
江苏省镇江市京口区	东吴路61	机制纸、加工纸
北京市朝阳区	广渠门外大街双井29号	软包装材料
黑龙江佳木斯市汤原县	汤原	机制纸
上海市普陀区	曹扬路158号	印刷品
四川省成都市温江县	柳城镇新建路60号	印钞
北京市宣武区	白纸坊街23号	钞票、税票、号码机、其他印刷
辽宁省大连市中山区	捷山街奋斗巷30号	包装塑料印刷制品
陕西省西安市莲湖区	汉城路153号	印钞
北京市宣武区	右内大街8号	印刷、邮票
上海市杨浦区	杨浦区许昌路1018号	多色印刷品
湖南省常德市武陵区	武陵经济开发区陵西工	芙蓉王、芙蓉后、软包芙蓉
江西省南昌市青云谱区	岱山东路9号	印刷
江苏省无锡市江阴市	人民中路200号	烟皮、烟盒、水松纸
湖南省长沙市长沙县	星沙镇二区	彩色印刷
天津市河西区	解放南路325号	胶印印刷、磁卡

2000年部分限额以上

企业名称	法人代表	电话	分机	邮政编码
鸿兴印刷(深圳)有限公司	朱智毅	7392288		518103
石家庄印钞厂	刘智伟	5051875		050031
云南省侨通包装印刷有限公司	许经振	2232445		657000
利丰雅高印刷(深圳)有限公司	沈明申	6645100	2221	518051
永德信(福建)磁带有限公司	李云孝	5380195		350301
玉溪环球印纸盒有限公司	张一制	2051818		653100
青岛黎马敦包装有限公司	柯安瑞	4961137		266100
天津顶正印刷包材有限公司	魏应交	25324041		300457
山东省烟草工业印刷厂	任学敏	2212508		261400
河南省安阳市长虹彩印厂	木新省	822088		456473
石家庄天衣包装有限责任公司	肖岗行	6010745		050021
深圳当纳利旭日印刷有限公司	朗诺得.德	8892499	109	518129
鹤山市雅图仕印刷有限公司	冯学洪	8766115		529738
上海纺印利丰印刷包装有限公司	蔡春华	65432325		200090
南京三隆包装有限公司	李水党	2109988	128	211100
江苏彩虹集团公司	许惠江	6351635		214414
上海紫华白猫彩印有限公司	马立行	64901517		201109
南精机电(深圳)有限公司	关焕辉	4898168		518116
北京轻联包装印刷集团公司	荣玉增	65241092		100005
济南东港安全印务有限公司	王爱先	8904590		250100
上海人民印刷八厂	张家振	68733303	3543	200125
昆明彩印有限责任公司	顾存宽	3134947	8036	650051
昆山市张浦彩印厂	夏嘉良	7441723		215321
中山市鸿兴柯式印务有限公司	任泽明	5597288		528436
云南省通海工艺美术厂	常俊	3802073		652700
五牛印务有限公司	黄文驰	2687717		611130
上海凹凸彩印总公司	张月明	54081188	3028	200232
云南红河彩印包装股份有限公司	杨洪春	2123853		661000
深圳九星印刷包装中心	沈建勇	3354806		518048
中牟县彩印包装有限公司	刘宏波	2180707		451450
北京中融安全印务公司	周天华	63569471		100054
玉溪红塔印刷有限公司	何金星	2770815		653103
广州包装印刷集团有限责任公司	陈兆忠	83340574		510120

企业名录一览表

企业所在地区	企业详细地址	主要产品（主要业务活动）
广东省深圳市宝安区	怀德工业区	纸箱、彩盒、儿童玩具书
河北省石家庄市长安区	翟营大街289号	印刷品
云南省昭通地区昭通市	东城	卷烟商标印刷
广东省深圳市南山区	南头内环路南光路口	各类图书挂历印刷
福建省福州市福清市	宏路镇棋山村	空白录像带
云南省玉溪市红塔区	玉江路上段	多色印刷品
山东省青岛市四方区	德兴路28号	包装印刷
天津市塘沽区	开发区洞庭路112号	包装材料
山东省烟台市莱州市	莱州镇莱州南路450号	烟盒
河南省安阳市滑县	万古乡西万古村	彩印包装
河北省石家庄市桥东区	东平路1号	塑料、纸包装及印刷、机制纸版
广东省深圳市龙岗区	板田村五和道	印制电话号簿 、书刊、杂志
广东省江门市鹤山市	古劳墟	印刷品
上海市杨浦区	隆昌路399号	印刷品
江苏省南京市江宁县	东山镇胜利村	烟标
江苏省无锡市江阴市	北国镇解放村	洋河酒盒、汾酒盒、孔府宴酒盒
上海市闵行区	北桥镇沪闵路3088号	塑料彩印制品、塑料容器
广东省深圳市龙岗区	同乐村委	印刷
北京市东城区	东华门校尉胡同10号	印刷品、金属制包装物品
山东省济南市历城区	洪楼镇	印刷品
上海市浦东新区	东三里桥路888号	包装装潢印刷
云南省昆明市盘龙区	北京路525号	多色印刷品
江苏省苏州市昆山市	张浦镇新	包装袋、胶贴剂、电雕凹印滚动板
广东省中山市	张家边	印刷包装
云南省玉溪市通海县	九街镇桑园工业区	包装装璜印刷
四川省成都市温江县	龙堰	多色印刷品
上海市徐汇区	龙华镇石龙路321号	包装装潢印刷
云南省红河哈尼族彝族自治州	建设东路9号	烟壳烟标、报纸书版、商标及零件
广东省深圳市福田区	皇岗北路彩电工业区	包装印刷
河南省郑州市中牟县	城关镇	包装装璜
北京市宣武区	白纸坊西街10号	印刷
云南省玉溪市红塔区	大营街	水松纸印刷
广东省广州市越秀区	惠福西路290号	包装装潢印刷、书刊印刷、纸制品

2000年部分限额以上

文教体育用品制造业

企业名称	法人代表	电话	分机	邮政编码
天津乐达利印刷制品有限公司	谢晓虹	24997466		300300
汕头市粤东装璜印刷厂	陈伟雄	8106174		515064
万昌印刷包装有限公司	梁洪	8862768		528315
中山鸿兴印刷包装有限公司	任泽明	5597288	21387	528436
云南红塔彩印包装有限公司	程广林	3801181		652700
文教体育用品制造业				
天津雅马哈电子乐器有限公司	单长寿	25329379		300457
镇泰（广州）有限公司	卢沃堂	86621998	8870	510440
江苏好孩子集团公司	宋郑还	7671798		215331
广州珠江钢琴集团有限公司	童志成	81502729		510388
宁波华茂集团股份有限公司	徐万茂	8449417		315175
花都市美新玩具制品有限公司	梁程光	86863395		510800
东莞市龙昌玩具有限公司	梁麟	2200168	288	523000
北京星海乐器有限责任公司	翟康乐	67718885	131	100022
中山国际玩具有限公司	谢力健	5596778	21387	528437
浙江生力集团公司	沈继民	3915679		313009
中山市隆成日用制品有限公司	曾谥江	2821099		528414
江苏省宝石化纤集团有限公司	周立根	7501178		225129
深圳市陶基实业有限公司	吴健彬	4053889	3813	518117
番禺泛达玩具实业有限公司	郑先干	84935271		511470
上海柏威塑胶制品有限公司	朱强	59138883	888	201812
广州镇达玩具有限公司	卢沃棠	86655638		510440
卡西欧电子(珠海)有限公司	伊庭正雄	8670888	133	519060
莱州市鑫城集团总公司	綦俊玉	2551088		261424
江苏福斯特工艺品集团股份有限公司	沈和新	3302288		226212
灿明实业(深圳)有限公司	李广茂	5556356		518081
南海永和玩具制品有限公司	林健锋	5775547		528247
普宁市振兴制造厂	杨镇凯	2348472		515321
南京金陵教具集团有限公司	陈金根	2428132		210012
广州市镇泰海珠有限公司	卢沃棠	84220589		510320
华行玩具(深圳)有限公司	张赛娥	8700202		518123
厦门侨兴工业有限公司	白清栋	6022020		361006
苏州泰渊玩具有限公司	朴光渊	5010660	8702	215127

企业名录一览表

企业所在地区	企业详细地址	主要产品（主要业务活动）
天津市东丽区	新立村村委会	生产销售印刷制品
广东省汕头市金园区	岐山北轴工业区	印刷
广东省佛山市顺德市	乐从镇平步村委会	多色印刷品
广东省中山市	张家边	纸板、纸箱、彩印包装品
云南省玉溪市通海县	九街镇桑园工业区	多色印刷产品
天津市塘沽区	开发区洞庭湖130号	电子琴
广东省广州市白云区	新市镇鹤边村	塑胶玩具
江苏省苏州市昆山市	陆家镇	童车、自行车、童床
广东省广州市芳村区	花地大道南渔尾四路	钢琴、吉它、提琴
浙江省宁波市鄞县	高桥镇雷峰村	手工材料、教育标、节能灯
广东省广州市花都区	花都市	布料玩具
广东省东莞市	汉塘街	玩具制造
北京市朝阳区	黄木厂6号	钢琴、西管乐器
广东省中山市	张家边火炬	塑料玩具
浙江省湖州市市辖区	南浔镇南浔车站东路18号	健身器械
广东省中山市	东升	童车
江苏省扬州市邗江县	瓜洲	PP棉、玩具、玉石饰品
广东省深圳市龙岗区	坪地圩镇	承接外引内联
广东省广州市番禺区	镇西路	玩具
上海市嘉定区	封浜镇曹安路	吹塑玩具
广东省广州市白云区	新市镇鹤边村	玩具
广东省珠海市香洲区	南屏街	电子琴、电子琴附属件
山东省烟台市莱州市	苗家镇城子埠	铅笔
江苏省南通市启东市	王鲍镇聚南乡长安村	长毛绒玩具
广东省深圳市盐田区	沙头角海山路保税区70号	电动玩具
广东省佛山市南海市	东秀	塑料玩具、工艺品
广东省揭阳市普宁市	占陇	塑料玩具
江苏省南京市雨花台区	雨花镇丁墙村	教学用具、家具教具
广东省广州市海珠区	新窖华洲路18号	玩具
广东省深圳市龙岗区	龙岗	填充玩具
福建省厦门市湖里区	湖里工业区12号厂房	网球拍
江苏省苏州市吴县市	用直镇鸣市路18号	玩具

2000年部分限额以上

石油加工及炼焦业

企业名称	法人代表	电话	分机	邮政编码
炜明实业(深圳)有限公司	李广茂	5556355		518081
福州光国运动器材有限公司	任德雄	3972105		350015
希安琦玩具有限公司	朴泰泳	3536555	281	215400
宁波贝发集团有限公司	邱智铭	6156888	3011	315801
威海市家乐集团公司	丁进毅	8531032		264419
上海大顺玩具有限公司	张民中	62211170	3043	201107
东莞市伟易达电子厂	黎诚坚	5581877	1814	523941
青岛华仁玩具有限公司	朴辰浩	7897051	110	266101
营口东北钢琴(集团)公司	张大鸣	4838502		115004
韩林玩具(苏州)有限公司	吴睿元	5011729	8001	215127
上海洋帆实业总公司	刘锦荣	58426153	8011	200126
上海中路实业有限公司	陈荣	58033090		201300
上海中国第一铅笔股份有限公司	胡书刚	64158505		200025
山东东方工艺品股份有限公司	贾永春	7711698		277300
青岛昌隆文具有限公司	孙志武	3716789		266031
上海英雄（集团）股份有限公司	黄永昌	62506261	3030	200331
上海实业马利画材有限公司	杨中毅	64019735		201103
天津杰麦多乐器有限公司	陈昆山	82122742		301700
广州日成玩具制品有限公司	易燧	87422633		510540
保定龙腾运动器材有限公司	王增辉	2326642		073000
青岛鹰伯尔运动器材有限公司	孙军	7869495		266109
厦门新凯复材科技有限公司	沈文振	6210452	119	361022
苏州根道玩具有限公司	朴钟仁	5011902		215127
石油加工及炼焦业				
北京燕山石油化工有限公司	杜国盛	69342281		102500
中国石油天然气股份有限公司抚顺石化分公司	段文德	2628111	553820	113008
中国石化金陵石油化工公司	周厚松	5097755		210037
中国石油化工股份有限公司上海高桥分公司	章建华	58711001	22509	201208
中石化股份有限公司齐鲁分公司	王天普	7588637		255408
中国石化茂名石油化工公司	何德先	2242241		525011
中国石油天然气股份有限公司大庆石化分公司	贺荣芳	6763049		163714
广州石化工总厂	洪志铭	82380237		510726
中国石油天然气股份有限公司大连石化公司	张义	6671371		116032

企业名录一览表

企业所在地区	企业详细地址	主要产品（主要业务活动）
广东省深圳市盐田区	沙头角海山路保税区70号	电子玩具
福建省福州市马尾区	快安延伸区马江大道	排轮冰鞋
江苏省苏州市太仓市	城厢锦州路	毛绒玩具
浙江省宁波市北仑区	小港镇江南出口	圆珠笔中性笔及芯
山东省威海市文登市	界石	玩具、染织
上海市闵行区	诸翟镇纪翟路2号桥	长毛绒玩具、拖鞋
广东省东莞市	厚街镇三屯管理区	电子玩具、电子产品
山东省青岛市崂山区	中韩镇	玩具制造
辽宁省营口市西市区	渤海大街五段客车场里	立式钢琴、三角钢琴
江苏省苏州市吴县市	用直经济开发区	玩具
上海市浦东新区	三林镇上南路2991号	其他体育用品制造业、箱包
上海市南汇县	三灶镇三灶镇工业园区	保龄球设备
上海市卢湾区	徐家汇路550号	笔制造
山东省枣庄市峄城区	峄城镇岳庄	玩具、服装、长毛绒
山东省青岛市黄岛区	香江一路21号	修正液、圆珠笔、荧光笔
上海市普陀区	祁连山路127号	自来水笔、圆珠笔、铅笔
上海市静安区	西康路850号	文具制造业
天津市武清区	开发区	生产销售管乐器
广东省广州市白云区	太和镇米龙村	玩具
河北省保定市定州市	清风店二十里铺	体育用品
山东省青岛市城阳区	城阳204路44号	健身器
福建省厦门市杏林区	永兴北路1号	网球拍
江苏省苏州市吴县市	用直镇鸣市路	填充料玩具
北京市房山区	岗南路1号	原油加工量、乙烯、塑料
辽宁省抚顺市新抚区	凤翔路45号	汽油 煤油柴油、石蜡润滑油
江苏省南京市玄武区	龙蟠路51-8号	原油加工、尿素、烷基苯
上海市浦东新区	浦东大道3000号	原油加工、合成橡胶、聚烯烃塑料
山东省淄博市临淄区	桓公路北杨坡路西	原油加工、化纤制品
广东省茂名市茂南区	红旗北路2号	原油加工、乙烯
黑龙江大庆市龙凤区		汽油、塑料、腈纶
广东省广州市黄埔区	石化路23	原油加工、化学肥料、火力发电
辽宁省大连市甘井子区	山中街1号	原油加工

2000年部分限额以上

企业名称	法人代表	电话	分机	邮政编码
大连西太平洋石油化工有限公司	蔺爱国	7514224		116600
中国石油天然气股份有限公司大庆炼化分公司	董孝利	5689151		163411
中国石油化工集团天津石油化工公司	朱理琛	25990965		300271
中国石化洛阳石油化工总厂	王富龙	6992386		471012
镇海炼油化工股份有限公司	孙伟君	6440114		315207
中国石油天然气股份公司兰州炼化公司	周国勋	7933419		730060
华北石油石化公司	刘海胜	2724859		062552
中国石油股份有限公司锦西石化分公司	刘宝林	2179398		125001
中国石油化工股份有限公司长岭分公司	黄景汉	8452048		414012
中国石油天然气股份有限公司锦州石化分公司	吕文君	4152281		121001
中国石油天然气股份有限公司独山子石化分公	徐富贵	3871153		833600
福建炼油化工有限公司	马金魁	7799019		362117
中国石化集团公司石家庄炼油厂	奚奎华	5162985		050032
中国巴陵石油化工公司	谢培清	8822914		414000
中国石化九江石油化工总厂	张文标	8224911		332004
中国石油乌鲁木齐石油化工总厂	王永明	6893601		830019
延炼实业集团公司	田维宽	3811227		727406
中国石化荆门石油化工总厂	马金魁	211501		448039
中国石化集团沧州炼油厂	黄焯明	2042405		061000
湛江东兴石油企业有限公司	唐津安	2280499	3055	524012
青岛石油化工厂	王英彬	4816591	2316	266043
中国石油前郭炼油厂	曾宪君	2188921		138008
呼和浩特炼油厂	乔明凯	5941041		010070
上海焦化有限公司	胡公明	64343649	30504	200241
淮阴清江石油化工有限公司	王永和	3964901	8133	223002
宁夏大元化工股份有限公司	焦学义	2060028		750021
中国石化大连石油化工公司	马平凡	6671371	2405	116032
中国石油化工股份有限公司长城润滑油分公司	孙毓霜	62949828		100085
青岛广源发集团公司	胡谅伦	7879268	8399	266107
金桐石油化工有限公司	吴瑞林	5563140		210046
黑龙江石油化工厂	庞树启	6723144		163713
太原煤气化（集团）有限责任公司	李钟奇	6019349		030024
山东滨化集团有限责任公司	张忠正	3308123		256619

企业名录一览表

企业所在地区	企业详细地址	主要产品（主要业务活动）
辽宁省大连市金州区	海青岛	原油加工
黑龙江大庆市让胡路区	马鞍山	原油加工量、聚丙烯酰胺、丙烯腈
天津市大港区	胜利街	原油加工、合成纤维、聚醚
河南省洛阳市吉利区	大庆路	原油加工、聚烯烃、塑料薄膜制造
浙江省宁波市镇海区	城关镇俞范	原油加工、尿素、聚丙烯
甘肃省兰州市西固区	西固区玉	汽、煤、柴、润滑油、石蜡、沥青、
河北省沧州市任丘市	会战道	天然原油、天然气
辽宁省葫芦岛市连山区	新华大街	原油加工
湖南省岳阳市云溪区		原油加工、聚丙烯
辽宁省锦州市古塔区	重庆路2号	原油加工、和成橡胶、聚丙烯
新疆克拉玛依市独山子区	大庆路	原油加工
福建省泉州市泉港区	南埔镇外厝村	原油加工、石油制品、化工产品
河北省石家庄市长安区	延安洛川交口河	石油加工、聚丙烯、弹力丝
湖南省岳阳市岳阳楼区	金鹗山巴陵石化	原油加工、合成橡胶、尿素
江西省九江市浔阳区	滨江东路228号	汽油、柴油、尿素
新疆乌鲁木齐市东山区		原油加工、化学肥料、涤纶长短丝
陕西省延安市洛川县	交口	汽油、柴油、液化汽
湖北省荆门市东宝区	白庙	原油加工
河北省沧州市新华区	石化街	原油加工
广东省湛江市霞山区	湖光路15号	汽油、柴油、液化汽
山东省青岛市李沧区	滨海路8号	原油加工
吉林省松原市宁江区	石化街石化街56号	原油加工、聚炳烯树脂
内蒙古呼和浩特市赛罕区	金河镇格尔图	石油加工及深加工
上海市闵行区	龙吴路4280号	焦碳、煤气、羟基醋酸用甲醇
江苏省淮阴市	化工路22号	破乳剂、乙醇胺、汽油
宁夏银川市新城区	富平路	原油加工
辽宁省大连市甘井子区	山中街1号	原油加工
北京市海淀区	上地信息路16号东	润滑油
山东省青岛市城阳区	夏庄镇丹山村	道路沥青
江苏省南京市栖霞区	尧化镇尧新大道201号	直链烷基苯、烷基苯磺酸
黑龙江大庆市让胡路区	喇嘛甸喇化东街1—2号	车用汽油、轻柴油、甲乙酮
山西省太原市万柏林区	和平南路83号	原煤、焦炭、城市煤气、洗精煤
山东省滨州市滨城区	黄河五路560号	原油加工、氨碱产品、各种助剂

2000年部分限额以上

化学原料及化学制品制造业

企业名称	法人代表	电话	分机	邮政编码
福建华星石化有限公司	关永实	7080106		362117
黑龙江黑化股份有限公司	阎树忠	6817904		161041
广东中油高富燃油有限公司	吴国志	8811018		528531
武安市煤化工工业有限公司	郭玉良	5666182		056300
广西北海石油化工厂	闫宏	3905519		536000
山东东明县石化集团有限公司	马利亭	7213001	6628	274500
南京宏丰石油化工有限责任公司	束寿昌	5092104		210033
山东利华益集团股份有限公司	徐云亭	5626727		257400
化学原料及化学制品制造业				
中石化集团公司扬子石油化工股份有限公司	马志平	7782954		210061
吉化集团公司	焦海坤	3978173		132021
中油吉林石化分公司	焦海坤	3973492		132021
中国石油辽阳石油化纤公司	韩述岐	5154458		111003
齐鲁石油化工股份有限公司	王延康	3583718		255086
北京化学工业集团有限责任公司	柴晓钟	63022806		100053
中国石油天然气股份公司兰州石化公司	孙　立	7555981	84605	730060
广州宝洁有限公司	潘纳友	82218828		510730
柯达(中国)股份有限公司厦门分公司	华立夫	5051001	1633	361012
齐鲁石化公司	王延康	7588673		255408
大化集团有限责任公司	张积泮	6672299		116032
山东海化集团有限公司	肖庆周	5329888		262737
上海氯碱化工股份有限公司	周波	64340000	3313	200241
江苏澄星磷化工集团公司	李兴	6281316		214432
上海市联合利华股份有限公司	乐孟能	64267878	8249	200030
泰兴市光明热电总厂	曹罗章	7535188		225434
沈阳化工股份有限公司	马文忠	25820516	3221	110026
四川川投电冶有限公司	陈宽金	3331992		617213
天津联合化学有限公司	朱理琛	25993223		300271
盘锦市乙烯公司	李玉德	3951493		124021
天津大沽化工厂	肖卫国	25392414		300455
中国石化上海高桥石油化工公司	刘根元	58711001	22509	201208
安利（中国）日用品有限公司	郑李锦芬	87552368	855	510613
江苏化工农药集团有限公司	杨振华	5251605		215007

企业名录一览表

企业所在地区	企业详细地址	主要产品（主要业务活动）
福建省泉州市泉港区	后龙镇上西村	液化石油气
黑龙江齐齐哈尔市富拉尔基区	向阳大街2号	焦炭、硝酸铵、原油加工
广东省佛山市高明市	富湾南蓬工业区	燃料油、沥青
河北省邯郸市武安市		焦炭
广西北海市海城区	北海大道西路	石油加工
山东省菏泽市东明县	城关镇黄河路北段27号	汽油、柴油
江苏省南京市栖霞区	栖霞镇甘家巷南京炼油厂	柴油组份、汽油组份、焦化蜡油
山东省东营市利津县	永莘路55号	石油加工、中药制药
江苏省南京市浦口区	高新技术产业开发区16号	精对苯二甲酸、塑料树脂及共聚物
吉林省吉林市龙潭区	遵义东路	乙醇、辛醇、丁苯橡胶
吉林省吉林市龙潭区	遵义路31号	冰醋酸、聚乙烯、苯酚
辽宁省辽阳市宏伟区	火炬大街5号	合成纤维单体、合成纤维聚合物
山东省淄博市临淄区	汞山北路32号	聚氯乙烯、烧碱、丁苯橡胶
北京市宣武区	槐柏树街02号	乙烯丙烯、丁辛醇、焦炭
甘肃省兰州市西固区	福利西路	化肥、合成橡胶、塑料
广东省广州市黄埔区	夏港滨河路1号	合成洗涤剂、化妆品
福建省厦门市开元区	湖中路	彩色胶片、彩色相纸
山东省淄博市临淄区	辛店	原油加工、乙烯、尿素
辽宁省大连市甘井子区	工兴路10号	纯碱
山东省潍坊市寿光市	大家洼镇	纯碱、原盐、溴素
上海市闵行区	龙吴路4747号	烧碱、聚氯乙烯、盐酸
江苏省无锡市江阴市	要塞镇花山路208号	磷酸、磷酸氢钙、三聚磷酸钠
上海市徐汇区	天钥桥路30号	肥皂皂粉合成剂、牙膏、化妆品
江苏省泰州市泰兴市	马甸镇	氢氧化钾、对氨基苯酚
辽宁省沈阳市铁西区	卫工北街46号	烧碱、盐酸、糊树脂
四川省攀枝花市米易县	得石镇得石村	黄磷
天津市大港区	胜利街	乙烯、聚乙烯、聚丙烯
辽宁省盘锦市双台子区	辽河路	聚乙烯、聚丙烯、聚苯乙烯
天津市塘沽区	大梁子街兴化道1号	100%烧碱、聚氯乙烯、环氧丙烷
上海市浦东新区	浦东大道3000号	原油加工、合成橡胶
广东省广州市黄埔区	北围工业区一区	日用品、个人护理用品
江苏省苏州市沧浪区	吴门桥街道南门路1号	甲胺磷、烧碱、间苯氧基苯甲醛

2000年部分限额以上

医药制造业

企业名称	法人代表	电话	分机	邮政编码
上海宝钢化工有限公司	魏国瑞	56648409		201900
中国石化股份公司陵分公司	谢培清	8822420		414000
茂名石化实华股份有限公司	何德先	2231404		525011
沙隆达集团公司	陈立洲	8314802		434001
河北沧州化工实业集团有限公司	周振德	3042644		061000
扬子巴斯夫苯乙烯系列有限公司	汤　敏	7784666	6504	210048
宁夏大元炼油化工有限责任公司	朱志良	2025528		750021
江苏陵光集团	张锦华	6558888		225300
盘锦辽河（集团）有限责任公司	冯恩良	5855242		124000
上海白猫有限公司	马立行	54098000		200231
衢化集团公司	刘奇	3096668		324004
山东省鲁北企业集团总公司	冯怡生	6581341		251907
天津化工厂	张东民	67992448		300480
南京化学工业集团有限公司	陈鸿光	7791848	66353	210048
湖北丝宝精细化工公司	梁亮胜	3222539		433000
上海家化联合股份有限公司	葛文耀	65456400		200082
北京化二股份有限公司	孙绍刚	67712277		100022
川化集团有限责任公司	谢木喜	3302000	2866	610301
锡山市兴达泡塑材料厂	华若中	8703684		214101
中原石油化工有限责任公司	徐金龙	4471212		457000
湖南金洋实业集团有限公司	黄斌	8361165		412005
中外合资镇江奇美化工有限公司	许春华	3121300	201	212132
锦西化工集团有限责任公司	方福生	2709164		125001
汕头海洋第一聚苯树脂有限公司	李国民	8817218		515041
太原化学工业集团有限公司	周宜平	6071138		030021
医药制造业				
哈尔滨医药集团公司	刘存周	4851994		150018
石家庄制药集团有限公司	蔡东晨	7037025		050051
华北制药集团有限责任公司	吕渭川	5051133	7636	050015
中国北京同仁堂集团公司	殷顺海	67187435		100062
山东新华医药集团有限责任公司	贺端是	2184223	2413	255005
江苏扬子江药业集团公司	徐镜人	6914769		225300
西安扬森制药有限公司	郑鸿	3234455		710043

企业名录一览表

企业所在地区	企业详细地址	主要产品（主要业务活动）
上海市宝山区	同济路1800号	有机化工原料、硫酸铵、工业奈
湖南省岳阳市岳阳楼区	南湖大道	己内酰胺、尿素、浸胶帘子布
广东省茂名市茂南区	官渡路162号	聚丙烯、液化气、溶剂油
湖北省荆州市沙市区	北京路1号	烧碱、甲胺栓、甲荃
河北省沧州市新华区	南环中街18号	聚氯乙烯树脂、烧碱、盐酸
江苏省南京市大厂区	新华路	苯乙烯、聚苯乙烯
宁夏银川市新城区	文昌南街75号	原油加工
江苏省泰州市海陵区	江洲北路36号	化工产品、原油加工
辽宁省盘锦市双台子区	红旗大街	尿素、塑料制品、复合肥
上海市徐汇区	龙吴路1800号	合成洗涤剂、硬脂酸、精甘油
浙江省衢州市柯城区	衢化	合成氨、烧碱、电石
山东省滨州市无棣县	马山子	磷酸一铵
天津市汉沽区	新开南路	烧碱、聚氯乙烯、一氯化苯
江苏省南京市大厂区	葛关路361号	过磷酸钙(折纯)、合成氨、硫酸
湖北省仙桃市	小南路2号	化妆品
上海市虹口区	保定路527号	化妆品、洗涤剂、香皂
北京市朝阳区	南磨房四环路大郊亭	聚氯乙烯、烧碱
四川省成都市青白江区	青白江大弯团结东路	尿素、硫酸、三聚氰胺
江苏省无锡市锡山市	东亭镇东亭镇居委	苯已稀
河南省濮阳市市区	王助乡后漳消村委会	聚烯烃制造
湖南省株洲市石峰区	清水塘建设北路98号	尿素、合成氨、精甲醇
江苏省镇江市京口区	大港开发	聚苯乙烯树脂
辽宁省葫芦岛市连山区		烧碱、聚氯乙烯、环氧丙烷
广东省汕头市龙湖区	中山东路海湾大桥头	聚苯乙烯树脂
山西省太原市晋源区	义井东街54号	硝酸铵、电石
黑龙江哈尔滨市道里区	友谊路431号	化学原料药、粉针剂、注射液
河北省石家庄市桥西区	中山西路276号	维生素丙、青霉素、咖啡因
河北省石家庄市长安区	和平东路388号	抗生素、维生素、淀粉葡萄糖
北京市崇文区	南三环中路52号	中成药生产、中药饮片
山东省淄博市张店区	东一路14号	安乃近、咖啡因
江苏省泰州市高港区	口岸镇	胃苏冲剂、银杏叶片等待
陕西省西安市新城区	万寿北路34号	吗丁啉片、西比灵胶囊、达克宁霜

2000年部分限额以上

企业名称	法人代表	电话	分机	邮政编码
山东新华制药股份有限公司	贺端	2184223		255005
无锡山禾集团有限公司	孙志剑	2750068		214031
天津药业有限公司	师春生	24560936		300161
江西汇仁集团有限公司	陈年代	5732409		330201
丽珠医药集团股份有限公司	徐孝先	8135902		519020
中美天津史克制药有限公司	张宁	24700249		300163
山东鲁抗医药集团有限公司	章建辉	2213961	3210	272021
深圳万基药业有限公司	陈伟东	5505322	59	518020
东北制药集团公司	陈钢	25806555		110026
湛江亚太药业有限公司	谭世平	3188912		524022
四川光大制药有限公司	李珏	3871028	256	611930
中美上海施贵宝制药有限公司	周德孚	64302740		200240
成都地奥集团	李伯刚	2900499		610041
上海先锋药业公司	陈保华	58552452	3234	201203
南京医药产业集团有限责任公司	唐富春	4415515	1403	210002
广州白云山制药股份有限公司	黄平	87706688		510515
天津太平（集团）有限公司	赵戊生	23302528		300040
重庆太极集团有限公司	白礼西	72800513		408000
上海罗氏制药有限公司	黄彦正	50801888		201203
北京双鹤药业经营有限责任公司	张宇	62556970		100086
青岛国风药业股份有限公司	秦志华	3865537		266071
三九医药股份有限公司	赵新光	3360999	3387	518029
吉林修正药业集团股份有限公司	修涞贵	3248252		134000
苏州百特医疗用品有限公司	JAVIER	7619761		215021
阿斯特拉(无锡)制药有限公司	何伟文	5211633		214028
张家口市制药(集团)有限责任公司	王承效	2013445		075000
陕西省西安制药厂	吴秦	4247729		710077
深圳太太药业有限公司	朱保国	2463888		518008
鲁南制药股份有限公司	赵志全	8225067		276000
桂林三金药业集团公司	邹节明	4543213		541004
德清县升华集团（生物化学总公司）	夏士林	8401888		313220
上海雷允上药业有限公司	高均芳	63503535	7082	200001
华北制药集团爱诺有限公司	吕渭川	8084351		052160

企业名录一览表

企业所在地区	企业详细地址	主要产品（主要业务活动）
山东省淄博市张店区	东一路14号	安乃近、咖啡因、础哌酸
江苏省无锡市北塘区	人民西路94号	中西药品生产
天津市河东区	程林庄道	地塞米松系列、醋酸曲安奈德等
江西省南昌市南昌县	向塘镇正街46号	医药制造
广东省珠海市香洲区	拱北桂花北路	片剂、冲剂、胶囊
天津市东丽区	程林庄道澄洲路	康泰克、芬必得、康得
山东省济宁市市中区	金城镇太白楼西路173号	化学原料药、粉针剂、片剂
广东省深圳市罗湖区	翠竹	洋参制品、中西药
辽宁省沈阳市和平区	重工业街37号	原料药
广东省湛江市霞山区	湛江龙平南路	药
四川省成都市彭州市	外北街56号	冲剂、酊水剂、片剂
上海市闵行区	剑川路1315号	化学药品制剂
四川省成都市武侯区	创业路26号	地奥心血康胶囔
上海市浦东新区	张江镇张江路92号	化学药品制剂
江苏省南京市白下区	中山东路488号	化学药、中成药
广东省广州市白云区	沙河同和	片剂、抗菌素分装、化学原料药
天津市和平区	新华路201号	西药制造
重庆市涪陵区	建设路68号	急支糖浆、藿香正气口服液等
上海市浦东新区	张江镇龙东大道1100号	化学药品制剂
北京市海淀区	北三环西路23号	头孢氨苄片
山东省青岛市市南区	延安三路101号	片剂、水丸、冲剂
广东省深圳市罗湖区	北环大道1028号	三九胃泰、感冒灵、皮炎平软膏
吉林省通化市东昌区	康威路36号	太和圣肝胶囊、斯达舒胶襄等
江苏省苏州市平江区	白榆路	医疗用品
江苏省无锡市郊区	高新技术开发区	洛赛克、倍他乐克、波依定
河北省张家口市桥东区	建国路24号	青霉素G钠(钾)、氨苄西林钠等
陕西省西安市莲湖区	西郊汉城路151号	红霉素碱、盐酸四环素、片剂
广东省深圳市罗湖区	深南东路333号信兴广场	太太口服液
山东省临沂市兰山区	银雀山路107号	中成药加工、化学试剂
广西桂林市七星区	金星路1号	西瓜霜润喉、三金片、桂林西瓜霜
浙江省湖州市德清县	钟管镇钟管工业区	阿维菌素
上海市黄浦区	汉口路398号	中药材及中成药加工
河北省石家庄市藁城市	藁城	药品

2000年部分限额以上

化学纤维制造业

企业名称	法人代表	电话	分机	邮政编码
中外合资咸阳步长制药有限公司	赵步长	8315420		710075
长沙九芝堂集团有限公司	余克建	4473182		410008
广西金嗓子有限责任有限公司	江佩珍	2863104		545001
昆明制药股份有限公司	李南高	8182312	226	650100
辉瑞制药有限公司	白康瑞	7615400	279	116600
天津天士力集团有限公司	吴乃峰	26359107		300142
苏州立达制药有限公司	胡文耀	5270337		215128
海南养生堂药业有限公司	钟炎炎	6811918		570216
齐鲁制药厂	李伯涛	8962118	3234	250100
江苏江山制药有限公司	孔太	4831057	2210	214500
化学纤维制造业				
上海石油化工股份有限公司	陆益平	57941941		200540
仪征化纤股份有限公司	付兴堂	3261693		211900
万杰集团	孙启玉	4650598		255213
翔鹭涤纶纺纤(厦门)有限公司	陈由豪	6051111	6000	361026
江苏三房巷实业集团总公司	卞兴才	6229898		214423
吉林化纤集团有限责任公司	付万才	3058474	2432	132101
黑龙江省龙涤集团有限公司	赵瑞民	3716288		150316
远纺工业(上海)有限公司	李冠军	57501888	2116	201419
南通醋酸纤维有限公司	陈旭东	3583047		226008
中国神马集团有限责任公司	宋春迎	3921272		467000
广东省开平涤纶企业集团股份有限公司	梁树相	2213758		529300
广东新会美达锦纶股份有限公司	陈柏森	6129328		529100
青岛高合有限公司	朴熊绪	6768231		266555
苏州杜邦聚脂有限公司	朱金媛	8235299		215011
中国济南化纤总公司	贾罗	8902560	8683	250100
和顺(中国)实业集团有限公司	陈顺利	8619999		350209
丹东化学纤维(集团)有限责任公司	赵向东	6192898		118002
浙江远东化纤集团	徐茂根	5101079		312072
潍坊巨龙化纤集团有限责任公司	张荣安	7251481	727512	261100
江阴市第二化纤厂	张逸明	6531838		214407
东丽合成纤维(南通)有限公司	松原正照	3593012		226009
山东高密化纤集团有限公司	李贵荣	2323121	6046	261500

企业名录一览表

企业所在地区	企业详细地址	主要产品（主要业务活动）
陕西省咸阳市秦都区	玉泉路六号	中成药加工
湖南省长沙市开福区	芙蓉北路155号	驴胶补血、乙肝宁冲剂等
广西柳州市柳北区	跃进路过28号	中成药
云南省昆明市西山区	马街镇西郊七公里	针剂、片剂、原料药
辽宁省大连市金州区	大庆路22号	化学药品
天津市河北区	黄纬路60	复方丹参滴丸、养血清脑冲剂等
江苏省苏州市吴县市	人民南路140-1号	钙尔奇-D、善存、美满霉素
海南省海口市新华区	金牛路6号	龟鳖丸、朵而胶襄
山东省济南市历城区	华山史	化学原料药、粉针、水针
江苏省靖江市	靖城镇江山路20号	维生素C及系列
上海市金山区	石化街道	合成纤维、乙烯、高压聚乙烯
江苏省扬州市仪征市	胥浦镇	聚酯切片、涤纶短纤维等
山东省淄博市博山区	域城岜山	涤纶长丝、塔夫绸、丙纶短纤
福建省厦门市杏林区	海沧	涤纶长丝、涤纶短丝、聚酯切片
江苏省无锡市江阴市	周庄镇三房巷村	涤纶纤维、纱、染色布
吉林省吉林市昌邑区		粘胶短纤维、粘胶长丝、染纶长丝
黑龙江哈尔滨市阿城市	和平街	聚酯、涤纶长丝、涤纶短丝
上海市奉贤县	星火农场	聚脂、化学纤维、印染布
江苏省南通市崇川区	钟秀东路	醋酸纤维丝束
河南省平顶山市卫东区	建设路中段63号	锦纶长丝、浸胶帘子布
广东省江门市开平市	长沙港口路10号	涤纶丝、锦纶丝
广东省江门市新会市	会城	锦纶
山东省青岛市黄岛区	江山路南段	FDY切片、SIF切片、切片
江苏省苏州市金阊区	滨河路17号	聚脂切片、涤纶POY、涤纶DTY
山东省济南市历下区	姚家姆	聚酯、涤纶长丝、涤纶短纤
福建省福州市长乐市	漳港路顶村	涤沦纤维
辽宁省丹东市振兴区	纤维街58号	粘胶纤维、合成纤维
浙江省绍兴市绍兴县	马鞍镇童家塔	化纤原料
山东省潍坊市寒亭区	潍县北路518号	粘胶纤维、帘帆布、棉浆粕
江苏省无锡市江阴市	璜塘镇	涤纶短纤维
江苏省南通市崇川区	开发区新开路西	聚脂切片
山东省潍坊市高密市	人民大街101号	粘胶短纤维、棉浆粕、涤纶长丝

2000年部分限额以上

橡胶制品业

企业名称	法人代表	电话	分机	邮政编码
国营新乡化学纤维厂(白鹭集团)	陈玉林	3096601	2022	453011
福建纺织化纤集团有限公司	王学鼎	3638888	8171	366016
保定天鹅化纤集团有限公司	孙为伦	3127598		071055
湖北昌丰化纤工业有限公司	叶长鸣	6561086		443001
湖南金迪化纤有限责任公司	姜影	8627742		411101
上海市杜邦纤维(中国)有限公司	路久成	59721434		201700
江苏万翔集团公司	陈建忠	6521465		214406
吴江市梅堰迪富特种聚酯切片厂	孙雪坤			215225
四川省聚脂股份有限公司	何拓疆	2305858	8010	643010
昆明醋酸纤维有限公司	边有伦	5631028	2061	650224
高要市华锦集团有限公司	王少文	8393088		526100
文登力象实业集团有限公司	毕庶峰	8897819		264403
烟台氨纶集团有限公司	陈嘉震	6371291		264006
河北省秦皇岛腈纶厂	张思恒	3016152		066001
吴江市差别化涤纶厂	王建荣	3681330		215225
上海石化椏力实业发展有限公司	车地	57941699		200540
珠海醋酸纤维有限公司	边有伦	8619933	1807	519070
浙江大普化纤集团公司	王列东	2082828		312361
无锡市太极实业股份有限公司	李文海	3101371	370	214041
上海金阳腈纶厂	车地	57940940		200540
江苏省连云港钟山氨纶有限公司	毛一兵	2340647		222047
无锡大通化纤公司	李平	5061493		214121
宜宾丝丽雅集团有限公司	冯涛	2334946	6106	644002
深圳市惠中化纤实业股份公司	董炳根	7817178		518101
宜兴市华亚化纤有限公司	郑旭东	7281224	8105	214253
华燕公司	俞建国	5063416		214121
九江化学纤维厂	张棠华	8234601	5131	332017
橡胶制品业				
上海轮胎橡胶(集团)股份有限公司	范宪	63294033	39	200002
三角集团有限公司	丁玉华	5322983		264200
青岛橡胶（集团）有限责任公司	高巨谦	4692493		266041
厦门正新橡胶工业有限公司	陈秀雄	6211606	305	361022
贵州轮胎股份有限公司	马世春	4842490		550008

企业名录一览表

企业所在地区	企业详细地址	主要产品（主要业务活动）
河南省新乡市北站区	宝山西路办事处区府路	粘胶纤维
福建省三明市永安市	汶洲	涤纶加工丝、聚乙烯醇、水泥
河北省保定市新市区	纸厂路一号	粘胶长丝、涤纶长丝
湖北省宜昌市伍家岗区	伍家	合成纤维、粘胶纤维
湖南省湘潭市岳塘区	书院路38号	聚酯切片、涤纶低弹丝
上海市青浦区	青浦镇华青路603号	化学纤维制造
江苏省无锡市江阴市	马镇镇	涤纶短纤维、涤纤泡泡料
江苏省苏州市吴江市		切片
四川省自贡市大安区	新民乡天园村	聚脂切片、涤沦短纤
云南省昆明市官渡区	联盟镇穿金路725号	二醋酸纤维丝束
广东省肇庆市高要市	南岸南兴四路6号	锦纶长丝 弹力丝、丝袜、纸箱
山东省威海市文登市	宋村	化纤、塔吊、棉纱
山东省烟台市福山区	黑龙江路10号	氨纶丝
河北省秦皇岛市海港区	东港镇东港1号	腈纶纤维、腈纶毛条
江苏省苏州市吴江市	梅堰镇	绦纶丝
上海市金山区	石化街道	腈纶纤维制造
广东省珠海市香洲区	前山金鸡路368号	烟用醋酸纤维丝束
浙江省绍兴市上虞市	丰惠镇何岙村	涤纶长丝、涤纶低弹丝、涤纶牵伸丝
江苏省无锡市崇安区	锡澄路化工桥南	烟用聚丙烯过滤丝束、涤纶民用丝
上海市金山区	石化街道	腈纶纤维、腈纶毛条
江苏省连云港市云台区	连云港经济技术开发区	氨纶丝
江苏省无锡市锡山市	东降镇居委	涤沦纤维
四川省宜宾市翠屏区	航天路中段	粘胶长丝、棉浆柏、绣花线
广东省深圳市宝安区	新安街	涤纶纤维
江苏省无锡市宜兴市	新建镇新建村	涤纶专丝
江苏省无锡市锡山市	东降镇居委	锦纶
江西省九江市庐山区	蛤蟆石前进东路	粘胶棉型短纤维
上海市黄浦区	四川中路63号	轮胎外胎、轮胎内胎
山东省威海市环翠区	青岛中路56号	轮胎外胎、轮胎内胎
山东省青岛市李沧区	沧安路1号	轮胎制造、力车胎、摩托车胎
福建省厦门市杏林区	西滨路15号	自行车、摩托车、工业车内外胎
贵州省贵阳市云岩区	百花大道41号	汽车外胎、内胎、垫带

2000年部分限额以上

企业名称	法人代表	电话	分机	邮政编码
河南轮胎集团有限责任公司	张生林	3935410		454003
龙口市福利橡塑雨布厂	栾仁科	8918178		265702
山东广饶石化集团股份有限公司	赵光宗	6261072		257342
东风金狮轮胎有限公司	刘玉斗	8665211		442053
正新橡胶(中国)有限公司	罗才仁	7673888		215331
杭州中策橡胶有限公司	沈金荣	6053939		310008
银川中策〈长城〉橡胶有限公司	黄鸿年	3014163		750011
桦林轮胎股份有限公司	孙玉生	6306979		157032
南京锦湖轮胎有限公司	卢仁基	5319999	2108	210038
青岛双星集团公司	汪海	2689532		266002
山东玲珑橡胶集团公司	王希成	8242670		265400
山东泸河集团总公司	许传第	6401130	8009	262216
广州番禺大兴制鞋实业有限公司	郭耀辉	84937909		511470
双喜轮胎工业股份有限公司	马维达	7072521		030006
建泰橡胶(深圳)有限公司	刘伟	7748172	175	518109
东营市西水集团有限公司	宋继明	6498061		257336
大连固特异轮胎有限公司	李强森	6643642	3066	116033
辽宁轮胎集团有限责任公司	李建华	3815801		122009
新疆昆仑股份有限责任公司	杨虎诚	2188132		841001
天津锦湖轮胎有限公司	中村邦弥	26974020		300400
广州珠江轮胎有限公司	陈镇国	86823333	8031	510828
青岛国人科技股份有限公司	赵洪祥	8723587		266100
沈阳三泰轮胎有限公司	浦野 隆	25816200	206	110141
青岛振华工业有限公司	赵天来	3191888		266431
徐州海鹏轮胎有限公司	李荣顺	3725986		221005
莱州市橡塑厂	徐锦诚	2615128		261414
广州市华南橡胶轮胎有限公司	李宇君	84629574		511400
南京速顺达(集团)公司	吴留生	2101858	8012	211101
山东三工集团股份有限公司	孙乐华	6581258		262229
山东银河橡塑集团总公司	牛宜顺	3653319		272100
山东泰山轮胎厂	翟立新	3212526		271600
鲸鱼集团有限责任公司	韩克一	2623951		054019
青岛胶带（集团）有限责任公司	赵希贞	3833101		266021

企业名录一览表

企业所在地区	企业详细地址	主要产品（主要业务活动）
河南省焦作市山阳区	焦东南路48号	轮胎生产
山东省烟台市龙口市	北马镇簸栾	雨布
山东省东营市广饶县	石村镇东关村	橡胶件制品、油田助剂、溶剂
湖北省十堰市张湾区	汉江路221号	轮胎制造
江苏省苏州市昆山市	陆家镇	橡胶制品
浙江省杭州市上城区	经济技术开发区海潮路1号	轮胎、手推车胎、自行车胎
宁夏银川市新城区	怀远东路12号	汽车、农业用、航空轮胎
黑龙江牡丹江市阳明区	桦林	轮胎
江苏省南京市栖霞区	和燕路418号	轮胎制造
山东省青岛市市南区	贵州路5号	胶鞋、皮鞋、布鞋
山东省烟台市招远市	罗峰办事处金城路170号	轮胎、轮辋、水泵
山东省潍坊市诸城市	昌城昌城村	轮胎
广东省广州市番禺区	大岗镇兴业路8号	运动鞋
山西省太原市迎泽区	亲贤北街3号	轮胎
广东省深圳市宝安区	龙华	车辆内外胎
山东省东营市广饶县	稻庄镇西水磨村	轮胎
辽宁省大连市沙河口区	石桥街25号	子午线轮胎
辽宁省朝阳市龙城区	向阳街1号	轮胎制造
新疆巴音郭楞蒙古自治州库尔勒市	塔什店东路	汽车轮胎
天津市北辰区	双街镇	子午轮胎
广东省广州市花都区	炭步镇松仔岗	轮胎外胎、轮胎内胎
山东省青岛市市北区	杨家群	轮胎制造
辽宁省沈阳市于洪区	昆明湖街17号	汽车轮胎
山东省青岛市胶南市	隐珠镇北高家庄	轮胎
江苏省徐州市鼓楼区	复兴北路27号	轮胎、摩托车、力车胎
山东省烟台市莱州市	平里店镇大沟崖村	胶管
广东省广州市番禺区	东伍市桥东环路	子午线轮胎外胎
江苏省南京市江宁县	东山镇岔路村	轮胎、铜材、丁基胶囊
山东省潍坊市诸城市	皇华镇	摩托车内外胎
山东省济宁市兖州市	新兖镇银河路	输送带
山东省泰安市肥城市	新城济兖路001号	汽车轮胎
河北省邢台市桥西区	西大郭中兴西路155号	轮胎
山东省青岛市市北区	华阳路36号	橡胶板、管、带制造

2000年部分限额以上

塑料制品业

企业名称	法人代表	电话	分机	邮政编码
米其林沈阳轮胎有限公司	韩思克	25814040	8047	110141
荣成市橡胶机带厂	王业刚	7321283		264308
四川川橡集团有限公司	周文瑞	7722102	2239	641402
北京轮胎厂	王琪	82915102		100096
莱芜市橡胶集团公司	吕务民	6212295		271100
莱州市环日橡胶厂	潘书昌	2331056		261413
厦门海燕实业有限公司	程友良	2041502		361004
北京振华农用胎有限责任公司	黄德宝	61667976		101407
海口海华轮胎有限公司	顾维良	5345065	8011	570203
米其林沈阳卡车轮胎有限公司	韩思克	25814040	8047	110141
塑料制品业				
江苏三笑集团有限公司	韩国平	7278084		225111
江苏江阴模塑集团总公司	曹明芳	6221226		214423
福清市明达塑胶(福建)有限公司	陈克恭	5381890		350301
河北宝硕集团有限公司	周　山	3209683		071051
惠州麦科特和幸技研工业有限公司	小出荣次郎	3321486		516229
佛山东方包装材料有限公司	吴跃明	3983397		528000
烟台万华合成革集团有限公司	李建奎	6837626		264002
苏州华苏化工塑料有限公司	赵元修	3645554		215433
明达塑胶(厦门)有限公司	徐天培	6512222	166	361022
江苏申达包装集团公司	张国平	6621666		214443
惠州麦科特山阳工业有限公司	吉田干夫	3322767		516229
大连实德塑料工业有限公司	徐明	7609888	42024	116011
太平洋塑胶(福建)有限公司	李义雄	5376032		350301
江苏省银杉实业集团有限公司	包斌元	4128699		211135
江阴龙山集团公司	承泉兴	6221511	622166	214423
珠海经济特区中富实业股份有限公司	黄乐夫	8821449		519030
江苏琼花塑料(集团)厂	于在青	7271301	32	225111
世界塑胶餐垫(宝安)有限公司	李达兴	8826481		518118
镒得塑胶(福建)有限公司	李义雄	3651495		350009
日新(天津)塑胶有限公司	李毓洲	23972357		300381
大连爱丽思欧雅玛工贸有限公司	门间孝则	7303804		116600
浙江大东南塑胶集团公司	黄水寿	7091468		311809

企业名录一览表

企业所在地区	企业详细地址	主要产品（主要业务活动）
辽宁省沈阳市于洪区	沈新路15号	子午线轮胎
山东省威海市荣成市	斥山镇	汽车V带、普通V带、联组带
四川省资阳市简阳市	养马镇川橡路586号	轮胎、橡胶
北京市海淀区	德外西三旗新都东路	轮胎外胎、轮胎内胎
山东省莱芜市莱城区	鲁中东大街76号	轮胎、再生胶
山东省烟台市莱州市	土山镇潘家村	轮胎
福建省厦门市开元区	厦禾路772号	轮胎、力车胎、布胶鞋
北京市怀柔县	雁栖镇	农用汽车轮胎
海南省海口市振东区	仙桥路	轻型载重汽车轮胎外胎
辽宁省沈阳市于洪区	沈新路15号	载重子午线轮胎
江苏省扬州市邗江区	杭集	牙刷、香皂、牙膏
江苏省无锡市江阴市	周庄镇龙山路8号	前、后保险杠、PVC、PP原料、箱包
福建省福州市福清市	宏路镇宏路村上郑	PVC塑胶制品
河北省保定市新市区	向阳南路117号	塑料薄膜、塑料管、聚氯乙烯树脂
广东省惠州市惠阳市	陈江镇陈澳头	塑胶件、五金冲压件、电子产品
广东省佛山市城区	轻工三路11号	塑料薄膜
山东省烟台市芝罘区	幸福南路7号	树脂、PU树脂、合成革
江苏省苏州市太仓市	浏家港镇	PVC薄膜
福建省厦门市杏林区	海沧新阳工业区翁角路	PVC薄膜、塑胶制品
江苏省无锡市江阴市	申港镇申圩路	聚丙烯、聚乙烯、塑袋
广东省惠州市惠阳市	陈江镇甲子路	精密塑胶制品、收放机组装件
辽宁省大连市甘井子区	大连湾镇高尔基路38号	塑料门窗型材
福建省福州市福清市	宏路镇宏路村上郑	聚氯乙稀薄膜
江苏省南京市江宁区	其林镇晨光村	塑料制品
江苏省无锡市江阴市	周庄镇龙山路	塑料人造革、铝合金型材、铸钢阀门
广东省珠海市香洲区	南湾大道第一工业区	PET塑料瓶坯
江苏省扬州市邗江区	杭集	PVC板和片材、真空镀钻膜、烫印箔
广东省深圳市龙岗区	宝山工业区	各种塑胶餐垫
福建省福州市台江区	台江区鳌峰路35号	泳镜
天津市西青区	大寺村村委会西青开发区	塑胶制品
辽宁省大连市金州区	保税区	塑料制品
浙江省绍兴市诸暨市	璜山镇建新路88号	薄膜塑料制品

2000年部分限额以上

非金属矿物制品业

企业名称	法人代表	电话	分机	邮政编码
中山隆顺日用制品有限公司	陈信兴	3372800		528414
广州市塑料工业股份有限公司	张永铨	83312936		510120
荣华股份有限公司	张延德	2292301		733000
浙江省鸿达集团有限公司	赵云飞	6333108		317525
漯河华强塑胶有限公司	陈殿成	2167026		462000
爱索尔（广州）包装有限公司	EBENEZER	82225561	608	510730
青岛交河塑料有限公司	郑道振	7882423		266106
上海紫江企业有限公司	郭峰	64923418		201100
大连第九塑料厂	阎超	6651263		116033
南亚塑胶工业（广州）有限公司	吴玖仁	86412300	2110	510430
遂平县华强塑胶有限公司	陈殿成	4925612		463100
江苏蝙蝠塑料集团有限公司	孟永华	6202118		214421
吴县市阳澄湖橡塑制品厂	陆金元	5441786		215141
兰州银兰工贸集团有限公司	张志德	7317401	83261	730060
锦州彩练塑料集团有限责任公司	王青国	4567755	329	121001
南亚塑胶工业（南通）有限公司	吴钦仁	5291811	100	226008
江苏珠花集团	张庆愉	8812666		224041
佛山杜邦鸿基薄膜有限公司	冯兆征	2211988		528000
亚光耐普罗精密注塑（天津）有限公司	张路生	88242014		300221
上海紫江彩印包装有限公司	王虹	64090018	119	201111
深圳市金海鲜工业发展有限公司	许春波	4401137		518121
重庆毛氏实业(集团)有限公司	毛良模	62810240		400082
高明市第二塑料集团股份公司	陈应鸿	8821111	2127	528500
常州市巨力塑料实业总公司	周海忠	6960267		213015
青岛成进塑料有限公司	李吉善	8463241		266600
澄海市华翔塑料有限公司	陈培麟	5757338		515832
江阴海达集团有限公司	徐友才	6204098	620158	214421
非金属矿物制品业				
苏州爱普生有限公司	斋滕良则	8257002		215011
北京建筑材料集团有限责任公司	张　毅	66411587		100031
浙江东方集团公司	滕增寿	8850088		325003
上海耀华皮尔金顿玻璃股份有限公司	朱伯安	58839305		200126
江苏华润集团公司	陈惠南	8550102	3098	215625

企业名录一览表

企业所在地区	企业详细地址	主要产品（主要业务活动）
广东省中山市	东升	童车
广东省广州市越秀区	沿江西路147号六楼	塑料薄膜、塑料板材
甘肃省武威地区武威市	高坝镇	塑料
浙江省台州市温岭市	大溪镇大溪居	日用塑料制品
河南省漯河市源汇区	干河陈乡干河陈村民委员会	塑料包装
广东省广州市黄埔区	开发区夏港大道	复合软管
山东省青岛市城阳区	惜福镇前金村	塑料防雨布
上海市闵行区	莘庄镇沪闵路5481号	塑料包装箱及容器
辽宁省大连市甘井子区	华北路22号	农地膜
广东省广州市白云区	石井镇窖心村	聚氯乙烯软质胶布
河南省驻马店市遂平县	灈阳镇	塑料袋
江苏省无锡市江阴市	华士镇人民路	人造革、硬片
江苏省苏州市吴县市	阳澄湖镇腐销村	塑料制品
甘肃省兰州市西固区		农用薄膜、硝酸钠、石油溶剂
辽宁省锦州市古塔区	锦朝路15号	塑料薄膜
江苏省南通市崇川区	外环东路101号	PVC胶布
江苏省盐城市盐都县	通榆北路188号	聚乙烯双壁波纹管
广东省佛山市石湾区	东鄱南路6号	聚酯薄膜
天津市河西区	解放南路珠江道69号	塑料件加工
上海市闵行区	马桥镇北松路888号	塑料包装制品
广东省深圳市龙岗区	投资公司4楼	塑料制品
重庆市大渡口区	茄子溪吊鱼嘴	塑料鞋制造
广东省佛山市高明市	沿江路36号	地胶板、针织革、薄膜
江苏省常州市钟楼区	清潭路25号	冰箱板片材、密封桶、红翎板片材
山东省青岛市莱西市	李家疃	塑料蓬布
广东省汕头市澄海市	溪南镇埭头工业区	PVC片
江苏省无锡市江阴市	华士镇勤丰村	铝塑复合带、粘合剂、食品添加剂
江苏省苏州市金阊区	金枫路	水晶振动子、连接普拉古
北京市西城区	宣武门西大街甲129号	水泥、建材产品、家具
浙江省温州市鹿城区	东风街道矮凳桥92号	玻璃钢制品、民用钢质船舶、灯具
上海市浦东新区	济阳路100号	平板玻璃、夹层玻璃、中空玻璃
江苏省苏州市张家港市	锦丰镇锦丰镇	浮法玻璃

2000年部分限额以上

企业名称	法人代表	电话	分机	邮政编码
中国耀华玻璃集团公司	曹田平	3031133	5203	066013
吉林炭素集团有限责任公司	杨超	2732730		132002
福建省耀华玻璃工业股份有限公司	曹德旺	5383777	341	350301
唐山陶瓷集团有限公司	邢平均	3271011		063022
中国洛阳浮法玻璃集团有限责任公司	郭晓寰	3908632		471009
河南省葛天集团有限责任公司	赵国珍	6611088		461503
苏州日本电波工业有限公司	竹内宽	8252355		215011
盘锦市北方沥青股份有限公司	朱耀庭	2851925		124022
唐山冀东水泥股份有限公司	杜金弘	3241822		063031
北新建材（集团）有限公司	宋志平	62913831		100096
沈阳星光集团建材有限公司	张继良	23239175		110001
牡丹江水泥集团有限责任公司	王奎廷	6497517		157041
深圳市赛格三星股份有限公司	王殿甫	3311988		518049
河南黄河实业(集团)公司	乔金岭	6123706		461500
华新水泥股份有限公司	陈木森	6224971	359	435002
海城市西洋耐火材料公司	周福仁	3276666		114213
岑溪市归义镇花岗岩板材开发公司	谢壮锋	8411278		543207
南海市罗南建陶厂	关润尧	5333660		528219
海城市后英镁砂集团总公司	何著胜	3277056		114213
广东佛陶集团钻石陶瓷有限公司	陈雄飞	2272692		528031
梅州市塔牌集团有限公司	钟烈华	7883229		514100
明达玻璃(厦门)有限公司	徐天培	6211168	117	361022
增城市长利集团水泥厂	阮振坚	82933238		511335
济南建筑材料工业集团有限公司	张才奎	7938835		250022
南海恒盛釉面砖厂	关润尧	5335816		528219
黄石市秀山集团	黄朝干	8812602		435112
大宇水泥(山东)有限公司	金俊基	4224736		273200
斯米克建筑陶瓷有限公司	李慈雄	64110567	112	201112
浙江尖峰集团股份有限公司	杜自弘	2326868		321000
广西鱼峰水泥股份有限公司	李自明	3883889		545008
海城华宇耐火材料集团公司	李春颖	3243791		114206
吉林亚泰水泥有限公司	宋尚龙	4352201	3061	130617
江苏省宜兴陶瓷公司	肖杏林	7401426		214221

企业名录一览表

企业所在地区	企业详细地址	主要产品（主要业务活动）
河北省秦皇岛市海港区	西港路 1号	平板玻璃
吉林省吉林市昌邑区	和平街9号	石墨电极类、炭块类、炭糊类
福建省福州市福清市	宏路镇福耀工业村	夹层玻璃、钢化玻璃
河北省唐山市路北区	缸窑路29号	日用陶瓷、卫生陶瓷、建筑陶瓷
河南省洛阳市西工区	唐宫路办事处唐宫中路9号	浮法玻璃、玻璃纤维纱布、起重机
河南省许昌市长葛市	后河镇	高压电瓷、卫生陶瓷、高压电器
江苏省苏州市金阊区	竹园路92号	水晶振动子、水晶振荡器
辽宁省盘锦市兴隆台区	新工街	沥青、轻油
河北省唐山市新区	刘家营杯荫东路	水泥、熟料
北京市海淀区	草桥7号	纸面石膏板
辽宁省沈阳市和平区	和平北大街94号	玻璃、建材机械、建筑机械
黑龙江牡丹江市西安区	西安区温村	普通硅酸盐水泥
广东省深圳市福田区	梅林工业区26-811信箱	彩色显像管玻壳(屏锥)
河南省许昌市长葛市	长葛市人民路200号	金刚石锯片、水磨石机、切割机
湖北省黄石市黄石港区	黄石港黄石大道897号	水泥
辽宁省鞍山市海城市	英落镇西洋村	重烧镁、轻烧镁、镁砖
广西梧州市岑溪市	归义	花岗岩毛板光板规格板
广东省佛山市南海市	南庄镇罗南村委会	釉面砖、耐磨砖瓷片
辽宁省鞍山市海城市	英落镇后英村	镁砂、镁砖
广东省佛山市石湾区	和平路12号	墙地砖
广东省梅州市蕉岭县	蕉城桂岭大道	水泥、水泥熟料
福建省厦门市杏林区	杏林杏西路8号	平板玻璃、玻璃纤维沙、纤维布
广东省广州市增城市	仙村镇	水泥
山东省济南市槐荫区		水泥、商品混凝土、花岗石
广东省佛山市南海市	南庄镇罗南村委会	釉面砖
湖北省黄石市大冶市	还地桥秀山村	水泥、原昧、石料
山东省济宁市泗水县	泗水东高村	水泥
上海市闵行区	杜行镇杜行谈家港南首	建筑、卫生陶瓷制造
浙江省金华市婺城区	城中街道婺江东路88号	硅酸盐水泥、通信电缆、压力管
广西柳州市柳南区	柳南柳太路62号	水泥制造
辽宁省鞍山市海城市	八里镇华峪村	重烧镁、中档镁
吉林省长春市双阳区		水泥制造
江苏省无锡市宜兴市	丁蜀镇	陶瓷

2000年部分限额以上

黑色金属冶炼及压延加工业

企业名称	法人代表	电话	分机	邮政编码
邯郸陶瓷集团有限责任公司	张士成	5022122	6926	056200
广东澳联玻璃有限公司	胡方宇	85525021	440	510655
深圳方大集团股份有限公司	熊建明	6608571		518055
苏州金猫水泥有限公司	孙金男	6261108		215101
白鸽集团有限责任公司	郝延忠	7635588		450006
陕西秦岭水泥股份有限公司	李根元	6231665		727100
辽宁工源水泥（集团）有限责任公司	崔玉莲	2334457		117000
营口青花镁矿总公司	王守彬	5625402		115101
兰州炭素厂	潘锡光	6211511		730084
海城市东鑫实业总公司	马玉盈	3245299		114206
京阳水泥有限公司	张永平	7762222	184	212411
江苏申海集团股份有限公司	周忠	2673038		226153
黑色金属冶炼及压延加工业				
宝山钢铁股份有限公司	谢企华	26648040		201900
首钢总公司	罗冰生	68293520		100041
鞍山钢铁集团公司	刘介	6728866		114021
本溪钢铁（集团）有限责任公司	张营富	7827523		117000
攀钢（集团）公司	洪及鄙	3394261		617067
江苏沙钢集团有限公司	沈文荣	8550801		215625
邯郸钢铁集团有限责任公司	刘汉章	4042342		056015
济南钢铁厂	李长顺	8868180		250101
唐山钢铁集团有限责任公司	王天义	2702042		063016
包头钢铁（集团）有限股份公司	林东鲁	2185346		014010
莱芜钢铁集团有限公司	姜开文	6821260		271100
南京钢铁集团有限公司	肖同友	7791615	4419	210035
河南省安阳钢铁集团有限责任公司	李文山	3122219		455004
内蒙古包钢钢联股份有限公司	林东鲁	2186935		014010
上海第一钢铁(集团)有限公司	伏中哲	56825682	3402	200431
上海梅山(集团)有限公司	张思明	62076233		200040
上海浦东钢铁(集团)有限公司	汪金德	58839180		200126
广东省韶钢集团公司	曾德新	8786100		512123
上海五钢(集团)有限公司	谢蔚	56679080		200940
新余钢铁有限责任公司	张春明	6292937		338001

企业名录一览表

企业所在地区	企业详细地址	主要产品（主要业务活动）
河北省邯郸市峰峰矿区	彭城镇大路沟1号	日用陶瓷制造、建筑、卫生陶瓷
广东省广州市天河区	员村四横路	日用玻璃制品
广东省深圳市南山区	深圳北环路	幕墙门窗、铝塑复合板
江苏省苏州市吴县市	木渎镇西跨塘	水泥
河南省郑州市中原区	中原区华山路78号	磨具、磨料
陕西省铜川市耀县	城关	水泥
辽宁省本溪市平山区	光华	水泥制造
辽宁省营口市大石桥市	官屯镇青花峪	重烧镁、镁砖、防撬门
甘肃省兰州市红古区		石墨电极类、炭块类、炭糊类
辽宁省鞍山市海城市	八里镇东三道村	轻烧镁、滑石粉、苹果汁
江苏省镇江市句容市	句容市下蜀镇	水泥、熟料
江苏省南通市海门市	正余镇人民路	风机、空调机、冷却塔
上海市宝山区	宝山镇富锦路果园宝钢	钢压延、中厚钢板、无缝钢管
北京市石景山区	石景山路厂东门	生铁、转炉钢、钢材
辽宁省鞍山市铁西区	鞍钢大白楼1号	钢材
辽宁省本溪市平山区	人民路16号	生铁、钢
四川省攀枝花市东区	东区向阳村7号	转炉钢、生铁、钢材
江苏省苏州市张家港市	锦丰镇	电炉钢、成品钢材
河北省邯郸市复兴区	复兴路232号	钢材、钢坏、连铸坯锭、焦炭
山东省济南市历城区	工业北路	钢材、铁料、钢
河北省唐山市路北区	滨河路9号	钢锭、生铁、钢材
内蒙古包头市昆都伦区	河西	钢、铁、材
山东省莱芜市钢城区	城子坡友谊大街45号	钢材、钢锭、生铁
江苏省南京市大厂区	卸甲甸	中厚钢板、线材、钢带
河南省安阳市铁西区	梅园庄办事处安钢大道	钢材、生铁
内蒙古包头市昆都伦区	包钢厂区	钢压延加工
上海市宝山区	淞南镇长江路735号	钢、钢坯、钢材
上海市静安区	安远路505号	热轧板卷、生铁、铁矿石
上海市浦东新区	上南路３００号	钢板、型钢材、钢
广东省韶关市北江区	马坝	钢、钢材、生铁
上海市宝山区	同济路333号	钢、钢坯、钢材
江西省新余市渝水区	城关冶金路	钢锭、钢材、铁合金

2000年部分限额以上

有色金属冶炼及压延加工业

企业名称	法人代表	电话	分机	邮政编码
酒泉钢铁公司	马鸿烈	6221642		735100
昆明钢铁总公司	马玉康	8699530		650302
江苏华西集团公司	吴协东	6201349		214420
天津天铁冶金集团有限公司	刘志嘉	39732880		056404
武汉钢铁(集团)公司	刘本仁	16897168		430000
湘潭钢铁集团有限公司	林　武	8654888		411101
水城钢铁(集团)有限责任公司	王黎明	89227958		553028
重庆钢铁(集团)有限责任公司	唐民伟	68846512		400081
涟源钢铁集团有限公司	孙显同	8661234		417009
宣化钢铁集团有限责任公司	乔贵祥	8674513		075103
新疆八一钢铁股份有限公司	赵　峡	3881175		830022
上海宝钢益昌薄板有限公司	乔志明	56750777	324	200431
通化钢铁集团有限责任公司	王茂清	3794433		134003
中国新兴铸管联合公司	范英俊	4020910	7329	056017
福建三明钢铁厂	欧阳元和	8205181		365000
广钢集团有限公司	袁今昔	81891212	2500	510381
天津钢管公司	刘云生	24802625		300301
河北省承德钢铁集团有限公司	刘克忠	4074291		067002
广钢股份有限公司	陈嘉陵	81891212	2432	510381
舞阳钢铁有限责任公司	顾强析	8111143		462500
江阴市兴澄钢铁有限公司	麦社安	6286088	3104	214432
柳州钢铁集团公司	吴集成	2592651	2593500	545002
江苏永钢集团	吴耀芳	8612888		215628
石家庄钢铁有限责任公司	阎胜科	5082461	2020	050031
通化钢铁集团有限责任公司	王茂清	3793030		134003
鄂城钢铁集团有限责任公司	陈明洁	3223404		436000
青岛钢铁集团公司	王玉科	4816857		266043
唐山国丰钢铁有限公司	崔振兴	8121180	2027	063300
抚顺特殊钢(集团)有限责任公司	张玉颖	6669161	2516	113001
有色金属冶炼及压延加工业				
葫芦岛锌厂	郭宗昌	2025040		125003
中国长城铝业公司	宋培凯	8915033		450041
金川有色金属公司	杨金义	8812230		737104

企业名录一览表

企业所在地区	企业详细地址	主要产品（主要业务活动）
甘肃省嘉峪关市市辖区	雄关东	生铁、钢、钢材
云南省昆明市安宁市	连然镇郎家庄	钢、生铁、钢材
江苏省无锡市江阴市	华士镇华西村	毛纺
天津市河东区	更乐镇	钢坯、生铁、焦炭
湖北省武汉市青山区		
湖南省湘潭市岳塘区	岳塘	钢、生铁、钢材
贵州省六盘水市钟山区	巴西中路	钢、生铁、钢材
重庆市大渡口区	跃进村	钢材、钢坯、焦炭
湖南省娄底市娄星区	黄泥塘	钢材、钢、生铁
河北省张家口市宣化区	牌楼东街30号	生铁、钢材、碳黑
新疆乌鲁木齐市头屯河区		钢、钢材
上海市宝山区	淞南镇江扬南路2288号	冷轧薄板
吉林省通化市二道江区	二道江区东盛路14号	钢、生铁、钢材
河北省邯郸市复兴区	上洛阳村石化街4号	钢材、球墨铸铁管、机械铸造产品
福建省三明市梅列区	工业中路	钢、铁、钢材
广东省广州市芳村区	芳村大道1号	制钢、钢材、生铁
天津市东丽区	无暇街	连铸钢坯、无缝钢管
河北省承德市双滦区	滦河	钢材、钢锭、五氧化二钒
广东省广州市芳村区	芳村大道1号	制钢、钢材、生铁
河南省平顶山市舞钢市	院岭街道办事处轧钢厂	钢板生产、炼钢生产
江苏省无锡市江阴市	澄江镇人民东路168号	钢、钢材
广西柳州市柳北区	柳北北雀路117号	钢、生铁、钢材
江苏省苏州市张家港市	南丰	钢材
河北省石家庄市长安区	和平东路363号	钢、钢材、铁
吉林省通化市东昌区	东胜路14号	炼铁业、钢压延加工
湖北省鄂州市鄂城区	武昌大道105号	钢材、生铁、钢
山东省青岛市李沧区	遵义路5号	钢、钢材
河北省唐山市丰南市		热轧带钢
辽宁省抚顺市望花区	和平路东段56号	钢铁、钢材、耐火砖
辽宁省葫芦岛市龙港区	马杖房西24号	锌、铜、硫酸
河南省郑州市上街区	厂前路28号	氧化铝、铝、水泥
甘肃省金昌市金川区	金川区北	电解镍、电解铜、电解钴

2000年部分限额以上

企业名称	法人代表	电话	分机	邮政编码
贵州铝厂	殷毓符	4898036		550014
株洲冶炼厂	方炳祺	8391231		412004
白银有色金属公司	吴金生	8811985		730900
江西铜业公司	何昌明	3777094		335424
山东铝业公司	刘兴亮	2980953		255052
山东丛林集团公司	张修基	8561241	8031	265705
平果铝业公司	殷恩生	5802800		531400
青海铝厂	吴伟成	2726030	2073	810108
深圳市中金岭南股份有限公司韶关铅锌分公司	郑耀明	8396388		512023
大冶有色金属公司	罗忠民	5392415		435005
西南铝加工厂	肖亚庆	65809118		401326
云南锡业公司	肖建明	2123381		661000
云南铜业股份有限公司	邹韶禄	5527230		650102
常州金源铜业有限公司	刘一青	8822909		213018
包头铝厂	芦林	4149511		014046
抚顺铝厂	王君国	6428471	3425	113001
青铜峡铝厂	周景琦	3034196		751603
兰州铝厂	冯诗伟	7557344		730060
上海新格有色金属有限公司	黄耀斌	56041111		201907
辽宁忠旺集团	刘忠田	4150232		111003
上海金象铝业有限公司	龚惠祥	58582107		201201
中国长城铝业公司中州铝厂	张宝琦	3936934	21540	454000
南海中南铝加工有限公司	何焯辉	5771732	203	528247
河南鑫旺集团有限公司	张春旺	4335777		451263
水口山矿务局	邹恒春	7582647		421513
湖南火炬有色金属有限公司	吴志雄	8391231		412004
宁夏有色金属冶炼厂	何季麟	2012012	3024	753000
渤海铝业有限公司	王军	3016002		066001
东北轻合金有限责任公司	历衡隆	6564075		150060
洛阳铜加工集团有限责任有限公司	宋厚启	4922411	3253	471039
烟台有色金属集团有限公司	李新文	6842561		264002
云南铝业股份有限公司	代祖让	7455408		650502
兰州连城铝厂	魏光前	6905688		730335

企业名录一览表

企业所在地区	企业详细地址	主要产品（主要业务活动）
贵州省贵阳市白云区	铝兴街24号	氧化铝、铝、石墨及炭素制品
湖南省株洲市石峰区	清水塘	铅、锌、铜
甘肃省白银市白银区		铜产品、铅、锌
江西省鹰潭市贵溪市	滨江乡冶金大道	阴级铜、电金、硫酸
山东省淄博市张店区	五公里路1号	氧化铝、电解铝、水泥
山东省烟台市龙口市	诸由观北村	铝型材、铸铁管、水泥
广西百色地区平果县	马头镇雷感村城西路	铝锭、氧化铝、炭块
青海省西宁市大通回族土族自治县	黄家寨东柳	重熔用铝锭
广东省韶关市浈江区	韶南大道北82号	铅、锌精矿、铅.锌金属、硫酸
湖北省黄石市下陆区	新下陆	粗铜、阴极铜、硫酸
重庆市九龙坡区	西彭	铝材
云南省红河哈尼族彝族自治州	金湖东路121号	精锡、铅锭、铜精矿含铜
云南省昆明市西山区	黑林铺镇王家桥	电解铜、硫酸、铜盘条
江苏省常州市戚墅堰区	雕庄常锡路东	光亮铜杆
内蒙古包头市东河区	毛其来	铝锭
辽宁省抚顺市望花区	鞍山路东段6号	铝锭、铝材、铝合金
宁夏吴忠市青铜峡市	大坝镇铝厂	矿产铝、炭素糊
甘肃省兰州市西固区		铝锭
上海市宝山区	顾村镇泰和西路2727号	铝合金锭
辽宁省辽阳市宏伟区	曙光乡徐家村	铝型材、塑料编织袋
上海市浦东新区	唐镇王港虹二村	轻有色金属压延加工
河南省焦作市修武县	方庄镇办事处申国村	氧化铝
广东省佛山市南海市	盐步	铝箔
河南省郑州市巩义市	米河镇小里河村	石墨电极、铝锭
湖南省衡阳市常宁市	松柏	电铜、电铅、电锌
湖南省株洲市石峰区	清水塘	锌、硫酸
宁夏石嘴山市大武口区		钽粉、钽丝、氟化盐
河北省秦皇岛市海港区	北环路95号	铝箱板带材、铝型材
黑龙江哈尔滨市平房区	新疆三道街11号	铝材、镁材、铝镁粉
河南省洛阳市涧西区	长春路街道办事处建设路	铜镍材、铝镁材、电解铜
山东省烟台市芝罘区	幸福镇幸福中路178号	铜、铜加工材、化肥
云南省昆明市呈贡县	七甸乡胡家庄	铝、铝加工材
甘肃省兰州市永登县	永登县	铝锭、炭素糊

2000年部分限额以上

金属制品业

企业名称	法人代表	电话	分机	邮政编码
江苏江南铁合金厂	梅鹤康	8601794		213119
华北铝业有限公司	蔡洪元	3632584	5202	072750
河南豫光金铅集团有限责任公司	杨安国	6699888		454650
镍都实业公司	谭世雄	8811579		737104
株洲硬质合金厂	杨伯华	8260731		412000
上海大昌铜业有限公司	付自清	59937426		201823
湖北省丹江铝业有限责任公司	何晓东	5373013		442700
张家港联合铜业有限公司	孟永范	8270127		215624
江苏张铜集团	郭照相	8681579		215600
南平铝厂	林作鉴	8735388		353000
三门峡天元铝业集团有限公司	李永正	2962400		472000
焦作市万方铝业股份有限公司	金保庆	3261166		454003
江苏大亚集团公司	陈兴康	6882222		212313
铜川鑫光铝业有限公司	李有华	4561011		727007
金属制品业				
邵东县五金厂	罗志胜	2776411		422804
法尔胜集团公司	周建松	6110868		214433
富金精密工业(深圳)有限公司	田竣川	7740052		518109
新会中集集装箱有限公司	刘学斌	6255905		529144
南通顺达集装箱有限公司	唐国才	5562116	3698	226003
黄骅金海五金制品有限公司	白志营	5653201		061109
上海远东集装箱有限公司	周柏生	58991280		201206
深圳南方中集集装箱制造有限公司	麦伯良	6691131		518067
大连浦金钢板有限公司	赵成峻	7514690	331	116600
广东现代集装箱制造有限公司	容遂升	6864128		529165
上海中集冷藏箱有限公司	麦伯良	56010088		201908
苏州工业园区娄葑高新技术发展总公司	顾文彬	7258119		215021
新会市日新不锈钢材料厂有限公司	李耀如	6124828		529100
上海太平国际货柜有限公司	金旭初	59165888	262	201821
三水健力宝富特容器有限公司	李经纬	7826988		528100
湖北福星科技股份有限公司	谭功炎	8740038	8091	432307
惠州麦科特集装箱(惠州)有限公司	卢昭群	2119647		516001
唐山宝新高岛钢铁有限公司	阎占新	3718611		063000

企业名录一览表

企业所在地区	企业详细地址	主要产品（主要业务活动）
江苏省常州市武进市	横山桥镇	铁合金
河北省保定市涿州市	长城桥东	铝箔材、铝带材、铝型材
河南省焦作市济源市	济水大道中段	电铅、矿灯、黄金
甘肃省金昌市金川区	金川路	电解铜及铜加工、镍铜钴盐类产品
湖南省株洲市荷塘区	钻石路	硬质合金、钨钼、钽铌
上海市嘉定区	外岗镇嘉定望新镇工业小区	铜冶炼
湖北省十堰市丹江口市	肖家沟	电解铝锭
江苏省苏州市张家港市	三兴	电解铜
江苏省苏州市张家港市	杨舍	铜管
福建省南平市延平区	工业路65号	生产铝型材、电解铝、铝板材
河南省三门峡市湖滨区	车站街道办事处东风南路	铝锭、铝加工材、火电
河南省焦作市山阳区	塔南路160号	铝锭生产
江苏省镇江市丹阳市	经济技术开发区	铝箔纸、铝箔、丙纤丝束
陕西省铜川市印台区	城关镇3号	电解铝、铝盘条、裸铝线
湖南省邵阳市邵东县	仙槎桥马路	钳丝钳、羊角锤、钢铲
江苏省无锡市江阴市	机电冶金办通江北路203号	钢丝绳、钢丝
广东省深圳市宝安区	龙华油松第十工业区	电脑主机壳、模具、电脑精密件
广东省江门市新会市	大鳌圩镇	集装箱
江苏省南通市港闸区	芦泾港港路16号	集装箱
河北省沧州市黄骅市	旧城白庄	电焊网、镀锌丝、油毡钉
上海市浦东新区	金桥镇杨高路1729-1731号	集装箱
广东省深圳市南山区	蛇口工业区港湾大道	集装箱制造
辽宁省大连市金州区	振鹏工业城1-4-5	镀锌板、彩图板
广东省江门市新会市	荷塘围仔工业开发区	金属集装箱
上海市宝山区	罗南镇工业开发区	集装箱
江苏省苏州市平江区	娄葑乡工业园区	海运集装箱、丝织品、八五砖
广东省江门市新会市	会城东候许家村工业开发区	不锈钢加工
上海市嘉定区	嘉定镇宜公路3637号	集装箱
广东省佛山市三水市	西南三达路	铝质易拉罐
湖北省孝感市汉川市	沉湖镇福星街	钢丝、钢丝绳、钢铰线
广东省惠州市惠城区	麦地路63号	生产经营货式集装箱
河北省唐山市开平区	河乡	钢丝

2000年部分限额以上

普通机械制造业

企业名称	法人代表	电话	分机	邮政编码
天津中集北洋集装箱有限公司	王晓东	25326012		300457
珠海飞利浦家庭电器有限公司	陈耀强	7621898	2050	519040
顺德市顺安达集装箱制造厂有限公司	潘焯权	5663373		528323
揭东县试验区泰丰侨金属制品有限公司	王道贤	3264579		515500
福建统一马口铁有限公司	陈炳煌	6766266		363107
江苏新华昌集团有限公司	潘传荣	8701088		213102
上海吉列有限公司	洪铁汉	58498000	8612	200124
樱花卫厨(中国)有限公司	张宗明	7300968		215300
沈阳造币厂	王生龙	24313906	6285	110042
大连中集集装箱制造有限公司	唐国才	4212425	826	116021
宁夏恒力钢铁集团有限公司	李礼善	3671248		753202
上海进道集装箱有限公司	金永进	56931225	3085	201901
营口市防撬门厂	韩兆善	5141662		115116
青岛中集集装箱有限公司	唐国才	7205968		266300
中外合资扬州通运集装箱有限公司	张受勇	7231691		225003
青岛马士基集装箱工业有限公司	科特. 安德	7715410	220	266108
上海造币厂	孙宝根	52900000	545	200061
广东万家乐燃气具有限公司	潘泽明	2299185	3290	528333
上海市江南重工股份有限公司	孙鉴政	63133242		200011
江苏天工实业总公司	朱小坤	6312595		212312
厦门太平货柜制造有限公司	吴国庆	6064151	208	361021
山东环日集团总公司	泮书昌	2331056		261413
贵州钢绳厂	何胜云	8422980		563000
中外合资江苏富豪厨房设备有限公司	王伟耀	6342922		212311
太原赵家堡企业集团公司	赵贵发	5778160		030400
天津市大桥集团有限公司	郑子行	28303113		300210
巴特勒上海有限公司	艾罗西	57741717		201613
江苏飞达集团公司	朱国平	6312945		212312
上海现代集装箱制造有限公司	姜汝桥	56129090	523	201900
河北省冀州市暖气片	王占国	8612427	3054	053200
海南椰树制罐工业有限公司	王光兴	6775314		570102
上海兴信厨房用具有限公司	盛建平	69361874		202165
普通机械制造业				

企业名录一览表

企业所在地区	企业详细地址	主要产品（主要业务活动）
天津市塘沽区	第五大街21号	集装箱制造
广东省珠海市香洲区	三灶镇琴石工业区	电须刨、电风筒
广东省佛山市顺德市	勒流镇黄连街道办	20-50集装箱
广东省揭阳市揭东县	试验区	镀锌钢管
福建省漳州市龙海市	角美	镀锡马口铁
江苏省常州市武进市	遥观镇遥观镇	集装箱
上海市浦东新区	三林镇浦东三林路550号	刮脸刀片、刀架
江苏省苏州市昆山市	玉山镇	热水器
辽宁省沈阳市大东区	大东区大东路138号	流通硬币、金银纪念币章
辽宁省大连市甘井子区	红旗湾家	生产集装箱
宁夏石嘴山市石嘴山区	河滨	金属制品、钢材、精煤
上海市宝山区	杨行镇富锦路1368号	金属集装箱
辽宁省营口市大石桥市	水源镇盖家村	金属防撬门、金属文件柜
山东省青岛市胶州市	云溪东外环路12号	集装箱
江苏省扬州市广陵区	东花园路	钢质集装箱
山东省青岛市城阳区	流亭镇苇山村	冷冻集装箱
上海市普陀区	光复西路17号	硬币、纪念章
广东省佛山市顺德市	德胜区顺峰工业开发区	热水器、气炉、电热水器
上海市卢湾区	高雄路18号	钢结构制造、成套装备、压力容器
江苏省镇江市丹阳市	后巷镇	麻花钻
福建省厦门市集美区	后溪镇集美北部工业区	国际通用集装箱
山东省烟台市莱州市	土山镇潘家村	钢瓶
贵州省遵义市红花岗区	桃溪路47号	钢丝、钢丝绳、小型钢材
江苏省镇江市丹阳市	埤城镇	曲轴、空滤、联合收割机
山西省太原市清徐县	王答乡赵家堡	暖气片、离心铸管、不锈钢管
天津市西青区	天津河西区	电焊条
上海市松江区	松江工业区俞塘	金属钢结构
江苏省镇江市丹阳市	后巷镇	麻花钻
上海市宝山区	宝山镇宝杨路2020号	集装箱
河北省衡水市冀州市	冀州镇冀新西路94号	铸铁散热器
海南省海口市新华区	龙华路41号	包装物(罐、盖)
上海市崇明县	江口镇崇明县江口镇	不锈钢

2000年部分限额以上

企业名称	法人代表	电话	分机	邮政编码
徐州工程机械集团有限公司	王民	5756044	2405	221006
大连冰山集团有限公司	张和	6653081		116033
一汽无锡柴油机厂	蒋彬洪	5014990		214026
上海三菱电梯有限公司	范秉勋	64303030		200245
无锡威孚集团有限公司	许良飞	2708345		214031
上海美蓓亚精密机电有限公司	小林博治	59290113	03402	201721
上海振华港口机械股份有限公司	刘怀远	58396666	20686	200125
瓦房店轴承集团有限责任公司	王路顺	5509888	2747	116300
常柴股份有限公司	李汉华	6603656		213002
青岛华青工业集团股份有限公司	杨同德	6163504		266400
大连柴油机厂	刘岩	3631588	2106	116021
广西玉柴机器股份有限公司	王建明	3289168		537005
牧田(中国)有限公司	渡边觉	7307710		215300
青岛泰发集团股份有限公司	张世义	3191005		266431
江苏江动集团有限公司	朱瑞龙	8311495	3042	224001
广州日立电梯有限公司	潘胜燊	84793333		511430
江苏双良集团公司	缪双大	6634588		214444
洛阳轴承(集团)公司	武维国	4985218		471039
无锡锅炉厂	华金荣	5215556		214028
上海柴油机股份有限公司	陈龙兴	65745656	2457	200432
天津奥的斯电梯有限公司	杨立恒	28307147	165	300210
上海锅炉厂有限公司	周国仁	64302391		200245
百得(苏州)电动工具有限公司	TOM..	7620906		215021
哈尔滨锅炉有限责任公司	袁启鸿	2681711		150040
东风朝阳柴油机公司	范仲	2720554		122000
常熟市通润机电有限公司	顾雄斌	2880518	3222	215500
潍坊柴油机有限责任公司	谭旭光	8234951	2223	261001
武进柴油机厂	谢　锋	6506735		213161
上海平安高压调节阀门厂	陆亚安	57541547		201413
沪东重机股份有限公司	杨家丰	58713222	3231	200129
重庆隆鑫汽油机制造有限公司	涂建华	68854412		400051
东方汽轮机厂	张绳铨	6302192		618201
武进市电动工具厂	鲁仲清	3341245		213151

企业名录一览表

企业所在地区	企业详细地址	主要产品（主要业务活动）
江苏省徐州市泉山区	苏堤北路5号	汽车起重机、压路机、装载机
辽宁省大连市沙河口区	西南路883号	制冷设备
江苏省无锡市南长区	塘南一支路9号	柴油机、柴油发电机组、汽车
上海市闵行区	江川路811号	电梯
江苏省无锡市南长区	人民西路107号	高压油泵、三对偶件、喷油器
上海市青浦区	西岑镇陈港村	轴承
上海市浦东新区	浦东南路3470号	装卸机械
辽宁省大连市瓦房店市	北共济街1段1号	轴承
江苏省常州市钟楼区	怀德街道	柴油机、柴油机配件及铸件、模具
山东省青岛市胶南市	青岛路5号	铸造机械、轮胎
辽宁省大连市沙河口区	东北路49号	内燃机制造
广西玉林市玉州区	玉林镇天桥路168号	柴油机、挖掘机、发电机组
江苏省苏州市昆山市	经济技术开发区	切割机
山东省青岛市胶南市	隐珠镇大卢家滩	手推车、农用车轮胎
江苏省盐城市城区	环城西路213号	柴油机、配件
广东省广州市番禺区	大石镇石北工业区	电梯、扶梯
江苏省无锡市江阴市	利港镇西利路88号	溴仕锂制冷机、风机盘管、锅炉
河南省洛阳市涧西区	天津路街道办事处建设路	轴承制造
江苏省无锡市郊区	旺庄镇城南路3号	电站锅炉、工业锅炉、锅炉辅机
上海市杨浦区	军工路2636号	内燃机制造
天津市河西区	解放南路443号	电梯
上海市闵行区	华宁路25号	电站锅炉、核电产品、化工容器
江苏省苏州市平江区	白榆路56号	电动工具
黑龙江哈尔滨市动力区	大庆路17号	电站锅炉、工业锅炉
辽宁省朝阳市双塔区	凌河	车用柴油机生产、柴油机配件
江苏省苏州市常熟市	虞山镇	油压千斤顶、高低压开关柜
山东省潍坊市奎文区	民生东街26号	6160A、6200Z、WD615柴油机
江苏省常州市武进市	湖塘	柴油机
上海市奉贤县	平安镇沿港路16号	阀门制造
上海市浦东新区	浦东大道2851号	柴油机及备件、冶金设备工程等
重庆市九龙坡区	盘龙	摩托车发动机
四川省德阳市绵竹市	汉旺镇东汽厂	电站汽轮机及其零配件
江苏省常州市武进市	湟里镇	砂轮机

2000年部分限额以上

专用设备制造业

企业名称	法人代表	电话	分机	邮政编码
大连机床集团有限责任公司	陈永开	3631851	2020	116022
扬动股份有限公司	肖如贤	8232510		225500
绵阳新华内燃机股分有限公司	黎建功	2370128		621000
广西柳工机械股份有限公司	王晓华	3886054		545007
三菱电机（广州）压缩机有限公司	原明	82223030	3205	510730
莱动内燃机有限公司	张子云	7260715		265200
无锡开源机床集团有限公司	刘建清	5802978		214061
湖北振声集团股份有限公司	杨新远	2422062		433200
沈阳机床股份有限公司	姚俊喜	25878003		110025
山东渤海活塞集团有限责任公司	杨本贞	3311521		256631
烟台冰轮集团有限公司	于元波	6243451	6412	264000
上海汽轮机有限公司	周飞达	64358331	2501	200240
山东巨菱股份有限公司	宗成林	8332301	2031	271000
广东省台山市机械厂	李源来	5523440	2019	529200
哈尔滨汽轮机厂有限责任公司	商中福	2681404		150046
上海电梯厂	陈振邦	56650991		200072
哈尔滨轴承集团公司	刘恩时	5315011	2660	150036
专用设备制造业				
天津消防器材总厂	韩玉祥	27392570		300380
北汽福田车辆股份有限公司	安庆衡	65921776		100020
山东时风集团公司	刘义发	3954440		252800
诸城车辆厂	王金玉	6216327		262200
山东巨力集团有限公司	王清华	8324822		261021
南京金蛙集团有限公司	何家铭	7211278		211200
中国第一重型机械集团公司	李叔彦	6809001	3276	161042
山东聊城双力农用车集团公司	时书龙	8322156	5204	252056
山东宏力集团有限公司	李文和	2666912		253014
航卫通用电器医疗系统有限公司	梁百亮	67881880	571	100176
山东工友集团股份有限公司	董延伟	5366166		264206
大宇重工业烟台有限公司	陈在钰	6382000	1132	264006
上海拖拉机内燃机公司	李积荣	65480006	6286	200433
怀柔车辆厂	蔡保荣	69643280		101400
小松山推工程机械有限公司	王富启	2360036		272023

企业名录一览表

企业所在地区	企业详细地址	主要产品（主要业务活动）
辽宁省大连市沙河口区	鞍山路38号	金属切削机床
江苏省泰州市姜堰市	罗塘路82号	S195、S1100、480柴油机
四川省绵阳市涪城区	剑门路西段228号	12-20马力柴油机、95马力汽油机
广西柳州市柳南区	河西柳太路1号	装载机、工矿配件
广东省广州市黄埔区	夏港开发区东江大道	空调用压缩机
山东省烟台市莱阳市	五龙北路10号	柴油机
江苏省无锡市郊区	湖滨路11号	机床、轴承、机床电器元件
湖北省荆州洪湖市		金属制品
辽宁省沈阳市铁西区	北二东路10-1号	金属切削机床制造
山东省滨州市滨城区	渤海六路680号	铝活塞、曲轴、石墨板材
山东省烟台市芝罘区	西山路80号	制冷设备、工业锅炉
上海市闵行区	江川路33号	电站汽轮机、工业汽轮机、钢
山东省泰安市泰山区	灵山大街268号	柴油机、石油钻采设备、工程机械
广东省江门市台山市	台城环北大道 2 号	钢瓶
黑龙江哈尔滨市动力区	大庆路1号	电站汽轮机、船用汽轮机
上海市闸北区	文水路40号	电梯、自动扶梯
黑龙江哈尔滨市香坊区	红旗大街27号	轴承制造
天津市西青区	杨柳青营	二氧化碳灭火器、自动灭火装置
北京市朝阳区	东环中路32号	汽车、四轮农用、三轮农用车
山东省聊城市高唐县	时风路1号	农用运输车
山东省潍坊市诸城市	城关潍徐路62号	汽车、四轮农用、三轮农用车
山东省潍坊市潍城区	华松路69号	农用运输车
江苏省南京市溧水县	在城镇毓秀路	农用四轮运输车
黑龙江齐齐哈尔市富拉尔基区	重机厂前路9号	轧制、炼油化工、冶炼设备
山东省聊城市东昌府区	建设东路27号	三轮车、四轮车
山东省德州市德城区	三八路45号	拖拉机、齿轮、纺织机械
北京市大兴县	开发区永昌北路2号	生产销售CT医用设备
山东省威海市环翠区	温泉	木工机床、微电机
山东省烟台市福山区	五指山路e-10号	挖掘机、叉车
上海市杨浦区	黄兴路2012弄40号	拖拉机、内燃机
北京市怀柔县	怀柔迎宾国路30号	四轮农用车、机动喷雾喷粉机
山东省济宁市市中区	仙营镇吴泰闸东路69号	液压挖掘机及配件

2000年部分限额以上

企业名称	法人代表	电话	分机	邮政编码
新疆联合机械(集团)有限责任公司	郎中强	6636210	8246	830011
青岛星火纺机纺织股份有限公司	崔兆启	3131057		266425
江苏宏宝集团公司	朱玉宝	8760088		215636
欧姆龙（大连）有限公司	刀根俊之	7632309		116600
新乡市第一拖拉机厂	职洪文	4592414	2030	453800
无锡宏源集团有限责任公司	王峙柯	5804827		214062
大连重工集团有限公司	祁玉民	4604201	2965	116022
厦门工程机械股份有限公司	王昆东	2044827		361004
山东山推工程机械股份有限公司	董平	2361986	8120	272023
山东潍坊拖拉机集团总公司	牟泽富	8651188	2160	261004
沈阳环保设备制造集团有限公司	刘桂琴	24127458		110011
方圆集团	高秀	3222111	8410	265100
常州现代工程机械有限公司	金钟基	6751034		213002
青岛纺织机械厂	宫恩晴	4892706		266042
成都工程机械（集团）有限公司	王锦	4630060		610067
山东东昌农业机械集团有限公司	刘建华	8322181		252000
中信重型机械公司	李和平	4218711	4903	471039
沈阳辽河机械总厂	王金锁	68697562		110032
京山县轻机集团公司	孙友元	7222294		431800
山东华冠集团公司	王士范	6212052		271100
中国飞跃缝纫机集团公司	邱继宝	8155828		318010
天同集团有限公司	谷全诚	5051173		050033
南京大金山实业有限公司	张　勇	7224078		211200
上海建设.路桥机械设备有限公司	张庆伟	63134136	110	200011
沈阳矿山机械(集团)有限责任公司	田江南	24833572		110042
山东光明机器厂	王银怀	6116610	2020	271000
江苏正昌集团公司	郝波	7309850		213300
青岛允春机械有限公司	黄奇进	3739045		266031
山东工程机械厂	王国才	3818401		262500
福建龙马集团	张爱军	2219916		364000
太原重型机械集团	王国正	6360673		030024
福建龙岩工程机械（集团）有限公司	李新炎	2522188		364000
山东省五莲县通用机械厂	姜卫东	5214481		262300

企业名录一览表

企业所在地区	企业详细地址	主要产品（主要业务活动）
新疆乌鲁木齐市新市区		联合收割机、野营房
山东省青岛市胶南市	王台镇王台东村	纺织机械
江苏省苏州市张家港市	大新	医疗器械
辽宁省大连市金州区	松江路	血压计
河南省新乡市获嘉县	城关镇胜利路	四轮拖拉机、农用运输车、收割机
江苏省无锡市郊区	梁溪路11号	化纤设备、棉纺设备、毛纺设备
辽宁省大连市沙河口区	汉阳街10号	金属冶练设备
福建省厦门市开元区	厦禾路668号	装载机、推土机
山东省济宁市市中区	吴泰闸路71号	推土机、液力变矩器、履带链轨
山东省潍坊市奎文区	北宫东街63号	小型拖拉机
辽宁省沈阳市和平区	三好街35号	环保制造
山东省烟台市海阳市	东村镇海阳路243号	搅拌机、砼泵、塔机
江苏省常州市钟楼区	西仓桥	挖掘机
山东省青岛市四方区	四流南路22号	梳棉机、自动络筒机、溥梳联
四川省成都市锦江区	大田坎街162号	装载机
山东省聊城市东昌府区	建设东路29号	拖拉机、塑料异型材、剑杆织机
河南省洛阳市涧西区	建设路206号	建材设备、矿山设备、冶金设备
辽宁省沈阳市皇姑区	鸭绿江街36号	农用运输车
湖北省荆门市京山县	轻机大道78号	纸箱包装机械
山东省莱芜市莱城区	城市街道办事处文化南路	塑料机械、电缆机械、塑料制品
浙江省台州市椒江区	下陈镇后邱村	包缝机、平缝机、特种机系列
河北省石家庄市长安区	和平东路418号	拖拉机、农用运输车、汽车
江苏省南京市溧水县	在城镇开发区	农用车
上海市黄浦区	半淞园路	矿山设备、冶炼、轧制设备
辽宁省沈阳市大东区	大东路178号	矿山设备、运输设备、装载机
山东省泰安市泰山区	灵山大街东首	农用三轮运输车、 叉车
江苏省常州市溧阳市	溧城镇昆仑开发区正昌路	饲料机械、植物油、饲料
山东省青岛市四方区	瑞昌路201号	JW-911单向喷水织机
山东省潍坊市青州市	云河乡云河	装载机
福建省龙岩市新罗区	工业西路6号	农用运输车、高压油泵、扫路车
山西省太原市万柏林区	玉河53号	起重设备、挖掘设备、轧钢设备
福建省龙岩市新罗区	西陂石桥红岭路11号	ET50、ET40、ET30轮式装载机
山东省日照市五莲县	洪凝	农用运输车

2000年部分限额以上

交通运输设备制造业

企业名称	法人代表	电话	分机	邮政编码
中国第二重型机械集团公司	王计	2341192		618013
珠海兄弟工业有限公司	直江六男	8610174		519070
交通运输设备制造业				
中国第一汽车集团公司	竺延风	5903030		130011
上海大众汽车有限公司	陈祥麟	59561888		201805
一汽一大众汽车有限公司	陆林奎	5990253		130062
东风汽车公司	苗圩	8221246		442001
上海通用汽车有限公司	施雷斯	28902890		201206
一汽金杯汽车股份有限公司	王镇昆	24826908		110015
广州本田汽车有限公司	曾庆洪	82277789	630	510700
神龙汽车有限公司	张世端	16897168		430000
天津汽车工业（集团 ）有限公司	钟建华	23316066		300040
跃进汽车集团公司	黄小平	3437788	30231	210037
重庆长安汽车股份有限现任公司	尹家绪	67590114		400023
庆铃汽车（集团）有限公司	吴云	65265674		400052
中国重型汽车集团公司	徐仁根	5958554		250031
南京跃盛汽车半轴厂	吴俊龙	2410255		210012
天津汽车夏利股份有限公司	刘清茂	27021900		300073
中国第一汽车集团青岛汽车厂	徐衍男	4913633		266043
江铃汽车集团公司	孙敏	5232888		330001
哈尔滨飞机工业（集团）有限责任公司	崔学文	6501122		150060
东风汽车股份有限公司	苗圩	3391825		441004
上海汇众汽车制造有限公司	陈伟怒	58201188	419	200122
东风实业开发公司	李振华	8233634		442001
长春客车厂	马树坤	7902301		130062
柳州五菱汽车股份有限公司	何世纪	3750124		545007
南京汽车电器厂	张坚强	7714346		210018
钱江集团有限公司	林华中	6111453		317500
景德镇市昌河飞机工业公司	杨金槐	8442019	2515	333002
东南（福建）汽车工业有限公司	许利民	2766566	732	350119
万向集团公司	鲁冠球	2716888	8507	311215
中国嘉陵工业股份有限公司	何世斌	65193310		400032
西安飞机工业(集团)有限责任公司	杨　忠	6845000		710089

企业名录一览表

企业所在地区	企业详细地址	主要产品（主要业务活动）
四川省德阳市旌阳区	岷江西路	冶金设备
广东省珠海市香洲区	前山白石港昌路	家用万能轻合金缝纫机
吉林省长春市绿园区	东风大街	载货汽车、轿车
上海市嘉定区	安亭镇安亭洛浦路63号	上海桑塔纳轿车、桑塔纳发动机
吉林省长春市绿园区	东风大街	汽车
湖北省十堰市张湾区	车城路1号	汽车、汽车用内燃机
上海市浦东新区	金桥镇申江路1500号	轿车、发动机、变速箱
辽宁省沈阳市沈河区	万柳塘路38号	轻型货车、轻型客车、农用车
广东省广州市黄埔区	鱼珠	广州本田雅阁
湖北省武汉市蔡甸区	东城路1号	汽车、汽车用内燃机
天津市和平区	烟台道78号	夏利轿车
江苏省南京市鼓楼区	中央路331号	轻型载货、客车、越野汽车
重庆市江北区	建东路260号	微型汽车、发动机
重庆市九龙坡区	中梁山协兴村1号	汽车及零部件制造
山东省济南市天桥区		载重汽车制造、内燃机、汽车配件
江苏省南京市秦淮区	土城头105号	汽车后半轴
天津市南开区	南京路35号	小轿车制造
山东省青岛市李沧区	娄山路2号	九吨平头柴油载货车、牵引汽车
江西省南昌市青云谱区	迎宾北大道509号	汽车
黑龙江哈尔滨市平房区	烟台路1号	运十二飞机、生产、微型汽车
湖北省襄樊市樊城区	高新区汽车大道	轻型汽车、柴油发动机、铸铁件
上海市浦东新区	浦东南路1493号	桑车前悬挂总成、十五吨栽重汽车
湖北省十堰市张湾区	公园路66号	改装车、中巴车、微卡(农用车)
吉林省长春市绿园区	绿园区	新造、修理铁路客车
广西柳州市柳南区	柳南河西路18号	微型汽车制造业
江苏省南京市玄武区	珠江路350号	汽车分电器、调节器、开关
浙江省台州市温岭市	太平镇三星桥村	二轮摩托车、摩托车配件
江西省景德镇市珠山区	朝阳路539号	汽车制造
福建省福州市闽侯县	青口镇东南汽车城	5020专用车、6470、6440轻客系列
浙江省杭州市萧山市	宁围镇宁牧村民委员会	汽车零部件制造
重庆市沙坪坝区	詹家溪街道自由村100号	摩托车零部件、销售
陕西省西安市阎良区	红安路一号	运七系列飞机、铝型材

2000年部分限额以上

电气机械及器材制造业

企业名称	法人代表	电话	分机	邮政编码
广州文冲船厂	汪耀文	82389933	32925	510727
重庆力帆轰达实业集团有限公司	尹明善	65200162		400037
江南造船(集团)有限责任公司	陈金海	63151818		200011
重庆长安铃木汽车股份有限公司	尹家绪	66222892		401321
东风本田发动机有限公司	苗坪	82277789	518	510700
沪东造船厂	周振柏	58713222		200129
北京市汽车修理公司	张彤	64604579		100028
无锡市摩托车厂	杨仲华	8715018	3010	214104
广州广船国际股份有限公司	胡国良	81891712	2142	510382
五羊一本田摩托（广州）有限公司	钟瑞洪	84186523		510260
长丰（集团）有限责任公司	李建新	8456019	3015	425002
金城集团有限公司	曹安国	4593388	5406	210002
江门市大长江摩托车有限公司	王大威	3221511		529000
江苏牡丹汽车集团	宋佰祥	8660322		215621
东风柳州汽车有限公司	肖子凯	3831982		545005
国营大连造船新厂	沙均刚	4411821		116021
四方机车车辆厂	张军	3718168		266031
哈尔滨东安发动机（集团）有限公司	须桐兴	6501120	4245	150066
上海汽车股份有限公司	陈祥麟	64158999		200020
江西洪都航空工业集团有限公司	姜亮	8467685		330024
电气机械及器材制造业				
海尔集团公司	张瑞敏	8938214		266101
广东科龙(容声)集团有限公司	王国端	6628338		528303
广东美的集团股份有限公司	何亨健	6656999	2067	528311
珠海格力电器股份有限公司	朱江洪	8614883	2127	519070
青岛澳柯玛集团总公司	鲁群生	6765105		266555
河南新飞电器集团	刘炳银	3381616		453002
无锡市小天鹅股份有限公司	朱德坤	3704003		214035
顺德市格兰仕电器厂有限公司	梁庆德	8886389		528305
厦门灿坤实业股份有限公司	吴灿坤	6021708	212	361006
乐金电子(天津)电器有限公司	孙晋邦	26999888	3014	300402
山东宏安集团公司	孙佑安	8353530		264400
上海夏普电器有限公司	王成明	58341111	3311	201206

企业名录一览表

企业所在地区	企业详细地址	主要产品（主要业务活动）
广东省广州市黄埔区	红山街1号	船舶修理、船舶制造、设备制造
重庆市沙坪坝区	新桥	摩托车发动机
上海市卢湾区	高雄路2号	海洋运输船
重庆市巴南区	渔洞镇	轿车
广东省广州市黄埔区	横沙	轿车发动机、变速箱、底盘零件
上海市浦东新区	浦东大道2851号	船舶制造、钢结构件
北京市朝阳区	东直门外左家庄路2号	汽车修理、客车改装、汽车配件
江苏省无锡市锡山市	查桥镇居委	7090、70100、70125摩托车
广东省广州市芳村区	芳村大道南40号	船舶、修船、集装箱
广东省广州市海珠区	新港西路82号	摩托车制造
湖南省永州市冷水滩区	扬家桥	汽车、汽车沙发
江苏省南京市白下区	中山东路518号	两轮摩托车
广东省江门市蓬江区	市宏江路3号	摩托车、摩托车发动及配件
江苏省苏州市张家港市	乐余	轻型客车
广西柳州市鱼峰区	屏山大道286号	载重汽车、轻型客车制造
辽宁省大连市西岗区	海防街1号	海洋运输船
山东省青岛市四方区	杭州路16号	铁路客车、铁路机车
黑龙江哈尔滨市平房区	保国大街	微型汽车发动机、航空发动机
上海市卢湾区	淮海中路755号	变速器总成、弹簧
江西省南昌市青云谱区	新溪桥	摩托车、汽油机、片梭织机
山东省青岛市崂山区	青岛高科技工业园	电冰箱、空调器、洗衣机、电脑
广东省佛山市顺德市	容奇镇德胜街道办	家用电冰箱、空调器、冷藏箱
广东省佛山市顺德市	北窖镇北窖街道办	房间空调器、电风扇、微电机
广东省珠海市香洲区	前山金鸡西路六号	空调器、干衣机、小家电产品
山东省青岛市黄岛区	前湾港路315号	冰柜冰箱、空调、洗衣机
河南省新乡市红旗区	东干道办事处北干道370号	电冰箱电冰柜
江苏省无锡市北塘区	惠钱路67号	全自动套桶洗衣机
广东省佛山市顺德市	桂洲镇桂中路328号	微波炉
福建省厦门市湖里区	湖里兴隆路88号	电熨斗、咖啡器、剪烤器
天津市北辰区	一街村委会兴淀公路	空调器、微波炉、吸尘器
山东省威海市文登市	文城横山路88号	市话缆、光缆
上海市浦东新区	桥出口加工	空调器、电冰箱、洗衣机

2000年部分限额以上

企业名称	法人代表	电话	分机	邮政编码
松下万宝(广州)空调器有限公司	李跃进	84778123	2250	511495
上海日立电器有限公司	顾惠龙	50554560	2511	201206
南京华新电线电缆有限公司	考伟延	5567572		210038
江苏春兰制冷设备股份有限公司	张鸿志	6661688	352	225300
广州华凌空调设备有限公司	陈小石	84786698	142	511430
西安电力机械制造公司	浦天祥	4261041		710077
许继集团有限公司	王纪年	3315588	2594	461000
苏州三星电子有限公司	周伟强	5321234	3752	215004
日本电产（大连）有限公司	泽村贤志	7310202	127	116600
雅达电子有限公司	孙万库	7813450	106	518101
山东鲁能泰山电缆股份有限公司	赵启昌	7223012	233	271200
上海三菱电机.上菱空调机电器有限公司	陈俊民	58335833	8200	200135
苏州通信电缆厂	顾云奎	3255483		215211
深圳三洋华强能源有限公司	张锦墙	8891307	26	518129
富士通将军(上海)有限公司	佐藤泰雄	59161476	2221	201821
上海马桥电缆厂	顾德勤	64090187		201111
正泰集团公司	南存辉	2777777	8201	325604
山东小鸭集团有限责任公司	王世敦	8980106		250101
顺德惠而浦家电制品有限公司	李炽铭	6656922		528311
吴江光电通信线缆总厂	崔根良	3810101		215234
松下万宝(广州)压缩机有限公司	李跃进	84778123	2250	511495
湖北红旗电工集团有限公司	冯华强	6358920		443003
无锡市远东集团	蒋锡培	7241222		214257
江门市金羚集团有限公司	吴群星	3811611		529051
珠海松下马达有限公司	前田博	2263111	129	519000
宁波三星集团股份有限公司	郑坚江	8436338	2026	315166
山东金龙发达集团公司	孟繁从	8859859		265700
上海日立家用电器有限公司	陈大雄	52809363	4804	200062
江苏宝胜集团有限公司	夏礼诚	8238888	8320	225800
无锡电缆厂	过其林	5216123		214028
保定天威集团有限公司	丁强	3227971		071056
万达集团股份有限公司	巴洪斌	2063989		257506
吴县市防爆电机厂	吴俊良	6262193		215101

企业名录一览表

企业所在地区	企业详细地址	主要产品（主要业务活动）
广东省广州市番禺区	钟村镇谢村乡万宝基地	家用空调器
上海市浦东新区	金桥	空调压缩机
江苏省南京市浦口区	燕子矶镇新港大道78号	铜杆、通信电缆
江苏省泰州市海陵区	春兰路1号	空调器
广东省广州市番禺区	礼村	窗式、分体式、柜式房间空调器
陕西省西安市莲湖区	丰登北路29号	高压断路器
河南省许昌市魏都区	建设路178号	继电器、自动化装置、继电器
江苏省苏州市金阊区	彩香街道金门路22号	电冰箱、微波炉、洗衣机
辽宁省大连市金州区	辽河西路1号	微电机
广东省深圳市宝安区	新安洪浪	高频开关式电源
山东省泰安市新泰市	市中西关	裸电线、电力电缆、布电缆
上海市浦东新区	钦洋镇浦东南洋泾路505号	房间空气调节器
江苏省苏州市吴江市	芦墟镇浦	塑铜线、护套线
广东省深圳市龙岗区	布吉坂田龙壁工业区6号楼	生产经营电池应用产品、镍镉电池
上海市嘉定区	嘉定工业开发区	家用分体空调机
上海市闵行区	马桥镇旗忠村	电力电缆
浙江省温州市乐清市	柳市镇工业区柳青路正泰	交流接触器、继电器、继路器
山东省济南市历下区	工业北路51号	家用洗衣机、电热水器、冷柜
广东省佛山市顺德市	北窖镇北窖街道办	微波炉
江苏省苏州市吴江市	七都心田湾	通信电缆、通信光缆
广东省广州市番禺区	钟村镇谢村乡万宝基地	空调器用压缩机、气缸
湖北省宜昌市伍家岗区	宝塔河	钢芯铝绞线、高压断路器、电磁线
江苏省无锡市宜兴市	范道镇桃园村	电线电缆
广东省江门市江海区	江翠路162号2号	家用洗衣机、房间空调器
广东省珠海市香洲区	工业北区8号厂房	微型马达
浙江省宁波市鄞县	龙观乡桓村村	电度表
山东省烟台市龙口市	红光	电风扇、空调器、电机
上海市普陀区	丹巴路361号	空调器
江苏省扬州市宝应县	安宜镇县城	控制电缆、电力电缆、市话电缆
江苏省无锡市南长区	里下甸村城南路10号	电力电缆、钢芯铝绞线
河北省保定市新市区	江城路318号	电力变压器、互感器、铝杆
山东省东营市垦利县	胜坨镇海中村	电线、电缆、破乳剂
江苏省苏州市吴县市	吴县市木渎三塘街9号	落地扇、台扇、取暖器

2000年部分限额以上

电子及通信设备制造业

企业名称	法人代表	电话	分机	邮政编码
江苏省溧阳电缆厂	丁山华	7220006		213300
泰州春兰空调器厂	夏培	6228008		225300
广州电池厂	邱仕洲	84357214		510253
德力西集团公司	胡成中	2773888		325604
电子及通信设备制造业				
摩托罗拉(中国)电子有限公司	杨查理	25328282	8536	300457
联想（北京）有限公司	柳传志	62572078		100080
北京诺基亚移动通信有限公司	杨廉斯	64351122		100016
深圳市华为技术有限公司	任正非	6540808		518057
四川长虹电子集团公司	倪润峰	2241837		621000
海信集团	周厚健	3864400		266071
南京爱立信通信有限公司	芮思迈	2101188	2134	211100
北京爱立信移动通信有限公司	张庆忠	64571188	243	101312
上海西门子移动通信有限公司	徐为扈	58541688	2570	201206
冠捷电子（福建）有限公司	王家铨	5285555	8342	350301
天津三星电机有限公司	田浩本	28301307		300210
惠州ＴＣＬ王牌电器有限公司	袁信成	2601888		516006
东莞诺基亚移动电话有限公司	丁镜群	2402844		523077
上海贝尔有限公司	奚国华	58541240	8323	201206
苏州飞利浦消费电子有限公司	冯大江	8251042		215011
深圳康佳集团股份有限公司	任克雷	6608866	335	518053
大连大显集团有限公司	刘秉强	4346699	6662	116022
厦门华侨电子企业有限公司	郭则理	6021091	237	361006
希捷国际科技(无锡)有限公司	威联道格拉	5210674		214028
深圳希捷科技有限公司	吕良追	3263888	3839	518026
旭电(苏州)科技有限公司	陈文祥	7612300		215021
联想神州数码有限公司	柳传志	88096999		100080
爱普生技术(深圳)有限公司	中村荻明	6500888		518057
彩虹彩色显像管总厂	吴维仁	3334433		712021
飞利浦光磁电子(上海)有限公司	韦达浩	50481190		200131
华飞彩色显示系统有限公司	邵永昌	5421166	525052	210028
上海永新彩色显像管有限公司	周家春	64763670		200237
上海惠普有限公司	沈艺中	28982998		201206

企业名录一览表

企业所在地区	企业详细地址	主要产品（主要业务活动）
江苏省常州市溧阳市	溧城镇煤建路1号	电力、辐照、化工交联电缆
江苏省泰州市海陵区	口泰路58号	房间空气调节器
广东省广州市海珠区	工业大道北132号	原电池、机制纸、铅笔
浙江省温州市乐清市	柳市镇柳市东风工业区	电器
天津市塘沽区	开发区第四大街	无线通讯设备、集成电路
北京市海淀区	科学院南路10号	计算机
北京市朝阳区	将台路5号	移动电话、移动通信基站系统
广东省深圳市南山区	科技园科发路	程控交换机、电源
四川省绵阳市涪城区	高新区绵兴东路35号	彩色电视机、空调器、VCD影碟机
山东省青岛市市南区	江西路11号	电视机、计算机、空调
江苏省南京市江宁县	经济技术开发区	程控交换机、无线基地站
北京市顺义区	德外办事处空港开发区A区	手机、基站
上海市浦东新区	金桥出口加工区川桥路	移动手持机、通信终端设备
福建省福州市福清市	宏路镇宏路村上郑	电脑显示器
天津市河西区	黑牛城道27号	录相机磁鼓、磁头、电子调谐器
广东省惠州市惠城区	仲恺开发区19号小区	彩色电视机、冰箱、洗衣机
广东省东莞市	周溪管理区	手机
上海市浦东新区	金桥镇浦东宁桥路388号	数字程控交换机
江苏省苏州市金阊区	狮山街道狮山路88号	彩色电视机、显示器
广东省深圳市南山区	华侨城东部工业区	彩色电视机
辽宁省大连市西岗区	胜利路98号	彩枪金属零件
福建省厦门市湖里区	湖里大道22号	彩色电视机、显示器、GSM手机
江苏省无锡市郊区	工业园	硬磁盘驱动器
广东省深圳市福田区	彩田路	电脑硬盘驱动器
江苏省苏州市平江区	工业园区苏茜路9号	电子线路板、集成线路板
北京市海淀区	知春路49号希格玛大厦	网络产品、网络产品、软件
广东省深圳市福田区	八卦岭工业区八卦路10号	打印机、步进马达
陕西省咸阳市秦都区	彩虹路	电真空器件制造
上海市浦东新区	外高桥保税区	激光视盘机零件
江苏省南京市玄武区	华飞路1号	彩色显像管、彩色显示管
上海市闵行区	梅陇镇朱梅路201号	电真空器件
上海市浦东新区	金桥云桥路25号	计算机

2000年部分限额以上

仪器仪表及文化、办公用机械制造业

企业名称	法人代表	电话	分机	邮政编码
戴尔计算机(中国)有限公司	GORANSTUR	8181888	1629	361021
苏州明基电脑有限公司	李耀耀	8251233	279	215011
友利电电子(深圳)有限公司	市川成	7377111	152	518103
福建实达电脑集团股份有限公司	明德平	3703333	8807	350002
上海索广电子有限公司	管野二二夫	64359600	228	200240
北京诺基亚航星通讯系统有限公司	欧复凯	84229911		100013
广东福地彩色显像管股份有限公司	詹宗庆	2404888	3295	523077
北京国际交换系统有限公司	董俊清	64346228		100016
上海索广映像有限公司	长谷部忠腾	58388800	155	201201
长城国际信息产品(深圳)有限公司	王之	6639841	350	518057
诺基亚（苏州）电信有限公司	凯乐维	7616166		215021
惠普机算机产品(上海)有限公司	TommyLau	50481088		200131
北京松下彩色显像管有限公司	何民生	64363355	2203	100015
河南安阳彩色显像管玻壳有限公司	李留恩	3932916	2220	455000
苏州罗技电子有限公司	马兴平	8252506		215011
ＵＴ斯达康（中国）有限公司	吴鹰	65542030		100027
三宝电脑(沈阳)有限公司	李允植	23743000	3307	110179
长白计算机集团公司	顾鸣初	23997082		110003
飞利浦桑达消费通信(深圳)有限公司	华龙兴	6636330	259	518057
仁宝电脑工业(中国)有限公司	许胜雄	7323000		215335
中华映管(福州)有限公司	林镇源	3971357	2501	350015
上海朗迅科技通信设备有限公司	戴鳌前	64705858	469	200233
仪器仪表及文化、办公用机械制造业				
佳能珠海有限公司	浅野广助	8888101	2223	519020
夏普办公设备(常熟)有限公司	斋田晋辅	2856404		215500
佛山普立华照相机有限公司	林德济	2818753	8035	528227
理光(深圳)工业发展有限公司	立神三凡	3360885	155. 156	518026
麦科特光电股份有限公司	钟伟贤	2119672		516001
上海美能达光学仪器有限公司	河野明雄	57741620	515	201600
中国四联仪器仪表集团有限公司	鄢　军	68203804		400700
东芝复印机(深圳)有限公司	浜中洁	7814395		518101
西安高科(集团)公司	张龙虎	8228849		710075
上海施乐复印机有限公司	张昆	64300480	218	200245

企业名录一览表

企业所在地区	企业详细地址	主要产品（主要业务活动）
福建省厦门市集美区	后溪集美北区	微型计算机、服务器
江苏省苏州市金阊区	竹园路168号	电脑及周边设备
广东省深圳市宝安区	福永镇塘尾工业村有利路	无绳电话、移动电话、卫星接收器
福建省福州市鼓楼区	实达科技城	终端、PC机
上海市闵行区	剑川路930号	摄录一体机、机芯、光学拾音头
北京市东城区	东街11号	固定程控交换机、移动交换机
广东省东莞市	篁村科技路35号	彩色显像管
北京市朝阳区	酒仙桥路	EWSD数字程控交换机
上海市浦东新区	王港镇川沙路3777号	显像管、显示器、电视机
广东省深圳市南山区	工业科技园	IBM PC
江苏省苏州市平江区	苏虹西路35号	通讯设备
上海市浦东新区	外高桥保税区	电子计算机外部设备
北京市朝阳区	酒仙桥北路9号	彩色显像管、显示管、照明荧光灯
河南省安阳市铁西区	文明路办事处中州路南段	54CM、63CM、37CM彩色显像管玻壳
江苏省苏州市金阊区	滨河路168号	鼠标器
北京市海淀区	花园路4号通恒大厦B07	AN系列产品、其他光通信设备
辽宁省沈阳市东陵区	浑南产业区57号	计算机整机
辽宁省沈阳市和平区	三好街55号	微型计算机、彩色电视机、打印机
广东省深圳市南山区	科技园桑达工业大厦	数字移动手机、有绳、无绳电话机
江苏省苏州市昆山市	玉山镇同丰东路988号	显示器
福建省福州市马尾区	快安延伸区兴业路1号	彩色、单色显示管、彩色电子枪
上海市徐汇区	宜山路704号	传输设备制造
广东省珠海市香洲区	拱北北岭工业区A-1号	照相机、激光打印机、传真机
江苏省苏州市常熟市	虞山镇	复印机、文字处理机
广东省佛山市南海市	广佛公路罗村开发区	自动照相机
广东省深圳市福田区		复印机
广东省惠州市惠城区	麦地路63号	照相机、镜头、望远镜
上海市松江区	松江美能达路368号	照相机
重庆市北碚区	碚峡路人民村1号	工业自动化仪表、电工仪器仪表
广东省深圳市宝安区	公园路	复印机
陕西省西安市雁塔区	高新区高新路52号	厚膜电路、压缩机、制药
上海市闵行区	闵行经济技术开发区	复印机

2000年部分限额以上

企业名称	法人代表	电话	分机	邮政编码
上海三荣电器有限公司	美浓孙一	59159324		201801
伟创力实业(深圳)有限公司	包华知	7497333		518126
华立集团有限公司	汪力成	8836688		311121
上海宝丽来影像有限公司	尤严梁	64058198	354	201103
东莞石龙东瓷光学有限公司	河西等则	6611080		523322
奥林巴斯(深圳)工业有限公司	小坂信也	6631118	6224	518052
安捷伦科技有限公司	罗伯特.沃	65645500		100022
苏州富士胶片映像机器有限公司	佐滕恒彦	8251188		215011
西仪股份有限公司	董景辰	8646013		710082
天津三星光电子有限公司	柳武成	27614724		300190
中国大恒（集团）公司	张家林	62561292		100080
苏州高新技术创业服务中心	夏元文	8256115		215011
西安仪表厂	蔡建陵	8646117		710082
苏州富士胶片映像元器件有限公司	佐滕恒彦	8251188		215011
上海自动化仪表股份有限公司	肖宗义	62521870	273	200050
深圳施乐高科技有限公司	石井仁	8024111		518110
飞腾集团股份有限公司	候品泉	8770168		215631
苏州板哨子电子有限公司	野山青藏	8257409		215011
柯达电子(上海)有限公司	WISNEWSKI	58345678		201206
珠海新明珠表业有限公司	恽济科	8111881		519020
苏州仪表元件厂	冯关福	5226621		215002
上海精密科学仪器有限公司	陈正国	64957636		200233
上海福克斯波罗有限公司	张立平	64362380		200233
柯尼卡（大连）有限公司	关刚志	7622575	113	116600
南通电极箔厂	严季新	6571018		226361
重庆华立控股股份有限公司	汪力成	68264807		400700
环球实业发展(深圳)有限公司	王孝宽	7738678	3079	518106
上海福电汽车电子有限公司	谢泰利	57741278	1235	201600
梅特勒-托利多常州电子衡器有限公司	唐文炳	6642040		213001
株洲时代集团	奚国华	8431383		412001
上海德科电子仪表有限公司	黄政	59666140	8418	202178
西安西北光电仪器厂	李忠义	2521712		710043
上海申贝办公机械有限公司	吴桂珍	64391231	8009	200030

企业名录一览表

企业所在地区	企业详细地址	主要产品（主要业务活动）
上海市嘉定区	马陆镇邓桥村	复印机
广东省深圳市宝安区	西乡C9栋	仪器仪表用线路板、计算机功能卡
浙江省杭州市余杭市	余杭镇直街181号	仪器仪表、保健饮料
上海市闵行区	虹桥镇吴中路11号	一次成像照相机、照相机线路板
广东省东莞市	石龙镇新桥路7号	相机
广东省深圳市南山区	南头第五工业区	像机及零部件
北京市海淀区	花园路4号	开关控制系统、网络同步器
江苏省苏州市金阊区	长江路138号	相机
陕西省西安市莲湖区	大庆路13号	工业自动化仪表
天津市南开区	平昌道7号	照相机及配件、光学仪器 精密电机
北京市海淀区	中关村路29号	激光加工设备
江苏省苏州市金阊区	新区	光电探纬仪
陕西省西安市莲湖区	大庆路13号	工业自动化仪表
江苏省苏州市金阊区	长江路138号	数码像机
上海市长宁区	延安西路1599号	自动化仪表、电工仪表、仪表元件
广东省深圳市宝安区	大和村	激光打印机、磁谷、激光镜头
江苏省苏州市张家港市	后塍	箱包式外文打印机
江苏省苏州市金阊区		光学系列镜头
上海市浦东新区	金桥出口加工	照相机
广东省珠海市香洲区	拱北婆石	表芯装配
江苏省苏州市沧浪区	府前街道养育巷99号	语言实验系统、仪表接插件
上海市徐汇区	林路168号	电化学、物理光学仪器、称量天平
上海市徐汇区	漕宝路161号	智能化控制系统、SPEC系统装置
辽宁省大连市金州区	工业团地29-17-1号	CD镜片
江苏省南通市通州市	平潮镇通扬南路79号	高压箔、低压箔、阴极箔
重庆市北碚区	龙凤镇三村	电能表
广东省深圳市宝安区	公明经济发展总公司	石英表、电子表、手袋
上海市松江区	松江工业区美能达路30号	汽车仪器仪表
江苏省常州市郊区	茶山乡常锡路11号	电子衡器、传感器、称重显示仪表
湖南省株洲市石峰区	田心	铁路运输产品开发
上海市崇明县	崇明长江农场	汽车仪器仪表
陕西省西安市新城区	万寿北路2号	红外测温仪
上海市黄浦区	徐家汇区斜土路2669号	文件粉碎机、速印机、投影仪

2000年部分限额以上

其他制造业

企业名称	法人代表	电话	分机	邮政编码
上海海鸥照相机厂	刘立喜	57838500		201600
汉辉照相器材厂	王生	8833964		516300
上海欧姆龙自动化系统有限公司	黄卫峰	58542080	666	201206
云南光学仪器厂	胡士保	8590440		650114
哈尔滨电表仪器厂	宋伟东	6662765		150086
广东尼康照相机有限公司	关部明	5310715		523849
丹阳市中诚集团公司	张锡根	6523952		212300
其他制造业				
福清市元升轻工制品有限公司	林春癸	5567801	336	350313
从化东麟钻石有限公司	关大德	87861148		510935
上海老凤祥有限公司	许思豪	64833388		200235
深圳新世纪饮水科技有限公司	蒋鼎山	3300579	11	518040
富士康(昆山)电脑接插件有限公司	赖进益	7790998		215316
上海基舜休闲制品有限公司	刘宗信	59753612	503	201703
青岛飞龙工艺品集团公司	张希春	8280244		266316
浙江日月首饰集团有限公司	虞阿五	4021601		312046
南京金箔(集团)公司	江宝全	2282616	218	211100
罗定互益染厂有限公司	宋忠官	3823166		527200
顺德市伦教首饰钻石加工厂	何伯陶	7758531		528308
宝吉工艺品(深圳)有限公司	高长昌	8792348		518112
新会市双水拆船加工厂	谭洋仔	6411487		529153
上海美建钢结构有限公司	郑力行	59154733		201801
长富不锈钢中心(苏州)有限公司	盐谷坚夫	3540800		215400
莱州市小河工艺品有限公司	徐建军	2812275		261439
西安翠宝实业集团公司	许宗林	2222504		710043
新汶矿业集团多种经营总公司	王庆福	7872725		271219
文登云龙绣品集团公司	李国贤	8353307		264400
河南瑞贝卡发制品股份有限公司	郑有全	5137605		461100
佛山市工艺总厂有限公司	文伟豪	2243038		528000
苏州宗宗金属工艺饰品有限公司	魏宗贵	3458192		215412
广州鑫林工艺有限公司	何永川	87980098		510925
上海老城隍庙金银珠宝首饰厂	陈久	58459999		200126
石家庄光明实业总公司	白冬至	3031102		050051

企业名录一览表

企业所在地区	企业详细地址	主要产品（主要业务活动）
上海市松江区	环城路103号	照相机
广东省惠州市惠东县	平山太阳工业城	相机
上海市浦东新区	金桥出口加工区金桥金穗	工业自动化仪表制造
云南省昆明市西山区	海口镇中滩街	望远镜、医用光学仪器、红外产品
黑龙江哈尔滨市南岗区	学府路1号	电子仪器仪表制造业
广东省东莞市	长安镇霄边管理区	照相机
江苏省镇江市丹阳市	云阳镇东	望远镜、光学仪器
福建省福州市福清市	海口镇牛宅村	玻璃制品
广东省广州市从化市	棋杆镇府前路	钻石加工
上海市徐汇区	漕溪路258弄26号	金、银首饰、摆件、礼品
广东省深圳市福田区	车公庙天安工业区F4 8号	饮水机系列、净水机系列
江苏省苏州市昆山市	城北镇	电件
上海市青浦区	赵巷镇赵巷崧泽科技园	休闲品
山东省青岛市胶州市	李哥庄	假发、球帽、皮衣
浙江省绍兴市绍兴县	福全镇东厢娄	黄金首饰、铂金、珠宝首饰
江苏省南京市江宁县	东山镇上元居委会	金箔、烟箔、金拉线
广东省云浮市罗定市	罗城镇工业三路28号	漂染毛纱线
广东省佛山市顺德市	伦教镇伦福路	首饰钻石
广东省深圳市龙岗区	布吉镇雪象村委	工艺品
广东省江门市新会市	双水工业开发区	拆船钢板
上海市嘉定区	马陆镇王家弄村	生产用其他产品制造
江苏省苏州市太仓市	城厢镇上	不锈钢板剪片
山东省烟台市莱州市	寨里徐家镇寨徐村	工艺挂毯
陕西省西安市新城区	爱民路19号	镶嵌首饰、宝石戒面、冰洲石
山东省泰安市新泰市	孙村	工艺毯
山东省威海市文登市	文城龙山路	工艺美术品
河南省许昌市魏都区	南关街道办事处文峰路南	工艺发条、假发
广东省佛山市城区	人民西路13号	黄金饰品
江苏省苏州市太仓市	陆渡镇	人造宝石
广东省广州市从化市	江埔镇江村工业区	水晶球工艺品
上海市浦东新区	西营路28号	金银饰品
河北省石家庄市桥西区	西里长青路51号	钢桶、锅炉、托滚

2000年部分限额以上

电力、蒸汽、热水的生产和供应业

企业名称	法人代表	电话	分机	邮政编码
厦门福太伞业有限公司	陈添福	6210181		361022
南京装饰联合总公司	许　炯	7711819		210008
临海市浙江伟星实业有限公司	胡素文	5930182		317025
闽侯闽兴编织品有限公司	林水弟	2951252		350102
北京博士伦眼镜护理产品有限公司	薄贯亚	67127181	687	100061
佛山市亿达胶粘制品有限公司	赵寄蓉	2210051		528000
莱芜市对外贸易总公总司	康颂池	8808203		271100
上海业通金属有限公司	王建明	56698888	3449	201900
沈阳燃料集团股份有限公司	马运通	86831310		110031
威海市山花地毯集团公司	刘新惠	5219988		264200
桂林市金元珠宝企业集团公司	沈君元	2850341		541001
上海日红钢板加工有限公司	佐藤隆治	57640531		201612
河北爱宝首饰股份有限公司	王兆玉	8312754		065400
许昌龙正发品有限公司	訾伟民	3318225		461000
上海汽车地毯总厂	刘福根	57823091	202	201600
大连吉田拉链有限公司	水木正博	7621216	132	116600
上海工艺美术总公司	许思豪	64080473		200235
山东省锦绣集团公司	石德文	8216552		265400
威海地毯一厂	王兆歧	5225880		264200
中山华泰工艺制品有限公司	周月嫦	7726286		528476
青岛荣花边有限公司	土井一郎	7897937		266100
深圳春源钢铁工业有限公司	黄先义	4890189		518116
宁波佳宝金银饰品厂	夏和良	8486628		315111
电力、蒸汽、热水的生产和供应业				
山东省电力集团公司	刘振亚	6932222		250001
上海市电力公司	于新阳	63291010	2517	200002
辽宁电力有限公司	王禹民	23112208		110006
黑龙江省电力有限公司	郑宝森	3682222		150001
四川省电力公司	石万俭	6661888		610000
东莞电力工业局	祁寿枝	2462988	2320	523000
广东省佛山电力工业局	龚文权	3331218	65173	528000
华东天荒坪抽水蓄能有限责任公司	钱忠伟	8856295		310012
陕西省电力公司	赵杰臣	7402487		710004

企业名录一览表

企业所在地区	企业详细地址	主要产品（主要业务活动）
福建省厦门市杏林区	新源路37号	雨伞
江苏省南京市玄武区	北京东路31号三楼	装饰刻字
浙江省台州市临海市	尤溪镇联合村	钮扣、服装、发夹
福建省福州市闽侯县	白沙镇仙山边56号	铁花篮、铁家具
北京市崇文区	幸福大街37号	隐形眼镜
广东省佛山市石湾区	大江	胶粘带
山东省莱芜市莱城区	鲁中东大街60号	梭织服装、地毯
上海市宝山区	宝山同济路131号	生活用其他产品制造
辽宁省沈阳市皇姑区	长江街9号	煤炭制品
山东省威海市环翠区	和平路113号	簇绒、编织、手工地毯
广西桂林市秀峰区	秀峰丽中路211号	首饰
上海市松江区	新桥镇开发区10号	生产用其他产品制造
河北省廊坊市香河县	淑阳镇府前街6号	首饰
河南省许昌市魏都区	南环路经济技术开发区	发制品
上海市松江区	仓桥镇上海松蒸路189号	汽车、化纤针刺地毯、丙纶短纤维
辽宁省大连市金州区	铁山西路50号	拉链
上海市徐汇区	漕溪路258弄26号	其它工艺美术品
山东省烟台市招远市	招城镇金城路388号	抽纱刺绣工艺品
山东省威海市环翠区	和平路110号	威尔顿机织、簇绒机织地毯
广东省中山市	大涌	丝花、圣旦树、丝花
山东省青岛市李沧区	京口路10号	内衣用花边、线制品、零部件
广东省深圳市龙岗区	龙岗27区15楼	矽钢片EI、吊扇.马达定转子
浙江省宁波市鄞县	五乡镇仁久村	24K戎指、项链
山东省济南市市中区		电力生产销售
上海市黄浦区	南京东路181号	电力供应
辽宁省沈阳市和平区	宁波路18号	电力生产与供应
黑龙江哈尔滨市南岗区	红军街63号	发电
四川省成都市锦江区	东风路二段17号	发电
广东省东莞市	可园南路	电力供应、管理
广东省佛山市城区	同济西路18号	供电
浙江省湖州市安吉县	天荒坪镇文一路136号	水力发电
陕西省西安市新城区	尚德路 5 7 号	电力

2000年部分限额以上

企业名称	法人代表	电话	分机	邮政编码
湖南省衡阳电业局	马安杰	8252241		421001
天津市电力公司	寇士清	24406345		300010
张家口发电厂	高智溥	8603035		075133
甘肃省电力工业局	黄德明	2952162		730050
沙角发电厂	郑林福	5562998	5119	523908
深圳供电局	陈广生	5599333		518001
青岛电业局	刘建旬	2952222		266002
石家庄电业局	王振清	7096441		050051
中国华北电力集团公司	翟若愚	83581421		100053
江门电力工业局	张荣桐	3360133	2289	529030
国家电力公司东北公司	刘忱	23112216		110006
南海市电力工业总公司	招庆礼	6339988		528200
大庆电业局	赵建中	6602201		163454
淄博电业局	邹本国	2192010		255032
唐山供电公司	周安春	2904022		063000
成都电业局	陈晓林	6668999		610016
武汉华中华能发电股份有限公司	刘金龙	16897168		430000
济南供电局	谢明亮	6042121		250012
邯郸供电公司	张建坤	3072146		056035
烟台电业局	孙锁文	6229548		264001
哈尔滨电业局	程显阳	4662731	2731	150010
大连供电公司	王延福	2637650		116001
潍坊电业局	盖其庆	8362030		261021
杭州市电力局	刘孝忠	7261203		310009
陡河发电厂	姚刚	3271211	3964	063028
河北热电有限责任公司	臧其臣	6049981	6078	050041
湛江发电厂	刘罗寿	3219268	2068	524099
鞍山供电公司	陈忠一	5533035		114002
沈阳电业局	郭志贵	23122442		110003
中山市电力工业总公司	郭如党	8806388	024	528400
华能国际电力股份有限公司上海分公司	薛钟苏	56151666		200942
西安供电局	刘肇绍	3302101		710032
广东省汕头电力工业公司	黄壮盛	8309888	5261	515041

企业名录一览表

企业所在地区	企业详细地址	主要产品（主要业务活动）
湖南省衡阳市城北区	船山西路1号	供电
天津市河北区	进步道29号	发电、供电
河北省张家口市宣化区	河子西乡朱家庄村	发电
甘肃省兰州市七里河区	七里河西津路708号	电力供应
广东省东莞市	虎门镇沙角管理区	火力发电
广东省深圳市罗湖区	沿河西2号	供电、售电
山东省青岛市市南区	刘家峡路17号	供电
河北省石家庄市新华区	中华北大街18号	供电
北京市宣武区	广安门内大街482号	电力生产
广东省江门市蓬江区	江门港口路87号	电力供应
辽宁省沈阳市和平区	宁波路18号	电力供应
广东省佛山市南海市	桂城佛平路	电力
黑龙江大庆市让胡路区	中央大街77号	供电
山东省淄博市张店区	新村西路61号	供电、售电
河北省唐山市路北区	建设北路7号	供电
四川省成都市锦江区	中新街21号	电力
湖北省武汉市新洲区		发电
山东省济南市市中区		电力供应
河北省邯郸市丛台区	人民路中华北大街19号	售电
山东省烟台市芝罘区	解放路158号	电力供应
黑龙江哈尔滨市道里区	尚志大街188号	电力供应
辽宁省大连市中山区	中山路102号	供电
山东省潍坊市潍城区	东风西街425号	电力供应
浙江省杭州市上城区	建国中路397号	电力供应
河北省唐山市开平区	栗园	火力发电
河北省石家庄市长安区	体育北大街173号	发电、供热
广东省湛江市赤坎区	调顺路63号	火力发电
辽宁省鞍山市铁东区	南胜利路33号	电力供应
辽宁省沈阳市和平区	和平区八经街94号	供电、售电
广东省中山市	中区	售电
上海市宝山区	盛桥镇盛石路350号	火力发电、供电
陕西省西安市新城区	环城东路159号	售电
广东省汕头市金园区	金新北路1号	供电

2000年部分限额以上

煤气生产和供应业

企业名称	法人代表	电话	分机	邮政编码
福建省福州电业局	肖世杰	3268514		350009
保定电业局	佟卫东	3092131		071051
华能国际电力股份有限公司福州分公司	陈宏基	8922712	3272	350200
天津大港发电厂	李瑞欣	25904064		300272
华能上安电厂	刘国耀	2032113	2113	050310
临沂电业局	时加林	8107033		276003
煤气生产和供应业				
珠海九丰阿科能源有限公司	夏理德	7268384	7268222	519015
北京市燃气集团有限责任公司	孙乐新	65135577		100010
上海煤气销售(集团)有限公司	李龙龄	63222333	2314	200001
上海煤气制气(集团)有限公司	朱云龙	63222333		200001
汕头海洋集团公司	李国俊	8250515		515041
扬子石化百江能源公司	周一敏	7785247		210047
重庆燃气有限责任公司	蒲自庆	67850685		400020
上海液化石油气经营有限公司	施展明	53080466		200001
沈阳市煤气总公司	张国辉	23525809		110005
昆明焦化制气厂	杨玉昌	3138171	63127	650211
河北太行集团公司	邱承玉	5013722	2915	056200
成都市煤气总公司	刘世冲	7776101		610072
BP丰隆(福建)实业有限公司	何可爱	7852389		350003
湛江富多煤气有限公司	田军	2288088	2802	524012
长沙百江能源实业有限公司	陈巍	4092163		410011
汕头海洋（集团）燃气公司	黄培群	8544545		515031
广州市煤气公司	陈国平	87302186		510060
天津市第二煤气厂	曹书经	26321872		300251
上海市天燃气输配公司	徐仁宝	58995588		201206
天津市天然气公司	金建平	23911708	3313	300060
北京市液化石油气公司	郝宝坤	68315559	3309	100044
长春燃气股份有限公司	张俊明	8952644		130021
大连煤气公司	谭业军	3603222	20410	116011
哈尔滨汽化厂	江殿臣	4600881		154854
贵阳煤气气源厂	关学斌	2561170		551402
海南省燃料化学总公司	刘伯泉	5343677		570203

企业名录一览表

企业所在地区	企业详细地址	主要产品（主要业务活动）
福建省福州市台江区	新港道4号	电力供应
河北省保定市北市区	五四中路258号	售电
福建省福州市长乐市	航城筹岐村	能源加工转发电
天津市大港区	千米桥街	火力发电
河北省石家庄市井陉县	高新	发电
山东省临沂市兰山区	金雀山路130号	电力供应
广东省珠海市香洲区	港高栏环岛西路九号	液化石油气
北京市东城区	朝阳门内大街130号	燃气供应与销售、燃气设备用具
上海市黄浦区	西藏中路656号	煤气供应
上海市黄浦区	西藏中路656号	煤气、焦炭、粗苯
广东省汕头市金园区	龙眼北路2号	聚苯树脂
江苏省南京市大厂区	长芦镇方水路99号	液化石油汽
重庆市江北区	嘉陵四村1号	天燃气供应
上海市黄浦区	西藏中路728号	煤气供应
辽宁省沈阳市和平区	新华路8号	人工煤气产品、焦炭产品、粗笨
云南省昆明市官渡区	大板桥镇山脚村	城市煤气、焦炭、煤化工产品
河北省邯郸市峰峰矿区	彭城建国路2号	硅酸盐水泥525R#、矿渣硅酸盐水泥
四川省成都市青羊区	十二桥街14号	煤气供应
福建省福州市长乐市	湖东路152号中山大厦	液化石油气、润滑油
广东省湛江市霞山区	湛江宝东路8号	石油液化气、运输
湖南省长沙市芙蓉区	解放中路	液化气、石油焦
广东省汕头市金园区	汕樟路11号四楼	经营液化石油气
广东省广州市东山区	环市东路416号之一	煤气生产、煤气供应
天津市东丽区	大毕庄	煤气、焦炭、硫酸铵
上海市浦东新区	扬高北路5588	煤气供应
天津市河西区	体院北8号	天然气供应
北京市海淀区	车公庄西路13号	液化石油气供应
吉林省长春市朝阳区		城市焰汽
辽宁省大连市西岗区	黄河路221号	煤气
黑龙江哈尔滨市依兰县	达连河镇汽化	城市煤气、精甲醇、发电
贵州省贵阳市清镇市	西部居委会	焦炭、焦炉煤气、改质沥青
海南省海口市振东区	海府路54号	天然气(管道)、液化石油气

2000年部分限额以上

自来水的生产和供应业

企业名称	法人代表	电话	分机	邮政编码
苏州市燃气集团有限责任公司	顾金明	8267821		215002
绵阳燃气集团公司	敬克文	2376133		621000
昆明煤气总公司	莫　云	3138151	21017	650041
番禺三角洲石油化工有限公司	方皇甫	84581073		511430
厦门市燃气总公司	刘天伟	2207465		361004
青岛市管道燃气公司	郑斌	5826153		266023
武汉市管道煤气公司	沈国喜	16897168		430000
徐州燃气总公司	丁存立	5738255		221006
宁波兴光煤气集团公司	白小易	7361073		315000
长春市煤气公司	王振	8952644		130041
鞍山市煤气总公司	董迎春	2226611		114002
河南省安阳市天然气公司	孙政群	3925188	2155	455004
扬州市煤气公司	王峰	7205205	3085	225000
常州市煤气总公司	朱严	6603155		213003
锦州市煤气总公司	施长智	2819641		121000
南京市煤气总公司	周小云	3614413		210009
南京市液化石油气公司	石盛茂	3352080		210009
郑州市燃气有限公司	常宗贤	8983383	2303	450006
自贡市天然气总公司	倪国祥	2404100		643010
江门市新江煤气有限公司	戴德淇	3384994		529030
海口民生燃气(集团)股份有限公司	方兆丰	6270066	9411	570208
涪陵区天然气公司	张汝成	72222171		408000
唐山市煤气总公司	王荫成	2031505	2265	063000
茂名市供气总公司	张能联	2265910		525011
自来水的生产和供应业				
武汉市自来水公司	左诗佳	16897168		430000
广东省供水工程管理总局	关宗枝	81815362		510150
广州市自来水公司	李裕桂	81816951		510160
番禺市自来水公司	何永辉	84822620		511400
北京市自来水集团有限责任公司	冯国熙	66411763		100031
大连市供水公司	黄奎良	3634665		116011
深圳市自来水(集团)公司	梁相钦	2137888	2601	518046
上海市自来水市北有限公司	王希高	65894433	161	200082

企业名录一览表

企业所在地区	企业详细地址	主要产品（主要业务活动）
江苏省苏州市沧浪区	胥江街道闻胥路70号	燃气生产、燃气供应
四川省绵阳市涪城区	临园路西段25号	天燃气输配、电燃生产销售
云南省昆明市盘龙区	春城路109号	煤气生产及供应、焦炭、化工产品
广东省广州市番禺区	大石镇沙溪汾水头	液化石油汽
福建省厦门市开元区	湖滨南路51号湖滨名宫	人工煤气、空混气
山东省青岛市市南区	宁夏路123号	煤气生产
湖北省武汉市乔口区		煤气
江苏省徐州市泉山区	淮海西路214号	煤气、焦炭
浙江省宁波市海曙区	鼓楼街道中山西路166号	液化石油气、钢瓶维修
吉林省长春市南关区		煤气
辽宁省鞍山市铁东区	文化街35号	焦炉气、天然气
河南省安阳市铁西区	文明大道中段路南	天然气的供应和管理
江苏省扬州市广陵区	运河北路16号	焦炭、煤气、焦油
江苏省常州市天宁区		煤气、焦炭
辽宁省锦州市凌河区	上海路6段28号	煤气供应
江苏省南京市玄武区	中央路214号	煤气生产 供应
江苏省南京市玄武区	中央路214号	液化石油气销售、灶具维修
河南省郑州市中原区	陇海西路352号	天然气、煤气供应
四川省自贡市大安区	大安龙井街	天然气
广东省江门市蓬江区	港口路跷港苑3号5楼	煤气供应
海南省海口市振东区	海甸岛沿江四路	管道天然气、液化石油气
重庆市涪陵区	广场路40号	天然气供应
河北省唐山市路北区	华岩路22号	煤气供应
广东省茂名市茂南区	油城三路164号	液化气供应
湖北省武汉市乔口区		自来水
广东省广州市荔湾区	多宝路39号	供水
广东省广州市荔湾区	环市西路5号	自来水、其他仪器仪表
广东省广州市番禺区	清河西路22－28号	自来水、自来水供应
北京市西城区	宣武门西大街甲121号	自来水、水表、焊接钢管
辽宁省大连市西岗区	高尔基路32号	供水
广东省深圳市福田区	深南中路深南中路11号	自来水生产与销售
上海市杨浦区	许昌路230号	自来水生产

2000年部分限额以上

企业名称	法人代表	电话	分机	邮政编码
沈阳市自来水总公司	张国祥	22824682		110002
上海市自来水市南有限公司	丁朝治	63295591		200002
大连市自来水公司	姜雄城	3644644		116021
天津市自来水集团有限公司	黄立民	23393887		300040
长春市自来水公司	李才兴	8978370		130041
北京北控制水有限公司	孙震岩	65156649		100022
南京市自来水总公司	吴庆生	4402716	2261	210002
哈尔滨市自来水集团有限责任公司	纪取文	4610522		150010
上海自来水浦东有限公司	陈远鸣	58811366	211	200127
珠海市供水总公司	王世泉	8881160	3812	519020
青岛自来水公司	马先海	2864210		266002
重庆自来水公司	刘孟兰	63846579		400013
沈阳水业有限公司	张英建	23383388	81108	110141
成都市自来水总公司	林建国	7763122	3203	610072
长沙市自来水公司	邱振华	5197156		410007
太原市自来水公司	王健雄	3030067		030009
厦门市自来水公司	铁志毅	2033436		360001
福州市自来水总公司	邹一平	7533793		350001
济南市自来水公司	赵玉德	6923115		250012
西安市自来水公司	种受命	8625044	2358	710082
武汉三镇实业控股股份有限公司	谢连和	16897168		430000
昆明市自来水总公司	朱　智	3161091		650051
汕头市自来水总公司	李广道	8237155		515041
郑州市自来水总公司	张天全	7631688	6826	450007
佛山市供水总公司	陈嘉波	3367794		528000
鞍山市自来水总公司	冯广志	2230685		114002
抚顺市自来水公司	王志民	2605722		113008
南海市供水集团有限公司	叶贰	6224833	404	528200
兰州市自来水总公司	傅金镒	7356954	4359	730060
南昌市自来水有限公司	毛木金	5234704		330001
杭州市自来水总公司	竺豪立	7815788	6137	310009
湖南省株洲市自来水公司	陈新年	8221963		412000
石家庄市供水总公司	徐久	6013071		050021

企业名录一览表

企业所在地区	企业详细地址	主要产品（主要业务活动）
辽宁省沈阳市和平区	和平北大街43号	自来水
上海市黄浦区	江西中路484号	自来水生产
辽宁省大连市西岗区	高尔基路42号	自来水
天津市和平区	建设路54号	自来水、自来水供应
吉林省长春市南关区	大经路段7号	自来水生产和供应
北京市朝阳区	建外大街24号京泰大厦	自来水生产
江苏省南京市白下区	中山东路径460号	自来水供应、水表
黑龙江哈尔滨市道里区	尚志大街31号	自来水生产
上海市浦东新区	浦东浦建路703号	自来水供应
广东省珠海市香洲区	拱北粤海西路2083号	自来水、原水、水泥管
山东省青岛市市南区	太平路55号	自来水供应、 水表
重庆市渝中区	金汤街81号	自来水生产
辽宁省沈阳市于洪区	中山路355号	饮用水及工业用水
四川省成都市青羊区	蜀都大道十二桥街16号	自来水
湖南省长沙市天心区	人民中路279号	自来水
山西省太原市杏花岭区	解放路375号	自来水
福建省厦门市思明区	鹭江道海滨大厦十二层	水生产供应
福建省福州市鼓楼区	六一北路	净水、浑水
山东省济南市市中区	普利街107号	自来水生产、自来水供应
陕西省西安市莲湖区	环城西路南段8号	自来水生产与供应
湖北省武汉市江汉区		自来水
云南省昆明市盘龙区	北京路626号	自来水
广东省汕头市金园区	金砂中路17号	自来水生产与供应
河南省郑州市中原区	中原西路67号	自来水
广东省佛山市城区	同济西路16号	自来水生产和供应
辽宁省鞍山市铁东区	站前街27号	自来水生产与供应
辽宁省抚顺市新抚区	自由路14号	自来水
广东省佛山市南海市	南桂东路	自来水供应
甘肃省兰州市西固区	西固化工路1号	自来水
江西省南昌市青云谱区	青云谱	自来水生产
浙江省杭州市上城区	建国南路168号	自来水生产、水表
湖南省株洲市芦淞区	体育路15号	自来水
河北省石家庄市桥东区	建设南大街136号	自来水生产和供应

2000年部分限额以上

土木工程建筑业

企业名称	法人代表	电话	分机	邮政编码
南宁市自来水公司	谭良良	4835371		530031
无锡市自来水公司	胡建晨	5135560		214073
东莞市自来水股份有限公司	罗伟权	22117282		523000
吉首市自来水公司	石清华	8223284		416000
洛阳市自来水公司	吴汉卿	4913394		471003
吉林市自来水公司	李林	2022543	6211	132011
上海凌桥自来水股份有限公司	费立夫	68753841		200122
苏州自来水公司	刘鲁东	5225678		215002
广东省江门市自来水公司	邓伯强	3300138	2014	529000
土木工程建筑业				
南京米兰机械化工程有限公司	宋起宏	3212846		210009
大连第一建筑工程公司	张广学	3621818	3211	116011
中国葛洲坝水利水电工程集团公司	乔生祥	6447448	62923	443002
中铁十二局集团有限公司	金普庆	6355661		030024
铁道部第二十工程局	余文忠	3785791	75791	712000
铁道部第十八工程局	赵广发	26194491		300222
铁道部第十九工程局	张有仁	2126576	27931	111000
铁道部第十六工程局	陈树林	84311177	84961	100018
铁道部第十三工程局	文普津	4645305	58961	130031
四川公路桥梁建设集团有限公司	孙云	5066497		610041
铁道部第十七工程局	丁原	7241824		030006
中国新兴建设开发总公司	于敦才	68183322	4615	100039
北京住总集团有限责任公司	郝有诗	65061426		100020
江苏南通三建集团公司	吴振泉	2214597		226100
交通部第二公路工程局	杨俭存	5254032	8622	710065
交通部第一公路工程总公司	孙大权	65761831		100024
绍兴第一建工集团有限公司	杨长甫	5138920		312000
江苏南通市二建集团有限公司	陈建年	3311674		226200
中国建筑第一工程局第四建筑公司	袁宗旺	64376644	240	100015
沈阳北方建设集团(股份)有限公司	魏秀川	88092398		110042
江苏省建筑安装工程股份有限公司	祝全德	7366313		225000
武汉建工股份有限公司	邝培润	82778959		430014
上海宝钢冶金建设公司	程志广	56646640		200941

企业名录一览表

企业所在地区	企业详细地址	主要产品（主要业务活动）
广西南宁市江南区	体育路4号	自来水生产和供应
江苏省无锡市北塘区	人民西路128号	自来水生产量、自来水
广东省东莞市		自来水、水泥管
湖南省湘西土家族苗族自治州	武陵西路	自来水
河南省洛阳市涧西区	珠江路街道办事处延安路	生产自来水
吉林省吉林市船营区	桃源路10号	自来水
上海市浦东新区	浦电路489号由由燕桥	自来水
江苏省苏州市沧浪区	公园街道人民路154号	自来水的生产和供应
广东省江门市蓬江区	江门建设路44号	自来水
江苏省南京市玄武区	百子亭20号4楼	土石方
辽宁省大连市西岗区	中山路143号	房屋建筑
湖北省宜昌市西陵区	清波路1号	土木建筑
山西省太原市万柏林区	万柏林西矿130号	铁路公路建筑
陕西省咸阳市渭城区	文林	铁路公路隧道桥梁建筑
天津市河西区	柳林	铁路公路桥梁隧道建筑
辽宁省辽阳市白塔区	和平路17号	建筑
北京市朝阳区	红松园北里甲2号	铁路公路隧道桥梁建筑
吉林省长春市二道区	岭乐路188号	铁路公路桥梁、隧道机场码头
四川省成都市武侯区	一环路南四段27号	公路桥梁建筑
山西省太原市小店区	平阳路266号	铁路综合工程施工
北京市海淀区	太平路44号	建筑施工
北京市朝阳区	朝阳门外东三环中路25号	房屋建筑
江苏省南通市海门市	海门镇解放东路29号	建筑安装
陕西省西安市雁塔区	含光南段68号	公路、遂道、桥梁建筑
北京市朝阳区	周家井	道路建筑
浙江省绍兴市越城区	人民西路262号	建筑
江苏省南通市启东市	汇龙镇	房屋建筑
北京市朝阳区	望花路西里17号	房屋建筑
辽宁省沈阳市大东区	东北大马路143号	房屋建筑
江苏省扬州市广陵区		建筑施工
湖北省武汉市江岸区	南京路135号	房屋建筑
福建省厦门市湖里区	月浦镇四元路168号	建筑安装

2000年部分限额以上

企业名称	法人代表	电话	分机	邮政编码
胜利油田工程建设总公司	薛万东	8554112		257011
河北省第一建筑工程公司	李宝元	3037952	464	071051
中国第十三冶金建设公司	胡风垠	3044941	4459	030009
中国建筑第三工程局第二建筑安装工程公司	董宝珠	87802065		430074
上海隧道工程股份有限公司	姜先赋	64175588	2036	200032
北京中铁建筑工程公司	范德	68211155	85737	100040
广西区公路桥梁总公司	周达俭	2108222		530011
广东省公路工程总公司	郑玉书	85515779		510620
上海新宝建筑安装工程有限公司	张洋	56803056		201901
上海市第四建筑有限公司	朱海根	62674122		200040
山东天元建设集团总公司	张桂玉	8224458		276003
广东海外建设总公司	袁明桂	38807168	13061	510620
浙江舜杰建筑集团股份有限公司	李华杰	2014963		312300
胜利石油管理局工程建设三公司	王福仲	8554112		257073
吉林省公路工程局	陈跃忠	5651059		130021
上海市第一建筑有限公司	朱人畏	65421330		200437
成都铁路局工程总公司	陈跃宗	3177688		610081
北京市第四城市建设工程公司	闫国祥	62315599	3024	100083
中国水利水电第八工程局	杨荣强	5563840	2036	410007
中国第二十冶金建设公司	李勇	56783193		201900
北京市第一城市建设工程公司	胡美行	64428888	31000	100029
上海建工股份有限公司	蒋志权	58885666		200120
中国第五冶金建设公司	殷永生	3189792		610081
山东省交通工程总公司	许日春	7937237		250021
天津开发区建设集团总承包工程有限公司	孙五奇	25320249		300457
北京市第六建筑工程公司	黎声	68210010		100039
中国水利水电第七工程局	张野	7886412	8075	611730
北京市第五城市建设工程公司	赵广义	64914477	3213	100029
上海第七建筑有限公司	陆绍机	62527188		200050
启东市城建市政工程公司	陈志明	3317342		226200
北京城建集团二公司	崔树江	68215588	6407	100039
湖南省公路桥梁建设总公司	陈明宪	5585394		410004
山东三箭置业集团有限公司	王振生	8933239		250100

企业名录一览表

企业所在地区	企业详细地址	主要产品（主要业务活动）
山东省东营市东营区	济南路258号	公路、房屋建筑、其它土木工程
河北省保定市新市区	五四西路139号	工业与民用建筑
上海市宝山区	铁力路2469号	房屋建筑、线管道和设备安装
湖北省武汉市洪山区	鲁磨路306号	建筑
上海市徐汇区	肇家浜路239号	铁路、公路、遂道、桥梁
北京市丰台区	卢沟桥乡吴家村路1号	房屋建筑
广西南宁市兴宁区		建筑
广东省广州市天河区	广州大道北142号	公路桥梁
上海市宝山区	杨行镇蕴川路1588号	建筑
上海市静安区	愚园路22号	房屋建筑
山东省临沂市兰山区	银雀山路30号	房屋建筑、路桥建筑、装修装饰
广东省广州市天河区	51号广东外经	建筑施工、进出口、勘察设计
浙江省绍兴市上虞市	曹娥经济开发区	桥梁、公路、装饰
山东省东营市东营区	泰安路236号	公路建筑、房屋建筑
吉林省长春市朝阳区		道路桥梁
上海市虹口区	中山北二号	建筑、市政安装装潢、维修
四川省成都市金牛区	环路北二段10号	铁路公路建筑
北京市海淀区	王庄路27号	房屋建筑
湖南省长沙市天心区	城南中路2号	堤坝电站码头建筑
上海市宝山区	盘古路777号	房屋建筑
北京市朝阳区	安定路35号	房屋建筑
上海市浦东新区	福山路33号	房屋建筑
四川省成都市金牛区	人民北路	房屋建筑
山东省济南市槐荫区	经三路289号	建筑
天津市塘沽区	开发区一大街2号	房屋建筑
北京市海淀区	复兴路32号	房屋建筑
四川省成都市郫县	成灌东路34号	电站建设
北京市朝阳区	小关安苑东里三区10号	房屋建筑
上海市长宁区	武夷路150号	土木工程建筑
江苏省南通市启东市	汇龙镇	房屋建筑
北京市海淀区	复兴路81号	房屋建筑、市政道路、管线施工
湖南省长沙市雨花区	韶山路73号	公路桥梁建筑
山东省济南市历城区	七里河路36号	房屋建筑、设备安装

2000年部分限额以上

企业名称	法人代表	电话	分机	邮政编码
东北金城建筑安装总公司	单连山	25894736		110021
烟台建设集团有限公司	孙万升	6657689		264000
铁道部隧道工程局第一工程处	张继奎	2626791	2138	453000
中国第一冶金建设公司	晁玉成	86862812	2109	430081
江苏省交通工程总公司	王正义	88140311		212001
北京韩村河建筑集团总公司	田雄	63484083		100073
中国华北冶金建设公司	何建昌	3010902		056034
济南铁路局工程总公司	夏恩鹏	6909748		250001
盐城宏厦集团公司	张仲海	4222657		224500
中国水利水电第四工程局	夏忠	8149917	2331	810006
铁道部第二工程局新线运输处	龙援青	7604177		610036
中国建筑第八工程局第四建筑公司	马泽平	3895607	301	266071
上海市第二建筑有限公司	郑巨超	65418128		200080
深圳市市政工程总公司	邹志远	3920335		518034
中国建筑二局第三建筑公司	韩元富	68277886	240	100036
云南飞达建筑工程有限公司	熊闳维	4158805		650032
江苏省建筑安装工程股份有限公司深圳分公司	宗有农	3541808		518034
上海市第三建筑有限公司	徐伯昌	58771271		200120
上海市第五建筑有限公司	舒定康	62549070		200063
贵州省公路桥梁工程总公司	杨章国	5819509		550001
中国水利水电第十四工程局	李鹏程	3332334		650041
保山地区建筑工程公司	胡燕明	2120708		678000
西南交通建设工程总公司	吴天祥	4147954		650032
北京市第一建筑工程公司	朱海晨	63521840		100054
泰兴市姚王建筑安装工程公司	万玉俭	7541080		225402
中国第十九冶金建设公司	李安国	3332773		617000
西安铁路工程（集团）有限责任公司	苟秉昌	3813923		710600
兖州矿业集团公司施工处	赵经彻	5382938		273500
北京市第三建筑工程公司	胡乃光	68337113		100044
天津二建建筑工程有限公司	张克明	24461015		300010
上海十三冶金建设有限公司	胡凤垠	56789990		201900
天津三建建筑工程有限公司	马骏	24314722		300170
上海市第八建筑有限公司	杨月林	64280420		200235

企业名录一览表

企业所在地区	企业详细地址	主要产品（主要业务活动）
辽宁省沈阳市铁西区	凌空二街4号甲	土木建筑
山东省烟台市芝罘区	芝罘区南洪街100号	房屋建筑、设备安装、装饰装修
河南省新乡市新华区	人民路51号	建筑
湖北省武汉市青山区	和平大道1274号	房屋建筑、设备管道、公路铁路
江苏省镇江市京口区	东吴路55号	公路桥梁建筑
北京市海淀区	吴家村路6号	建筑施工
河北省邯郸市丛台区	光明北大街12号	房屋建筑、矿山建设、设备
山东省济南市天桥区	车站街167号	铁道线路桥涵、隧道房屋通信
江苏省盐城市滨海县	东坎中市路104号	房屋建筑
青海省西宁市城东区	互助西路136号	堤坝、电站、码头建筑
四川省成都市金牛区	营门口花照村三号	铁路工程施工
山东省青岛市市南区	香港东路268号	房屋建筑
上海市虹口区	梧州路289号	建筑工程、建筑装饰、市政工程
广东省深圳市福田区	福田	建筑工程
北京市海淀区	翠微路21号16楼	建筑施工
云南省昆明市五华区	西坝新村93号	房屋建筑
广东省深圳市福田区	红荔路7022号	建筑安装工程
上海市浦东新区	福山路33号	房屋建筑
上海市普陀区	曹杨路1000号	建筑
贵州省贵阳市云岩区	黔灵西路	公路工程桥梁、房屋建筑、建筑
云南省昆明市盘龙区	环城东路192号	堤坝电站码头、运输、贸易
云南省保山地区保山市	永昌镇环城南路23号	房屋建筑
云南省昆明市五华区	西昌路706号-708号	路桥工程、建材机械、配件及修理
北京市宣武区	右内大街75号	房屋建筑
江苏省泰州市泰兴市	姚王镇姚南路11号	房屋建筑
四川省攀枝花市东区	人民街望江二村	房屋、铁路公路桥梁、管道安装
陕西省西安市临潼区	骊山西关	铁路公路隧道桥梁建筑
山东省济宁市邹城市	邹城镇凫山路	矿山建筑
北京市西城区	车公庄大街北里56号	房屋建筑
天津市河北区	进步道38号	工业与民用建筑施工、建筑总承包
上海市宝山区		建筑安装
天津市河东区	八纬北路17号	建筑安装工程
上海市徐汇区	中山西路2026号	房屋建筑

2000年部分限额以上

线路、管道和设备安装业

企业名称	法人代表	电话	分机	邮政编码
中国建筑第三工程局第三建筑安装工程公司	陈旅平	87802335	8039	430074
北京铁路工程总公司	卢建中	63215377		100036
上海山海建筑工程公司	沈建兴	56688986		200436
中国第三冶金建设公司	赵广利	6313740		114031
中铁一局集团新运工程有限公司	刘克文	3233344		712000
中国建筑第二工程局第二建筑工程公司	卢彦斌	2332001		471001
河北中国第二十二冶金建设公司	沈鹤庭	3220011		063030
线路、管道和设备安装业				
天津市热电管网工程公司	尤志庆	24791663		300163
天津市热网检修公司	张国新	24516140		300161
北京市市政工程总公司	赵国平	68025963		100045
大庆石油管理局油田建设公司	曲广学	6302164		163712
胜利石油管理局工程建设一公司	孙发员	8552830		257074
上海市工业设备安装公司	沈柏青	63246340	37	200080
北京市设备安装工程公司	冯义	68033588		100045
海洋石油工程股份有限公司	蒋龙生	25808018		300452
中国石油集团第四建设公司	周为民	63862714		300270
北京燕山石油化工公司建筑安装工程公司	高国璋	69341512		102502
河北省送变电公司	张印明	7898818	2424	050051
北京送变电公司	曹晋恩	69351040	2225	102401
北京电力建设公司	曲波	65763215		100024
中国石化集团第十建设公司	张天基	7501113	2648	255438
中国南京金陵石化集团第二建设公司	彭人元	5561388	219	210046
四川石油管理局油气田建设工程公司	张成伟	2103311	432228	641003
中国化学工程第三建筑工程公司	刘维友	6653515		232038
广东省工业设备安装公司	钟凤标	87310330		510080
大庆市石油管理局油田安装工程公司	赵守辉	6866449		163457
上海电力电缆工程有限公司	史传卿	56659380	2050	200072
中国化学工程第十一化建公司	陈德塘	2905513		475002
哈尔滨电力工程安装公司	王柱国	4663228		150010
甘肃送变电工程公司	刘近荣	2951279		730050
四川电力送变电建设公司	季尚炯	4331711	5221	610051
黑龙江省火电第三工程公司	吴大成	7301740		150024

企业名录一览表

企业所在地区	企业详细地址	主要产品（主要业务活动）
湖北省武汉市洪山区	关山街	房屋建筑
北京市海淀区	万寿路2号	铁路公路隧道桥梁、通讯信号
上海市宝山区	大场镇沪太路	建筑装潢
辽宁省鞍山市立山区	建工街4号	房屋建筑、机械电气设备安装
陕西省咸阳市渭城区	人民东路111号	铁路公路隧道桥梁建筑
河南省洛阳市西工区	邙岭路74号	建筑、地基处理地安装、装饰
河北省唐山市新区	新区人民路112号	房屋建筑
天津市河东区	程林庄程林里	承揽热力管道热力站安装
天津市河东区	阳楼前进1号	管道供热设备安装
北京市西城区	南礼士路17号	土木建筑、地铁、桥梁等
黑龙江大庆市让胡路区	西静路2号	线路管道安装、设备安装
山东省东营市东营区	泰山路446号	管道、设备安装、金属构件
上海市虹口区	塘沽路39	建筑设备、金属结构压力容器
北京市西城区	南礼士路15号	建筑安装、房屋建筑、设备加工
天津市塘沽区	闸北路3号	海洋油气设施设计、钢结构网架
天津市大港区	世纪大道	设备安装
北京市房山区	双泉路3号	设备安装
河北省石家庄市新华区	新华路288号	线路安装
北京市房山区	良乡昊天大街8号	线路管道安装、水泥
北京市朝阳区	定福庄西里1号	管道安装、设备安装、房屋建筑
山东省淄博市临淄区	南王镇建设路6号	线路管道安装
江苏省南京市栖霞区	尧石二村100号	线路管道安装
四川省内江市东兴区	东兴镇东风路198号	管道安装
安徽省淮南市田家庵区	龙泉街道	设备安装、房屋建设、防腐保温
广东省广州市东山区	农林下路83号	设备管线安装
黑龙江大庆市让胡路区	乘北十三街57号	设备安装、线路、管道安装
上海市闸北区	共和新路2501号	电力电缆安装工程
新疆乌鲁木齐市东山区	大花园居委会	线路管道及设备安装
黑龙江哈尔滨市道里区	买卖街203号	设备安装
甘肃省兰州市七里河区	西津西路27号	线路安装
四川省成都市成华区	崔家店北一段6号	线路安装
黑龙江齐齐哈尔市富拉尔基区	三电街53号	火电工程施工

2000年部分限额以上

企业名称	法人代表	电话	分机	邮政编码
贵州送变电工程公司	何渝远	5869912	8220	550002
北京市市政一建设工程有限责任公司	王世雄	62342920		100083
华北石油管理局第二油田建设公司	梁福来	2594604		062552
海门市设备安装工程公司	顾汉忠	2213291		226100
贵州电力建设第一工程公司	河卿华	3813046		550003
辽宁电力第一工程公司	王清文	4604070	253	112000
福建省工业设备安装有限公司	朱汉庭	7561578		350011
辽河石油勘探局油田建设工程一公司	李志杰	7580763		124120
北京供电工程公司	蹇爱民	63126161		100054
浙江火电建设公司	钟耀坤	6041400	503	310016
四川省工业设备安装工司	袁怡堂	3388310		610081
山西电力公司电力建设二公司	杨秋来	2043211		038500
中国电子系统工程总公司	张丰年	68212244	2225	100036
中国石油天然气第一建设公司	朱忠虎	5957710		471023
广西壮族自治区送变电建设公司	黄明忠	4820794	3232	530031
兰州通信发展有限公司	廖　康	8650002		730020
锦州石化工程公司	李修业	4152704		121001
扬州市工业设备安装公司	邵文熙	7342870		225002
湖南省火电建设公司	谭茂春	8292431		412000
中国化学工程第四建设公司	高全志	8222211		414000
山东电力建设第三工程公司	王鲁军	8657901		261031
北京市城市建设工程安装公司	吴秉儒	68026699	2303	100045
扬州市邗江区广源实业公司	汤人杰	7342073		225002
沈阳市工业安装工程公司	鞠宝义	23892275		110015
广州市机电安装有限公司	招桂亨	83335564		510030
中国石油天然气第七建设公司	汪桃义	7213556		266300
厦门电力工程有限公司	白巨耀	2266732		361003
茂名石化建设公司	李迪星	2242653		525000
湖南省送变电建设公司	黄志安	5559238		410007
南京供用电实业总公司	阙炳良	6638947		210008
中国石化集团第五建设公司	申浩航	7557401	61429	730060
山东省送变电工程公司	安建强	7957451	2122	250022
华北石油管理局第一油田建设公司	张新生	2591275		062552

企业名录一览表

企业所在地区	企业详细地址	主要产品（主要业务活动）
贵州省贵阳市南明区	解放路76号	输变电工程建筑安装
北京市海淀区	志新西路1号	公路.隧道.桥梁、土木建筑工程
河北省沧州市任丘市	华北油田	线路管道安装
江苏省南通市海门市	海门镇人民东路45号	电力安装
贵州省贵阳市南明区	花溪大道北段81号	设备安装、堤坝电站码头建筑
福建省莆田市莆田县	红旗	电力建筑安装
福建省福州市鼓楼区	福新路297号	设备安装
辽宁省盘锦市兴隆台区	于楼	化工石油、送变电、建筑工程施工
北京市宣武区	右内西街 2 号	线路管道安装、设备安装
浙江省杭州市江干区	庆春东路77号	火电设备安装
四川省成都市金牛区	解放路二段95号	线路安装
山西省朔州市朔城区	神头	设备安装
北京市海淀区	复兴路49号院	电子设备安装
河南省洛阳市洛龙区	关林镇关林南街1号	石油化工建设工程、压力容器
广西南宁市江南区		送变电工程
甘肃省兰州市城关区	喜峪关西路4号	通信设施安装
辽宁省锦州市古塔区	重庆路一段6号	设备安装
江苏省扬州市广陵区	史可法路19号	工业设备安装
湖南省株洲市芦淞区	建设中路99号	火电设备安装
湖南省岳阳市岳阳楼区	五里牌	设备安装
山东省潍坊市奎文区	玉清东街201号	建筑业、设备安装
北京市西城区	复兴门外大街南礼士路头条	设备安装
江苏省扬州市广陵区	石塔路45号	安装
辽宁省沈阳市和平区	文艺路34号	设备安装
广东省广州市越秀区	广卫路4号15-18楼	机电设备安装、房地产开发
山东省青岛市胶州市	胶州西路139号	线路管道及设备安装
福建省厦门市开元区	育青路7号	线路检修调试
广东省茂名市茂南区	厂前西路6号	设备安装、管道安装
湖南省长沙市天心区	劳动路339号	线路管道安装
江苏省南京市鼓楼区	华侨路中山路251号	供用电工程承发包
甘肃省兰州市西固区	康乐路23号	管线安装
山东省济南市槐荫区	德兴东街29号	线路、管道安装
河北省沧州市任丘市	华北油田	线路管道安装

2000年部分限额以上

企业名称	法人代表	电话	分机	邮政编码
湖南省工业设备安装公司	苏光前	8221951		412000
杭州电力发展集团有限公司	刘孝忠	7261114		310009
河南第一火电建设公司	季新昌	4942345	2369	467031
上海石化安装检修工程公司	薛思雄	57941567	2292	201512
河北省安装工程公司	张辰才	6013170		050011
江苏省南京市工业设备安装公司	徐永华	4403436		210002
青岛电力实业公司	于金涛	48521244	3191	266045
抚顺石化工程公司	邢广维	2439165		113008
甘肃火电工程公司	李振生	8412636		730000
上海电力安装第二工程公司	施耀新	64399646	8227	200233
中国化学工程第七建设公司	张建奎	4863200	2953	610100
上海送变电工程公司	王固萍	64396460		200233
黑龙江省送变电工程公司	徐晓侠	4204841		150016
云南省火电建设公司	李平	4106853		650034
铁道部工程局电务工程处	陈政	2358046		418000
陕西送变电工程公司	孙天力	6268441	2227	710014
云南省送变电工程公司	陈尚礼	3853238		650216
东电送变电工程公司	李庆华	23872835		110003
中国石化兰州炼油化工安装公司	靳宝臣	7556011	32769	730060
广东火电工程公司	何兆华	82219516		510730
大庆市让胡路区钻井公司	王宪刚	6721014		163713
河南省第二火电建设公司	刘慧君	7531226	2235	450051
大港油田集团建设工程公司	葛月光	25936209		300272
中国石油天然气管道第一工程公司	葛书义	5977231		124103
绵阳电力实业开发总公司	符泉	2432733		621000
北京市第二市政工程公司	袁民音	68335903		100037
马鞍山电力实业总公司	戴继兴	2470014		243000
广州市水电设备安装公司	王伏发	83183851		510115
东北电业管理局第二工程公司	张红会	4672611	2305	116023
安徽送变电工程公司	程思杰	3636016	2146	230022
河北沧州中国化学工程第十三建设公司	苏仁翰	3042011	2308	061000
江苏省新江南伟业机电设备有限公司	范广峰	7349959		225002
中原石油勘探局工程建设总公司	朱跃武	4821680		457001

企业名录一览表

企业所在地区	企业详细地址	主要产品（主要业务活动）
湖南省株洲市芦淞区	七一路2号	线路管道安装
浙江省杭州市上城区	建国中路397号	建筑安装
河南省平顶山市湛河区	电业新村第二居委会	变电站、工业民用建筑
上海市金山区	石化龙胜路1070号	设备、管道安装、核电建设
河北省石家庄市长安区	槐北路27号	线路、设备和管道安装
江苏省南京市白下区	延龄巷63号	线路管道、设备安装、压力容器
山东省青岛市四方区	周口路87号	线路架设、变电安装
辽宁省抚顺市新抚区	浑河南路中段18-5号	土木工程建筑、大型装置安装施工
甘肃省兰州市城关区	和平新村66号	设备安装
上海市徐汇区	吴中路45弄	设备安装
四川省成都市龙泉驿区	龙泉镇北干道	设备安装
上海市徐汇区	吴中路39号	输电线路安装、变电设备安装
黑龙江哈尔滨市道里区	安康街13号	线路管道安装
云南省昆明市盘龙区	环城南路459号	建筑设备、500KV以下变电等
湖南省怀化市鹤城区	红星巷4号	铁路通信电力、电气化建筑安装
陕西省西安市莲湖区	自强西路75号	线路管道安装
云南省昆明市官渡区	金马镇新迎小区	线路管道设备安装、铁路电气化
辽宁省沈阳市和平区	11纬路11号	线路管道安装
甘肃省兰州市西固区	玉门街1号	设备安装
广东省广州市黄埔区	红山街庙头	电力工程设备安装
黑龙江大庆市让胡路区	喇嘛甸镇	钻井油气开发
河南省郑州市中原区	西站路北街2号	设备安装
天津市大港区		线路设备安装
辽宁省盘锦市双台子区		管道铺设、建筑安装
四川省绵阳市涪城区	剑南路西段16号	供电线路、设备安装、电力建筑
北京市西城区	北营房北街9号	线路管道安装
安徽省马鞍山市花山区	花山路126号	电力线路安装、配电器材
广东省广州市东山区	文明路50号	水电安装、房地产
辽宁省大连市沙河口区	黄埔路355号	电力安装
安徽省合肥市中市区		输变电工程施工
河北省沧州市运河区	北环东路2号	线路管道设备、土木工程建设
江苏省扬州市广陵区	汶河双桥路1号	机电设备制造安装
河南省濮阳市市区	中原路街道	石油化工工程

2000年部分限额以上

装修装饰业

企业名称	法人代表	电话	分机	邮政编码
宜兴工业设备安装有限公司	黄柏芝	7273888		214255
中国化学工程第十六建设公司	柯象武	6738936		443000
辽河石油勘探局油田建设工程二公司	刘峰	7812346		124010
四川电力建设三公司	丁国光	2441025	548379	641025
吉林省送变电公司	曹立逊	5797068		130021
上海电信工程公司	曹仁义	63775835	3514	200011
北京市第四市政工程公司	吴培京	68342447		100037
江苏省南京电力建设第一工程公司	沈祖德	5317450	2210	210028
山西省电力公司送变电工程公司	赵彬	7074022	2205	030006
装修装饰业				
云南翼发装饰工程有限公司	李俊杰	5617296	8004	650224
深圳市建筑装饰总公司	汪家玉	3541506		518034
沈阳市远大铝业建筑有限公司	康宝华	88423688	626	110161
上海建筑装饰（集团）有限公司	张洪星	62533796		200041
南京金恒旺实业有限公司	钱娴	3604780		210008
河北沧州河间振海装饰工程公司	胡振海	3223738		062450
中信秦皇岛有限公司	陈小平	3100888	8502	066003
上海康业建筑装饰工程有限公司	孙自翔	56716666	22	200080
深圳方大装饰工程公司	朱卫平	6788571	3323	518055
深圳市洪涛装饰工程公司	刘年新	2414891		518029
中国建筑第八工程局装饰公司	刘昆仑	8951254		250014
上海市建筑装饰工程有限公司	倪豪	65520841		200092
北京市城市建设装饰工程有限责任公司	关昌龙	62171166	4923	100081
中国建筑装饰工程公司	刘晓一	67361546		100023
苏州金螳螂建筑装饰有限公司	朱兴良	8278363	211	215004
北京港源建筑装饰工程有限公司	闫国祥	62319026		100083
深圳市东部工程有限公司	陈致忠	3169541		518034
深圳海外装饰工程公司	孙尚高	3325673		518031
深圳市装饰工程工业总公司	刘海云	5843546		518029
江苏苏鑫装饰集团公司	金鑫南	5481203		215143
北京基泰建筑安装工程有限公司	李继红	68155493		100036
石家庄市海山建筑装饰工程总公司	杨德舟	2010608	6124	050208
广东省建设发展装饰工程公司	李全忠	83838016		510050

企业名录一览表

企业所在地区	企业详细地址	主要产品（主要业务活动）
江苏省无锡市宜兴市	杨巷	安装
湖北省宜昌市西陵区	土城路4号	设备安装
辽宁省盘锦市兴隆台区		机井安装、管道安装、电力线架设
四川省内江市市中区	司马路138号	建筑安装
吉林省长春市朝阳区		建筑业
上海市黄浦区	车站支路150号	线路管道安装、设备安装
北京市西城区	百万庄东大街甲2号	线路、管道安装
江苏省南京市栖霞区	合班村1号	火电厂建设、设备安装
山西省太原市迎泽区	并州南路236号	线路安装、设备安装
云南省昆明市官渡区	金马镇白龙小区	建筑物装修、装饰材料、施工材料
广东省深圳市福田区	红荔西路7024号	室内外装饰设计、施工
辽宁省沈阳市东陵区	东陵东陵路30-2号	装饰装修
上海市静安区	延安中路632弄5号	建筑装饰、房地产开发、建筑材料
江苏省南京市玄武区	丹凤街10号	装璜
河北省沧州市河间市	瀛州镇	装修装饰
河北省秦皇岛市海港区	经济技术开发区北环路89号	铝幕墙.门窗安装.装修
上海市虹口区	邢家桥北路9号	装饰
广东省深圳市南山区	西丽龙井方大城	建筑幕墙、彩板门窗、玻璃隔墙
广东省深圳市罗湖区	泥岗路西路	室内装饰、弱电室外装饰、灯饰
山东省济南市历下区	文化东路16号	建筑装饰
上海市虹口区	密云路377号	建筑装饰
北京市海淀区	大柳树路15号	装饰装修
北京市朝阳区	十八里店横街子	装饰装修
江苏省苏州市金阊区	金阊三元一村	装饰
北京市海淀区	清华东路20号	房屋装修
广东省深圳市福田区	福田	建筑施工与安装
广东省深圳市福田区	福田	建筑装饰、幕墙工程设计施工
广东省深圳市福田区	八卦岭一路十栋二楼	室内外装饰设计、施工
江苏省苏州市吴县市	黄埭镇南大桥西	装饰
北京市海淀区	复兴路甲51号	建筑施工、外高级装饰
河北省石家庄市新华区	红军路6号	建筑装饰、金制品幕墙
广东省广州市东山区	黄华路12号	装饰

2000年部分限额以上

企业名称	法人代表	电话	分机	邮政编码
上海新长宁集团建筑装饰实业有限公司	李维弟	62100302		200050
上海新丽装饰工程有限公司	熊根泉	64470048	811	200030
广州市第四装修公司	黄剑豪	84246383		510220
上海名华建筑装璜公司	徐惠民	66342584		200436
上海兴宁建筑工程有限公司	梁家正	64282808	104	200233
广州珠江装修工程公司	林芷珊	83850380	105	510060
中建三局东方装饰设计工程公司	吴成方	50816176	819	200122
中国建筑第一工程局第四建筑公司装饰公司	陈一龙	64376644	447	100015
江苏合发集团有限责任公司	荆夕坤	6632666	8310	212327
南京装饰工程公司	陆铁军	6624924		210001
静安建筑装饰总公司	徐逊华	62539435	204	200041
浙江亚厦装饰集团有限公司	丁欣欣	2096888		312363
上海大华装饰工程有限公司	王文忠	62196200		200336
北京弘商建筑装饰设计工程有限公司	何宁	62635295		100081
泰山石化集团装饰装璜公司	龚祥云	8417740		271000
南京环达装饰工程有限公司	孔令虎	7321998		211300
广东省建筑装饰工程有限公司	万国华	83507094		510095
北京贝盟国际建筑装饰工程有限公司	黎声	68285797		100039
上海金桥瑞和装饰工程有限公司	张瑞强	68112266	8117	201318
深圳深港建筑装饰工程有限公司	欧阳南	2220205		518002
北京长迪建筑装饰工程有限公司	赵恩祥	63049347		100052
上海室内装饰(集团)有限公司	沈国臣	62484046		200040
北京国伟装饰工程有限公司	庞秀柱	64276058		100013
上海中企建筑装饰工程有限公司	夏超寅	62746770		200051
深圳市运鹏装饰设计工程有限公司	彭武商	3327145		518028
成都市华兴建筑工程公司	赖德勇	5449504	5442695	610041
铁二局装修公司	陈小龙	7656283		610081
上海东昌建筑装饰工程有限公司	沈印龙	58468629		200129
上海杰思工程实业有限公司	刘海韵	63877128		200020
北京市方中市政建筑工程公司	童博生	66021805		100032
上海东江建筑装饰工程有限公司	梁明华	35030436		200433
浙江省旅工贸总公司室内用品成套公司	吴祖福	6066008		310002
上海华懋建筑装饰有限公司	王奎源	64181169		200032

企业名录一览表

企业所在地区	企业详细地址	主要产品（主要业务活动）
上海市长宁区	武夷路179号	建筑、室内外装饰装修
上海市徐汇区	虹桥路411弄6号	建筑装饰
广东省广州市海珠区	纺织路25号	建筑装修
上海市宝山区	大场镇沪太路３００３号	建筑装潢
上海市徐汇区	宜山路439号16	装修装饰
广东省广州市东山区	华乐路27号	建筑装饰
上海市浦东新区	东方路９８５号	建筑装饰
北京市朝阳区	望花路东里1号楼二层	装饰装修
江苏省镇江市丹阳市	皇塘镇	幕墙装潢
江苏省南京市白下区	王府园太平南路538号	室内外装修、制冷、空调设备施工
上海市静安区	吴江路80号	装修装饰
浙江省绍兴市上虞市	章镇工业新区	钢木家俱、玻璃幕墙、石材制作
上海市长宁区	中山西路1420农	建筑工程装饰、中高档家俱
北京市海淀区	万泉河路115号	房屋装修
山东省泰安市泰山区	104国道	装饰装修
江苏省南京市高淳县	栗园居民委员会宝塔路53号	装饰工程
广东省广州市东山区	东路321号11楼	装修、装饰
北京市海淀区	复兴路	房屋装饰
上海市南汇县	周浦镇严家浜413-415号	建筑幕墙
广东省深圳市罗湖区	深南东路2097	建筑装饰设计
北京市朝阳区	安慧里	装饰、建筑施工
上海市静安区	延安西路376弄2	装修装饰
北京市东城区	和平里东街民旺乙19号	装修装饰业、技术施工
上海市长宁区	遵义路740号	建筑装饰
广东省深圳市福田区	华强北路赛格科技园4号	装饰工程设计、幕墙、排水施工
四川省成都市武侯区	新南路90号	建筑工程
四川省成都市金牛区	西门沙湾明阳大	装饰装修
上海市浦东新区	东沟镇沪东新村650号	建筑装饰
上海市嘉定区	朱家桥镇复兴中路530号	装饰业
北京市西城区	西单北大街80号	建筑工程施工
上海市浦东新区	南泉路１３２号	建筑装饰
浙江省杭州市上城区	江城路六部桥直街11号	建筑物装饰装修
上海市嘉定区	嘉定镇东安路271号	建筑装饰施工

2000年部分限额以上

企业名称	法人代表	电话	分机	邮政编码
广州市第二装修公司	宋耀基	83334091		510030
广州市第三装修公司	唐同海	81032079	806	510170
溧阳市建筑装璜工程总公司	陈志斌	7222146		213300
上海百姓家庭装潢有限公司	苏海宁	62542633		200063
番禺艺高装璜设计安装工程公司	陈智代	84895007		511400
上海健尔斯装饰工程有限公司	邓福弟	65435160		200093
深圳市福田建筑安装工程公司	印小痕	3627622		518000
汕头经济特区金刚玻璃幕墙有限公司	庄大建	2535593		515063
顺德市新德业设计工程有限公司	丘志伟	2221022		528300
广东七建集团第三工程有限公司	林晚意	3352921		529000
北京鸿恒基幕墙装饰工程公司	刘玉山	69575542		101103
西安发记营造建筑有限公司	刘兆培	5261980		710061
四川华西建筑装饰工程有限公司	陈贵林	3399375		610081
上海正方建筑装饰工程有限公司	徐欣生	65368544		200434
重庆市阳光建筑装饰工程公司	殷渝龙	63728594		400020
深圳粤航装饰设计工程公司	李国庆	3689888	20209	518041
江苏苏鑫装饰有限公司	金鑫南	5481518		215143
上海建筑装饰集团总公司营造工程公司	于世平	63250472		200085
上海龙威建筑装潢实业公司	范国富	64672106		200025
黄冈市华夏窑炉工业集团总公司	王旺林	8384522		438000
深圳文业装饰设计工程有限公司	陈耀福	3288428		518031
上海住总集团建筑装饰有限公司	钱培	63675447		200011
深圳市晶宫设计装饰工程公司	沈俊强	2205269		518001
广东建雅室内工程设计施工有限公司	张维浩	87773783		510080
南海市装饰工程有限公司	区荣大	6783866		528251
番禺长江装璜有限公司	李庆荣	84872478		511400
北京新唐建筑装饰工程有限责任公司	王福川	65544526		100027
重庆西南铝型材装饰装修工程公司	李淳凌	65808416		401326
上海秋元华林建筑装饰有限公司	瞿宝林	65680267	804	200090
上海南市区建筑装饰工程公司	成荣祥	63770858		200010
广州华辉装修建筑工程公司	崔志忠	81950896		510130
深圳新科特种装饰工程公司	王镇藩	3351911		518031
厦门邮电纵横集团装饰工程有限公司	徐瑞木	5770577		361009

企业名录一览表

企业所在地区	企业详细地址	主要产品（主要业务活动）
广东省广州市越秀区	越华路49号	建筑装修、搭棚、绿化
广东省广州市荔湾区	荔湾北路139号	室内装修、线路及管道安装
江苏省常州市溧阳市	溧城镇	土木工程建筑
上海市普陀区	曹杨路870号	室内装潢、经销建筑装潢材料
广东省广州市番禺区		建筑装饰
上海市杨浦区	黄兴路510号	建筑装饰
广东省深圳市福田区	福田	建筑
广东省汕头市升平区	大学路叠金工业区	玻璃幕墙
广东省佛山市顺德市	大良镇金榜街道办	装修
广东省江门市蓬江区	菱苑里4号菱苑	装修工程
北京市通州区	张家湾镇张家湾	建筑装饰
陕西省西安市雁塔区		装修装饰
四川省成都市金牛区	解放北路二段95号	装修首饰
上海市虹口区	江湾镇逸仙路52号	建筑装饰
重庆市江北区	华新村135号	建筑装饰
广东省深圳市福田区	华富路五号	室内外装修设计与施工
江苏省苏州市吴县市	黄埭镇	玻璃门窗防火门
上海市虹口区	七浦路142号	建筑装修装饰
上海市卢湾区	徐家汇路550号	装饰
湖北省黄冈市黄州区	沿江路55号	工业窑炉、房屋建筑
广东省深圳市福田区	福田上步中路2号	建筑装饰工程
上海市黄浦区	陆家浜路976号	装饰装修业
广东省深圳市罗湖区	深南东路2010号11楼	室内外装饰、铝合金门窗的安装
广东省广州市东山区	东风东路737号	室内工程设计工程
广东省佛山市南海市	新佛平路	装修
广东省广州市番禺区	英东体育馆内	室内设计装饰装修工程
北京市东城区	朝阳门北大街8号富华	装修装饰
重庆市九龙坡区	西彭	装饰装修
上海市杨浦区	河间路10号	装饰、装修、安装
上海市黄浦区	白洋弄27号	建筑物装修装饰
广东省广州市荔湾区	和平西路11号	建筑工程设计、装修设备材料
广东省深圳市福田区	华发北路30号	建筑物的装修装饰
福建省厦门市湖里区	枋湖工业区纵横大厦2号	装饰装修

2000年部分限额以上

食品、饮料、烟草和家庭用品批发业

企业名称	法人代表	电话	分机	邮政编码
和兴玻璃铝业(上海)有限公司	陈国仁	62402366	8009	200050
武汉建工集团装饰工程有限公司		82784207		430020
北京金碧合力建筑设计工程有限公司	温梅深	65066583		100026
深圳市中航幕墙工程有限公司	韦裕忠	8129320		518109
吴川建筑安装工程公司	梁业振	0888888		524557
沈阳黎东幕墙装饰有限公司	赵铁利	88422525		110161
黑龙江国光建筑装饰工程有限公司	魏光	2129406		150040
汕头市升平区晶莹装饰安装工程公司	吴锡填	8261288		515041
北京市住总装饰公司	沈汉通	62041671		100029
深圳市科源建筑装饰工程公司	庄伟明	3288972		518031
深圳市新鹏都装饰工程公司	潘育明	5690038		518020
食品、饮料、烟草和家庭用品批发业				
上海烟草集团上海烟草贸易中心	施超	65185800	2068	200090
中华棉花总公司	彭福宽	66210951		100032
浙江东方集团股份有限公司	刘宁生	7215678	644	310006
云南省烟草昆明市公司	郑天一	5815576		650202
惠州ＴＣＬ电器销售有限公司	袁信成	2289999	35	516001
云南省烟草卷烟销售公司	倪鸿兵	5192187		650031
上海医药股份有限公司	沈培达	58999999		201206
山西省卷烟销售公司	姜玉	4169807		030001
中国烟草总公司广东省公司	黄永东	38803398		510610
上海市农工商超市总公司	杨德新	52806666		200333
厦门建发股份有限公司	王宪榕	2033404	7506	361001
曲靖市烟草公司	李万兴	3141001		655001
龙岩七匹狼卷烟购销有限公司	卢金来	2222998		364000
中国烟草物资公司	边有伦	63605113		100052
山东烟草购销(集团)有限公司	邹　勇	3837279		266021
中国烟草总公司北京市公司	顾阿朝	64285129		100029
江苏省卷烟销售公司	杨兴泉	6795008	7767	210029
上海市丝绸进出口公司	徐伟民	64662288		200030
济南卷烟调拨站	赵保忠	8260088	6004	250018
四川省烟草公司成都烟草调拨站	程佳华	4716053		610051
贵阳卷烟销售公司	唐建华	6747245		550001

企业名录一览表

企业所在地区	企业详细地址	主要产品（主要业务活动）
上海市浦东新区	曹路镇长宁路855号	建筑幕墙
湖北省武汉市江岸区	江岸	装饰装修
北京市朝阳区	六里屯北里甲1号	建筑安装
广东省深圳市福田区	福田皇城广场1804号	幕墙、门窗
广东省湛江市吴川市	梅录镇梅岭居委	建筑安装
辽宁省沈阳市东陵区	新立堡东街57号	装饰装修
黑龙江哈尔滨市动力区	和平路2号	装修装饰
广东省汕头市龙湖区	龙湖大北山一路四幢	装修装饰
北京市朝阳区	亚运村华严北里45号楼	建筑物装修装饰
广东省深圳市福田区	上步中路工会大厦11号	建筑装饰工程的设计、施工
广东省深圳市罗湖区	罗湖	建筑装饰工程
上海市杨浦区	黄兴路18号	烟草及烟草制品批发
北京市西城区	金融大街33号通泰大厦	棉花
浙江省杭州市上城区	庆春路199号	棉纺织品、家用纺织品批发
云南省昆明市官渡区	龙泉镇上庄村	卷烟调拔批发
广东省惠州市惠城区	鹅岭南路6号	TCL王牌彩电、音响、电冰箱
云南省昆明市五华区	圆通街31-33号	卷烟批发
上海市浦东新区	金桥路1399号	西药批发
山西省太原市迎泽区	桃园南路34号	卷烟批发
广东省广州市天河区	林和东路128号	卷烟批发
上海市普陀区	长征镇金沙江路1685号	食品、饮料、日用百货
福建省厦门市思明区	鹭江道52号	轻工产品
云南省曲靖市麒麟区	城关镇麒麟北路	烟草及其制品批发
福建省龙岩市新罗区	西安南路24号	烟草及制品批发
北京市宣武区	广外大街9号	烟草及其制品批发
山东省青岛市市北区	华阳路	烟草及其制品批发
北京市朝阳区	樱花西街10号	卷烟批发
江苏省南京市鼓楼区	汉中路169号	卷烟批发
上海市徐汇区	吴兴路283号	服装、纺织品、丝绸
山东省济南市历城区	大桥路82号	卷烟批发
四川省成都市成华区	外东槐树街4号	烟草及其制品
贵州省贵阳市云岩区		卷烟销售

2000年部分限额以上

企业名称	法人代表	电话	分机	邮政编码
江苏国泰国际集团公司	王翔	8696171		215600
北京中邮鸿通贸易有限责任公司	徐千	67219959		100077
浙江中大集团股份有限公司	陈继达	5155000		310003
宝鸡卷烟产品材料购销站	陈晖	3225189	362	721000
吉林省吉粮集团有限责任公司	靳向东	8584597	2118	130061
中谷粮油集团公司	王瑞元	66094473		100801
海尔集团电器产业有限公司	杨绵绵	8938361		266101
泰州春兰销售公司	夏培	6611195		225300
云南省烟草大理州公司	赵全	2125004	8746	671000
上海捷强烟草糖酒(集团)有限公司	过明啸	62522018		200042
淮阴烟厂供销公司	蒋洪喜	3974676		223002
红杉树营销公司	张铭业	3575592		221005
蚌埠烟草分公司	陈连臣	4015849		233000
新疆乌鲁木齐棉麻站	张西远	3871477		830015
江苏省烟草公司泰兴市公司	印森林	7633053		225400
云南省烟草楚雄州公司	张　全	3012929		675000
玉溪红塔烟草(集团)有限责任公司专卖部	字国瑞	2968876	2968872	653100
广东省纺织品进出口集团公司	陈金水	83558988	2067	510045
四川卷烟销售公司	刘勇	6761872		610017
南京纺织品进出口股份有限公司	单晓钟	3305588		210009
云南省烟草昭通地区公司	吴常福	2130168		657000
江苏省丝绸进出口集团股份有限公司	张东桂	4793729		210002
浙江省烟草公司宁波调拔站	徐芳权	7713679		315040
中粮辽宁粮油进出口公司	曲天斌	2814998		116001
南京烟销售有限公司	陈利生	8882563		211800
杭州利群烟草供销有限公司	刘建设	7044720		310009
中国医药(集团)上海分公司	陈为钢	63211750		200002
无锡市朝阳(集团)公司	张海良	2755688		214026
芜湖烟草分公司	张建军	4812288		241002
郑州卷烟厂供销公司	黄勇	6342420		450004
四川省烟草公司什加卷烟调拨供应站	黄家友	8216000		618400
四川省烟草公司成都分公司	胡存忠	6716646		610021
湖南省烟草公司长沙市公司	徐祖怡	5221224		410007

企业名录一览表

企业所在地区	企业详细地址	主要产品（主要业务活动）
江苏省苏州市张家港市	杨舍镇	纺织品批发、服装批发
北京市崇文区	马家堡路1号	销售通讯器材
浙江省杭州市下城区	米市巷中大广场A座	服装批发业、纺织品批发
陕西省宝鸡市金台区	东风路东风路1号	卷烟材料 卷烟批发
吉林省长春市朝阳区	西民主大街副7号	粮油食品饲料、经济信息咨询服务
北京市西城区	复兴门内大街45号	批发粮油
山东省青岛市崂山区	海尔路11号	电器销售
江苏省泰州市海陵区	青年路18号	空调、摩托车、电视机
云南省大理白族自治州大理市	下关建设东路191号	烟草及其制品批发
上海市长宁区	长宁路626号	食品饮料烟草
江苏省淮阴市清浦区	大庆路32号	卷烟批发
江苏省徐州市鼓楼区	环城路120号	烟草及制品批发
安徽省蚌埠市西市区	蚌埠市红旗一路279号	卷烟购销
新疆乌鲁木齐市新市区		棉花批发、棉短绒批发
江苏省泰州市泰兴市	泰兴镇城东	烟草批发
云南省楚雄彝族自治州楚雄市	鹿城镇鹿城东路	烟草及其制品批发
云南省玉溪市红塔区	州城镇关索坝	卷烟批发
广东省广州市越秀区	小北路168号	纺织品、轻工业品批发
四川省成都市锦江区	桂王桥南街26号	卷烟批发
江苏省南京市鼓楼区	丁家桥云南北路77号	纺织品服装鞋帽、机械电子设备
云南省昭通地区昭通市	凤凰镇	卷烟批发
江苏省南京市白下区	五老村中山东路472号	丝绸等进出口
浙江省宁波市江东区	清洁巷23-1号	卷烟批发
辽宁省大连市中山区	人民路33号	粮油食品批发
江苏省南京市江浦县	珠江文德路	烟草批发
浙江省杭州市上城区	环城东路23-1号	卷烟批发
上海市黄浦区	福州路221号	西药批发业
江苏省无锡市南长区	槐古路6号	蔬菜批发
安徽省芜湖市马塘区	芜石路135号	卷烟批发
河南省郑州市管城回族区	新郑路148号	卷烟批发调拨
四川省德阳市什邡市	方亭外南街	烟草批发
四川省成都市锦江区	中纱帽街1号	销售卷烟
湖南省长沙市芙蓉区	芙蓉南路302号	烟草批发

2000年部分限额以上

企业名称	法人代表	电话	分机	邮政编码
陕西省卷烟销售分公司	常维详	7445992		710004
中丝生丝进出口公司	刘佳	65222507		100006
广州医药公司	冯赞胜	81822115		510140
四川红塔卷烟销售有限责任公司	杨永发	6762509		610017
福建省粮油食品进出口集团公司	牛小龙	7506688	757	350001
山东省服装进出口公司	赵明耀	2663187		266002
厦门沉香卷烟购销有限公司	张帝赞	5078386		361004
江西省粮油食品进出口公司	王中阳	6246530		330002
上海兰生股份有限公司	赵效定	65446901		200437
浙江省丝绸进出口公司	凌人才	5195588		310004
中纺棉花进出口公司	魏述本	65285013		100747
新郑卷烟销售公司	魏平建	2619606		451150
东方国际创业股份有限公司	王祖康	62789999		200336
江苏省轻工业品进出口集团股份有限公司	杨元福	4468888	608	210004
许昌卷烟调拔站	王建民	3351921		461000
河南省烟草公司驻马店分公司	张丰年	2914660		463000
北京市医药公司	曲延泰	67234508		100077
江苏省纺织品进出口集团股份有限公司	刘锦铧	4418222		210002
上海市针织品进出口有限公司	蒋明明	63218855		200002
上海捷强烟草糖酒(集团)连锁有限公司	吴建华	64165238		200032
浙江省轻纺集团公司	赵大贤	7812845		310009
中纺原料进出口公司	栾日成	65285334		100006
广东省轻工业品进出口集团公司	刘发书	83331499	1011	510110
江苏苏宁交家电有限公司	张近东	4418888		210002
山东省新星购销总部	魏新东	5188027		255100
广东省丝绸集团公司	蔡高声	83337448		510180
郑州百文股份有限公司	李福乾	3935993	3021	450053
南阳卷烟厂购销公司	许廷远	3039203		473007
上海市纺织品进出口有限公司	许耀光	65212200		200086
浙江东方集团股份有限公司	刘宁生	7215678	644	310006
广东省五金矿产进出口集团公司	陈金龙	87752204		510087
湘南烟草集团公司卷烟分公司	曹学彬	2229705		423000
新疆石河子市棉麻公司	刘国仁	2014901		832000

企业名录一览表

企业所在地区	企业详细地址	主要产品（主要业务活动）
陕西省西安市新城区	尚德路129号	烟草批发、烟草零售
北京市东城区	北河沿大街105号	丝类出口
广东省广州市荔湾区	大同路97-103号	西药批发
四川省成都市锦江区	桂王桥南街26号	批发零售卷烟
福建省福州市鼓楼区	五四路71号	商业食品批发
山东省青岛市市南区	台西街道	服装批发
福建省厦门市开元区	厦门湖滨中路12-20号	卷烟制品
江西省南昌市西湖区	站前路200号	粮油、食品批发
上海市虹口区		文化、钟表眼镜、体育文教用品
浙江省杭州市下城区	长庆体育场路115号	进出口贸易、出口商品
北京市东城区	建内大街19号	进出口棉花
河南省郑州市新郑市	和庄镇道西中路20号	烟草批发
上海市长宁区	娄山关路85号A	服装进出口贸易
江苏省南京市建邺区	朝天宫建邺路100号	进出口贸易
河南省许昌市魏都区	五一路北段	卷烟调拔
河南省驻马店市驿城区	驻马店市西园街	烟草购进
北京市崇文区	三元西巷甲12号	西药批发
江苏省南京市白下区	太平南路马厨街23号	纺织品等商品进出口
上海市闸北区	延安东路100号	服装针纺织等、销贸易三来一补
上海市徐汇区	枫林路333号	烟酒食品
浙江省杭州市上城区	梅花碑8号	纺织品批发
北京市东城区	建内大街19号	纺织纤维进出口
广东省广州市东山区	德政南路52号	轻工产品
江苏省南京市鼓楼区	湖南路丁家桥2号	五金交电制冷设备、化工原料
山东省淄博市淄川区	淄城路347号	副食
广东省广州市越秀区	东风西路198号	丝绸、服装批发
河南省郑州市金水区	金水路88号	百货、文化用品、五金交电
河南省南阳市宛城区	新华东路烟厂内	卷烟销售
上海市虹口区	四平路200号	纺织品批发
浙江省杭州市上城区	庆春路199号	棉毛织品、家用纺织品、毛针织品
广东省广州市东山区	东风东路774号	五金矿产
湖南省郴州市北湖区	七里大道	卷烟批发
新疆石河子市	北四路	棉麻批发

2000年部分限额以上

能源、材料和机械电子设备批发业

企业名称	法人代表	电话	分机	邮政编码
江苏博西家用电器销售有限公司	博法兰	4701918		210005
中国医药(集团)公司	余鲁林	67262902		100077
上海市家用纺织品进出口有限公司	答朝宗	65218500		200086
新疆农垦进出口股份有限公司	梁文英	2827387		830002
山东省纺织品进出口公司	张景路	2971666		266001
中国烟草机械集团有限责任公司	李福长	63605224		100052
中国(福建)对外贸易中心集团	杨祖基	7517979	300	350001
中国植物油公司	高秀山	68083380		100801
福建省烟草公司厦门分公司	陈金志	5062928		361004
浙江省土产畜产进出口公司	龚荣祥	5773808		310003
山东烟草集团有限公司驻青州调拨站	张金光	x3223903		262500
能源、材料和机械电子设备批发业				
中国石化销售华东公司	宋剑峰	62443594		200063
中国石油天然气股份有限公司东北销售公司	董仁平	88559988	8807	110013
中国石化销售华北公司	孟庆湘	27123881		300041
上海上汽大众汽车销售有限公司	蒋志伟	62441108		200063
宝钢集团国际经济贸易总公司	孙孟祥	50623355		200122
上海汽车工业销售总公司	叶永明	62549090		200063
中国煤炭工业进出口集团公司	王长春	64287201		100011
中国石化销售西北公司	郭文详			730000
中国石化销售茂名公司	冠湘辉	2868298		525000
中国邮电器材总公司	杨忠良	66426775		100054
浙江省石油总公司	张海潮	7818833		310009
中国石油销售东北公司大庆分公司	张永田	6215380		163711
北京五金矿产进出口总公司	苗耕书	68495492		100044
广东物资集团公司	庄耀	83816999		510050
上海宝钢商贸有限公司	祖雪超	58332136		200135
跃进汽车集团贸易公司	戴则樵	5501505		210037
中化国际石油公司	刘建平	68569406		100045
河南省石油总公司	陈天源	3949934		450053
上海市燃料总公司	陈伟宝	63605086		200002
广东物资集团汽车贸易公司	江军江	86329202		510410
兰州西北石化西固石油站	李一庆			730060

企业名录一览表

企业所在地区	企业详细地址	主要产品（主要业务活动）
江苏省南京市鼓楼区	中山路129号中南大厦	家用电器
北京市崇文区	永定门外三元西巷甲12号	药品医疗器械
上海市虹口区	四平路210号家	家用纺织品进出口贸易
新疆乌鲁木齐市天山区	民主路67号	棉花、棉纱、棉布
山东省青岛市市南区	中山路	纺织品批发
北京市宣武区	广外大街9号	烟草及其制品批发
福建省福州市鼓楼区	五四路71号	进出口贸易
北京市西城区	复兴门内大街45号	批发油脂油料
福建省厦门市开元区	槟榔路1号联谊广场4楼	批发卷烟
浙江省杭州市下城区	中山北路308号	土产畜产品批发
山东省潍坊市青州市	云门山南路134号	卷烟、烟草用材料设备、烟草仓储
上海市普陀区	曹杨路540号15-17楼	石油批发
辽宁省沈阳市大东区	沈河区惠工街239号	成品油
天津市和平区	天津市和平区建设路2号	石油产品销售
上海市普陀区	曹杨路548号	汽车批发
上海市浦东新区	浦东新区浦电路370号	钢材出口、矿石进口
上海市普陀区	曹杨路595号	汽车批发
北京市东城区	安定门外大街乙88号	煤炭及制品批发、商品出口
甘肃省兰州市城关区	城关团结新村	石油及制品批发
广东省茂名市茂南区	官山东路83号忠华楼	汽油柴油煤油批发
北京市宣武区	146号国际金融大厦D座	通信产品及零配件、机械电子设备
浙江省杭州市上城区	河坊街8号	柴油汽油煤油批发
黑龙江大庆市龙凤区	凤阳路50号	汽油、柴油、滑油批发
北京市海淀区	甘家口三里河路5号	矿产品批发
广东省广州市东山区	北较场横路12号	生产资料批发
上海市浦东新区	张杨路2876号1楼	黑色金属材料批发
江苏省南京市玄武区	锁金村龙蟠路236号	汽车、汽车底盘
北京市西城区	复外大街A2号	委托代理、石油进出口
河南省郑州市金水区	卫生路10号	汽油柴油、煤油、润滑油
上海市黄浦区	天津路50号	煤炭及制品、石油制品批发
广东省广州市白云区	新市镇萧岗广东汽车市场	汽车、摩托车批发、零配件批发
甘肃省兰州市西固区	西固城	石油成品油批发

2000年部分限额以上

企业名称	法人代表	电话	分机	邮政编码
深圳市天间通信发展有限公司	黄绍文	2244666		518027
广东省电力工业燃料公司	宋荣昌	85122013		510600
中油销售江苏有限公司成品油分公司	王立军	6810000		214431
中国化工供销(集团)总公司	周德春	64237653		100013
中化广东进出口公司	陈国雄	86672288		510160
中国石油销售公司吉林分公司	徐家元	844686		132012
中化浦东贸易有限公司	傅维元	50498899	342	200120
中国石油化工股份有限公司天津石油分公司	联勇	23315338		300040
中国铁路物资沈阳公司	王铁生	23506794		110001
中国石油天然气股份公司华东销售福建分公司	马生荣	2397388	212	361003
天津宝钢北方贸易有限公司	王静	28236344		300200
中化国际贸易股份有限公司	林达贤	68568514		100045
青岛海尔国际贸易有限公司	霍胜军	8938070		266101
北京石油集团有限责任公司	陈式宽	64678255	214	100028
中国有色金属工业贸易集团公司	陈胜年	63975588	1205	100814
中国铁路物资上海公司	杨晓明	56635647		200071
广州石油企业集团有限公司	黄浩泉	83335776		510030
浙江省金属材料公司	董明生	5271168		310003
中国重型汽车销售公司	刘培民	6942689	2414	250013
南京机电实业有限公司	江建涛	4401509		210002
中国钢铁工贸集团公司	翁宇庆	65133322	1208	100711
中国铁路物资西安公司	席达维	7444241		710003
江苏汇华集团	冯南华	2409324		214101
中国邮电器材北京公司	王立山	67235052		100077
北京市恒物金属材料有限公司	宁长虹	63268034		100055
浙江省电力燃料总公司	张瑾	7089988	2531	310003
中设江苏机械设备进出口集团公司	陆秀洲	4511888	1934	210018
武汉市金属材料总公司	叶寿保	88888888		430000
山东省机械进出口公司	刘学才	2661555		266002
中国国旅旅游贸易中心	蓝海	64933322		100101
上海市五金矿产进出口公司	刘寿培	63815858	2004	200070
中国电子进出口北京公司	许国安	62252916		100035
深圳华安液化石油气有限公司	刘曙彬	4209898	220	518119

企业名录一览表

企业所在地区	企业详细地址	主要产品（主要业务活动）
广东省深圳市福田区	深南中路2号新闻大厦	销售通信产品
广东省广州市东山区	梅花路75号	批发燃煤、燃油
江苏省无锡市江阴市	澄江镇蒋家村139号	成品油销售
北京市东城区	和平里七区4号楼	化工材料、钢材
广东省广州市荔湾区	站前路58号	化工产品、土畜产品批发
吉林省吉林市船营区	松江西路3号	石油制品
上海市浦东新区	世纪大道2号	化工材料批发
天津市和平区	解放北路	石油
辽宁省沈阳市和平区	胜利南街18号	金属材料、柴油批发、机电配件
福建省厦门市开元区	厦禾路189号	石油制品
天津市河西区	围堤道10号	金属材料、汽车批发
北京市西城区	复兴门大街A2号	化工品批发
山东省青岛市崂山区		机电产品批发
北京市朝阳区	静安里12号楼	汽油、柴油、炼油、润滑油
北京市海淀区	羊坊店复兴路乙12号	有色金属材料批发
上海市闸北区	会文路50号	油品批发
广东省广州市越秀区	北京路229号	批发零售石油产品
浙江省杭州市下城区	潮鸣凤起路78号	金属材料及其压延产品批发
山东省济南市历下区	历下东关大街111号	汽车批发、汽车配件批发
江苏省南京市白下区	洪武路娃娃桥6号	汽车小轿车摩托车、五金交电
北京市东城区	东四西大街46号	冶金原材料、黑色金属进出口
陕西省西安市新城区	西八路45号	石油及制品、机电产品
江苏省无锡市锡山市	东亭锡洲中路1号	批发零售贸易
北京市丰台区	西罗园北路12号	移动电话机、寻呼机传真机
北京市宣武区	北滨河路甲1号	金属材料、技术开发、技术咨询
浙江省杭州市下城区	武林中山北路109号	煤炭及制品、供发电的煤炭
江苏省南京市玄武区	新街口长江路198号	船舶成套设备、五金工具机电产品
湖北省武汉市江岸区	江岸区	黑色、有色金属材料批发
山东省青岛市市南区	八大峡	机电产品及设备批发
北京市西城区	复兴门内大街103号	批发金属材料
上海市黄浦区	光复路75号	五金、矿产、有色
北京市西城区	西内大街113号	电子产品进出口
广东省深圳市龙岗区	龙岗葵涌镇	煤气

2000年部分限额以上

企业名称	法人代表	电话	分机	邮政编码
广州宝钢南方贸易有限公司	戴志浩	38730003		510730
上海市有色金属总公司	张敏祥	63254100		200080
中国石油化工股份有限公司厦门石油分公司	陈和华	2212555	6208	361004
中国首钢国际贸易工程公司	王永喜	62257236		100088
中国石化销售中南公司	寇湘辉			430000
上海金属材料总公司	谈济钦	63231818		200002
华南蓝天航空油料有限公司	王谊	86120888	306	510405
成都宝钢西南贸易有限公司	黄刚	7672062		610031
广东省金属材料公司	王建平	82295626		510700
开封机电设备(集团)股份有限公司	姚福顺	2925755		475002
河北汽车有限责任公司	高山	5086666	8013	050031
武进市物资再生利用公司	张焕平	6621878		213002
中国铁路物资天津公司	于立	24250032		300171
安徽省石油总公司	郛国庆	3640965		230061
陕西省石油总公司延安分公司	胡彦强	2114676		716000
上海永达经济发展总公司	张德安	58973888		201201
中国轻工物资供销(集团)总公司	陈学忠	65001913		100027
潍坊市坊子区物资总公司	马忠明	7661755		261200
中石化青岛石油分公司	冯东青	3833496		266021
江苏省燃料总公司	刘其祥	3420400		210003
中国石油物资装备(集团)总公司	郑　虎	62096821		100029
洛阳长仑农业机械有限公司	崔起鸿	4975293		471003
南通化工轻工股份有限公司	骆德龙	5517345		226001
浙江中大技术进出口集团有限公司	徐福堂	7817585		310009
福建省石油总公司福州分公司	郑木泉	7817494		350003
松下电器机电（深圳）有限公司	木神原胜朗	3598508		518048
中国邮电器材华东公司	谢祖德	62534330		200040
中国煤炭工业进出口集团公司青岛分公司	黄树成	6856547		266500
中化上海进出口公司	何操	63289888		200002
中国石油化工股份有限公司石家庄市分公司	李占民	5964894		050053
中国铁路物资成都公司	郭敖冬	6644769		610031
中国石油化工股份有限公司湖南长沙石油公司	许光辉	4487975		410008
中国轻骑集团销售总公司	张家岭	8812916		250101

企业名录一览表

企业所在地区	企业详细地址	主要产品（主要业务活动）
广东省广州市黄埔区	夏港开发区管	批发钢材
上海市虹口区	中州路101号	有色金属材料批发
福建省厦门市开元区	湖滨南路89号	石油产品
北京市海淀区	西直门外小村33号	黑色金属进出口
湖北省武汉市江岸区	江岸区	石油成品油销售
上海市黄浦区	南苏州路325号	黑色金属材料批发
广东省广州市白云区	三元里白云国际机场内	油料
四川省成都市金牛区	金牛区北巷子	钢材批发
广东省广州市黄埔区	茅岗路吉山	金属材料批发业
河南省开封市顺河回族区	公园南路	汽车摩托车批发
河北省石家庄市长安区	裕华东路456号	汽车批发
江苏省常州市武进市	钟楼区西	再生物资批发
天津市河东区	津塘路21号	物资供销
安徽省合肥市西市区	芜湖路391号	石油制品批发
陕西省延安市宝塔区	七里铺	经营汽油柴油煤油、润滑油
上海市浦东新区	合庆镇浦东东川公路5698号	汽车销售
北京市东城区	新中西街2号	金属材料批发
山东省潍坊市坊子区	坊子镇六马路100号	钢材、汽车、煤炭
山东省青岛市四方区	孟庄路1号	石油产品批发
江苏省南京市鼓楼区	挹江门中山北路283号	煤炭批发、石油及制品批发
北京市西城区	鼓楼外大街5号	金属非金属材料、汽车配件、租赁
河南省洛阳市涧西区	长安路街道办事处建设路	拖拉机、汽车柴油机销售
江苏省南通市崇川区	南大街28	化工原料及产品、金属材料
浙江省杭州市上城区	清泰街佑圣观路128号	对外贸易
福建省福州市鼓楼区	古屏路47	成品油
广东省深圳市福田区	福田保税区7A-107	机械电子设备批发
上海市静安区	胶州路322号	邮电通信器材批发
山东省青岛市黄岛区	黄岛崇明岛西路67号	煤炭出口
上海市黄浦区	南路33	化工材料批发
河北省石家庄市长安区	开发区开发区黄河大	汽油、煤油、润滑油
四川省成都市青羊区	八宝街28号	黑色金属材料批发
湖南省长沙市开福区	浏阳河伍家岭路114号	石油批发
山东省济南市历城区	历城区北园路７５号	摩托车批发

其他批发业

企业名称	法人代表	电话	分机	邮政编码
上海物资贸易中心股份有限公司	陈伟宝	62570580		200063
唐山市冀东物贸企业（集团）公司	庞庆华	7165511		063700
河北省金属材料总公司	霍振亮	7024854		050000
河南省机电设备总公司	张翔	6318309		450004
湖北省石油总公司	熊家解			430000
海南省石油总公司	孟德峰	5351710		570203
徐州市石油公司	吴保东	5799722		221006
深圳市桑达实业股份有限公司	佟保安	3200645		518031
中国铁路物资哈尔滨公司	邢文清	6423468		150006
广东省石油企业集团佛山公司	李国强	3360118		528000
江苏省武进市物资回收总公司	徐苏闽	6680124		213002
中国水利电力物资华南公司	卜景智	83808700		510060
其他批发业				
中国华源集团有限公司	周玉成	62031188	1422	200063
中国船舶工业贸易公司	李杜石	68032560		100861
中国纺织物资总公司	常俊传	64922872		100029
中化国际化肥贸易公司	杜汝良	68569601		100045
贵州省农业生产资料公司	陈明忠	6570049		550001
江苏省新华书店集团有限公司	石启忠	7713234		210009
四川省农业生产资料总公司	杨邦宁	6945491		610017
中国联合石油有限责任公司	韩根生	68041188	232	100044
上海市对外贸易有限公司	刘建伟	62786500		200336
黑龙江省农业生产资料公司	张永埔	8325892		150020
山东省图书音像发行总公司	李绍达	2772740	629	250001
烟台市农业生产资料总公司	牟志人	6216374		264001
山东省农业生产资料公司	杨钟山	8542830		250013
广东省农业生产资料总公司	郑楚东	87773051		510080
厦门国贸集团股份有限公司	何福龙	5161888	1757	361004
华垦物资公司	徐昌年	68042031		100037
浙江农资集团有限公司	郑军	7811747	3711	310009
福建省农业生产资料公司	傅文良	7508666		350001
中国工艺品进出口总公司	陈惆	65531160		100020
宁波海田集团总公司	周信浩	7195360		315000

企业名录一览表

企业所在地区	企业详细地址	主要产品（主要业务活动）
上海市普陀区	山北路2550号	化工原料、汽车、宾馆.餐饮
河北省唐山市滦县	站东1公里205国道	各种汽车及配件
河北省石家庄市新华区	中华北大街3号	黑色、有色金属
河南省郑州市金水区	陇海东路303号	机电产品、汽车销售、摩托车
湖北省武汉市江岸区	江岸区	成品油批发零售
海南省海口市振东区	机场东路22号	石油产品石油器材、销售
江苏省徐州市泉山区	建国西路堤南九号	石油及制品批发
广东省深圳市福田区	振华路78号	行输出变压器、路由器、模块电源
黑龙江哈尔滨市南岗区	西大直街1号	石油及制品类、金属材料类
广东省佛山市城区	卫国西路24号	石油制品、石油设备维修
江苏省常州市武进市	西直街15号	废旧物资 收购批发
广东省广州市东山区	华乐路53号华乐大厦A	钢材、电机设备、有色金属
上海市普陀区	真如镇山北路1958号	服装、机电
北京市西城区	月坛北小街10号	船舶进出口
北京市朝阳区	安苑路15号	纺织原料、燃料、设备
北京市西城区	复外大街A2号	进出化肥、出口化工产品批发
贵州省贵阳市云岩区	延安中路105号	化肥农药农膜批发
江苏省南京市玄武区	玄武门百子亭34号	图书书刊音像制品等
四川省成都市青羊区	太升北路10号	化学肥料批发
北京市西城区	展览馆宾馆	石油、化工品、油田机械设备
上海市长宁区	娄山关路85号B	五金交电化工批发
黑龙江哈尔滨市道外区	景阳街181号	农业生产资料批发零售
山东省济南市历城区	十六里河东河村万寿路19号	书刊、音像制品、文化用品批发
山东省烟台市芝罘区	南大街44号	批发零售化肥
山东省济南市历下区	解放路14号	批发化肥、农药
广东省广州市东山区	东风东路709号	经营农业生产资料批发
福建省厦门市开元区	湖滨南路388号	经营进出口及代理贸易
北京市西城区	阜外大街甲28号	金属材料橡胶、化肥农药
浙江省杭州市上城区	清泰街569号	农业生产资料、化肥、农药
福建省福州市鼓楼区	尚宾路32号	经营化肥农药等
北京市朝阳区	朝外大街吉祥里103号	工艺美术批发
浙江省宁波市海曙区	老实巷66号	农业生产资料批发、出口

2000年部分限额以上

企业名称	法人代表	电话	分机	邮政编码
河北省新华书店	吴坚	6048270		050011
江苏省工艺品进出口集团股份有限公司	钱竞琪	2301288		210001
湖南省新华书店	颜长庚	4308527		410005
昆明市农资公司化肥农药经理部	彭长林	3340170		650041
安徽省新华书店	曾石玲	2656508		230061
山东省农业生产资料公司烟台分公司	宋杰	6613545		264001
福建金三明实业有限公司	许锡明	8259899		365000
绥芬河市金恒基工业原料有限公司	蓝海	3928689		157300
新疆维吾尔自治区农资集团公司	徐振淮	2830256		830002
广东省中山工艺品进出口公司	李建伟	8802902		528400
上海兰生大宇有限公司	张兰生	63190088		200021
四川新华书店集团有限责任公司	王庆	6627757		610017
山东省工艺品进出口集团股份有限公司	张建华	5021355		266071
中国航空技术进出口总公司	杨春澍	64940320		100101
中国农业机械华北公司	杨书德	23313448		300041
广西壮族自治区农业生产资料总公司	蒙彩朋	5315448		530021
上海对外经济贸易实业有限公司	张秋波	64333000		200031
上海市农业生产资料公司	戴立根	63801818	1104	200070
上海市工艺品进出口有限公司	戚盛达	65222888	1605	200081
青州市农业机械总公司	孙成功	3281813		262500
河北省农业生产资料公司	陈立军	6032693		050000
上海轻工国际(集团)有限公司	马家骏	65081688		200080
太仓市对外贸易公司	时建明	3571545		215400
江苏省出版印刷物资公司	鞠宁章	3243687		210009
湖北省农业生产资料总公司	沈勇强			430000
福建省新华书店	杨朱烈	7559410		350001
广东省工艺品进出口集团公司	李德和	83193388		510120
安徽省农业生产资料公司	钱立光	2634370		230061
新华书总店	邓耘	68321100	1103	100044
广东省新华书店	童自烈	83797158		510103
中国集邮总公司	牛素娟	63010161		100051
天津外总集团有限公司	周绍先	23316551		300050
湖北省新华书店	梅铁怀			430000

企业名录一览表

企业所在地区	企业详细地址	主要产品（主要业务活动）
河北省石家庄市长安区	青园街131号	图书音像制品销售
江苏省南京市白下区	建康路中华路50号	进出口业务
湖南省长沙市芙蓉区	都正街芙蓉中路338号	图书
云南省昆明市盘龙区	民航路1号	化肥农药农用薄膜批发
安徽省合肥市中市区	长江路279号	书刊批发
山东省烟台市芝罘区	西沟街79号	批发零售贸易
福建省三明市梅列区	东新一路列东街1号	硒蛋白系列保健品、汽车保龄球
黑龙江牡丹江市绥芬河市	新华街	批发纸浆
新疆乌鲁木齐市天山区		化肥、农药
广东省中山市	中山二路三十六号	工艺美术品进出口
上海市卢湾区	海中路	其他类未包括的批发、布、光缆
四川省成都市锦江区	东玉龙街52号	图书、音像制品
山东省青岛市市南区	珠海路	工艺品、草制品批发
北京市朝阳区	北辰东路18号	航空产品批发
天津市和平区	小白楼街	农业机械
广西南宁市新城区	桃源路82-3号	农业生产资料批发
上海市徐汇区	嘉浜路258-268号	对外贸易
上海市闸北区	恒丰路1-5号	农业生产资料
上海市虹口区	四平路273号	进出口贸易、内销等业务
山东省潍坊市青州市	益都稷山路13号	农业机械、加工机械及其配件
河北省石家庄市桥东区	平安南大街十号	化肥、农药
上海市虹口区	四平路19号	进口贸易
江苏省苏州市太仓市	城厢镇上海路1号	对外贸易、代理进出口业务
江苏省南京市鼓楼区	中央路165号	纸及纸制品、印刷机械
湖北省武汉市江岸区	江岸区	批零售农业生产资料
福建省福州市鼓楼区	五一北路126号	图书发行
广东省广州市越秀区	大德路318号	工艺品、林木等
安徽省合肥市中市区	庐江路111号	化肥农业生产资料批发
北京市西城区	北礼士路54号	图书、音像制品
广东省广州市东山区	大沙头四马路12号	出版、发行
北京市宣武区	宣东大街2号	进出口邮票业务
天津市和平区	南京路59号	进出口贸易
湖北省武汉市江岸区	江岸区	图书

2000年部分限额以上

企业名称	法人代表	电话	分机	邮政编码
南京五金矿产医药保健品进出口股份有限公司	沈秉泉	2336111	6660	210004
广西壮族自治区新华书店	黄理彪	5869752		530022
吉林省农业生产资料集团公司	丁宝库	8975057		130041
玛纳斯县供销社联合社	杨炳申	6661234		832200
江西省新华书店	何彰道	6219244		330003
中国工艺美术总公司	石晓光	66013025		100031
福建省珠宝首饰进出口公司	汪闽华	3662888	6617	350011
中技国际贸易公司	刘汉温	68404560		100081
陕西省新华书店	戴群	7342934		710003
中国饲料集团公司	田承毅	66153978		100801
中国包装进出口广东公司	李炎标	83341702		510116
河南省新华书店	王英明	6223385		450000
甘肃农业生产资料总公司	陈雯			730000
辽宁省新华书店	卜景春	23891396		110015
福建省土畜产进出口公司	赵力群	7855338	6023	350003
云南省新华书店	王世钧	3543051		650041
中国图书进出口总公司	甘师俊	65063058		100020
福州市轻工业品进出公司	李建娜	7857358		350003
浙江省新华书店	周立伟	8062032		310012
湖南省农业生产资料总公司	朱学军	2225034		410011
云南省农业生产资料公司	成理真	3626367		650021
山东省印刷物资公司	张丽生	8936655		250014
深圳中电投资股份有限公司	沈正中	3360961		518042
连云港市农业生产资料总公司	李学军	5454274		222002
广州市对外贸易总公司	麦洁华	83563293		510180
东方国际集团上海荣恒国际贸易有限公司	陶洪	50624567		200120
深圳市奥康德进出口有限公司	吴镇耿	2232390		518001
深圳市仁和珠宝首饰进出口有限公司	樊学深	2339296		518001
江苏省纺织原料物资公司	程贤耕	4412613		210002
连云港中农农资有限公司	散志荣	2310638		222042
广东顺峰吉辽饲料运销有限公司	姜建花	2295295		528333
浙江省工艺品进出口公司	孟庆武	7068888	8420	310003
新民市农机公司	张少义	87515348		110300

企业名录一览表

企业所在地区	企业详细地址	主要产品（主要业务活动）
江苏省南京市建邺区	安品街建邺路199号	机电设备等
广西南宁市新城区	民族大道69号	图书报刊批发
吉林省长春市南关区	自强13号	农药化肥、农膜、粮油
新疆昌吉回族自治州玛纳斯县	玛纳斯镇	农业生产资料批发
江西省南昌市东湖区	八一大道12号附2号	图书批发
北京市西城区	复内大街101号	进出口贸易
福建省福州市晋安区	福马路189号	对外贸易承办三来一补
北京市海淀区	西三环北路21号	对外贸易
陕西省西安市莲湖区	莲湖路	图书发行
北京市西城区	复兴门内大街45号	批发饲料及原辅料
广东省广州市越秀区	桥光路2号5楼	包装材料、包装机械
河南省郑州市金水区	人民路22号	图书报刊课本
甘肃省兰州市城关区	城关东岗西路	化肥批发
辽宁省沈阳市沈河区		图书发行
福建省福州市鼓楼区	湖东路168号	土畜产进出贸易
云南省昆明市盘龙区	吴井路16号	图书报刊批发
北京市朝阳区	工人体育场东路16号	图书报刊音像进出口、出版
福建省福州市鼓楼区	湖东路太阳广场八楼	轻工业品进出口等
浙江省杭州市西湖区	西溪文二路8号	图书批发、图书
湖南省长沙市芙蓉区	文艺街韶山北路180号	化肥、农药批发业务
云南省昆明市五华区	沿河路2号	化肥农资批发零售
山东省济南市历下区	龙洞路36号	批发零售贸易
广东省深圳市福田区	深南中路电子大厦2072号	劳务服务信息咨询、牧业管理
江苏省连云港市新浦区	通灌北路87号	化肥、农药
广东省广州市越秀区	东风西路225号	进出口贸易、纺织品、轻工机械
上海市浦东新区	浦东陆家嘴东路166号	对外贸易
广东省深圳市罗湖区	深南东路61号	化工产品机械设备
广东省深圳市罗湖区	罗湖人民南路6	珠宝、首饰
江苏省南京市白下区	中山东路482号	纺织原料批发
江苏省连云港市连云区	墟沟中山中路293号	农业生产资料
广东省佛山市顺德市	顺峰	饲料
浙江省杭州市下城区	武林中山北路12号	工艺美术品、服装批发
辽宁省沈阳市新民市	东城	农用机械、运输车、农机配件

2000年部分限额以上

零售业

企业名称	法人代表	电话	分机	邮政编码
中国土畜产福建茶叶进出口公司	胡一秀	7821777	1299	350003
廊坊市农业生产资料公司	刘铁庄	2013148		065000
中国农业生产资料成都公司	戴大荣	5585945		610041
宁波市工艺品进出口公司	李富国	7327636	3200	315010
黑龙江省新华书店	王殿双	4675583		150010
海南省生产资料公司	刘青成	6257054		570208
湖南省工艺品进出口公司	付辉	2284632		410001
上海市东方国际商业(集团)有限公司	钱熊	62481058		200040
烟台市芝罘区农业生产资料中心	王学江	6611683		264001
烟台供销实业集团农业生产资料调剂处	常勇	6206983		264000
北京市农业生产资料公司 ·	刘玉文	62371133	2040	100011
广州保税区捷宝运动用品有限公司	巴斯卡	85545010		510630
零售业				
深圳石油公司	郭永刚	5522222	109	518003
联华超市有限公司	王宗南	63571931		200080
上海锦江麦德龙购物中心有限公司	陈文君	62658888		200333
三联商社	张岩	8086351	6653	250011
上海市第一百货商店股份有限公司	董绍诚	63223344		200001
中国航空油料华北公司	郎加明	64567834		100621
华联超市股份有限公司	华州	65201818		200090
上海友谊集团股份有限公司	王宗南	58798803		200120
中国烟草总公司深圳市公司	罗光伟	2230333		518002
上海新世界股份有限公司	江锡洲	63587739		200003
武汉中商集团股份有限公司	严规方			430000
无锡市商业大厦集团有限公司	潘霄燕	2700978		214001
北京市西单商场股份有限公司	刘秀玲	66020894		100031
上海易初配销有限公司	安培	63120922		200011
北京国美电器总公司	黄秀虹	66074290		100031
天津劝业场（集团）股份有限公司	韩文彬	27211111		300022
江苏苏果超市有限公司	周秀清	3462220	3310	210003
上海大润发有限公司	骆建中	56657857		200436
长沙友谊(集团)有限公司	胡子敬	4464159		410011
北京王府井百货(集团)股份有限公司	李生	65126677	526	100006

企业名录一览表

企业所在地区	企业详细地址	主要产品（主要业务活动）
福建省福州市鼓楼区	湖东路168号	进出及代理进出口
河北省廊坊市廊坊市广阳区	和平路63号	茶叶、化肥、农膜、农药
四川省成都市武侯区	小天西	计划调拨、化肥批发
浙江省宁波市海曙区	灵塔街道灵桥路190号	工艺礼品类、纺织、服装
黑龙江哈尔滨市道里区	地段街179号	批发书刊
海南省海口市振东区	海甸岛沿江三东路8号	化肥农药批发
湖南省长沙市芙蓉区	五里牌五一东路80号	陶瓷、工艺品、有色金属
上海市静安区	华山路439号	轻工、化工
山东省烟台市芝罘区	北大街146号	农业生产资料批发劳保用品
山东省烟台市芝罘区	北大街92号	农业生产资料批发
北京市西城区	德外大街 2 号	化学肥料、化学农药、农膜
广东省广州市天河区	河中山大道	贸易
广东省深圳市罗湖区	文锦中路1018号	石油及石油制品
上海市虹口区	四川北路	日用百货、超市配送
上海市普陀区	长征镇真北路14号	百货零售
山东省济南市历下区	趵突泉北路12号	家电批发,零售
上海市黄浦区	南京东路800号18楼	百货零售业
北京市朝阳区	首都机场	石油制品零售
上海市杨浦区	隆昌路609号	百货零售业、百货
上海市浦东新区	商城路	副食品零售
广东省深圳市罗湖区	东门南路3008号	卷烟销售
上海市黄浦区	南京西路2-68号	百货零售
湖北省武汉市江岸区		零售业、房地产、进出口贸易
江苏省无锡市崇安区	中山路343号	百货零售
北京市西城区	西单北大街120号	百货、家具家电音像制品
上海市黄浦区	陆家浜路1295号5F	百货零售
北京市西城区	前门西大	五金交电、计算机、百货
天津市和平区	和平路290号	百货服装、餐饮娱乐、房地产广告
江苏省南京市鼓楼区	三牌楼三牌楼大街70号	零售业
上海市闸北区	共和新路3318号	百货零售
湖南省长沙市芙蓉区	五里牌五一东路278号	百货副食
北京市东城区	王府井大街255号	百货零售、房地产

2000年部分限额以上

企业名称	法人代表	电话	分机	邮政编码
上海太平洋百货有限公司	严志强	64078888	260	200030
北京京客隆商厦	卫停战	65024316		100020
武汉武商集团股份有限公司	毛冬声			430000
成都市人民商场股份有限公司	吕根旭	6665071		610011
南京新街口百货商店股份有限公司	黄树森	4715188	2014	210005
深圳万佳股份有限公司	徐刚	5626700	148	518020
北京市朝阳副食品总公司	李爱	64688233		100027
北京超市发连锁经营公司	李秀珍	62545297		100086
北京双安商场有限责任公司	陈铁林	62171298		100086
北京翠微集团	栾茂茹	68167750		100036
昆明百货大楼(集团)股份有限公司	吴新元	3613482		650021
北京蓝岛大厦	黄豪	65044422	2715	100020
北京燕莎友谊商城有限公司	蒋丽芸	64651188		100016
长春百货大楼集团股份有限公司	范士良	8922310	2323	130061
西南商业大厦股份有限公司	李太安	3127390		650021
北京百盛轻工发展有限公司	王加强	66013377	7428	100031
长春欧亚集团股份有限公司	曹和平	5620053		130021
上海第一八佰伴有限公司	董绍诚	58301111		200120
天津市滨江商厦有限公司	岳增世	27117578		300022
深圳沃尔玛珠江百货有限公司	钟浩威	5607060	467	518020
北京庄胜崇光百货商场	杨健	63103388	7084	100054
西安民生集团股份有限公司	詹军道	74819527		710005
上海新华书店	哈九如	63212599		200002
广州好又多百货商业广场有限公司	于曰江	85530888		510665
淄博商厦股份有限公司	昃向远	2182790	8612	255020
青岛利群股份有限公司	徐恭藻	3636868	20606	266021
上海友谊百货有限公司	黄真诚	63511111	6098	200001
无锡市第一百货(集团)有限公司	陈建安	2701818		214002
深圳市茂业商厦有限公司	张静	2200000	2172281	518001
天津百货大楼股份有限公司	史建华	27225916		300020
大连商场股份有限公司	牛钢	3640377		116001
广州友谊商店股份有限公司	郭振球	83576628	3615	510095
上海东方商厦有限公司	卓福民	64870000	5084	200030

企业名录一览表

企业所在地区	企业详细地址	主要产品（主要业务活动）
上海市徐汇区	衡山路932号	百货零售
北京市朝阳区	关东序大街甲29号	副食品零售
湖北省武汉市江岸区		批发零售
四川省成都市锦江区	东御街19号	百货零售、五金交电
江苏省南京市白下区	中山南路3号	百货
广东省深圳市罗湖区	水贝二路	百货零售、物资供销
北京市朝阳区	新源街45楼	副食品零售
北京市海淀区	双榆树东里15号	企业管理
北京市海淀区	北三环西路38号	日用百货、家用电器、服装
北京市海淀区	万寿路复兴路33号	百货
云南省昆明市盘龙区	东风西路99号	百货零售贸易
北京市朝阳区	朝阳门外大街8号	百货零售
北京市朝阳区	麦子店亮马桥路52号	百货零售
吉林省长春市朝阳区	斯大林大街59号	百货家电服装
云南省昆明市盘龙区	人民中路(长春路)88号	批发零售贸易
北京市西城区	二龙路复兴门内大街101号	零售百货
吉林省长春市朝阳区	红旗街工农大路14号	百货
上海市浦东新区	张扬路501号	百货零售
天津市和平区	滨江道19号	日用批发
广东省深圳市罗湖区	洪湖路湖景花园1-3楼	百货零售
北京市宣武区	宣武门外大街8号	百货零售
陕西省西安市新城区	解放路103号	百货零售、餐饮、房地产
上海市黄浦区	四川中路133号	图书报刊批发
广东省广州市天河区	棠下中山大道188号	百货零售
山东省淄博市张店区	张店中心路125号	百货
山东省青岛市市北区	台东三路77号	日用百货、家用电器
上海市黄浦区	南京东路353号6楼	百货零售
江苏省无锡市崇安区	中山路670号	百货零售
广东省深圳市罗湖区	东门中路13号	百货零售
天津市和平区	和平路17号	百货零售
辽宁省大连市中山区	青三街1号	百货零售
广东省广州市东山区	环市东路369号	零售
上海市徐汇区	漕溪北路8号	百货零售

2000年部分限额以上

企业名称	法人代表	电话	分机	邮政编码
西安解放集团股份有限公司	王科	7218002		710001
中贸联万客隆商业有限公司	孟翰林	67251166	402	100075
沈阳商业城（集团）	张殿华	24848876		110011
大连天百集团有限公司	李贵	2500100		116001
江苏苏宁电器有限公司	张桂平	4418888	706	210002
南通文峰大世界	徐长江	5153776		226001
天津克瑞思集团家乐分公司	杜夏	24990148		300300
广州市广州百货大厦	房向前	83322348	6222	510030
北京城乡贸易中心股份有限公司	周和平	68298225		100036
北京市大中电器有限公司	张大中	68185961		100040
大庆百货大楼（集团）股份有限公司	谷乃衡	6322155		163001
北京市上海汽车联营销售公司	胡佳斌	67610815		100078
南京中央商场股份有限公司	董事长	4717593		210005
长沙通程实业(集团)有限公司	周兆达	5551015		410007
广东新协办集团有限公司	卢桂术	2213796		528308
老城隍庙金银珠宝有限公司	陈久	63559999	1104	200010
北京东安集团公司长安商场	张国英	68024147		100045
哈尔滨市中央商城集团公司	栾芳	4654757		150010
上海市长江口商城股份有限公司	刘健	56678866	61265	200940
石家庄市北国商城	白珊	6974356	6706	050011
上海华联商厦	李国定	63224466		200001
山东银座商城股分有限公司	刘恒山	6065586		250063
北京华联商厦有限公司	吉小安	68365511	5214	100037
中兴--沈阳商业大厦(集团)股份有限公司	刘芝旭	23833643		110001
南京商厦股份有限公司	廖建生	5505637	6345	210037
上海市卢湾烟草糖酒有限公司	钟家苏	53062799		200021
成都百货大楼	郑启沃	6663585	8898	610016
中国石油化工股份有限公司山东济宁分公司	徐众明	2311182		272117
无锡市八佰伴商贸中心有限公司	周国华	2726682		214001
唐山百货大楼集团有限责任公司	解仁义	2825164		063000
常州百货大楼股份有限公司	魏震	8105373		213003
广州正大万客隆（符号）有限公司	欧阳赞	86376688		510400
上海家得利超市有限公司	沈庆萍	64154026	309	200031

企业名录一览表

企业所在地区	企业详细地址	主要产品（主要业务活动）
陕西省西安市碑林区	东大街解放市场6号	物资供销、文化娱乐业房地产开发
北京市丰台区	大红门西路19号	副食品零售
辽宁省沈阳市沈河区	中街路212号	百货
辽宁省大连市中山区	天津街299号	百货零售
江苏省南京市鼓楼区	湖南路丁家桥2号	家用电器零售
江苏省南通市崇川区	南大街3	百货零售
天津市东丽区	东丽开发区三纬路	副食品零售
广东省广州市越秀区	北京路295号	百货零售
北京市海淀区	复兴路甲23号	零售兼批发、物资供销、餐饮
北京市石景山区	玉泉路51号	五金交电、化工零售
黑龙江大庆市萨尔图区	会战大街二十二号	百货、纺织、零售、鞋帽零售
北京市丰台区	方庄芳古园二区二号楼	汽车、摩托车零售、汽车配件
江苏省南京市白下区	中山南路74号	百货业零售
湖南省长沙市雨花区	侯家塘劳动路260号	商业零售批发
广东省佛山市顺德市	大良镇新松	汽车
上海市黄浦区	上海市九狮路18号	首饰
北京市西城区	复兴门外大街15号	日用百货、家用电器
黑龙江哈尔滨市道里区	道里中央大街100号	百货五金交电针纺服装
上海市宝山区	淞滨路1号	百货零售业
河北省石家庄市桥东区	中山东路188号	百货化妆洗涤、五交化机电纺织
上海市黄浦区	南京东路635号	百货零售
山东省济南市历下区	泺源大街66号	百货商品、零售、批发
北京市西城区	阜外大街1号	百货零售
辽宁省沈阳市和平区	太原北街86号	百货
江苏省南京市玄武区	龙蟠路2号	百货
上海市卢湾区	上海市瑞金二路39号	其他食品、饮料和烟草
四川省成都市锦江区	东御街18号	家用电器、日用百货
山东省济宁市市中区	仙营镇供销路28号	石油制品批发与零售
江苏省无锡市崇安区	中山路168号	百货零售
河北省唐山市路北区	新华东道125号	百货、五金交电化工等
江苏省常州市天宁区	古村延陵西路1号	日用品 百货、针纺织品、家用电器
广东省广州市白云区	三元里华园1号	百货
上海市徐汇区	襄阳路97号	百货零售

餐饮业

企业名称	法人代表	电话	分机	邮政编码
新疆机电设备有限责任公司	吕士英	5854985		830000
中国石油公司鞍山市分公司	孙成全	2613294		114001
中国电子器件工业总公司	陈丽华	68211166	264	100036
娄底银海商业有限公司	刘德鸿	8222448		417000
沈阳市联营公司	高军	23877959		110001
青岛崂山百货大楼股份有限公司	李　宁	7618888	3078	266100
北京华普朝阳商业贸易有限公司	剪英海	65992580		100020
福州东街口百货大楼股份有限公司	陈明魁	7531143		350001
北京物美商城有限责任公司	张文中	68284533		100039
仪征化纤怡华商贸发展有限公司	蒋世明	3221727		211900
上海六百实业有限公司	金国良	64071868		200030
深圳市顺电实业有限公司	费国强	3236666		518028
餐饮业				
北京麦当劳食品有限公司	赖林胜	65281188		100005
上海肯德鸡有限公司	吕九龙	53514588	2084	200062
北京肯德基有限公司	唐惠良	65545888		100027
麦当劳餐厅(深圳)有限公司	邓普熹	3220226	309	518041
广东广信麦当劳食品有限公司	刘士盛	81362868		510180
南京肯德基有限公司	崔焕铭	2233888		210006
中国北京全聚德集团有限责任公司	姜俊贤	63048992		100051
广东肯德基有限公司	吴饰英	83853878	394	510060
广州酒家企业集团有限公司	温祈福	81395253		510140
麦当劳(中国)有限公司	马文	64455446		200020
沈阳肯德基有限公司	施逢年	23250588		110001
深圳肯德基有限公司	朱国华	3217546	138	518031
西安饮食服务(集团)股份有限公司	毕海生	7284840		710001
天津肯德基有限公司	陈光全	27022532		300100
上海新亚大包有限公司	俞敏亮	63253033		200080
天津麦当劳食品有限公司	陈金发	27255333		300100
北京顺峰饮食娱乐有限公司	林锐均	65912879		100026
上海必胜客有限公司	商耀	64267733	3224	200030
西山江南水乡度假村	徐跃武	8106705		650100
南海渔村有限公司	徐峰	83818888		510100

企业名录一览表

企业所在地区	企业详细地址	主要产品（主要业务活动）
新疆乌鲁木齐市沙依巴克区		汽车、摩托车零售、机电设备
辽宁省鞍山市铁东区	南建国路10号	石油产品零售
北京市海淀区	复兴路甲65号	电子元器件
湖南省娄底市娄星区	长青中街	批零兼营
辽宁省沈阳市和平区	中华路63号	百货
山东省青岛市李沧区	向阳路65号	零售百货
北京市朝阳区	朝外大街19号	百货零售
福建省福州市鼓楼区	817北路84号	国内贸易广告、旅游
北京市石景山区	玉泉大厦11层	副食品零售
江苏省扬州市仪征市	仪化生活区环南路32号	零售贸易、批发
上海市徐汇区	肇嘉浜路1068号	百货零售
广东省深圳市福田区	华强北路上步工业区	百货零售
北京市东城区	王府井大街200号	麦当劳食品饮料、纪念品
上海市卢湾区	淮海路6-8号兰生大厦	餐饮
北京市东城区	朝阳门北大街8号	炸鸡快餐
广东省深圳市福田区	振华路航苑大厦裙楼3号	麦当劳食品饮料
广东省广州市越秀区	人民北路668号蓝宝石	麦当劳餐馆及生产
江苏省南京市秦淮区	钓鱼台中华路518号	肯德基快餐
北京市宣武区	前门西河沿街217号	餐饮、食品、劳务服务
广东省广州市东山区	环市中路312号3楼	快餐
广东省广州市荔湾区	文昌南路2号	餐饮
上海市卢湾区	淮海中路755号	快餐
辽宁省沈阳市和平区	和平南大街二号	快餐
广东省深圳市福田区	华强北路华联	肯德基、冷热饮料、促销用品
陕西省西安市碑林区	东大街298号	餐饮
天津市南开区	服装街116号	快餐
上海市虹口区	海宁路6-8号	快餐
天津市南开区	一纬路12号	正餐
北京市朝阳区	东三环北路	餐饮
上海市徐汇区	上海市天钥桥路30号	快餐
云南省昆明市西山区	马街镇小渔村	餐饮住宿
广东省广州市东山区	沿江中路298号	饮食、食品、歌舞厅

2000年部分限额以上

企业名称	法人代表	电话	分机	邮政编码
上海杏花楼企业股份有限公司	杨培根	63263492		200001
苏州肯德基有限公司	卢怡	8252888		215011
上海老城隍庙饮食公司	方国和	63559999	1404	200010
上海乔家栅有限公司	万国和	63775456		200011
广西南方商业(集团)有限责任公司	白俊德	2431662		530011
荆门市东宝区东苑大酒店	赵卫平	2334082		448000
广州风城美食村饮食有限公司	何志成	84251578		510250
番禺市中国旅行社	刘泽武	84822127		511400
福州肯德基有限公司	区永昌	7821568	182	350001
苏州市饮食服务总公司	姜宗泽	7270741		215005
武汉肯德基有限公司	陈东辉			430000
深圳面点王饮食有限公司	张和平	2404905		518029
无锡市肯德基有限公司	刘茂坤	2726742		214001
成都肯德基有限公司	陈浩权	6198866		610015
青岛饭店集团股份有限公司	陈淑贞	2828602		266001
上海南新亚大酒店	郁为泽	63602310		200001
北京华天饮食集团公司	朱玉岭	62024640		100088
四川省成都市饮食公司	肖崇阳	6935489	212	610017
东莞银城酒店	袁柱容	2818888		523000
南京麦当劳餐饮食品有限公司	马文	3226058	111	210008
上海虹桥小南国大酒店	王慧敏	64062145		201103
日月潭美食城	杨晓君	2514964		150001
青岛肯德基有限公司	萧世杰	5753336		266071
南宁银河有限责任公司	马粤桂	2838223	4068	530012
广州市天河区大东园实业有限公司	蓝永东	87588099		510620
沈阳麦当劳餐厅食品有限公司	马文	86853499		110036
珠江饮食有限公司	李亮	2287508		528000
桂发祥麻花饮食集团公司	李辉忠	28138952		300201
济南历城洪楼环联大酒店	李滨	8905513		250100
深圳香蜜湖好世界海鲜大酒楼有限公司	刘德忠	3701997	128	518034
昆仑饭店	刘东	2024088		037006
长沙肯德基有限公司	李传章	2244208		410001
福州麦当劳餐厅食品有限公司	林文科	3298988	873	350009

企业名录一览表

企业所在地区	企业详细地址	主要产品（主要业务活动）
上海市黄浦区	福州路343号	正餐
江苏省苏州市虎丘区	新区狮山路52号	快餐
上海市黄浦区	文昌路8号	正餐
上海市黄浦区	陆家浜路809号	正餐
广西南宁市兴宁区	朝阳路76号	宾馆
湖北省荆门市东宝区	龙泉象山大道	正餐
广东省广州市海珠区	信裕路6旁B	饮食、批发百货、零售
广东省广州市番禺区	市桥镇桥大北路130号	餐饮娱乐、旅游
福建省福州市鼓楼区	八一七北路101号	中西饮食、肯德基
江苏省苏州市平江区	观前街170号	餐饮服务
湖北省武汉市江岸区		快餐
广东省深圳市福田区	八卦二路545栋首层	餐饮
江苏省无锡市崇安区	人民路129号	快餐
四川省成都市青羊区	西御街７７号国信大厦	生产销售炸鸡
山东省青岛市市南区	中山路	餐饮、住宿、浴池理发
上海市黄浦区	九江路690号	正餐
北京市西城区	德外大街新明胡同甲8号	公共饮食
四川省成都市青羊区	人民中路37-51号	餐饮
广东省东莞市	胜和管理区银丰路	餐饮、旅馆、娱乐服务
江苏省南京市玄武区	玄武门中央路6号3楼	快餐
上海市闵行区	虹桥镇虹梅路3337号	正餐饮
黑龙江哈尔滨市南岗区	东大直街90号	正餐
山东省青岛市市南区	南京路九号	快餐
广西南宁市兴宁区	朝阳路84号	服务
广东省广州市天河区	龙口西路中段西侧	饮食
辽宁省沈阳市皇姑区		餐饮
广东省佛山市城区	莲花路138号	餐饮
天津市河西区	前进道25号	麻花、正餐
山东省济南市历城区	洪楼镇东外环路尹小庄	正餐
广东省深圳市福田区	深南大道香蜜湖渡假村	餐饮
山西省大同市城区	振华街89楼	饮食
湖南省长沙市开福区	民主东街中山路249号	美国风味肯德基、各类冷热饮品
福建省福州市台江区	台江路39号	麦当劳食品

2000年部分限额以上

企业名称	法人代表	电话	分机	邮政编码
厦门市舒友海鲜大酒楼有限公司	陈有鹏	5096868		361012
陕西东方天伦餐饮娱乐有限公司	叶莽	7252790		710004
大同市饮食公司	李俊峰	2052117		037004
南宁邕江宾馆有限公司	陈瑞芳	2808123		530012
青岛海景花园大酒店	宋　勤	5875777	5504	266071
大同矿区饮食服务公司	刘宏宾	4041384		037003
深圳市丹桂轩实业有限公司	梁玉鹏	5181515		518001
韶关市韶关酒家	凌兆昌	8881127		512000
潍坊富华大酒店	王今明	8881988	2083	261031
黎昌海鲜大酒楼	黎炳昌	88130197		100036
广州市莲香楼	彭学成	81391191		510140
新疆海德酒店有限公司	史托迪	2322828		830002
番禺市香江大酒店有限公司	苏志刚	84786888	3308	511431
大同市西京饭店	刘鹏九	5024628		037006
广州嘉福楼海鲜酒楼	李家乐	81891139		510370
杭州市饮食服务公司	戴宁	7087157		310001
宜兴市人民政府招待所	徐肇来	7916888	5006	214200
山东三联金三杯股份有限公司	张继升	2950890	3009	250002
东莞市华侨大酒店	杨四海	2118888		523000
重庆小洞天饮食(集团)有限公司	陈异	63824732		400010
成都宋辉天天渔港餐饮有限公司	陈石港	5199618		610041
山东鲁能烧鹅仔有限责任公司	孙瑞林	6038249		250001
山东淄博饭店集团股份有限公司	陈家恕	2180888	1708	255000
上海新亚富丽华餐饮股份有限公司	沈思明	63842151		200002
乌鲁木市饮食服务公司	张志华	2816882		830002
淄博泰星大酒店	王循国	2162266	3212	255025
温州市中亚企业集团公司	黄宜松	8182131		325000
东莞宾馆	端木立			523000
三水市中旅集团有限公司	李辉成	7738888	8828	528100
厦门肯德基有限公司	区永昌	5185735		361004
西安唐乐宫有限公司	余朝明	5261633	224	710061
东莞金凯悦大酒店	莫志明	3326328	7289	523400
无锡锦江大酒店有限公司	许福民	2751688	6268	214002

企业名录一览表

企业所在地区	企业详细地址	主要产品（主要业务活动）
福建省厦门市开元区	湖滨北路中银大厦裙楼	餐饮
陕西省西安市新城区	西五路副27号	餐饮、娱乐
山西省大同市城区	大西街35号	饮食、服务
广西南宁市新城区	江滨路41号	旅馆、餐饮、商场
山东省青岛市市南区	珠海路	正餐
山西省大同市矿区	迎新	餐饮
广东省深圳市罗湖区	建设路1新都酒店2楼	中西餐饮食
广东省韶关市北江区	熏风路2号	餐饮业正餐、百货零售
山东省潍坊市奎文区	东风大街东首168号	餐饮
北京市海淀区	八里庄阜成路81号	中餐
广东省广州市荔湾区	第十甫路67号	饮食
新疆乌鲁木齐市天山区		餐饮、客房
广东省广州市番禺区	大石迎宾路	餐饮
山西省大同市城区	新开南路南口	饮食服务
广东省广州市芳村区	芳村大道161号	正餐
浙江省杭州市上城区	国货路1号	饮食旅游住宿、工艺美术品
江苏省无锡市宜兴市	宜城	住宿饮食服务、文化娱服务
山东省济南市市中区	玉函路22号	餐饮
广东省东莞市	运河西一路14号	饮食、旅游、娱乐
重庆市渝中区	较场口民权路	饮食、住宿洗染、摄影
四川省成都市武侯区	石羊新光村机场路	中餐海鲜
山东省济南市市中区	经四路林祥大厦	餐饮娱乐服务
山东省淄博市张店区	中心路177号	餐饮
上海市卢湾区	淮海中路808号	正餐
新疆乌鲁木齐市天山区		饮食、住宿
山东省淄博市张店区	中心路18号	正餐
浙江省温州市鹿城区	望江东路1号	餐饮、印刷茶室珠宝美容美发
广东省东莞市	东正路11号	餐饮旅馆、住宿、娱乐批发零售
广东省佛山市三水市	西南新华北路54号	餐饮、服务
福建省厦门市开元区	湖滨南路258号虾	肯德基家乡鸡快餐
陕西省西安市碑林区	长安北路75号	餐饮
广东省东莞市	寮步镇居民居委会	旅游、娱乐服务、餐饮
江苏省无锡市崇安区	中山路228号	正餐